自驾游山西

精品旅游公路图册

姬　鸽　赵志鲜　主编

人民交通出版社

北京

图书在版编目（CIP）数据

自驾游山西：精品旅游公路图册 / 姬鸽，赵志鲜主编. — 北京：人民交通出版社股份有限公司，2025.1.

ISBN 978-7-114-20190-5

Ⅰ. F512.99-64；K928.925

中国国家版本馆 CIP 数据核字第 2024MC4869 号

审图号：晋 S（2025）002 号

Zijia You Shanxi；Jingpin Lüyou Gonglu Tuce

书　　名：**自驾游山西：精品旅游公路图册**
著 作 者：姬　鸽　赵志鲜
策划编辑：周　宇
责任编辑：徐　菲　周佳楠　李秀平
责任校对：龙　雪　魏佳宁
责任印制：张　凯
出版发行：人民交通出版社
地　　址：（100011）北京市朝阳区安定门外外馆斜街 3 号
网　　址：http://www.ccpcl.com.cn
销售电话：（010）85285857
总 经 销：人民交通出版社发行部
经　　销：各地新华书店
印　　刷：北京印匠彩色印刷有限公司
开　　本：880×1230　1/16
印　　张：23.5
字　　数：575 千
版　　次：2025 年 1 月　第 1 版
印　　次：2025 年 1 月　第 1 次印刷
书　　号：ISBN 978-7-114-20190-5
定　　价：168.00 元

（有印刷、装订质量问题的图书，由本社负责调换）

《自驾游山西:精品旅游公路图册》
编 委 会

主编单位: 山西省交通运输厅

参编单位: 山西诚达公路勘察设计有限公司

顾　问: 郭丙福　段新源　冀小明　许有志

　　　　　郝玉柱　王　晋　王四小

主　编: 姬　鸽　赵志鲜

副主编: 韩　彦　郭建波　李　灿　杨国清

　　　　　赵　峰　张　力　杨晋涛　王　健

　　　　　张志伟

编写人员: 孙　宇　刘永宏　宋平兴　刘卫平

　　　　　周　鑫　武瑞锋　高福宁　刘建达

　　　　　李平伟　李美耀　高翀宇　申云飞

山西，表里山河，历史悠久，人文荟萃，自然风光独特，531处国家级文物保护单位、779处省级文物保护单位镶嵌其中。这里有蜿蜒浩荡、汹涌澎湃的黄河，绵延万里、关隘巍峨的长城，雄奇壮美、古堡深藏的太行，是中华民族和华夏文明的重要发祥地。习近平总书记视察山西时强调，"山西自然风光资源十分丰富，黄河、长城、太行等堪称天下奇观，要做强做优文化旅游产业"①。山西省委、省政府坚决贯彻落实习近平总书记重要讲话和重要指示精神，提出投资近千亿元建设1.3万公里黄河、长城、太行三个一号旅游公路，把山西省打造成国家全域旅游示范区和国际知名文化旅游目的地的恢宏目标。

山西省交通运输厅坚决贯彻交通运输部和山西省委、省政府决策部署，认真履行行业管理责任，鲜明提出"锚定目标、压实责任、挂图作战、狠抓落实"工作方针，推动旅游公路建设和交旅融合高质量发展。按照"专用性、安全性、智慧型和环境友好型"属性，统筹推进主体、慢行、景观、服务、信息五大系统建设。2018—2024年，全省建成旅游公路1.3万公里，覆盖全省113个县（市、区）、5630个村庄，同步建成慢行道856公里、驿站144个、房车营地59个、观景台224个、低空旅游起降点14个，有效连通390个A级及以上旅游景区、586个非A级旅游资源（点），形成"城景通、景景通、城乡通"的"快进慢游深体验"全域旅游公路一张网。黄河一号永和段被评为2020年度全国"十大最美农村路"，黄河一号兴县段、河津段和太行一号陵川段分别被评为2021年度、2022年度、2023年度全国"我家门口那条路——最具人气的路"，太行一号晋城段入选全国第一批交通运输与旅游融合发展典型案例，太行一号旅游公路入选全国4条"行在乡村、游在路上"最美自驾精品路。

一条条蜿蜒曲折、翻山越岭、串景通村的旅游公路正在化作美丽的"自然风景道"、驰名的"文化旅游线"、崛起的"乡村振兴带"，成为环绕三晋大地的万里山河振兴路。让我们一起走进山西，沿着三个一号旅游公路，共同踏访黄河、攀登长城、跨越太行，在这里开启一场"诗和远方"的自驾之旅。

---

① 《推动文旅融合　助力乡村振兴》，《山西日报》2022年8月16日。

目录 | CONTENTS

◆ 图 例 ◆

云冈石窟	5A景区	★ 省政府	━━ 自驾旅游线路	省界
中国煤炭博物馆	4A景区	☆ 地市政府	━━ 高速公路	市界
晋商博物院景区	3A景区	◉ 县级政府	━━ 国道	
高欢古战道景区	2A景区	◎ 乡镇政府	━━ 省道	
冠山景区	A景区	○ 建制村	━━ 县道	
⛰ ⛩ 🏛	4A文化景区	✈ 飞机场	━━ 乡道	
🏛 ⛺	3A景区	Ⓖ 高铁站	━━ 村道	
	观景台	Ⓣ 火车站	━━ 高铁	
	房车营地	Ⓒ 客运站	━━ 铁路	
	驿站	P 停车场	～ 河流水库	

跟着 悟 空 游山西

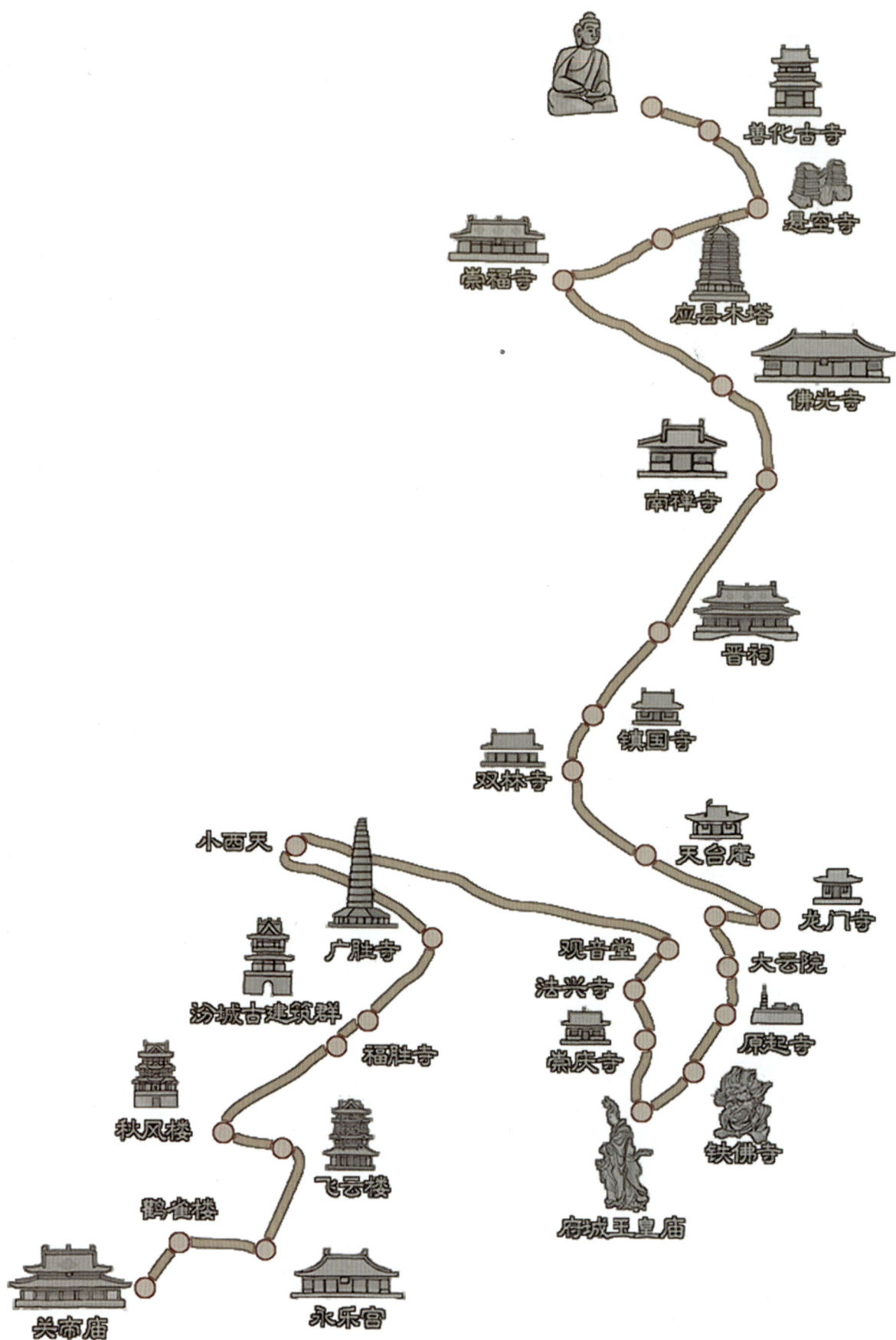

善化古寺

悬空寺

应县木塔

崇福寺

佛光寺

南禅寺

晋祠

镇国寺

双林寺

天台庵

龙门寺

小西天

观音堂

大云院

广胜寺

法兴寺

原起寺

汾城古建筑群

福胜寺

崇庆寺

铁佛寺

秋风楼

飞云楼

府城玉皇庙

鹳雀楼

关帝庙

永乐宫

黑神话悟空取景地点（27个）

序号	所在市	所在县（区）	类别	文保单位名称	年代	级别
1	太原市	晋源区	古建筑	晋祠	宋	AAAA
2	大同市	云冈区	石窟寺及石刻	云冈石窟	北魏	AAAAA
3	大同市	平城区	古建筑	善化寺	辽、金	AAAA
4	大同市	浑源县	古建筑	悬空寺	明	AAAA
5	朔州市	应县	古建筑	应县木塔	辽	AAAA
6	朔州市	朔城区	古建筑	崇福寺	金	AAAA
7	忻州市	五台县	古建筑	南禅寺大殿	唐	
8	忻州市	五台县	古建筑	佛光寺	唐至清	
9	晋中市	平遥县	古建筑	镇国寺	五代至清	AAAA
10	晋中市	平遥县	古建筑	双林寺	明	AAAA
11	长治市	长子县	古建筑	崇庆寺	宋	
12	长治市	长子县	古建筑	法兴寺	唐、宋	
13	长治市	潞城区	古建筑	原起寺	宋	
14	长治市	潞州区	古建筑	观音堂	明	
15	长治市	平顺县	古建筑	天台庵	唐	
16	长治市	平顺县	古建筑	大云院	五代至清	
17	长治市	平顺县	古建筑	龙门寺	五代至清	
18	晋城市	泽州县	古建筑	玉皇庙	宋至清	
19	晋城市	高平市	古建筑	高平铁佛寺	明、清	
20	临汾市	洪洞县	古建筑	广胜寺	元、明	AAAA
21	临汾市	隰县	古建筑	千佛庵（小西天）	明	AAAA
22	运城市	芮城县	古建筑	永乐宫	元	AAAA
23	运城市	万荣县	古建筑	万荣东岳庙（飞云楼）	元至清	
24	运城市	万荣县	古建筑	万荣后土庙（秋风楼）	清	
25	运城市	新绛县	古建筑	福胜寺	元、明	
26	运城市	盐湖区	古建筑	解州关帝庙	清	AAAA
27	运城市	永济市	古建筑	永济鹳雀楼	北周	AAAA

跟着悟空游山西 精品线路

• 古建华章与彩塑满堂——晋北线 •

云冈石窟　华严寺　善化寺
起点
悬空寺
应县木塔
崇福寺
佛光寺
南禅寺
窦大夫祠
晋祠
双林寺
镇国寺

太原→大同→云冈石窟→善化寺→华严寺→悬空寺→朔州→应县木塔→忻州→崇福寺→佛光寺→南禅寺→太原→窦大夫祠→晋祠→晋中→双林寺→镇国寺

📅 行程推荐——五日游

第一天：从太原出发，去往云冈石窟游玩，下午到善化寺和华严寺游玩，之后驾车前往大同，晚上宿大同，全天行程322.5千米。

第二天：从大同出发，经大灵线，去悬空寺和应县木塔游玩，下午经G18荣乌高速、G55二广高速、S5512元朔高速，到崇福寺游玩，之后驾车前往朔州，晚上宿朔州，全天行程138.7千米。

第三天：从朔州出发，到佛光寺游玩，下午驾车前往南禅寺观光，晚上宿忻州，全天行程216.9千米。

第四天：从忻州出发，经太忻大道、阳兴大道，到窦大夫祠游玩，下午途经G5京昆高速，前往晋祠游玩，游玩后驾车前往太原，晚上宿太原，全天行程190.5千米。

第五天：从太原出发，经G5京昆高速，到双林寺游玩，下午经双林大道、221省道，到镇国寺游玩，全天行程133.9千米。

• 神奇上党与绝美 •

天
观音堂
法兴寺
崇庆寺
铁佛寺
府城玉皇庙
小南村二仙
青莲寺　起点

太原→晋城→青莲寺→小南寺→长治→崇庆寺→法兴寺→云院→龙门寺

📅 行程推荐——三日游

第一天：从太原出发，经滨河玩，下午经青莲寺隧道、晋张线去往府城玉皇庙观光，结束后天行程395.5千米。**第二天：**从速，去往铁佛寺游玩，之后经炎光，下午到法兴寺和观音堂游长治，全天行程133.2千米。**第黄线，去往原起寺和天台庵游院游玩，之后驾车途经新丰路，程95.3千米。

...造像——晋东南线·

大云院　龙门寺　原起寺　台庵

村二仙庙→府城玉皇庙→铁佛
→观音堂→原起寺→天台庵→大

东路、二广高速,去往青莲寺游
,前往小南村二仙庙游玩,之后
驾车前往晋城,晚上宿晋城,全
晋城出发,经凤台东街、二广高
帝大道、二淅线,前往崇庆寺观
玩,之后驾车前往长治,晚上宿
三天:从长治出发,经乌海线、李
玩,下午经常辛线、S324,到大云
S324,前往龙门寺观光,全天行

· 楼阁飞云与神仙洞天——晋南线 ·

起点　临汾小西天　水神庙　广胜寺　襄汾古建筑群　福胜寺　飞云楼　秋风楼　关帝庙　鹊雀楼　广仁王庙　永乐宫

太原→临汾→临汾小西天→水神庙→广胜寺→襄汾古建筑群→**运城**→福胜寺→飞云楼→秋风楼→永乐宫→广仁王庙→关帝庙→鹊雀楼

🏛 行程推荐——五日游

第一天:从太原出发,去往临汾小西天,下午驾车前往水神庙,晚上宿洪洞县,全天行程465.3千米。**第二天:**从洪洞县出发,经玉峰东大街、广胜路,去往广胜寺观光,下午经青兰高速、襄乡线,到襄汾古建筑群游玩,结束后驾车前往临汾,晚上宿临汾,全天行程149千米。**第三天:**从临汾出发,经京昆高速、汾永线,去往福胜寺观光,下午去往飞云楼和秋风楼观光,之后驾车前往运城,晚上宿运城,全天行程254.5千米。**第四天:**从运城出发,经运城绕城高速、呼北高速,去永乐宫观光,下午去广仁王庙游玩,之后驾车前往运城,晚上宿运城,全天行程125.5千米。

第五天:从运城出发,经圣惠南路、运永线,去关帝庙游玩,下午经运永线、平风线,去鹊雀楼游玩,全天行程78.5千米。

黄河一号旅游公路

黄河一号旅游公路北起忻州偏关老牛湾，南至运城历山风景区，穿越忻州、吕梁、临汾、运城，全长4347千米，其中：主线1233千米，支线2031千米，连接线1083千米。同步建成黄河旅游慢行道371千米；建成大凤山观景台、黄河观景台、九龙湾观景台、"碛口号"观景台、九龙湾观景台、英雄湾等88个观景台展现黄河景观风貌；建成刘古庄驿站、壶口朱朝辉民宿驿站、克难坡红色驿站、古贤驿站、永宁驿站等56个驿站突出展现母亲河文化；建成古贤房车营地、张家湾自驾营地、李家山房车营地、孟门房车营地、北卜湾房车营地等21个营地提供特色化露营环境。黄河一号旅游公路有效连接壶口瀑布、云丘山、鹳雀楼等147个A级及以上景区和140个非A级旅游资源（点）。

黄河一号旅游公路

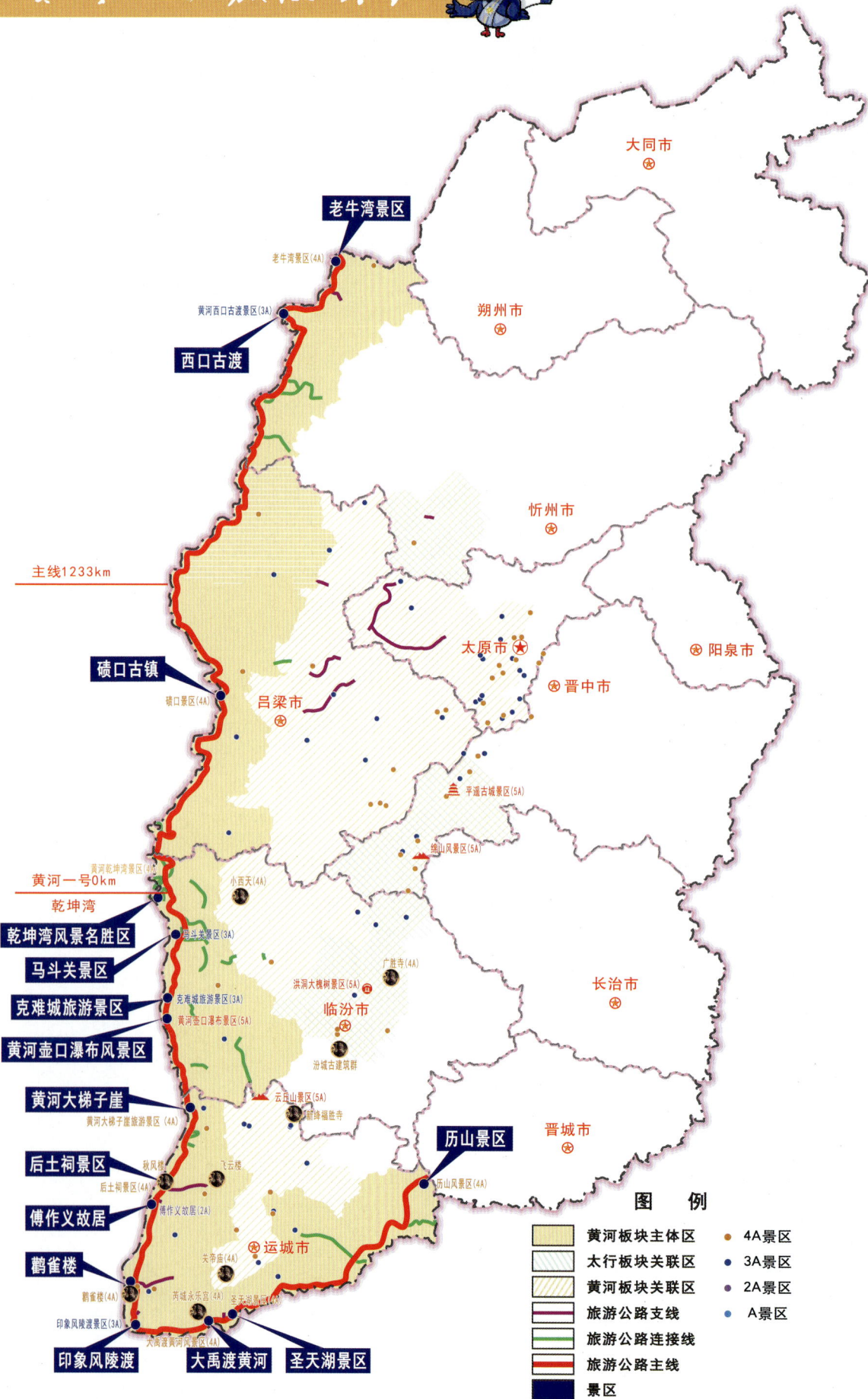

大同市

朔州市

忻州市

阳泉市

太原市 ★

晋中市

吕梁市

老牛湾景区
老牛湾景区(4A)

黄河西口古渡景区(3A)
西口古渡

主线1233km

碛口古镇
碛口景区(4A)

平遥古城景区(5A)

绵山风景区(5A)

黄河乾坤湾景区(4A)
黄河一号0km
乾坤湾
乾坤湾风景名胜区
小西天(4A)
马斗关景区
马斗关景区(3A)
洪洞大槐树景区(5A)
广胜寺(4A)

长治市

克难城旅游景区
克难城旅游景区(4A)
临汾市
黄河壶口瀑布风景区
黄河壶口瀑布景区(5A)
汾城古建筑群

黄河大梯子崖
云丘山景区(5A)
黄河大梯子崖旅游景区(4A)
新绛绛福胜寺

历山景区
历山风景区(4A)

晋城市

后土祠景区
秋风楼
飞云楼
后土祠景区(4A)
傅作义故居
傅作义故居(2A)

关帝庙(4A)
运城市

鹳雀楼
鹳雀楼(4A)
印象风陵渡景区(3A)
芮城永乐宫(4A) 圣天湖景区(4A)
印象风陵渡 **大禹渡黄河** **圣天湖景区**
大禹渡黄河景区(4A)

图 例

黄河板块主体区	● 4A景区
太行板块关联区	● 3A景区
黄河板块关联区	● 2A景区
—— 旅游公路支线	● A景区
—— 旅游公路连接线	
—— 旅游公路主线	
■ 景区	

黄河一号旅游公路"0km"标志文化驿站

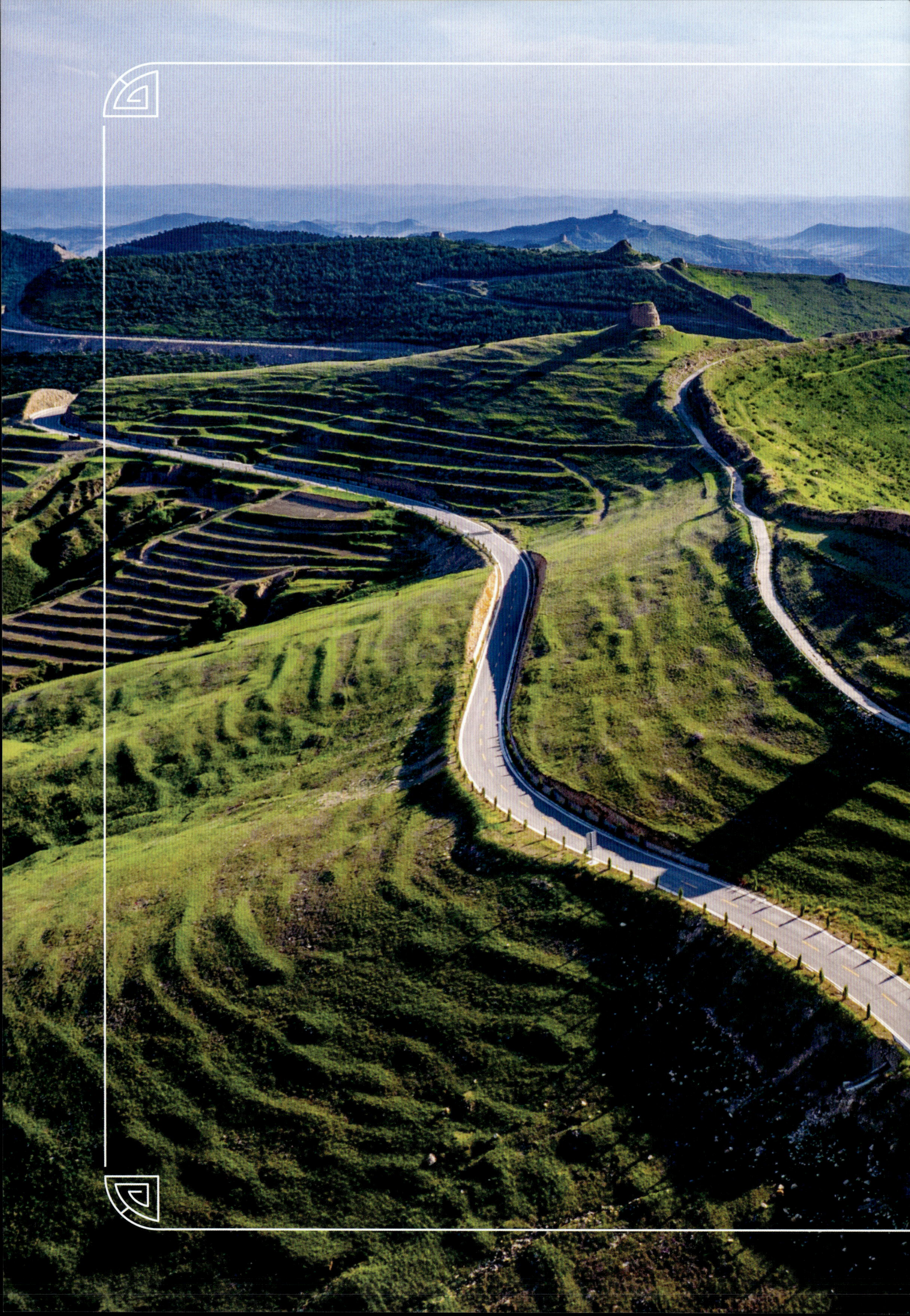

长城一号旅游公路

长城一号旅游公路北起大同天镇平远头村，沿外长城向西至忻州偏关老牛湾，再向东沿内长城至忻州繁峙平型关，最后向北延伸至大同天镇平远头村形成环线。穿越大同、朔州、忻州，全长3574千米，其中：主线1171千米，支线1567千米，连接线836千米。同步建成古堡边关探险慢行道149千米；建成弥陀山观景台、守口堡观景台、月华池观景台、恒山景区观景台等34个观景台展现边塞风光风貌；建成伴山驿站、穆兰驿站、大钟山驿站、晋华宫矿山公园驿站、八台子驿站、月华池驿站等22个驿站结合历史展示馆，体现边塞特色；建成得胜堡营地、守口堡营地、月华池房车营地等15个营地提供特色化露营环境。长城一号旅游公路有效连接雁门关、杀虎口、云石堡等63个A级及以上景区和273个非A级旅游资源（点）。

长城一号旅游公路

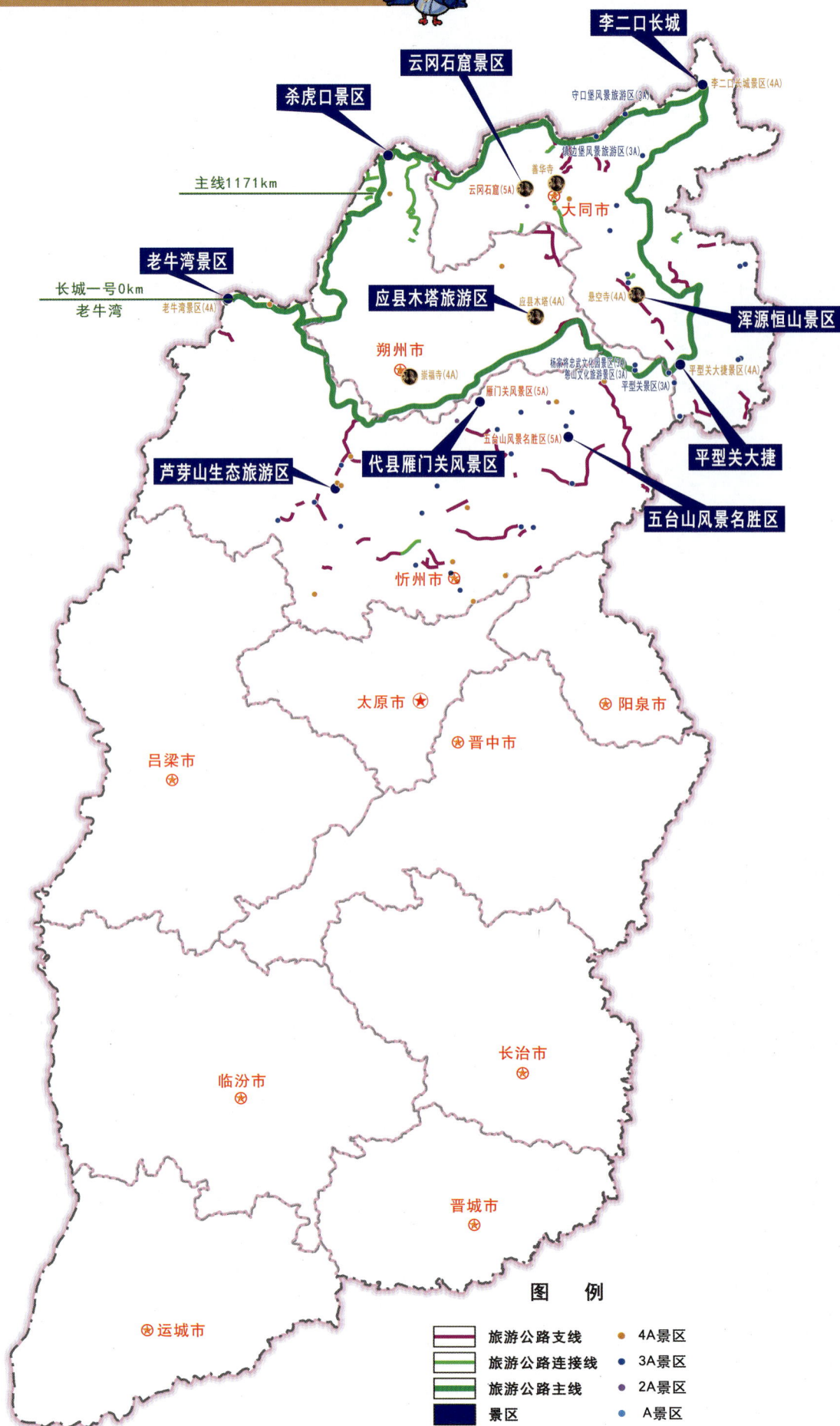

李二口长城

云冈石窟景区

杀虎口景区

老牛湾景区

应县木塔旅游区

浑源恒山景区

芦芽山生态旅游区

代县雁门关风景区

平型关大捷

五台山风景名胜区

主线1171km

长城一号0km
老牛湾

守口堡风景旅游区(3A)

李二口长城景区(4A)

镇边堡风景旅游区(3A)

云冈石窟(5A)

善华寺

大同市

老牛湾景区(4A)

应县木塔(4A)

悬空寺(4A)

应县木塔旅游区

朔州市

崇福寺(4A)

杨家将忠武文化园景区(3A)

恒山文化旅游景区(3A)

平型关大捷景区(4A)

平型关景区(3A)

雁门关景区(5A)

五台山风景名胜区(5A)

忻州市

太原市★

阳泉市

晋中市

吕梁市

长治市

临汾市

晋城市

运城市

图 例

▬ 旅游公路支线	● 4A景区
▬ 旅游公路连接线	● 3A景区
▬ 旅游公路主线	● 2A景区
▬ 景区	● A景区

长城一号旅游公路"0km"标志文化驿站

太行一号旅游公路

　　太行一号旅游公路北起忻州繁峙平型关，南至运城历山景区，穿越忻州、阳泉、太原、晋中、长治、晋城，全长5217千米，其中：主线1225千米，支线2375千米，连接线1617千米。同步建成打造健身登山慢行道336千米；建成郊里观景台、宣窑沟村观景台、船窟观景台、织女池等102个观景台体现原生态山水特色；建成郊里驿站、南寨、珏山、麻渠沟红色驿站等66个驿站体现"红色"红叶景观；建成河北沟房车营地、东狐村房车营地、珏山、龙泉房车营地、松白线营地等23个营地。太行一号旅游公路有效连接八路军总部旧址、黄崖洞、王莽岭、太行大峡谷、通天峡等180个A级及以上景区和174个非A级旅游资源(点)。

太行一号旅游公路

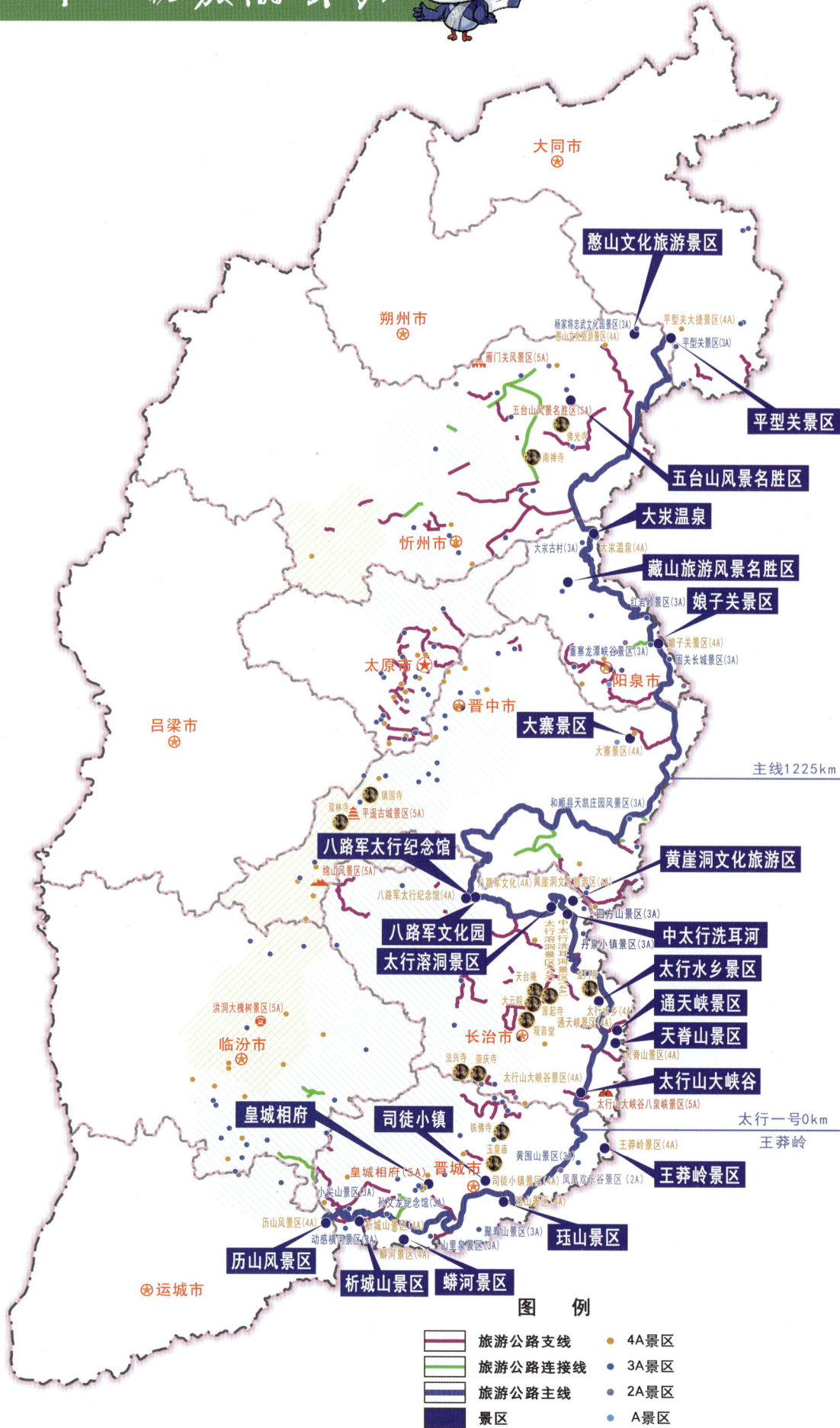

- 憨山文化旅游景区
- 杨家将忠武文化园景区(3A)
- 憨山文化旅游景区(4A)
- 平型关大捷景区(4A)
- 平型关景区(3A)
- 平型关景区
- 雁门关风景区(5A)
- 五台山风景名胜区(5A)
- 佛光寺
- 南禅寺
- 五台山风景名胜区
- 大糸古村(3A)
- 大糸温泉
- 大糸温泉(4A)
- 藏山旅游风景名胜区
- 红岩谷景区(3A)
- 娘子关景区
- 重寨龙潭峡谷景区(3A)
- 娘子关景区(4A)
- 固关长城景区(3A)
- 阳泉市
- 大寨景区
- 大寨景区(4A)

主线1225km

- 和顺县天凯庄园风景区(3A)
- 镇国寺
- 双林寺
- 平遥古城景区(5A)
- 八路军太行纪念馆
- 绵山风景区(5A)
- 八路军太行纪念馆(4A)
- 黄崖洞文化旅游区
- 黄崖洞文化旅游区(4A)
- 风云文化(4A)
- 四方山景区(3A)
- 八路军文化园
- 太行溶洞景区
- 中太行洗耳河景区(3A)
- 丹泉小镇景区(3A)
- 中太行洗耳河
- 天台庵
- 太行水乡景区
- 大云院
- 原起寺
- 太行水乡(4A)
- 通天峡景区
- 观音堂
- 通天峡景区(4A)
- 天脊山景区
- 长治市
- 天脊山景区(4A)
- 法兴寺
- 崇庆寺
- 太行山大峡谷
- 太行山大峡谷景区(4A)
- 太行山大峡谷八泉峡景区(5A)

太行一号0km
王莽岭

- 皇城相府
- 司徒小镇
- 铁佛寺
- 王莽岭景区(4A)
- 王莽岭景区
- 玉皇庙
- 黄围山景区(3A)
- 皇城相府(5A)
- 司徒小镇景区(4A)
- 凤凰欢乐谷景区(2A)
- 晋城市
- 洪洞大槐树景区(5A)
- 临汾市
- 小浪山景区(3A)
- 孙文龙纪念馆(3A)
- 珏山景区(4A)
- 珏山景区
- 历山风景区(4A)
- 析城山景区(4A)
- 聚寿山景区(3A)
- 山里泉景区(3A)
- 动感横河景区(3A)
- 蟒河景区(4A)
- 历山风景区
- 析城山景区
- 蟒河景区
- 运城市

图 例

▬ 旅游公路支线	● 4A景区	
▬ 旅游公路连接线	● 3A景区	
▬ 旅游公路主线	● 2A景区	
■ 景区	● A景区	

大同市 朔州市 忻州市 太原市 晋中市 吕梁市

太行一号旅游公路"0km"标志文化驿站

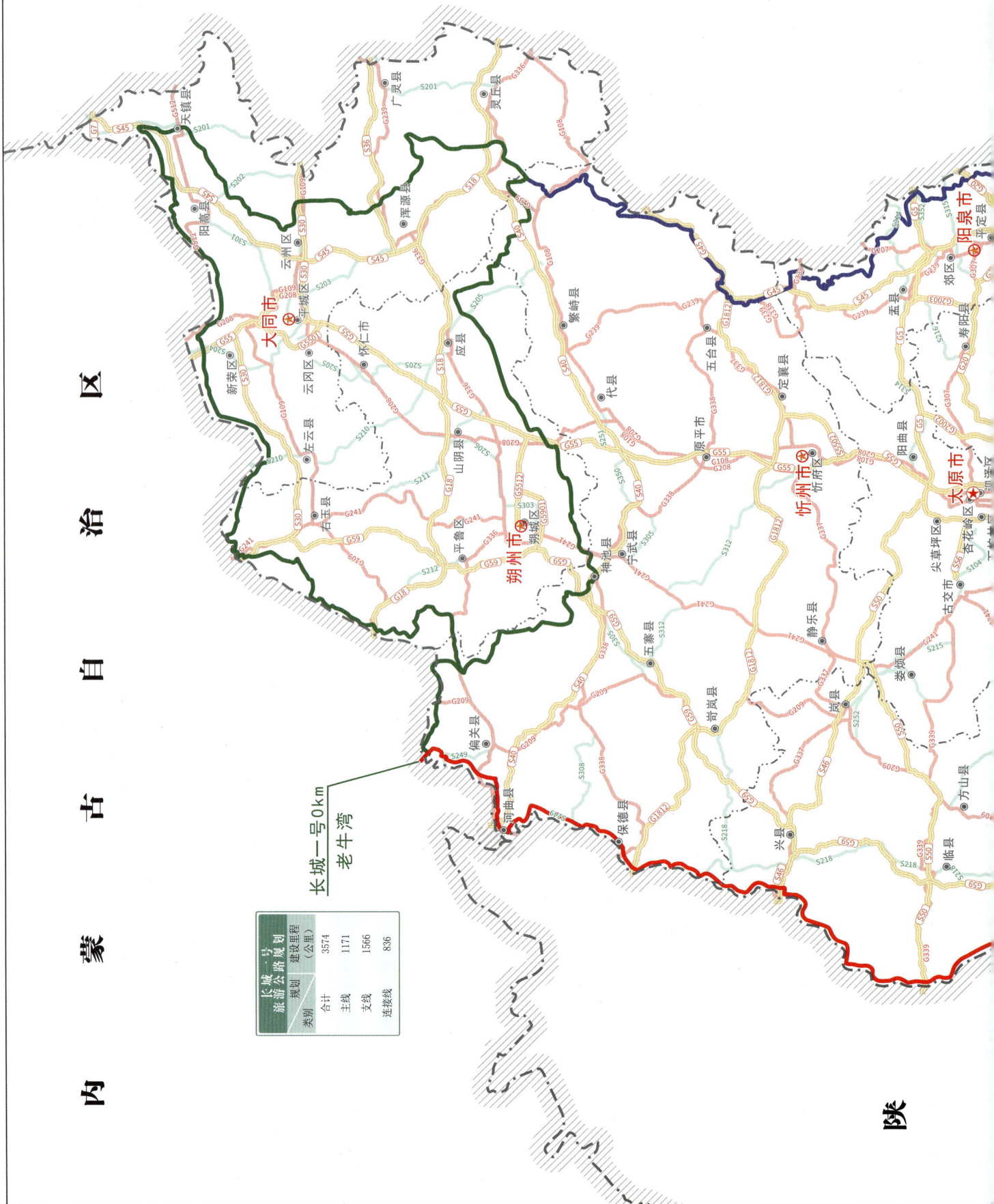

河　　　　北

内　　蒙　　古　　自　　治　　区

陕

长城一号0km

老牛湾

长城一号旅游公路规划 规划类别	建设里程（公里）
合计	3574
主线	1171
支线	1566
连接线	836

天镇县
阳高县
大同市
平城区
云州区
云冈区
新荣区
左云县
右玉县
广灵县
灵丘县
浑源县
应县
怀仁市
山阴县
平鲁区
朔州市
朔城区
繁峙县
代县
五台县
原平市
定襄县
忻州市
忻府区
神池县
宁武县
五寨县
岢岚县
静乐县
娄烦县
阳曲县
太原市
古交市
尖草坪区
晋源区
万柏林区
盂县
寿阳县
阳泉市
平定县
偏关县
河曲县
保德县
兴县
临县
方山县

图例

黄河旅游公路	长城旅游公路	太行旅游公路
高速	国道	省道

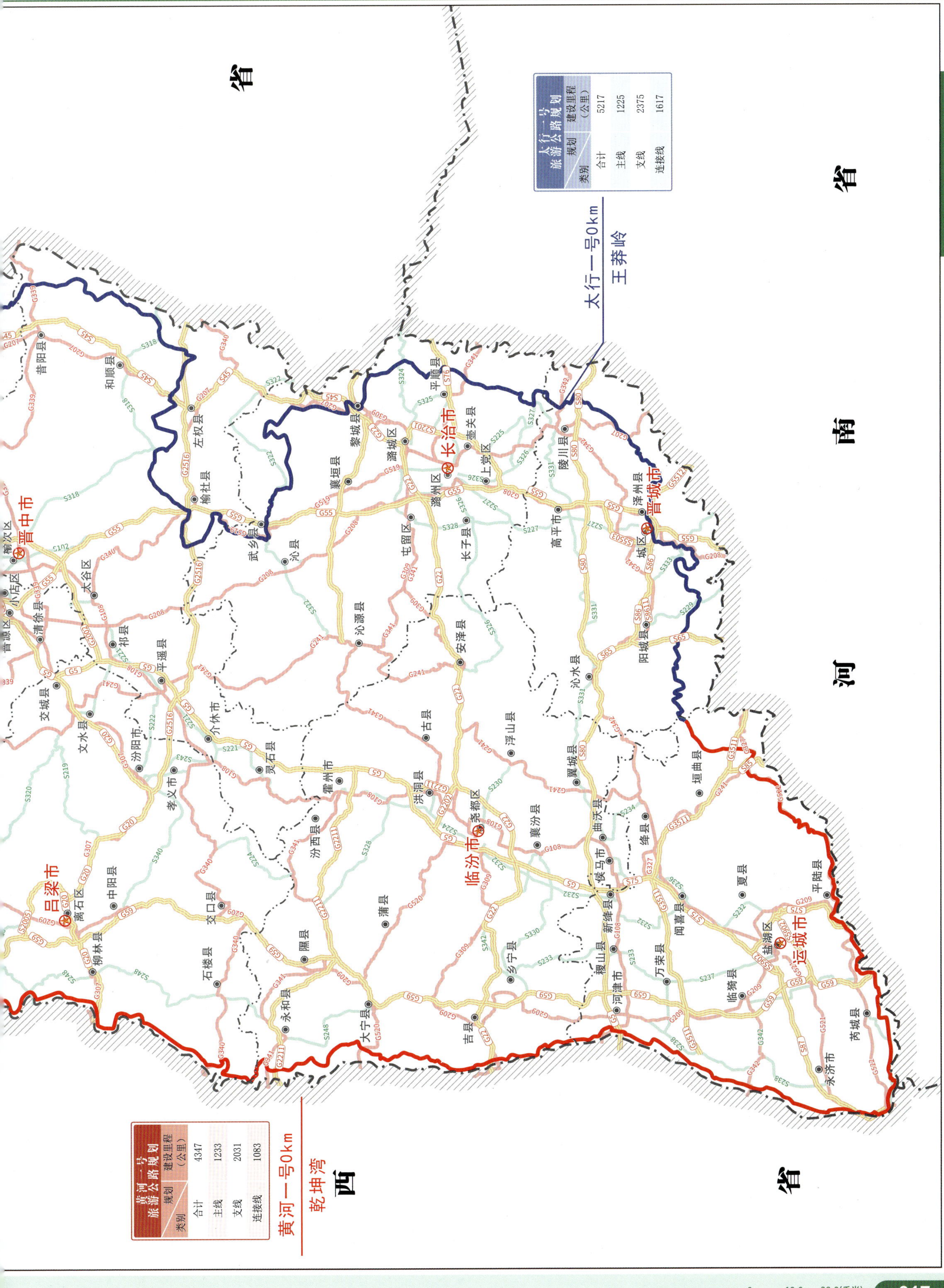

太行一号旅游公路规划

规划 类别	建设里程（公里）
合计	5217
主线	1225
支线	2375
连接线	1617

太行一号0km
王莽岭

黄河一号旅游公路规划

规划 类别	建设里程（公里）
合计	4347
主线	1233
支线	2031
连接线	1083

黄河一号0km
乾坤湾

晋中市 吕梁市 临汾市 长治市 晋城市 运城市

省　南　河　省　西　省

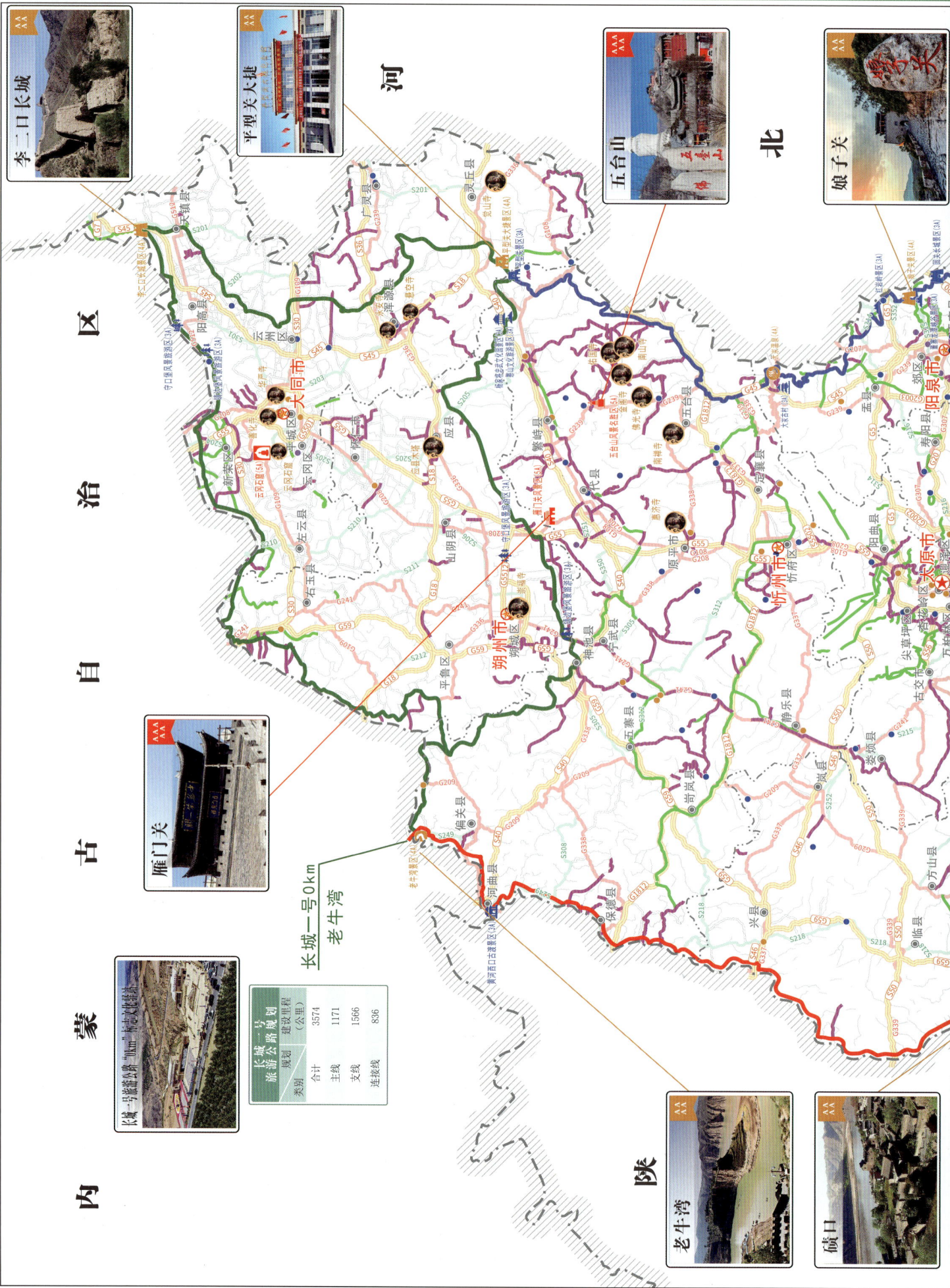

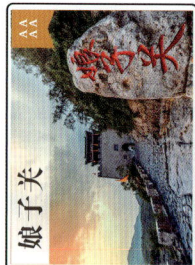

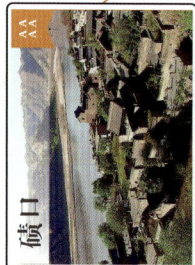

长城一号0km
老牛湾

长城一号 旅游公路规划	建设里程 (公里)
合计	3574
主线	1171
支线	1566
连接线	836

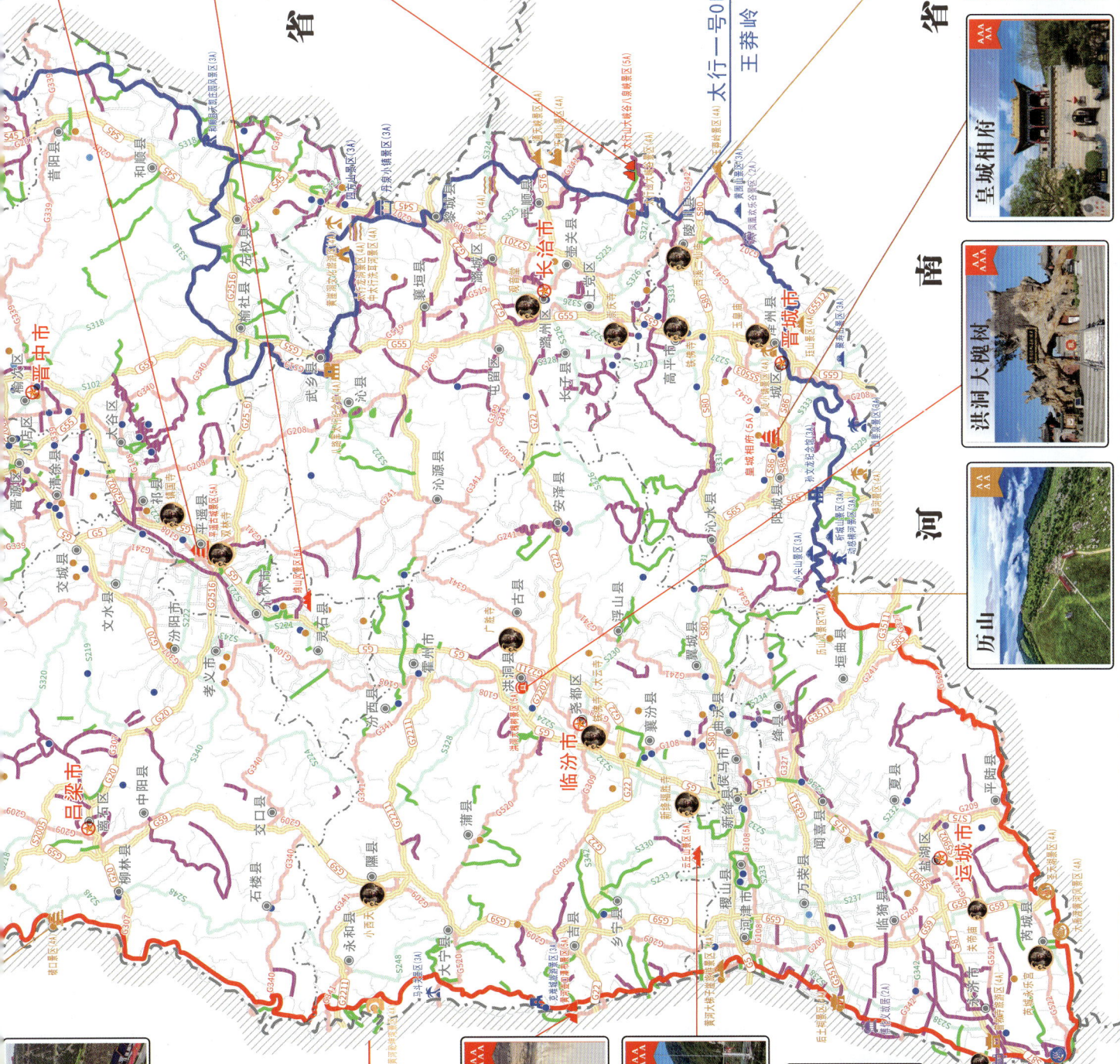

4A景区　　2A景区　　黄河旅游公路　　长城旅游公路　　太行旅游公路

3A景区　　A景区　　旅游公路支线　　旅游公路连接线

太行一号0km
王莽岭

太行一号旅游公路"1km"长主文化体验

太行一号旅游公路规划		类别	建设里程（公里）
		合计	5217
		主线	1225
		支线	2375
		连接线	1617

黄河一号0km
乾坤湾

黄河一号旅游公路"1km"长主文化体验

黄河一号旅游公路规划		类别	建设里程（公里）
		合计	4347
		主线	1233
		支线	2031
		连接线	1083

平遥古城

绵山

八泉峡

王莽岭

皇城相府

洪洞大槐树

历山

壶口瀑布

云丘山

鹳雀楼

晋中市　吕梁市　临汾市　运城市　晋城市　长治市

陕　省　西　省　河　省　南　省

比例尺 1:1900000　0　19.0　38.0（千米）

序号	等级 （390 个）	景区名称
1	AAAAA （11 个）	太原市：1 个，晋祠天龙山景区 大同市：1 个，云冈区云冈石窟景区 忻州市：2 个，五台山风景区、代县雁门关景区 晋中市：2 个，平遥县平遥古城景区、介休市绵山风景区 长治市：1 个，壶关县太行山大峡谷八泉峡景区 晋城市：1 个，阳城县皇城相府生态文化旅游区 临汾市：3 个，洪洞大槐树寻根祭祖园景区、乡宁县云丘山景区、黄河壶口瀑布旅游区
2	AAAA （140 个）	太原市：11 个，汾河景区、太原植物园景区、太原动物园景区、晋源区蒙山景区、尖草坪区森林公园景区、万柏林区中国煤炭博物馆煤海探秘景区、杏花岭区东湖醋园景区、清徐县六味斋云梦坞景区、清徐县宝源老醋坊景区、清徐县紫林醋工业园景区、阳曲县青龙古镇景区 大同市：10 个，云州区大同火山群景区、云冈区魏都水世界景区、云冈区晋华宫井下探秘游景区、平城区大同方特欢乐世界景区、平城区大同古城墙景区、平城区善化寺景区、平城区华严寺景区、天镇县李二口长城景区、灵丘县平型关大捷景区、浑源县北岳恒山景区 朔州市：4 个，应县木塔景区、右玉县右玉生态旅游景区、朔城区崇福寺景区、怀仁市金沙滩生态旅游景区 忻州市：14 个，忻府区忻州古城、忻府区禹王洞风景区、忻府区云中河景区、偏关县老牛湾景区、偏关县红门口地下长城景区、繁峙县憨山文化旅游景区、繁峙县滹源景区、宁武县汾河源头景区、宁武县万年冰洞景区、宁武县芦芽山景区、原平市天涯山景区、定襄县河边民俗博物馆景区、岢岚县宋家沟景区、静乐县天柱山景区 吕梁市：12 个，临县碛口景区、临县义居寺景区、兴县蔡家崖晋绥文化景区、交城县玄中寺景区、孝义市孝河湿地公园景区、孝义市胜溪湖森林公园、孝义市三皇庙景区、孝义市金龙山文化旅游景区、汾阳市汾酒文化景区、汾阳市贾家庄文化生态旅游区、方山县北武当山风景名胜区、交城县卦山景区 晋中市：16 个，榆次区小西沟文旅康养小镇、榆次区后沟古村景区、榆次区乌金山景区、榆次区九龙国际文化生态旅游区、榆次区榆次老城景区、榆次区常家庄园、灵石县石膏山风景区、灵石县王家大院民居艺术馆、灵石县红崖峡谷景区、平遥县镇国寺景区、平遥县双林寺景区、昔阳县大寨景区、左权县麻田八路军总部纪念馆景区、左权县太行龙泉旅游区、介休市张壁古堡景区、祁县昭馀古城茶商文化旅游区 阳泉市：8 个，城区阳泉记忆·1947 文化园、城区小河古村评梅景区、郊区桃林沟景区、郊区翠枫山自然风景区、盂县藏山旅游风景区、盂县华北奕丰生态园、盂县大汖温泉旅游度假景区、平定县娘子关景区

序号	等级（390个）	景区名称
2	AAAA（140个）	长治市：12个，壶关县欢乐太行谷景区、壶关县太行山大峡谷景区、上党区振兴小镇景区、黎城县黄崖洞文化旅游区、黎城县洗耳河景区、平顺县太行水乡风景区、平顺县通天峡景区、平顺县天脊山景区、武乡县八路军太行纪念馆景区、武乡县太行溶洞风景区、武乡县八路军文化园景区、襄垣县仙堂山景区 晋城市：14个，城区司徒小镇景区、阳城县析城山景区、阳城县郭峪古城景区、阳城县海会书院景区、阳城县蟒河景区、阳城县天官王府景区、泽州县大阳古镇景区、泽州县珏山景区、高平市羊头山炎帝文化旅游区、高平市炎帝陵生态文化旅游区、沁水县湘峪古堡景区、沁水县柳氏民居景区、沁水县历山原生态农耕文化旅游区、陵川县太行山王莽岭景区 临汾市：18个，尧都区尧帝陵景区、尧都区尧庙-华门景区、尧都区汾河文化生态景区、霍州市霍州署景区、霍州市中镇霍山七里峪景区、乡宁县戎子酒庄景区、襄汾县尧京酒庄、襄汾县荷花小镇旅游景区、襄汾县龙澍峪旅游景区、永和县黄河乾坤湾景区、蒲县柏山东岳庙、古县牡丹文化旅游景区、侯马市彭真故居纪念馆、曲沃县晋园景区、曲沃县晋国博物馆、吉县人祖山景区、隰县小西天景区、洪洞县广胜寺景区 运城市：21个，运城关公故里文化旅游景区、盐湖区凤凰谷景区、盐湖区舜帝陵景区、运城盐湖景区、永济市尧王台景区、永济市普救寺景区、永济市神潭大峡谷景区、永济市鹳雀楼景区、永济市五老峰景区、万荣县后土祠景区、万荣县李家大院景区、垣曲县望仙大峡谷景区、垣曲县历山景区、河津市黄河大梯子崖景区、河津市黄河龙门景区、夏县堆云洞景区、夏县司马光祠景区、新绛县绛州署景区、芮城县永乐宫景区、芮城县大禹渡黄河景区、芮城县圣天湖景区
3	AAA（208个）	太原市：19个，尖草坪区太钢工业文化园景区、尖草坪区中华傅山园景区、杏花岭区晋商博物院景区、杏花岭区采薇庄园景区、万柏林区龙华寺景区、万柏林区偏桥沟风情小镇景区、万柏林区桃花沟旅游景区、万柏林区玉泉山城郊森林公园景区、小店区华辰农耕园景区、小店区太原蒙牛乳业景区、古交市晋绥八分区（专署）旧址景区、娄烦县汾河水库景区、娄烦县高君宇故居纪念馆景区、阳曲县青草坡乡村庄园景区、清徐县清泉山庄景区、清徐县绿源生态农庄景区、清徐县马峪葡乡文化展示园景区、清徐县晋韵文化产业园景区、清徐县三晋奇石博物馆景区 大同市：18个，云州区梨园水庄嘉年华生态农业景区、云州区乌龙峡生态旅游景区、云州区桑干河湿地公园景区、云州区土林生态旅游景区、天镇县慈云寺旅游景区、广灵县山水白羊旅游景区、广灵县广灵剪纸艺术博物馆、左云县摩天岭景区、灵丘县空中草原旅游景区、灵丘县猫山传统文化园景区、灵丘县花塔生态民俗景区、灵丘县车河有机社区、灵丘县觉山寺旅游景区、阳高县镇边堡风景旅游区、阳高县大泉山生态旅游区、阳高县守口堡风景旅游区、浑源县浑源州署景区、浑源县黄芪文化园景区 朔州市：3个，平鲁区山西长良生态园景区、怀仁市羲光农风生态旅游景区、怀仁市清凉山生态旅游景区

序号	等级 （390个）	景区名称
3	AAA （208个）	忻州市：29个，忻府区苍龙山景区、忻府区遗山园景区、忻府区陀罗山景区、忻府区貂蝉故里文化园景区、岢岚县宋长城景区、岢岚县岢岚古城景区、保德县印象故城景区、五寨县五寨沟风景区、原平市爱木图景区、原平市柏枝山景区、原平市野庄古村景区、原平市大龙门牡丹山庄景区、代县杨家将忠武文化园景区、代县代州古城景区、代县赵杲观景区、宁武县悬空村景区、宁武县宁化古城景区、宁武县马仑峡谷景区、繁峙县龙虎山景区、繁峙县公主文化旅游景区、繁峙县韩庄长城景区、繁峙县秘磨岩景区、繁峙县桥儿沟景区、繁峙县平型关景区、定襄县七岩山景区、河曲县黄河西口古渡景区、五台县森雅轩晋作木艺园景区、五台县五峰慧果沙棘产业园景区、五台县徐向前元帅故居景区 吕梁市：16个，离石区白马仙洞景区、离石区千年旅游景区、临县正觉寺景区、临县南圪垛景区、临县丛罗峪真武山景区、中阳县闹泥山庄景区、文水县刘胡兰纪念馆景区、文水县世泰湖景区、文水县苍儿会生态旅游区、兴县黑茶山四八烈士纪念馆景区、石楼县红军东征纪念馆景区、岚县土豆花风景区、岚县白龙山景区、交城县如金温泉景区、汾阳市上林舍生态旅游景区、柳林县抖气河景区 晋中市：25个，榆次区明乐庄园、榆次区小五台庄园旅游景区、榆次区黄土农言文化旅游区、榆次区老西醋博园旅游园区、榆次区潇河莲花湾景区、太谷区鑫炳记非遗文化园景区、太谷区广誉远中医药文化产业园、太谷区润月山庄景区、太谷区阳邑小镇、太谷区美宝山庄景区、平遥县晋中战役博物馆景区、平遥县横坡古村生态旅游、平遥县牛肉文化产业园、介休市虹霁寺景区、介休市南庄古村旅游区、和顺县天凯庄园旅游景区、灵石县王家庄园景区、左权县莲花岩景区、左权县日月星风景区、左权县晋冀鲁豫边区临时参议会旧址纪念馆、昔阳县石马寺景区、寿阳县寿阳方山景区、寿阳县龙栖湖景区、寿阳县祁寯藻故里景区、祁县红海玻璃文化艺术园 阳泉市：7个，郊区狼峪抗战遗址公园、盂县水神山景区、盂县大汖古村景区、盂县藏山翠谷景区、平定县董寨龙潭峡谷景区、平定县红岩岭景区、平定县固关长城景区 长治市：15个，潞州区漳泽湖国家城市湿地公园、潞州区太行军工文化园（刘伯承工厂旧址）、平顺县上党中药材文化园景区、武乡县鲁迅艺术学校下北漳旧址景区、沁县二郎山景区、沁源县通洲宝灵山风景区、沁源县丹雀小镇景区、沁源县灵空山、长子县仙翁山木化石景区、长子县潞酒文化园景区、长子县紫云山景区、黎城县丹泉小镇、黎城县四方山景区、屯留区石泉海田园艺术庄园、屯留区老爷山景区 晋城市：36个，城区古书院创意文化旅游景区、城区卧龙山旅游景区、陵川县金翠丈河旅游风景区、陵川县好梦松庙·太行驿站旅游风景区、陵川县锡崖沟水镇景区、陵川县自在荒野旅游风景区、陵川县古驿浙水旅游风景区、陵川县七彩太行旅游、陵川县黄围山景区、泽州县晋钢智造工业旅游景区、泽州县晋城中科环保科普园、泽州县二十里铺旅游景区、泽州县高都古镇景区、泽州县山里泉景区、泽州县可寒山旅游景区、泽州县聚寿山景区、阳城县鹿鸣谷景区、

序号	等级 （390个）	景区名称
3	AAA （208个）	阳城县中华山根祖文化旅游区、阳城县太行茱萸湾景区、阳城县动感横河景区、阳城县町店战斗纪念园景区、阳城县砥洎城景区、阳城县布政李府景区、阳城县孙文龙纪念馆、阳城县小尖山景区、阳城县河阳商道古镇景区、沁水县赵树理故居文化旅游区、沁水县鹿台山景区、高平市丹朱岭工业旅游景区、高平市七佛山旅游景区、高平市釜山景区、高平市喜镇苏庄景区、高平市卧龙湾景区、高平市大粮山景区、高平市良户古村文化旅游景区、高平市清云寺生态公园景区 临汾市：23个，隰县中国梨博园景区、安泽县小李村太岳行署旧址景区、安泽县荀子文化园、霍州市冯南垣景区、襄汾县唐人居家居文化园景区、襄汾县丁陶风情街文化旅游景区、襄汾县山西光大工业旅游示范园区、乡宁县峰岭景区、浮山县寨圪塔康养景区、大宁县马斗关景区、汾西县师家沟景区、曲沃县建邦·通才钢铁冶金公园、曲沃县石桥堡红色文化景区、曲沃县磨盘岭休闲农业观光园、曲沃县朝阳沟景区、曲沃县诗经山水景区、曲沃县春秋晋国城景区、翼城县佛爷山景区、翼城县翼城古城景区、吉县克难城旅游区、洪洞县中镇霍山兴唐寺景区、洪洞县红军八路军纪念馆、洪洞县明代监狱景区 运城市：17个，盐湖区河东池盐文化博览园景区、芮城县城隍庙景区、芮城县印象风陵渡景区、芮城县西侯度遗址景区、稷山县国家板枣公园景区、稷山县大佛寺景区、河津市古今天下景区、绛县绛北大峡谷景区、临猗县临晋县衙景区、夏县格瑞特庄园景区、夏县瑶台山景区、平陆县周仓文化园景区、闻喜县建龙钢铁文化创意园景区、闻喜县中华宰相村景区、万荣县孤峰山景区、万荣县万泉文庙景区、新绛县龙兴寺景区
4	AA （29个）	太原市：1个，太原市碑林公园景区 大同市：1个，云冈区大同煤矿万人坑遗址纪念馆 忻州市：6个，五台县驼梁景区、五台县百草绿源健康产业园景区、神池县荣庄子星河里景区、神池县南山景区、原平市高欢古战道景区、代县白仁岩景区 阳泉市：7个，矿区银圆山庄景区、郊区关王庙景区、平定县平西抗战文化园、平定县瓦岭村柏岭山景区、平定县上艾莲花山景区、平定县南庄抗战地道景区、平定县七亘大捷景区 长治市：6个，潞城区八路军总司令部北村旧址景区、潞州区神农峰景区、乡县八路军总部王家峪旧址纪念馆景区、平顺县九天圣母庙景区、长子县九连环大院景区、上党区五凤楼景区 晋城市：1个，陵川县凤凰欢乐谷景区 运城市：7个，盐湖区九龙山自然风景区、盐湖区关王庙景区、绛县紫云寺景区、临猗县傅作义故居景区、永济市蒲津渡遗址博物馆景区、新绛县绛州文庙景区、万荣县黄河文化雕塑博览园景区
5	1A （2个）	阳泉市：1个，平定县冠山景区 运城市：1个，万荣县东岳庙景区

山西省

西行漫游

武侠奇旅

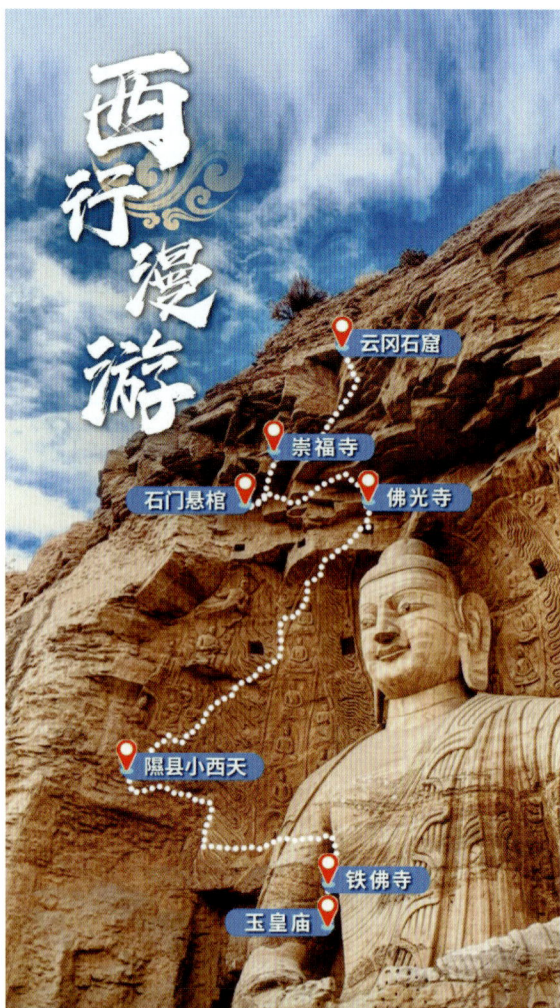

📋 西行漫游——四日游 ▶

太原→大同→云冈石窟→朔州→崇福寺→忻州→佛光寺→石门悬棺→临汾→隰县小西天→晋城→高平铁佛寺→玉皇庙

行程推荐 第一天：从太原出发，经二广高速、大同绕城高速去往云冈石窟游玩，下午经二广高速、元朔高速抵达崇福寺，游玩后驾车开往忻州，晚上宿忻州，全天行程586.6千米。

第二天：佛光寺、石门悬棺游玩，晚上宿宁武。

第三天：从宁武出发至临汾隰县后，游玩隰县小西天，晚上宿临汾，全天行程519.3千米。第四天：从临汾出发，经青兰高速、二广高速抵达铁佛寺、玉皇庙游玩，全天行程247千米。

📋 武侠奇旅——四日游 ▶

太原→大同→恒山—悬空寺→忻州→雁门关→五台山→晋中 → 太岳山 → 运城 → 运城盐湖→风陵渡

行程推荐 第一天：从太原出发，经二广高速、荣乌高速去往恒山、悬空寺游玩，之后经荣乌高速、二广高速抵达忻州，晚上宿忻州，全天行程504.8千米。第二天：从忻州出发，经二广高速抵达雁门关游玩，下午驾车开往五台山景区，晚上宿五台山，全天行程318千米。

第三天：从五台山出发至晋中后，游玩太岳山，晚上宿晋中，全天行程368.5千米。第四天：从晋中出发，经京昆高速、侯平高速抵达运城盐湖景区游玩，下午经运风高速抵达风陵渡游玩，全天行程356.9千米。

神话奇遇

【牛郎织女】
和顺南天池

【女娲造人】
人祖山
【后羿射日】
三嶐山
【神农尝百草】
老顶山
【鹿仙女和尧帝】
姑射山
【精卫填海】
发鸠山
【愚公移山】
太行山
【大禹治水】
运城龙门

古韵今风

《金沙滩》
怀仁金沙滩
《赵氏孤儿》
藏山
《刘知远白兔记》
太原古县城
晋祠
《桐叶记》
《苏三起解》
明代监狱
《西厢记》
普救寺

📖 神话奇遇——四日游

太原→晋中→和顺南天池（牛郎织女）→长治→三嶐山（后羿射日）→老顶山（神农尝百草）→晋城→太行山（愚公移山）→长治→发鸠山（精卫填海）→临汾→姑射山（鹿仙女和尧帝）→人祖山（女娲造人）→运城→运城龙门（大禹治水）

行程推荐 第一天：从太原出发，去往和顺南天池游玩，后驾车开往长治，游玩三嶐山、老顶山，晚上宿长治，全天行程449.8千米。第二天：从长治出发，开往晋城阳城县太行山游玩，后驾车返回长治市长子县，全天行程315.8千米。第三天：在长子县游玩发鸠山后，驾车开往临汾姑射山游玩，下午驾车抵达人祖山游玩，晚上宿人祖山，全天行程354.5千米。第四天：驾车开往运城龙门，全天行程107.1千米。

📖 古韵今风——三日游

太原→朔州→金沙滩《四郎探母》→阳泉→藏山《赵氏孤儿》→太原→太原古县城《刘知远白兔记》→晋祠《桐叶记》→临汾→明代监狱《苏三起解》→运城→普救寺《西厢记》

行程推荐 第一天：从太原出发，沿二广高速至朔州，沿S210去金沙滩，后驾车经二广高速、沧榆高速抵达阳泉盂县，晚上宿盂县，全天行程537.3千米。第二天：游玩藏山后，经京昆高速、太原二环东环，游玩太原古县城、晋祠，晚上宿太原，全天行程141.1千米。第三天：早上从太原出发，经京昆高速抵达明代监狱，下午驾车开往运城永济普救寺，全天行程434.3千米。

山西省

寻踪晋商
杀虎口
晋商博物院
碛口古镇
乔家大院
常家庄园
平遥古城
王家大院
李家大院

📖 寻踪晋商——四日游 ▶

太原→朔州→杀虎口→吕梁→碛口古镇→太原→晋商博物院→晋中→常家庄园→乔家大院→平遥古城→王家大院→运城→李家大院

行程推荐 第一天：从太原出发，经二广高速、呼北高速进入朔州去往杀虎口游玩，下午沿呼北高速到达吕梁，晚上宿吕梁，全天行程758.3千米。第二天：早上游玩碛口古镇之后开车前往太原的晋商博物院观光，下午开车前往常家庄园游玩，晚上宿常家庄园附近，全天行程288.8千米。第三天：早上开车经X914、二淅线抵达乔家大院游玩，下午驾车前往平遥古城游玩，晚上宿平遥古城，全天行程69.3千米。第四天：早上出发前往王家大院游玩，下午驾车经京昆高速、呼北高速前往李家大院游玩，全天行程295千米。

绿野仙踪 山水游
沁源花坡
太行水乡
皇城相府
王莽岭
九女仙湖
历山舜王坪
运城盐湖

📖 绿野仙踪·山水游——四日游 ▶

太原→长治→沁源花坡→太行水乡→晋城→王莽岭→皇城相府→九女仙湖→运城→历山舜王坪→运城盐湖

行程推荐 第一天：从太原出发走京昆高速公路，平遥高速口出，走呼北线到沁源花坡景区，下午经G241、长延高速抵达太行水乡，晚上宿太行水乡，全天行程350.9千米。第二天：经长治绕城高速、陵侯高速抵达王莽岭游玩，下午经陵侯高速、晋城绕城高速前往皇城相府观光，全天行程292.3千米。第三天：早上前往九女仙湖游玩，之后驾车经壁索线、阳云线前往历山舜王坪游玩，晚上宿运城，全天行程290千米。第四天：驾车前往运城盐湖，全天行程2.2千米。

欢乐五一 研学游

表里山河 精华游

📖 欢乐五一·研学游——三日游

太原→阳泉→阳泉记忆·1947文化园→藏山→太原→钟楼街→山西博物院→吕梁→汾酒文化景区

行程推荐 第一天：自驾太原出发走青银高速至阳泉记忆·1947文化园，下午自驾走天黎高速、G239至藏山游玩，晚上驾车返回太原，全天行程301.9千米。第二天：上午游玩钟楼街，下午前往山西博物院观光，晚上宿山西博物院附近，全天行程5.9千米。第三天：从山西博物院出发，经京昆高速、青银高速前往汾酒文化景区观光，全天行程354.5千米。

📖 表里山河·精华游——三日游

太原→大同→云冈石窟→忻州→五台山→晋中→乔家大院→平遥古城→临汾→洪洞大槐树→壶口瀑布

行程推荐 第一天：从太原出发走二广高速，转大同绕城高速、339省道至云冈石窟，下午驾车前往五台山游玩，晚上宿五台山，全天行程520.9千米。第二天：从五台山出发前往乔家大院，游玩后下午前往平遥古城观光，晚上宿平遥古城，全天行程289.8千米。第三天：从平遥古城出发，经京昆高速前往洪洞大槐树游玩，之后驾车经京昆高速、青兰高速去往壶口瀑布游玩，全天行程287.3千米。

一眼千年·研学游——三日游 ▶

太原→运城→永乐宫→临汾→云丘山→晋国博物院→晋城→大阳古镇

行程推荐 第一天:从太原出发,经京昆高速、侯平高速进入运城去往永乐宫游玩,晚上宿永乐宫附近,全天行程449.1千米。第二天:早上驾车前往临汾云丘山观光,下午前往晋国博物馆游览,晚上宿晋国博物馆附近,全天行程235.2千米。第三天:早上从晋国博物馆出发,开车经陵侯高速抵达大阳古镇游玩,全天行程146.7千米。

欢乐童趣·亲子游——两日游 ▶

太原→方特东方神画→阳泉→娘子关·水上人家→吕梁→贾家庄文化生态旅游区

行程推荐 第一天:从太原出发,沿滨河东路、阳兴大道去往太原方特东方神画游玩一天,晚上宿方特,全天行程30.8千米。第二天:经京昆高速、天黎高速前往娘子关·水上人家观光,下午驾车经青银高速、京昆高速开往贾家庄文化生态旅游区游玩,全天行程380.5千米。

诗与远方 山水游

绿野仙踪

📖 诗与远方·山水游——四日游

太原→长治→太行水乡风景区→通天峡→虹霓村→晋城→王莽岭→武家湾

行程推荐 第一天：从太原出发，经二广高速、长延高速到太行水乡风景区游玩一天，晚上宿太行水乡风景区，全天行程233.9千米。
第二天：从太行水乡风景区出发，经S325、张河线开往通天峡观光，下午前往虹霓村游玩，晚宿住虹霓村，全天行程48.5千米。第三天：驾车经二广高速、陵侯高速前往王莽岭游玩，晚宿王莽岭，全天行程167.5千米。第四天：早上驾车经赵马线、X761抵达武家湾游玩，全天行程53.9千米。

📖 绿野仙踪——四日游

太原→阳泉→藏山→吕梁→苍儿会→晋中→绵山→临汾→云丘山·塔尔坡古村→运城→历山舜王坪→晋城→王莽岭

行程推荐 第一天：从太原出发，经京昆高速、G239去往藏山游玩，下午驾车前往苍儿会观光，晚上宿苍儿会，全天行程351.4千米。第二天：从苍儿会出发，驾车前往绵山景区观光，晚上宿绵山，全天行程161.3千米。第三天：早上驾车前往云丘山·塔尔坡古村落观光，下午前往历山舜王坪景区游玩，全天行程403.4千米。第四天：早上经二广高速、陵侯高速前往王莽岭景区观光，全天行程208.6千米。

太原市

太原市旅游公路建设里程1027千米,其中黄河一号旅游公路建设545千米,太行一号旅游公路建设482千米,支线541千米,连接线486千米。同步建成92千米慢行道,桃花沟驿站、蒙山驿站、崛围驿站等17个驿站,汾河一库、王封等15个观景台,一线天房车营地、西家凹村机动车营地等8个机动车营地。

连通如下景区。

AAAAA级景区1个:晋祠天龙山景区。

AAAA级景区11个:汾河景区、太原植物园景区、晋源区蒙山景区、太原动物园景区、杏花岭区东湖醋园景区、尖草坪区森林公园景区、万柏林区中国煤炭博物馆煤海探秘景区、阳曲县青龙古镇景区、清徐县六味斋云梦坞景区、清徐县宝源老醋坊景区、清徐县紫林醋工业园景区。

AAA级景区19个:尖草坪区太钢工业文化园景区、尖草坪区中华傅山园景区、杏花岭区晋商博物院景区、杏花岭区采薇庄园景区、万柏林区龙华寺景区、万柏林区偏桥沟风情小镇景区、万柏林区桃花沟旅游景区、万柏林区玉泉山城郊森林公园景区、小店区华辰农耕园景区、小店区太原蒙牛乳业景区、古交市晋绥八分区(专署)旧址景区、娄烦县汾河水库景区、娄烦县高君宇故居纪念馆景区、阳曲县青草坡乡村庄园景区、清徐县清泉山庄景区、清徐县绿源生态农庄景区、清徐县马峪葡乡文化展示园景区、清徐县晋韵文化产业园景区、清徐县三晋奇石博物馆景区。

AA级景区1个:太原市碑林公园景区。

太原武宿国际机场位于太原市区东南部,距太原市区18千米。太原尧城机场位于太原市清徐县孟封镇。

太原市有11个火车站,分别是太原南站、阳曲西站、太原站、阳曲站、汾河站、古交站、镇城底站、娄烦站、太原东站、古东站、清徐站,其中太原南站、阳曲西站、太原站是高铁车站。

太原市自驾游精品线路图（里程：475km）

高君宇故居 20
汾河水库景区 40
中华傅山园
青草坡乡村庄园 12
青龙古镇 14
太原动物园
采薇庄园
太原森林公园 8
中国煤炭博物馆
米峪战斗遗址 86
玉泉山森林公园 25
桃花沟旅游风景区
偏桥沟风情小镇景区 38
太原蒙山景区 11
晋祠天龙山 26
紫林醋工业园区 14
六味斋云梦坞
宝源老醋坊景区
碑林公园
东湖醋园 17
太原汾河景区 33
龙华寺
大汇嘉园旅游景区 7
太原植物园 3
晋农之窗农业博览园 15
蒙牛乳业工业园区
18
10
5
5
4
4
17
3
8
3

太原森林公园 AAA

太原蒙山 AAA

晋祠天龙山 AAAA

紫林醋工业园 AAA

宝源老醋坊 AAA

吕 梁 市

忻

娄烦县

古交市

清徐县

交城县

文水县

静乐县

比例尺 1:670000

• 一日游精品线路 •

起点

第❶站
青龙古镇

第❷站
太原动物园

第❸站
东湖醋园

太原 ─── 青龙古镇 ─── 太原动物园 ─── 东湖醋园景区

📅 **行程推荐** 全程24千米，驾车耗时38分钟

上午驾车开往青龙古镇游玩，之后沿阳兴大道、卧虎山路去往太原动物园游玩。下午沿卧虎山路、涧河路前往东湖醋园游玩，全天行程24千米。

• 两日游精[品线路] •

第❷[站]
太原森林公[园]

第❸站
蒙山景区

第❹站
太原植物园

太原 ─── 太原森[林]
青龙古镇

📅 **行程推荐** 全程57.3千[米]

第一天：上午驾车开往青龙古镇[游玩，之后沿……]路前往太原森林公园游玩，晚上[……行]程22.9千米。

第二天：上午出发前往蒙山景区[……行]程34.4千米。

品线路

起点

第❶站
青龙古镇

• 三日游精品线路 •

第❺站
中华傅山园

起点

第❻站
青龙古镇

第❹站
采薇庄园

第❷站
蒙山景区

第❶站
天龙山景区

第❸站
汾河景区

起点

林公园　　　太原植物园

蒙山景区

太原　　蒙山景区　　采薇庄园　　青龙古镇

天龙山景区　　汾河景区　　中华傅山园

驾车耗时1小时11分钟

🏨 **行程推荐**　　全程98.7千米，驾车耗时2小时38分钟

游玩，下午沿阳兴大道、卧虎山
宿太原森林公园附近，全天行

下午前往太原植物园，全天行

第一天：上午在天龙山景区游玩，下午沿天龙山路、太古路前往蒙山景区，全天行程10.3千米。

第二天：早上沿蒙山北路、南中环街抵达汾河景区，游玩后驾车沿龙城大街、太原绕城高速前往采薇庄园，晚上宿采薇庄园，全天行程48.3千米。

第三天：早上从采薇庄园出发，沿新城南大街、滨河东路到达中华傅山园，下午驾车前往青龙古镇游玩，全天行程40.1千米。

景点介绍 >>>

01. 晋祠天龙山景区 >>>

◇ 景区名称:晋祠天龙山景区

◇ 质量等级:国家AAAAA级旅游景区

◇ 景区地址:晋源区晋祠镇

◇ 联系方式:400-114-0353

◇ 景区简介:

晋祠天龙山景区位于太原市西南部,占地面积3.86平方千米,北魏郦道元的《水经注》记载:"于晋川之中,最为胜处。"可见天龙山早在1500年前已是闻名遐迩的旅游胜地。晋祠天龙山是晋阳、太原历史发展变迁的重要实物见证和文化遗存。晋祠是我国现存最早、规模最大、跨越时间最悠久的唐宋古典园林。晋祠是晋国的宗祠,是我国祠庙、祭祀文化的重要源头和千年传承地。天龙山石窟是石窟文化逐渐本土化的重要节点,反映了我国南北朝至隋唐时期石窟艺术的辉煌成就,世称天龙山样式,已成为世界雕塑艺术宝库中一颗璀璨的明珠。晋祠天龙山是晋文化最重要的综合性实物载体,千百年来守护和滋养着三晋文明,形成了深厚的文化底蕴和璀璨的人文景观,现存有古建筑136座,彩塑219尊、铸造艺术品33件、楹联匾额265幅、石窟29座、造像506尊、碑碣457通、馆藏文物10036件。秀丽的山光水色、珍贵的古建瑰宝、恢宏的佛教石窟、幽美的古典园林在此交融糅合,是首批全国重点文物保护单位,首批国家AAAA级旅游景区,国家森林公园,全国文明单位,2024年12月,成为AAAAA级旅游景区。

02. 太原汾河景区 >>>

◇ 景区名称:太原汾河景区

◇ 质量等级:国家AAAA级旅游景区

◇ 景区地址:滨河东西路汾河两侧

◇ 联系方式:0351-2772650

◇ 景区简介:

汾河景区北起上兰村漫水桥,南至迎宾桥南2千米,全长43千米,总面积约20平方千米,其中绿地面积约8.5平方千米、水面面积约11.5平方千米,蓄水总量约3000万立方米,水质已达地表III～V类标准。

全段由4道挡水堰、7道橡胶坝、2道壅水闸坝分为12级蓄水水面,河面宽度50～300米,各类横跨桥梁24座;以胜利桥为界,以北17千米为自然湿地,以南26千米为蓄水景观;两条总长85千米、净宽5～8米的滨河自行车道,平行布置于滨河东、西路两侧。景区栽植各类树木花卉230余种,其中乔木、灌木100余种、80余万株,草坪、地被、花卉、水生植物600万平方米,景区分别布设40余处文化景点,有165种鸟类或迁徙或栖息在景区内。

汾河景区的建成对防洪排涝、调节气温、增加湿度、净化水质、恢复生物多样性起到了明显作用。

汾河景区先后荣获"中国人居环境最佳范例奖""迪拜国际改善人居环境最佳范例称号奖""国家水利风景区""全国优秀体育公园""国家AAAA级旅游景区"等称号。

03.太原蒙山景区 »»

◇ 景区名称:蒙山景区

◇ 质量等级:国家AAAA级旅游景区

◇ 景区地址:罗城街道寺底旧村1号

◇ 联系方式:0351-6862502

◇ 景区简介:

　　蒙山景区位于太原市西南约15千米处,与晋祠、天龙山、太原古县城、晋阳湖、植物园、太山交相呼应。景区面积为7.74平方千米,距离太原环城高速罗城站仅1千米,距太原火车南站仅12分钟车程,距太原武宿国际机场仅15分钟车程,多条公交线路直达景区,交通十分便利。景区主要资源有自然资源、人文资源和民俗风情旅游资源等。景区海拔1325米,气候凉爽,绿树成荫,泉水潺潺,文物众多,核心景区占地面积约500亩①。蒙山大佛(古时又称"晋阳西山大佛")坐落于蒙山北峰,世界文化瑰宝,摩崖石刻巨作,是景区最具代表性的文物古迹,也是整个景区的灵魂。就凿成的确切年代而言,它是目前所知世界凿成年代最早、体量最大的大型摩崖石刻佛像。目前,蒙山景区已获得了"国家AAAA级旅游景区""文

明景区"等荣誉称号,是山西书画协会创作基地。

04.东湖醋园景区 »»

◇ 景区名称:东湖醋园

◇ 质量等级:国家AAAA级旅游景区

◇ 景区地址:杏花岭区马道坡街26号

◇ 联系方式:0351-4424648

◇ 景区简介:

　　游东湖醋园,读山西酿醋史。东湖醋园作为国家AAAA级旅游景区,位于山西省太原市杏花岭区马道坡街26号,建筑总面积大约16667平方米。东湖醋园依托山西悠久的黄河农耕文化,不断传承、挖掘、保护、创新。始创于明洪武年间。东湖醋园现有被业内誉为"中国酿醋第一坊"的美和居作坊,美和居醋坊展示了悠久的历史、酿造的工艺及山西酿醋文化,在"蒸、酵、熏、淋、陈"古法酿造工艺基础上,不断创新,真正实现了"承启传统精艺,实现健康理念"。

　　自2000年开园以来,东湖醋园以古今酿

---

①1亩=666.67平方米。

醋器皿展示、醋产品陈列、精酿车间体验等方式向海内外游客集中展现了"国家级非物质文化遗产'美和居'老陈醋酿制技艺"的独特魅力，向世人打开了一条了解山西醋文化、深度体验"非遗"酿醋技艺、认知山西老陈醋康养价值的时光隧道。游客置身醋园内不仅可以领略山西醋历史文化的深厚底蕴，呼吸扑鼻而来"东湖醋"的醇香，熏蒸"东湖醋桑拿"，品尝纯正东湖老陈醋的味道，同时可以深度体验"蒸、酵、熏、淋、陈"国家级非物质文化遗产"美和居"老陈醋的酿制技艺，还能品尝到醋泡豆、醋小占等各类特色的醋饮醋小吃和康养醋宴，从而更真实地了解山西老陈醋的发展脉络和东湖醋的康养价值。东湖醋园让每一位游客都能感到不虚此行。

开园二十余年来，东湖醋园共接待海内外游客350余万人次，单日最高团队接待量达110多个，已然形成了集生产、旅游、餐饮、研学为一体的沉浸式醋体验中心和富有民族特色的三晋文化名片。

05. 太原动物园景区 >>>

◇ 景区名称：太原动物园
◇ 质量等级：国家AAAA级旅游景区
◇ 景区地址：太原市东山马路2号
◇ 联系方式：0351-3074953
◇ 景区简介：

太原动物园是野生动物繁殖、异地保护、引种驯化、展出及安全管理、开展国内外动物交换、公园丰容绿化管护、环境清洁、设施维护、游览秩序、游客安全等日常管理工作的专类公园，青少年科普教育基地，国家AAAA级旅游景区。

太原动物园，始建于1957年的黑龙潭公园，2004年搬迁至卧虎山公园。2018年5月闭园，即在原址基础上提质扩容改造。2020年9月28日，正式恢复开园。随着时代的进步，人民生活的需求，太原动物园在一步步发展壮大，迸发出新的活力。

新扩容改建成的太原动物园位于北涧河抢险路以南、享堂新村以北、北同蒲铁路以东、东中环北延道路以西区域，占地面积119.19万平方米（合1787.85亩），建筑总面积8.4万平方米，包括大象馆、河马馆、熊猫馆等62个群（组）建筑配套服务设施，绿化面积达70.2万平方米。

全园根据动物栖息地和种类划分为亚洲猛兽动物展示区、非洲猛兽动物展示区、亚洲食草动物展示区、非洲食草动物展示区、大型动物展示区、灵长类动物展示区、鸟类动物展示区等共十一个观赏区，饲养了黑猩猩、节尾狐猴、非洲犀牛、长颈鹿、大象、河马、斑马、孟加拉白虎、金钱豹、褐马鸡等各种国家一、二级保护动物。

2004年9月,一个以"森林"为主体,集生态、休闲、旅游和科普功能为一体的城市生态型公园正式向游人开放。公园现有各种树木约42科86属173种,其中乔木约11万株,花灌木约4万株,草坪等地被植被约56万平方米。全园主要分为森林景观区、树木园、百鸟园、人工湖和休闲娱乐区五个区域。

06. 太原市公园服务中心(森林公园)景区 »»»

◇ 景区名称:太原市公园服务中心(森林公园)
◇ 质量等级:国家AAAA级旅游景区
◇ 景区地址:尖草坪区大同路北36号
◇ 联系方式:0351-3552153
◇ 景区简介:

该森林公园是以高大针阔叶林为主体,具有生态、休闲、旅游和科普功能的大型城市生态公园。隶属于市园林局公园服务中心的全额事业单位,东临大同路、西濒滨河东路、南接北中环街(桥)、北与赵庄新村接壤,交通十分便利。全园占地约2630亩,其中公园绿地面积为2440余亩(含水面),地势总体较平坦,北高南低。园内树木多为改建以来栽植的桧柏、华山松、白皮松、油松、毛白杨、金丝柳、国槐等针阔树和原林地部分有保留价值的杨柳树、刺槐等阔叶树。公园常有野雉嬉戏枝头,野兔出没草丛,小气候特征明显。

森林公园于1990年6月经市政府常务会议研究决定兴建,同年7月开始筹建。2001年,森林公园改造完善建设工程被市委、市政府列入为市民办的20件实事之一。公园在历届市委、市政府的高度重视,社会各界的积极参与和市民的大力支持下,将原杂草丛生的一片稀疏林地按照总体规划进行改造,通过政府投资、义务劳动、引进资金和自筹资金的方式圆满完成了公园筹建、改建任务。

07. 中国煤炭博物馆景区 »»»

◇ 景区名称:中国煤炭博物馆
◇ 质量等级:国家AAAA级旅游景区
◇ 景区地址:万柏林区迎泽西大街2号
◇ 联系方式:0351-4117821;
　　　　　　0351—6180108
◇ 景区简介:

中国煤炭博物馆是我国唯一的一家国家级煤炭行业博物馆。大型煤炭科学技术永久性科普展览——"煤海探秘"以现代化的表现手法,浓缩了我国悠久的煤炭历史,四维动感影厅和地下模拟矿井堪称其两大亮点。在四维动感影厅，游客将被带入亿万年前的神秘远古森林中，亲身感受霹雳雷电、霜雾雨雪，在新奇刺激中了解煤炭的形成过程。亚洲最大的地下模拟矿井被评为该馆十大镇馆之宝，井壁、巷道形象逼真，矿井设备均为实物，游客可以像真正的矿工一样，头戴矿帽，乘坐矿车，走过层层铁轨，穿过支架，亲手操作电钻，亲身体会煤炭的开采过程。

　　景区现已成为山西省重要的工业文旅品牌，获得国家AAAA级旅游景区、国家一级博物馆、全国科普教育基地、全国中小学生研学实践教育基地、全国研学旅游示范基地、全国工业旅游联盟副理事长单位、山西省工业旅游联盟、山西省工业博物馆联盟理事长单位等称号，是多家煤炭院校的教学实训基地。

中国煤炭博物馆

08. 太原宝源老醋坊景区 »»»

◇ 景区名称：宝源老醋坊景区
◇ 质量等级：国家AAAA级旅游景区
◇ 景区地址：清徐县杨房北路288号

◇ 联系方式：13935199481
◇ 景区简介：

　　"自古酿醋数山西，山西酿醋数清徐。"作为山西老陈醋的发源地清徐，在4000多年的酿醋史演变中，对我国的食醋产业作出了巨大贡献，清徐因此也被誉为"中国醋都"。在明、清两朝，山西老陈醋发展达到了鼎盛时期，在清徐当地先后涌现出了"宝源坊""顺泰号""同泰庆"等一大批酿醋作坊。伴随晋商走南闯北的脚步，山西老陈醋也传遍了大江南北，成为人们所喜爱的调味品，被誉为"华夏第一醋"。

　　"宝源坊"始建于明朝宣德三年(公元1428年)，距今已有近600年的历史。宝源老陈醋曾作为明、清两朝皇家贡品，为山西醋业写下了辉煌的篇章。但是，随着历史的推进，到民国时期，因晋中一带遭遇连年饥荒与战火的摧残，宝源坊关号歇业。

　　采用青砖、灰瓦、古木雕刻建筑风格的宝源老醋坊，是水塔醋业公司2006年在宝源坊遗址上恢复重建而成。它是集科教、醋文化展示、旅游品鉴于一体的特色景区。

　　景区内老陈醋酿制工艺展厅从酿醋原料到"蒸、酵、熏、淋、陈"，一步步再现古代酿醋场景，同时也展示了酿醋器具、工具和服饰，完全还原了当地的明清风貌。此外，园区内农耕文化、醋文化两个展厅，分别收集了我国历史上各个时期与醋工艺、文化有关的农耕用具以及大量古书典藏，充分展示了山西老陈醋深厚的历史文化底蕴。

　　2011年宝源老醋坊被山西省文化厅评为"山西省清徐老陈醋酿制技艺博物馆"，2012年被国家旅游局评为"国家AAAA级旅游景区"，2013年被中国旅游品牌协会、国际文化旅游促进会评为"中华最具特色工业旅游示范地"。这些荣誉的获得，势必将为山西老陈醋地发扬光大，起到巨大的推动作用。该景区是海内外游客了解山西醋文化的最佳旅游地。

国醋类产品中独树一帜。

09.紫林醋文化工业园景区 >>>

- ◇ 景区名称:紫林醋文化工业园景区
- ◇ 质量等级:国家AAAA级旅游景区
- ◇ 景区地址:清徐县太茅路高花段550号
- ◇ 联系方式:0351-5731909
- ◇ 景区简介:

紫林醋工业园位于醋都清徐县,是以"醋与健康"为主题,集醋历史、醋文化和醋技艺展示,醋养生体验,醋乐汇游憩为主要游览项目的现代食品工业旅游景点。

园内开放三晋醋苑醋博馆、紫林文化展、醋养生体验、酿造食醋生产线、装备技术先进的现代化灌装流水线、葡萄长廊、绿色采摘、醋养生主题生态老醯食府和园林厂区等主要参观景点,将工业化、信息化、标准化酿造食醋实景向游客开放,充分展现传统酿造食醋技艺精髓和现代工业科技的魅力。生产工艺至今已有近400年历史,"蒸、酵、熏、淋、陈"五大传统技艺被列为非物质文化保护遗产,产品独具"酸、绵、甜、香、鲜"的优良品质,在我

10.清徐县六味斋云梦坞景区 >>>

- ◇ 景区名称:六味斋云梦坞景区
- ◇ 质量等级:国家AAAA级旅游景区
- ◇ 景区地址:清徐县徐沟镇翔云街66号
- ◇ 联系方式:0351-2792560;
  13466835095
- ◇ 景区简介:

六味斋云梦坞景区是由中华老字号六味斋打造的集传统食品工业观光、非遗文化探索、传统美食品鉴、短途休闲度假于一身的工业旅游景区。景区占地500亩,于2014年建成,2015年正式对外开放,2016年底被评为国家AAAA级旅游景区。"云梦坞"一名取自六味斋招牌产品——酱肘花,在1300多年前的大唐盛世时,它曾是宫廷名宴"烧尾宴"当中的第55道菜,被赐名"缠花云梦肉"。穿越千年,几经变迁,历史沉淀,这道传统名吃在六味斋传承下来并发展成为以"酱"为特色的酱

太原市A级景点·特产美食

041

肉系列产品，享誉山西、驰名全国。这项古老的制作技艺也于2008年被评为国家级非物质文化遗产。

为纪念这项传统技艺，景区遂以"云梦"二字命名，而"坞"意为在水边建造的停船的地方，引申为世外桃源之地。进入云梦坞，桥洲叠水，山瀑潺潺，满目水乡园林之秀气，因而不少游客也将其称为"花园式工厂"。

11.太原植物园景区 >>>

◇ 景区名称：太原植物园景区

◇ 质量等级：国家AAAA级旅游景区

◇ 景区地址：晋源区晋阳大道与太古路交叉口西北角

◇ 联系方式：15135091136

◇ 景区简介：

太原植物园位于晋源区罗城高速口往南800米，北起风峪沙河以北100米，南至太古公路，西起风峪沟口，东到晋阳大道，总面积约2730亩。太原植物园是山西省、太原市重点工程项目，被列为第三批示范项目，同时获得了世界结构大奖、ENR全球最佳项目、全国钢结构金奖、2021～2022全国科普教育基地、山西省科普教育基地、山西省科普基地和山西省改善人居环境PPP项目奖等国内外奖项。

植物园总体分为入口管理区、植物科学分类区、植物科学应用区、植物进化展示区、科学实验区五大功能区域。景区主要包括主入口建筑、展览温室、盆景馆、滨水餐厅、科研中心及绿化工程、水体工程、园路工程、配套建筑及设施、综合管网工程及月季园、宿根花卉园、槐香园、树木园、攀缘植物园、菊园、珍稀植物园等25个专类园，拟收集植物品种8000～10000种。

太原植物园植物科普馆主要利用图、文、音、像的手段，浅显易懂的方式，让公众接受植物的自然科学知识。科普馆面积4300平方米，其中有3900平方米的展示区域。该展馆分为植物·演化、植物·奥秘、植物·智慧、植物·价值、植物·生态、植物·文化与植物·晋美七大展区。太原植物园是山西省唯一集科学研究、科普教育、园艺观赏和文化旅游于一体的综合性植物园。除三个主要场馆外，园内还有报告厅、滨水餐厅、采摘园、户外运动、露营基地、儿童乐园等项目。

12. 太原阳曲县青龙古镇景区 >>>

◇ 景区名称：青龙古镇景区
◇ 质量等级：国家AAAA级旅游景区
◇ 景区地址：阳曲县侯村乡青龙古镇
◇ 联系方式：13503516108
◇ 景区简介：

青龙古镇，位于太原市阳曲县与尖草坪区相邻的侯村乡，该村紧傍208国道、北同蒲铁路和大运高速公路，交通极为便利。青龙古镇，是一处集军事、古建、园林、庙宇、祠堂、古道、地道于一体的北方明清古建筑群，是晋商"走西口"的商贸通衢，也是丝绸之路、万里茶道的必经之路，是"太原道"上的重镇之一。青龙古镇内的古建筑均为典型的明清风格，建筑上的各种雕饰十分精美，体现了当时工匠精湛的工艺手法，皆具观赏性。五里长街上的五道阁当属全国罕见。它效仿颐和园昆明湖的构建方式，东建文昌祠，西设龙王庙，北筑凤头寨，形成东文西武、南龙北凤、龙凤呈祥的总体布局，神似一条灵活的"巨龙"。

13. 太原中华傅山园景区 >>>

◇ 景区名称：太原中华傅山园景区
◇ 质量等级：国家AAA级旅游景区
◇ 景区地址：尖草坪区西村中华傅山园
◇ 联系方式：13834220691
◇ 景区简介：

中华傅山园是太原市委、市政府于2007年为纪念傅山先生诞辰400周年，精心建造的爱国主义教育基地。该园相继建成家风院、农耕院、非遗院、学社院、膳食院、医药院等六个不同功能的文化场所，研究挖掘以傅山精神、傅山家训为特点的中华传统文化，对青少年进行爱国主义教育，对各级各类干部教育培训，是一个提供舒适且有教育意义的文化平台。

14. 太原龙华寺景区 >>>

◇ 景区名称：太原龙华寺景区
◇ 质量等级：国家AAA级旅游景区
◇ 景区地址：万柏林区长兴北街与南屯路交叉口西北200米

◇ 联系方式：13653669194
◇ 景区简介：

　　龙华寺位于太原南屯社区。创建于北齐时期的龙华寺，有着近1500年的历史，是一座千年古刹。龙华寺曾是晋阳历史上著名的佛教寺庙，也是北朝弥勒信仰在太原地区传播的重要道场。龙华寺在历史上几度有名，屡废屡兴。据《永乐大典》所收《太原志·寺观》太原县条下记载："龙华寺在县北南屯村，古砖塔在焉，有宋碑文已剥落，今废。"明嘉靖、清道光年间的历史文献等对龙华寺均有记载。现今龙华寺为仿明清砖木构建筑，坐北朝南，总占地14440平方米，建筑面积为4839平方米。寺庙中轴线建筑依次为天王殿，左右钟鼓楼，前院延伸为大雄宝殿，东西配殿为客堂和书画室，后院正中为弥勒殿，东西垛殿分别为观音殿和地藏殿，东配殿为碧霞元君殿，西配殿为五圣殿。新建成的龙华寺明丽壮观，耸立在汾河两岸，在颇具现代建筑特色的长风商务区映衬下，越发闪烁出三晋古老文明的光华。它不仅向世人再现了北朝故都晋阳的佛教历史景观，也为今后太原城市生活提供了新的禅修、游览、休息、雅集的文化园地。

15.蒙牛乳业工业旅游景区 >>>

◇ 景区名称：蒙牛乳业工业旅游景区
◇ 质量等级：国家AAA级旅游景区
◇ 景区地址：小店区唐槐南路正阳街口
◇ 联系方式：17696192580
◇ 景区简介：

　　蒙牛乳业工业旅游景区，作为全国工业旅游景点设有液体奶、质量检测中心等参观亮点。进入蒙牛公司后从生产车间到行政办公区全部用玻璃取代了墙壁隔断，实现透明化管理模式。通过10年的发展，蒙牛已形成了具有企业自身特色的企业文化，在这里，游客可以更清楚地了解蒙牛、感受蒙牛。整个参观路线，游客可参观到行政人员的办公区域、蒙牛工厂所获荣誉展示、蒙牛生产基地网络布局图、国家领导人走进蒙牛留下的珍贵图片、工厂的产品展示、智能生产车间、重点化验室、PET生产车间、智能立体库房、液态奶包装车间、前处理车间、无菌灌装车间、高温瞬时杀菌车间、中央控制室、洗车区、采样区、收奶区、锅炉房、污水处理厂等多个景点。专职的讲解员为游客进行详细的解说，不仅让游客可以通过落地窗看见车间的乳品生产情景，同时也了解到蒙牛丰富的企业文化。景区绿地覆盖率达到32.8%，景观与环境美化采取人工与自然相结合的多样措施，植物与景观和谐搭配，使游客仿佛进入了空气清新、景色宜人的广阔草原，心旷神怡。

作出的重大贡献等。景观广场位于纪念馆南侧的开阔空地，由高君宇主题雕塑、纪念广场等组成，占地面积约1530平方米。

高君宇故居是原"高家大院"。1996年，为纪念高君宇100周年诞辰，经中共中央宣传部批准，高君宇故居被正式立项修复。修复开放的高君宇故居，占地面积4500平方米，建筑面积约1200平方米，共有房窑60余间，皆为青砖灰瓦，是晋西北农村特有的建筑风貌。

16. 娄烦县高君宇故居红色 旅游景区 >>>

◇ 景区名称：高君宇故居纪念馆
◇ 质量等级：国家AAA级旅游景区
◇ 景区地址：娄烦县静游镇峰岭底村
◇ 联系方式：0351-5391158
◇ 景区简介：

高君宇故居红色旅游景区由高君宇故居、高君宇纪念馆和景观广场组成，位于山西省太原市娄烦县静游镇峰岭底村（原属静乐县），距县城25千米，距汾河水库20千米，距太原市城区97千米。高君宇故居是中国共产党早期著名政治活动家、理论家、北方党团组织的主要负责人和山西党团组织的创始人高君宇16岁以前生活和学习的地方，是高君宇走上革命道路的摇篮。故居现已成为北京大学等全国知名高校、山西省中小学生德育教育、广大干部和群众进行革命传统教育和爱国主义教育的重要基地，是第四批全国爱国主义教育基地，第一批全国红色旅游经典景区，第八批全国重点文物保护单位，山西省省级重点文物保护单位，第一批省级红色遗址。

高君宇纪念馆坐落在故居的西端，于2012年兴建。新建的纪念馆雄伟壮丽，庄严肃穆，占地面积2500平方米，分为展厅、服务用房、附属用房三个功能区。展厅布展内容共分为六大部分。前五部分以高君宇投身革命，在各个时期的革命活动为主要内容，第六部分展示了娄烦作为革命老区，在各个历史时期

17. 阳曲县青草坡乡村庄园 旅游景区 >>>

◇ 景区名称：青草坡乡村庄园景区
◇ 质量等级：国家AAA级旅游景区
◇ 景区地址：阳曲县黄寨镇上安村
◇ 联系方式：0351-7657861
◇ 景区简介：

青草坡乡村庄园系国家AAA级景区，"全国农业旅游示范点""山西省休闲农业示范点""太原市农业旅游示范点""太原市休闲农

业示范园"。2017年,景区成为山西卫视《人说山西好风光》第二季栏目太原市代表景区。

18.清徐县清泉山庄旅游景区 >>>

◇ 景区名称:清泉山庄旅游景区

◇ 质量等级:国家AAA级旅游景区

◇ 景区地址:清徐县清源镇平泉村中隐山

◇ 联系方式:15235156079

◇ 景区简介:

清泉山庄位于清徐县中隐山,与省级重点文物保护单位清泉寺相邻,建成于2009年,占地3000余亩,区域内环境优良,昼夜温差大,光照充足,特别适宜优质葡萄种植。山庄距太原市仅30千米,处于城郊旅游的重要位置,区域内旅游资源丰富,类型多样,包括历史人文景观、山地自然景观等,是山地、清泉、果园完美组合之地,现已规划为集采摘、休闲、度假、加工、揽胜于一体的山水诗画景区。山庄发展定位目标是建设全国一流的玫瑰葡萄示范园区,建成集葡萄种植、观光、休闲、采摘、科普为一体的现代农业示范园区——清泉山庄玫瑰葡萄示范园。园区目前已从山西农

科院,北京、大连、河北、郑州等地及日本引进早黑宝、秋黑宝、秋红宝、丽红宝、玫瑰香、泽香、巨玫瑰、晶红宝、A17、A09、夏日阳光等玫瑰香味葡萄新品种20余种进行试验栽培,已注册"清泉山庄"葡萄商标,并建有梨园、樱桃园、杏园、枣园、果桑园等。该示范园区为山西省农科院果树研究所葡萄新品种试验示范基地、太原市万亩葡萄园示范基地。

自2014年对外经营以来,山庄凭借优质的果品及服务获得了消费者的认可,注册了清泉山庄品牌商标,增设配送车辆,将中隐山深处的珍馐与大众分享。不止于此,如今山庄已将一二三产融合,建设成为提供多元服务项目的旅游观光景区,餐饮、住宿、采摘、游乐、加工、野营等一系列与该区域环境相适宜的活动场地与设施都已相继完善,集餐饮住宿为一体的传统建筑、雅致的休闲茶舍、充满野趣的登山石阶、宜居的传统住宿小院、现代化的连栋温室、成荫的葡萄廊架等均成为山庄内极具特色的景观。兴趣之时又可享受田园采摘,劳逸结合,是城市人休闲、陶冶性情、回归野趣的好去处。

19. 山西三晋奇石博物馆旅游景区 >>>

◈ 景区名称:山西三晋奇石博物馆

◈ 质量等级:国家AAA级旅游景区

◈ 景区地址:清徐县徐沟镇高花村北大道1号

◈ 联系方式:13934502004

◈ 景区简介:

山西三晋奇石博物馆,位于省会太原市以南35千米处的清徐县徐沟镇境内,馆区西临汾水,东接晋中,与旅游胜地乔家大院相邻,是一个以复古民宅为依托,华北园林为相映的综合性艺术展馆,是经省文物局、省民政厅审批备案的全省首家省级民营奇石博物馆。同时,该馆也是国家AAA级旅游景区。全馆一期占地12亩,其中:功能区占地4.5亩,休闲区占地7.5亩,展厅面积1250平方米,馆区环境幽雅,古色古香。馆内藏品分古生物化石、矿晶标本、观赏石、山西三雕、名人字画、晋作家具六大类近千余件展品。附属区设有垂钓池、飞禽馆、花艺馆、鸽舍及华北园林区等供游人休闲参观。展馆的宗旨是面向社会,服务大众,以继承弘扬传统文化为己任,收藏展示各类奇石矿晶为内容,普及中小学生科普知识为出发点,开展形式多样的活动以及学生科普实践性活动。博物馆以丰富人民群众文化生活为目的,使人们在领略传统艺术和自然之美的同时,激发探索地球奥秘的兴趣,提高保护自然资源的意识,提升继承传统文化的责任,达到身心双修的目的。

20. 杏花岭区采薇庄园旅游景区 >>>

◈ 景区名称:太原市采薇庄园景区

◈ 质量等级:国家AAA级旅游景区

◈ 景区地址:杏花岭区小返乡水沟村

◈ 联系方式:0351-3939333

◈ 景区简介:

太原市采薇庄园位于杏花岭区小返乡水沟村,景区道路交通便利,距离市中心15千米,规划布局合理,建筑风格精致、独特。景区规划功能完善,全年四季运营的游乐项目及配套服务齐全,包含餐饮住宿、会议培训、婚庆主题基地、消夏草地音乐、房车露营、特色种植采摘、精致农业观光等,是融精致休闲农业+旅游+体育为主题的国家AAA级旅游景区。景区曾荣获"全国休闲农业与乡村旅游"四星级景区、太原市"休闲农业观光十佳景点"、团市委颁发的"青年农民创业培训基地"、太原市教育局认定的"太原市中小学生社会实践基地"等荣誉称号。

21.小店区华辰农耕园旅游景区 >>>

◇ 景区名称：华辰农耕园旅游景区

◇ 质量等级：国家AAA级旅游景区

◇ 景区地址：小店北格镇张花村

◇ 联系方式：0351-7955368

◇ 景区简介：

　　华辰农耕园景区是一个集高科技农业观光和传统农家体验为一体的休闲观光农业企业，于2009年注册，位于太原市小店区北格镇张花村。景区占地面积1000余亩，以太原市、晋中市、清徐县农业旅游为依据进行园区规划设计。

　　景区以全新的理念，采用现代农业科技成果，将生产、生活、服务、休闲、娱乐、景观等功能有机结合，充分体现知识性、趣味性、参与性和观赏性，在保证观光农业产业发展的前提下，营造富有乡土特色、浓厚园林氛围、独特生态意境的农业景观。景区以农村自然生态环境、田园风光、农业资源、农业生产内容和农耕文化为基础，通过规划设计与施工，加以系列配套服务，为游人提供生态观光、旅游、休闲、娱乐、度假和体验的场所。

　　目前景区已完成水幕电影区（含音乐喷泉秀、实景剧等）、鲢鱼混养垂钓区、生态水果采摘区、特色畜禽养殖区、珍稀树种繁育区、设施农产品种植展示区、拓展训练区、农产品加工体验区、餐饮区、演艺区的建设，并且运转良好；同时筹建多功能服务中心和玫瑰庄园。

22.万柏林区玉泉山城郊森林公园景区 >>>

◇ 景区名称：玉泉山城郊森林公园

◇ 质量等级：国家AAA级旅游景区

◇ 景区地址：万柏林区东社圪𤭆沟村西

◇ 联系方式：0351-2334660

◇ 景区简介：

　　玉泉山城郊森林公园，位于太原市万柏林区圪𤭆沟以西，是太原市政府规划的西山十四个城郊森林公园之一。这里历史传说众多，文化底蕴深厚，自然环境优美。

　　公园内有明代喇嘛塔一座，是区级文物保护单位。北魏时期的古寺遗迹——狼虎寺，虽然饱经沧桑残存不多，但留传下来历史传说非常多，且历代史书中多有记载。从2009年开始，公园已完成投资11亿余元。山体破坏面、荒山、荒坡治理已完成87%，7个大型垃圾场治理已完成6个。截至目前，园内共栽植各种树木600余万株，其中梅花50万株、樱花25万株、绿竹100万株，同时还栽植了大量玉兰、凌霄、山桃、山杏等观赏植物。目前公园内的樱花园、游乐园、瀑布餐厅、生态文明教育基地等部分景点及培训场地已全面向游人开放。

公园自2014年4月份承办了省城第一届"春之约"樱花节以来，已有700多万人次来山上赏花、休闲、散步，举办了森林跑、山地马拉松、徒步走、骑友汇、文艺汇演等活动50余次。

十多年来，公园的建设得到了各级政府的认可，被省市相关部门授予太原市环境教育基地、生态绿化试验基地、太原市环保摄影创作基地、全市创新转型深化改革先进典型、山西省中小学环境教育社会实践基地等荣誉称号。

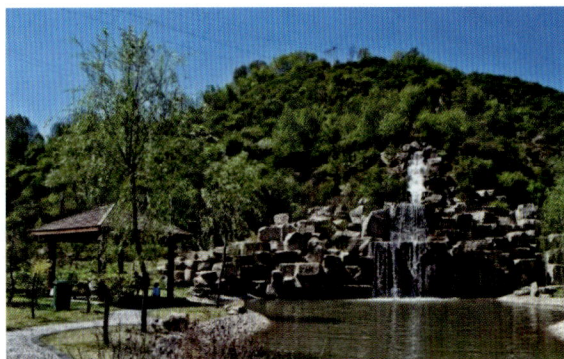

◇ 联系方式：0351-8883698

◇ 景区简介：

这里距市区16千米，自然条件优越，沟里清泉潺潺，小木屋、土窑洞风景别致，特别是春天桃花漫山遍野、清香宜人。赵氏沟中有石、有水、有树，清流触石，层峦迭嶂，有着浓郁的乡土风情。这里造林3000余亩，栽植油松、侧柏、国槐各种树木300余万株，其中桃花、杏花、樱花等观赏性植物50余万株(丛)；修建园区各类道路10公里；设置游客中心一个，停车场0.6万平方米，修建公厕3座，登山步道2条，生态环境和社会效益初步显现。景区自2015年3月份对外开放，已有100余万人来山上休闲、散步、观光。每年3月桃花季慕名而来的游客已经逐步扩大到省外，社会美誉度不断增加。

23. 万柏林区桃花沟旅游风景区 >>>

◇ 景区名称：山西桃花沟旅游风景区

◇ 质量等级：国家AAA级旅游景区

◇ 景区地址：万柏林区杜儿坪街办小虎峪村西部

24. 万柏林区偏桥沟风情小镇景区 >>>

◇ 景区名称：偏桥沟风情小镇景区

◇ 质量等级：国家AAA级旅游景区

◇ 景区地址：万柏林区杜儿坪街道小虎峪村偏桥沟自然村片区

◇ 联系方式:0351-2358719

◇ 景区简介:

偏桥沟风情小镇,位于太原市万柏林区杜儿坪街道小虎峪村西山旅游公路沿线,占地面积约9.4平方千米。景区风景秀丽,四季景色各异,春赏桃杏芬芳,夏浴凉爽山风,秋看漫山彩叶,冬戏迷谷白雪。虎峪河贯穿园区南北,亭台、楼阁、小桥与自然景观融于一体,别具风味。

景区所在的万柏林区,具有丰富的民俗文化土壤,脉源深远,也拥有很多非物质文化遗产,诸如:蜡染、晋绣、面塑、绳结、杨式小架、皮雕、王景云手工布艺、香坊戏等,种类繁多,璀璨夺目。景区未来的深化发展、活动宣传会与三晋民俗文化元素有机结合,共同探索景区特色活动。此外,在运营活动中,景区引进国内外先进景区运营理念及专业管理人才,以理念塑造团队,以管理优化运营,以景区带动市场。针对实际情况,景区整合集团资源优势,制定高效合理的运作方案,贯彻特色文化定位,树立景区品牌形象,打造集"游、学、研、餐、宿、娱"等功能于一体的文旅生态体系。

25.清徐县马峪葡乡文化展示园景区 >>>

◇ 景区名称:清徐县马峪葡乡文化展示园景区
◇ 质量等级:国家AAA级旅游景区
◇ 景区地址:清徐县马峪乡仁义村
◇ 联系方式:15235176009
◇ 景区简介:

清徐县马峪葡乡文化展示园建成于2016年5月,位于清徐县马峪乡仁义村,在山西省清徐葡萄酒有限公司厂内。公司以传承清徐葡萄、葡萄酒文化为己任,发展文化产业,建设文化展厅。

新建的中国清徐葡萄文化博物馆,收集整理了从仰韶文化时期至今的有关葡萄种植、葡萄酒酿造器具文物资料8000余件,其中展出有仰韶文化时期的温酒的器具斝。

展厅面积2200平方米,分为葡萄酒历史、葡萄栽培、民俗、农耕、清徐酒文化、品酒体验区六个功能展区。展示了收集到的葡萄种植器具、葡萄酒酿造器皿、民俗用品、农耕用具等,让游客进一步了解中国清徐葡萄、葡萄酒的深厚历史文化,使马峪葡乡文化得到更好的传承和发展。该展厅同时是清徐葡萄酒酿制技艺、清徐熏葡萄两项山西省非物质文化遗产的传习所。由清徐葡萄酒酿制技艺酿造的马峪炼白葡萄酒,酸甜可口、香味浓郁、口感醇厚、自然醇香,是我国特色的民族葡萄酒。游客在这里可以品尝到特有的马峪炼白葡萄酒。

拉斯玫瑰、香妃等80多种，也是一座葡萄博物馆。农庄还套种各种时令蔬菜，已成为全县农业观光、果品采摘活动的接待中心，极大地带动了区域特产——葡萄的产业化发展步伐。

26.清徐县绿源生态农庄景区 >>>

◇ 景区名称：绿源生态农庄景区

◇ 质量等级：国家AAA级旅游景区

◇ 景区地址：清徐县马峪乡西马峪村八一路98号

◇ 联系方式：13754891718

◇ 景区简介：

　　山西美绿源农业股份有限公司简称"绿源生态农庄"，位于太原市清徐县特色农产品葡萄的主产区——马峪乡境内，是一个集种植、生产、科研、开发、示范和旅游休闲于一体的葡萄产业基地和AAA级景区。

　　绿源公司通过"公司+基地+农户+市场"的经营模式，使其"日前"牌葡萄先后通过了无公害产地和农产品地标认证以及山西省著名商标和山西省名牌产品的称号。2010年，绿源公司示范基地更是通过了国家级葡萄种植标准化示范区的验收；2012年，绿源公司荣获太原市万亩葡萄产业园实施单位称号；2013年，"日前"牌葡萄通过了A级绿色食品认证；2018年，示范基础成功申报国家AAA级景区。目前，"日前"牌绿色葡萄已经成功地与美特好、太原王府井百货等10多个商超实现了农超对接。绿源公司基地——绿源生态农庄现有葡萄、杏、枣、桃、苹果、山楂、桑椹、核桃、李子等种类繁多的北方水果，是一座北方水果的天然博览园，其中葡萄有传统品种龙眼、巨峰、黑鸡心等20多种，有新奇品种白玫瑰、卡

27.晋韵砖雕艺术博物馆景区 >>>

◇ 景区名称：山西晋韵砖雕艺术博物馆

◇ 质量等级：国家AAA级旅游景区

◇ 景区地址：清徐县徐沟镇新庄村

◇ 联系方式：13546304320

◇ 景区简介：

　　山西晋韵砖雕艺术博物馆是山西省内唯一注册登记的砖雕专业博物馆，收藏砖雕实物2000多件套、现代精品砖雕作品500多件、砖雕文献100余种、砖雕器具300多件。

　　2019年，山西省文物局委托太原市晋祠博物馆对口帮扶，进行展陈提升。2020年，项目顺利完成，新馆展区面积达到3000平方米，实训互动区面积达到2000平方米。全馆分为静态展示和动态展示两部分。静态展示用大量图片和实物从历史、工艺、民俗、传承等

四大部分展示山西砖雕的独特魅力；动态展示从窑前雕和窑后雕两条工艺流程展示山西砖雕的独特技艺。该馆汇聚能工巧匠，"以抢救保护为己任，以弘扬传承为使命"。团队始终坚持纯手工制作，其雕刻技艺精湛，作品意韵传神，既继承发扬了"北派雕刻"刚劲粗犷、质朴厚重之气势，又兼容并蓄着"南派雕刻"柔细纤巧、玲珑典雅之风范。目前，该馆已经发展成一个集经典藏品展览、民俗文化传承、雕刻技艺培训、古建学术交流、产品定制营销、休闲旅游度假为一体的综合性园区。博物馆现已成为全国中小学生研学实践教育基地、国家AAA级旅游景区，于2019年入选"太行人家"。

该馆是山西表里山河晋韵文化创意产业园的重要组成部分。产业园现已成为中国食文化研究会唐晋文化委员会总部驻地、国家级非物质文化遗产——山西民居砖雕项目保护单位，入驻国家级非遗项目14个，省级非遗项目11个，市级非遗项目6个，县级非遗项目13个。

28. 太原汾河水库景区 >>>

◇ 景区名称：太原汾河水库景区
◇ 质量等级：国家AAA级旅游景区
◇ 景区地址：娄烦县杜交曲镇下石家庄村
◇ 联系方式：15834037508
◇ 景区简介：

汾河水库风景名胜区，依托汾河水库枢纽工程而建，集旅游观光、住宿餐饮、会务培训、休闲度假于一体，景色优美，风光醉人，既有江南水乡的温文婉约，又不失北国风光的粗犷豪迈。这里是山西境内绝佳的避暑胜地：放下俗世的疲惫，告别城市的喧嚣，驱车从省城太原出发，一路西向，一个半小时的车程即可到达。

沿途山明水秀，林木葱茏，道旁民居白墙灰瓦，错落有致，点缀于青山绿水之间，令人顿生超凡脱俗、回归自然的感受。尚沉醉在沿途的美景中，景区的绝美风光已经尽收眼底，只见青山含黛，碧水藏情，山光水色，趣味盎然。景区按照功能与特色，分为入口文化区、湿地景观区、水上活动区、滨河长廊区、长岛亲水区、高台登山区、坝顶水库区、草地森林区、餐饮服务区和互动娱乐区等十个区域。

29. 尖草坪区太钢工业文化园景区 >>>

◇ 景区名称：尖草坪区太钢工业文化园
◇ 质量等级：国家AAA级旅游景区
◇ 景区地址：尖草坪区新店村太钢工业园区
◇ 联系方式：0351-3937708
◇ 景区简介：

　　太钢工业文化园位于山西省太原市尖草坪区，是一个集工业文化、旅游观光于一体的国家旅游景区。文化园由太钢博物园和渣山公园组成，以承载着"当代愚公"李双良精神的渣山公园和集史料、文物、观光为一体的太钢博物园为核心打造的工业文化景区，是太原钢铁集团有限公司（太钢）依托其深厚的工业和文化底蕴打造的特色旅游景点。

　　太钢博物园内收藏有太钢重要的档案文件及工业遗存物120余种，是了解近代以来山西工业发展历史脉络和中国钢铁工业发展史的重要窗口。作为"工业+文化+旅游"三产形态融合、业态协同的高品质旅游景区，景区不仅展示了太钢的发展历程和工业遗产，还通过旅游基础设施的提质优化，提供了优质的服务体验。景区依托太钢的特色工业优势，持续精进，致力于打造一流的品质、环境和服务，为文旅产业转型发展搭建了新平台、注入了新动力。

　　太钢将继续对标一流，深耕主打产业，深挖特色元素，深化业态植入，依托特色工业优势，持续精进，以一流的品质、一流的环境、一流的服务，叫响"太钢工业文化园"文旅品牌，为推进上风上水、科创集聚、服务完善、产城融合、宜居繁荣的北部新城建设作出更大贡献。

30. 古交市晋绥八分区（专署）旧址景区 >>>

◇ 景区名称：古交市晋绥八分区（专署）旧址景区
◇ 质量等级：国家AAA级旅游景区
◇ 景区地址：古交市岔口乡关头村西
◇ 联系方式：0351-6020480
◇ 景区简介：

　　晋绥八分区（专署）旧址位于山西太原古交市岔口乡关头村西，原为明嘉靖年间村庙，存有正殿、配殿15间，占地2500平方米。1942年11月，罗贵波调任晋绥八分区司令员兼政委、第八地委书记，第八分区地委、专署、分区机关随后移驻关头村。1943年冬和1944年2月，彭德怀、刘伯承、陈毅等路经关头村小住。

　　1979年，古交市对旧址进行维修。2009年，岔口乡对旧址重新修缮，进一步丰富了陈列展示内容。2000年，八分区被太原市人民政府公布为市级文物保护单位，现为太原市爱国主义教育基地。

31.杏花岭区晋商博物院景区 >>>

◇ 景区名称:杏花岭区晋商博物院景区

◇ 质量等级:国家AAA级旅游景区

◇ 景区地址:杏花岭区府东街101号

◇ 联系方式:0351-5223262

◇ 景区简介:

晋商博物院,占地面积约10万平方米,建筑面积约3万平方米,展览面积约1.8万平方米,是以山西督军府旧址为依托建立的一座集文物古建、园林景观、展览展示于一体的地方人文历史博物馆。

晋商博物院,曾是山西省人民政府所在地。2017年9月,山西省政府搬迁,此处改建为"晋商博物院"。2020年12月28日,晋商博物院试运行。博物院集收藏、展览、议事、接待、外联等多项功能于一体,展示内容以晋商历史以及晋商创造的商业文化为主。截至2022年1月,晋商博物院收藏有与晋商历史相关的账册、器物、汇票、地契、钱币等共12万余件。御书楼藏有从明清到民国出版的古籍善本1.2万余册,近4万卷。

2021年8月,晋商博物院被中国侨联确认为第九批中国华侨国际文化交流基地。

特产美食介绍

01.山西老陈醋

山西老陈醋是中国四大名醋之一,已有3000余年的历史,素有"天下第一醋"的盛誉,以色、香、醇、浓、酸五大特征著称于世。老陈醋具有一般醋的酸醇、味烈、味长等特点,同时,还具有香、绵、不沉淀的特点。

另外,老陈醋储存时间越长越香酸可口,耐人品味。而且,过夏不霉、过冬不冻,颜色深橙,为山西醋中独具一格、质地优良的佳品。山西老陈醋中含游离氨基酸多达18种,其中8种为人体所必需,另外还含有多种维生素,可促进胃液分泌、抑制血糖升高、降低血脂等。

02.清徐葡萄

清徐县属于温带大陆性气候区,气候温和,四季分明,年平均气温10.2~10.6℃,年均降水量500毫米左右,适宜种植葡萄。

清徐葡萄有龙眼、黑鸡心、瓶儿、牛奶、驴奶、西营葡萄、白玛瑙、黑玛瑙、紫玫瑰、白鸡心等品种,引入的品种有粉红太妃、卡拉斯玫瑰、保尔加尔等。

清徐葡萄,皮薄、粒大、色泽美观,肉厚、糖分高、味道甜,果肉柔软多汁。

2013年4月15日,原农业部正式批准对"清徐葡萄"实施农产品地理标志登记保护。

03.晋祠大米

晋祠大米产于太原晋祠镇一带,这种大米,颗粒长,个头大,外形晶莹饱满,呈半透明状,米色微褐,做出饭来颗粒分明,香气扑鼻。吃到嘴里,味香甜,有韧性、黏性,有咬头。

晋祠大米之所以质地优良,是由于水质关系。生产这种大米的稻田,用晋祠难老泉水浇地,这种水,水温低,含有明矾等矿物质,加之晋祠附近村庄土地肥沃,土壤呈黑色,有利于水稻生长。

2010年3月25日,原农业部批准对"晋祠大米"实施农产品地理标志登记保护。

04.清徐沙金红杏

清徐沙金红杏种植基地海拔高,昼夜温差大,气候凉爽,土壤质地疏松,光照充足,降水时空分布良好,地下水资源极为丰富、浅层水质好。

清徐沙金红杏果实侧扁圆形,外形标致,色泽美观,果面金黄色,阳面粉红,有红色斑点,果顶平微凹,梗洼深,果肉致密,味道酸甜,汁中多,有香气,半离核。杏的医用价值高,有祛痰、润肺、止咳、滑肠等作用。

05.阳曲小米

阳曲县谷子种植区域属于暖温带大陆性气候,四季分明。

阳曲小米为单子叶植物,株高60～120厘米;茎细直,茎杆常见的有白色和红色,中空有节,叶狭披针开,平行脉;花穗顶生,总状花序,下垂下;每穗结实数百至上千粒,籽实极小,谷穗一般成熟后金黄色,去皮后谷称小米。

阳曲小米很具特色,其色泽蜡黄,颗圆

润,味香甜,做成米粥、稀饭口感筋而黄,制成面粉可蒸制种种食品,尤宜老人、小孩、孕妇食用。

06.阳曲酥梨

阳曲酥梨是山西省太原市的特产,以其果型正、色泽好、果心小、有香气、酥脆爽口汁多味甜而闻名。阳曲酥梨由于其含糖量高达17%,因此被称为"青出于蓝而胜于蓝"。它以其独特的口感和香甜的味道深受消费者的喜爱。阳曲酥梨不仅在国内畅销,也在国际市场上受到了好评。品尝一口阳曲酥梨,仿佛能瞬间感受到大自然的恩赐与山西人民的热情好客,是旅行中不可错过的美味体验。

08.豌豆糕

豌豆糕是太原的特色甜食,特别适合夏季食用。它由上等豌豆脱皮磨粉制成,再加入白糖、柿饼和柿子霜等原料。这种糕点的色泽呈淡黄色,口感爽滑且甜绵,给人一种爽口的感觉。

07.清徐灌肠

清徐灌肠是山西著名的传统小吃,属于晋菜。起源于离省会龙城太原市30千米外,以"醋都、葡乡"著称的清徐县境内。清徐灌肠历史悠久、文化底蕴深厚、口感爽滑、营养丰富、工艺精湛、老少皆宜。灌肠主要经粗粮精做而成,本身含有大量粗植物纤维和对人体有益的钙、铁、锌等微量元素,特别对"三高"、肥胖等人群百利而无一害,是现代都市白领和爱美女性追捧的素食精华。

09.太原头脑

太原特产之一是太原头脑,它是一道汤状食品,用肥羊肉、黄花、煨面、藕根、长山药、良姜、酒糟、黄酒八样原料配制而成。头脑营养丰富,具有补气调元、滋补虚损、活血健胃、滋虚补亏的功效。

太原人喜爱吃"头脑"搭配,习惯配上腌韭菜和黄酒。

10.六味斋酱肉

六味斋酱肉是太原市的传统名食，被誉为中华老字号。该产品起源于乾隆年间，曾是贡品。其制作工艺独特，选用上乘的肉料，搭配由卤制酱肉的老汤经滤渣熬制而成的酱汁。

六味斋酱肉的品种多样，包括酱肉、酱肘花、杂拌、香肠和蛋卷等，每一种都有其独特的风味。其特点是肥而不腻，瘦而不柴，口感绵烂利口，尤其是皮软嫩。

11.孟封饼

孟封饼是山西省清徐县孟封村独特的特色传统名食，色泽金红，口感绵甜，冷热皆宜。以香、酥、软、甜、凉的特点久负盛名。孟封饼越来越被人们追捧，成为逢年过节不可少的一道传统美食。

12.竹叶青酒

竹叶青酒是太原的著名特产，历史悠久，可追溯至南北朝时期。它以优质汾酒为基础，加入陈皮、砂仁、当归等十多种中药材，经过独特生产工艺加工而成。这种酒的浓度为45度，颜色青绿透明，不仅口感清醇甜美，还具有显著的消化和胃的功效。因其独特的口感和养生保健效果，竹叶青酒深受人们喜爱。

13.过油肉

过油肉是太原的特色美食,被誉为"三晋名菜第一位"和"太原十大名吃之首",同时也是晋菜的代表之一,号称"三晋一味"。

这道菜肴以其"香酥软嫩,油而不腻"的特点而闻名,其历史悠久,最早源于北齐时期,当时是汉民族与鲜卑族饮食文化在并州融合所形成的一种食物。

过油肉在唐代已成为宫廷菜式,受到皇帝的喜爱,并在明代受到王宫贵族的青睐。明太祖朱元璋曾将其列为皇宫珍馐第一味,传说每到庆典盛会,酒席宴前,第一道菜必令先上过油肉。随着时间推移,过油肉不仅在民间广泛流传,还成为官府宴会与民间酒席的必备菜式。1957年,经过太原市饮食公司组织的专家评审,名厨吴万库技师制作的过油肉被评为太原十大名吃之一,其后经过多位名厨参加全市、全省及全国的烹饪大赛,该菜获得金奖,为太原人民争光。过油肉不仅是太原市当地的特色美食,也是山西饮食文化中不可或缺的一部分。

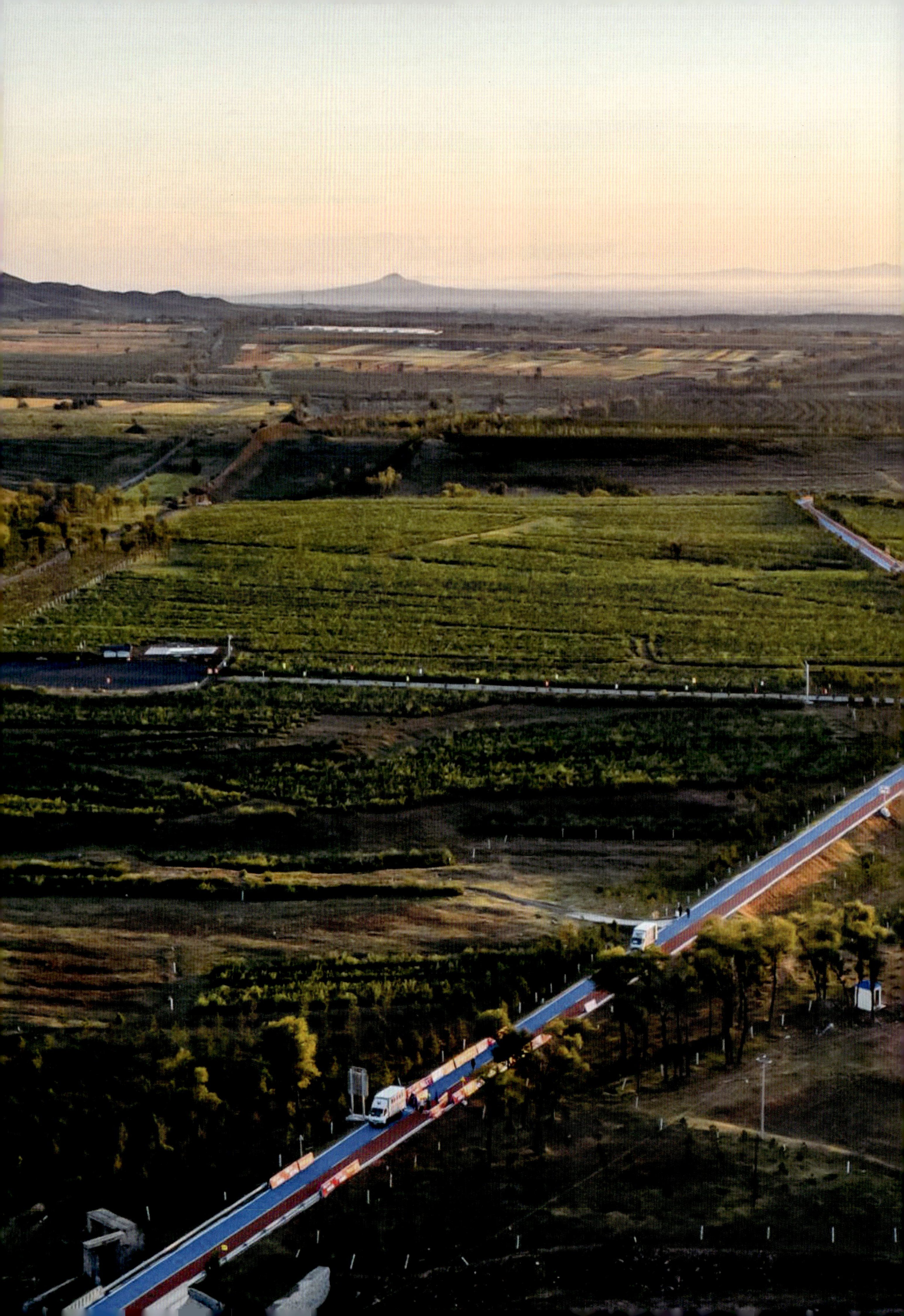

大同市

·自驾游精品线路概况·

大同市长城一号旅游公路建设里程1250千米,其中:主线555千米,支线575千米,连接线120千米。同步建成慢行道97千米,伴山驿站、穆兰驿站等13个驿站,大钟山观景台、长城1号火山群观景台等14个观景台,得胜堡营地、得胜堡饮马河营地等8个营地,长城小镇、黑土口民俗等6个停车场。

连通如下景区。

AAAAA级景区1个:云冈区云冈石窟景区。

AAAA级景区10个:云州区大同火山群景区、天镇县李二口长城景区、灵丘县平型关大捷景区、云冈区魏都水世界景区、平城区大同方特欢乐世界景区、平城区大同古城墙景区、云冈区晋华宫井下探秘游景区、浑源县北岳恒山景区、平城区善化寺景区、平城区华严寺景区;

AAA级景区18个:天镇县慈云寺旅游景区、云州区梨园水庄嘉年华生态农业景区、广灵县山水白羊旅游景区、左云县摩天岭景区、灵丘县空中草原旅游景区、云州区乌龙峡生态旅游景区、灵丘县猫山传统文化园景区、灵丘县花塔生态民俗景区、云州区桑干河湿地公园景区、阳高县镇边堡风景旅游区、灵丘县车河有机社区、阳高县大泉山生态旅游区、阳高县守口堡风景旅游区、云州区土林生态旅游景区、灵丘县觉山寺旅游景区、浑源县浑源州署景区、浑源县黄芪文化园景区、广灵县广灵剪纸艺术博物馆。

AA级景区1个:云冈区大同煤矿万人坑遗址纪念馆。

大同云冈机场位于大同市云州区倍加造镇北,距大同市区约15.2千米。大同南六庄机场位于大同市云州区杜庄乡南六庄村西通航产业园。灵丘武灵机场位于大同市灵丘县武灵镇高渠沟村。

大同市有11个火车站,分别是:阳高南站、大同南站、天镇站、大同站、阳高站、灵丘火车站、大涧站、平旺站、平型关站、云彩岭站、招柏站,其中阳高南站、大同南站、天镇站是高铁站。

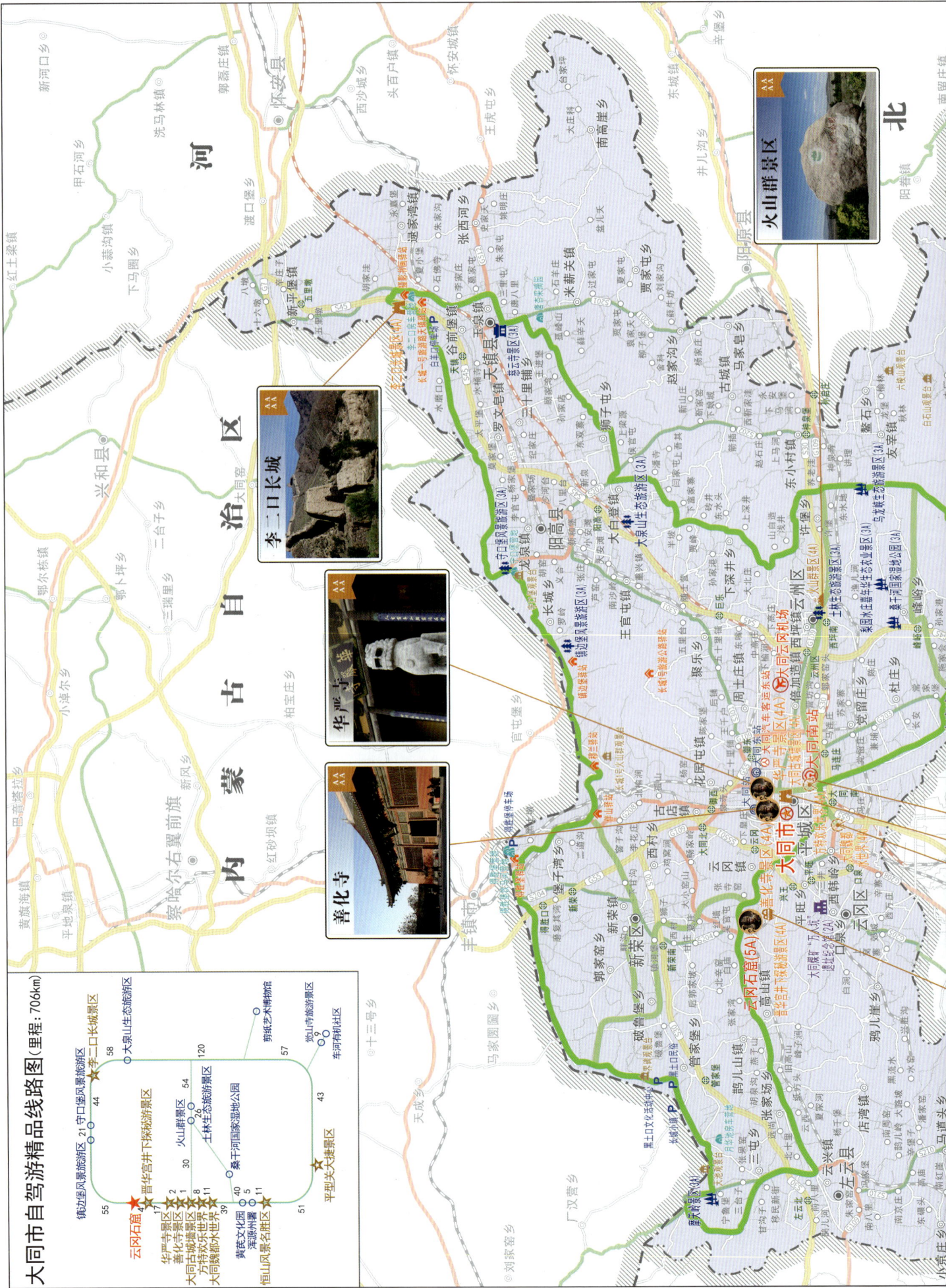

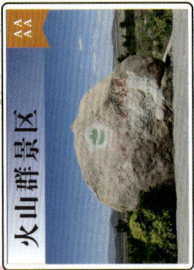

火山群景区

北

李二口长城

华严寺

善化寺

大同市

云冈石窟(5A)

河

兴和县

内　蒙　古　自　治　区

大同市自驾游精品线路图 (里程：706km)

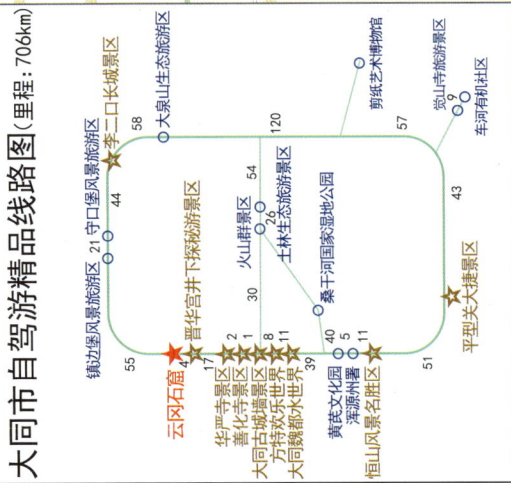

镇边堡风景旅游区　21　守口堡风景旅游区
　　　　　　　　　44　　　　　　58　　李二口长城景区
　　　　　　17　　　　　　　　　大泉山生态旅游区
华严寺景区　　　　　　火山群景区
善化寺景区　1　30　　54
大同古城墙景区　8　26　　　土林生态旅游景区
方特欢乐世界　　5　40　　　桑干河国家湿地公园
大同鼓楼世界　39　　　57
黄花文化园　　　0　5　剪纸艺术博物馆
浑源州署　　　　11
　　　　　　51　　　43　　　车河有机社区
恒山风景名胜区　　　　　平型关大捷景区

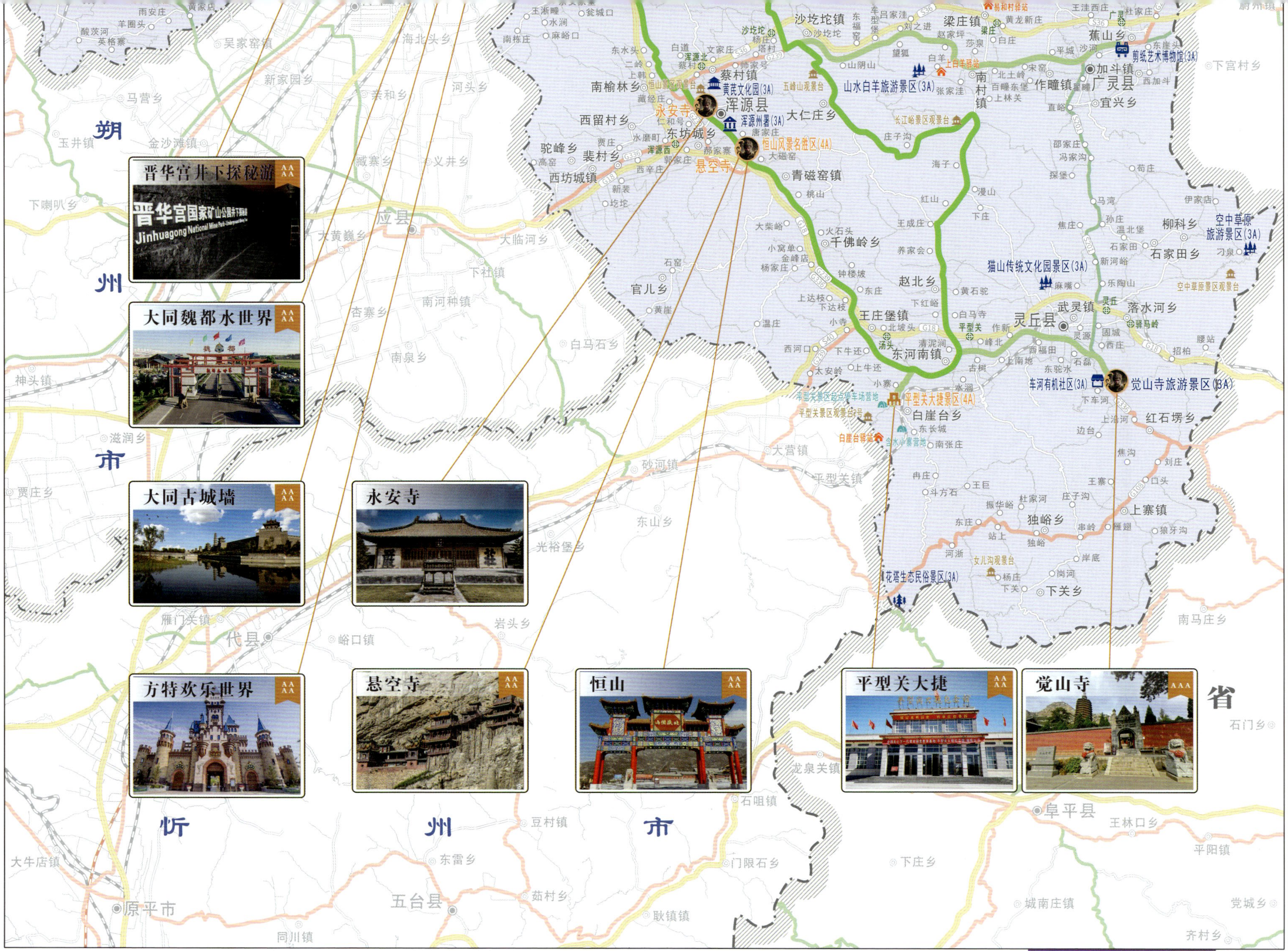

觉山寺

平型关大捷

恒山

悬空寺

永安寺

晋华宫国家矿山探秘游
Jinhuagong National...

大同魏都水世界

大同古城墙

方特欢乐世界

省

市

州

朔州市

忻州市

比例尺 1:670000　0　6.7　13.4(千米)

·一日游精品线路·

第❶站
李二口长城 起点

第❷站
火山群景区

大同　　　　　　　　　　火山群景区
- - - - - - - - - - - - - - - - - -
李二口长城

🗓 行程推荐 ▶ 全程82.4千米，驾车耗时1小时34分钟

驾车前往李二口长城观光，之后经G512前往火山群景区游玩，全天行程82.4千米。

·两日游精[品]·

起点 第❷站
古城墙景[区]

第❶站
云冈石窟

大同
- - - - - -
云冈石窟

🗓 行程推荐 ▶ 全程100千米

第一天:上午驾车前往云冈石窟[游]达古城墙景区观光，晚上宿古18.1千米。

第二天:从古城墙景区出发前往程81.9千米。

• 三日游精品线路 •

第④站
华严寺

第⑤站
云冈石窟

第③站
方特欢乐世界

第②站
北岳恒山

第①站
平型关大捷

起点

左侧（• 品线路 •）

第③站
北岳恒山

古城墙景区

━━━ ● ━━━ ● ━━━

北岳恒山

驾车耗时1小时41分钟

元，下午经S339、云冈路抵
城墙景区附近，全天行程

北岳恒山景区游玩，全天行程

大同　　　北岳恒山　　　华严寺

━━━ ● ━━━ ● ━━━ ● ━━━ ● ━━━ ● ━━━

平型关大捷　　方特欢乐世界　　云冈石窟

🗓 行程推荐　全程130.4千米，驾车耗时3小时32分钟

第一天：上午在平型关大捷景区观光，下午经天神线、G239前
往北岳恒山景区游玩，全天行程47.9千米。

第二天：早上从恒山出发经G239、S203前往大同方特欢乐世
界游玩一天，晚上宿大同方特欢乐世界，全天行程55.3千米。

第三天：从大同方特欢乐世界出发前往华严寺游览，下午驾车
前往云冈石窟观光，全天行程27.2千米。

景点介绍 >>> 🏯

01.云冈石窟景区 >>>

◇ 景区名称:云冈石窟
◇ 质量等级:国家AAAAA级旅游景区
◇ 景区地址:云冈区云冈镇东街1号
◇ 联系方式:0352-7992655
◇ 景区简介:

云冈石窟是我国三大石窟之一,位于山西省大同市城西16千米处的武州山南麓,十里河北岸。

石窟依山开凿,东西绵延1千米,现存大小窟龛254个,主要洞窟45座,造像59000余尊,堪称中国佛教艺术的巅峰之作,代表了五世纪世界雕刻艺术的最高水平。

1961年3月,云冈石窟被国务院公布为第一批全国重点文物保护单位;2001年12月,被联合国教科文组织列入《世界文化遗产名录》;2007年5月,成为国家首批国家AAAAA级旅游景区;2015年2月,被中央文明办授予"全国文明单位"称号;2016年6月,被国家质检总局授予"全国佛教文化与石窟艺术旅游产业知名品牌创建示范区"称号;2016年12月,被人力资源社会保障部、国家旅游局授予"全国旅游系统先进集体"称号。

2017年6月,云冈旅游区管理委员会被国家旅游局、国家质检总局列入全国旅游服务质量标杆培育试点单位名单,是山西省唯一入选单位。

02.恒山风景名胜区 >>>

◇ 景区名称:恒山风景名胜区
◇ 质量等级:国家AAAA级旅游景区
◇ 景区地址:浑源县城南4公里处
◇ 联系方式:0352-8322142
◇ 景区简介:

恒山风景名胜区总面积122.38平方千米,所辖旅游景区13个,由东北向西南绵延五百里,锦绣一百单八峰,主峰天峰岭海拔2016.1米,为北国万山之宗主。

素有"人天北柱""绝塞名山""道教第五洞天"之美誉。林海松涛、古庙奇阁、道佛仙踪、怪石幽洞,构成了著名的恒山十八景,明代就形成了"三寺四祠九亭阁,七宫八洞十五庙"的庞大宗教建筑群。

现存国家重点文物保护单位4处、省级文物保护单位6处,北岳大庙气势恢宏、香火极盛,传说是八仙之一张果老修行道场,也是《笑傲江湖》故事发生地之一。

恒山作为古代重要的军事屏障留下了大量的古城寨堡和美丽传说,其中始建于北魏时期的悬空寺以建筑奇巧,"三教合一",被誉为"世界一绝"。

恒山脚下浑源城内的圆觉寺金代砖塔、永安寺元代壁画、清代栗毓美墓石雕等,在中国古代艺术史上都占有重要地位,尤以永安寺元代壁画为首,是古代壁画中罕见的极品,可与永乐宫壁画媲美。

这座隆盛于辽金两朝西京重地的北国梵宫，寺内的建筑、塑像、壁藏、壁画、平棊、藻井等，以历史之悠久、规模之浩大、技艺之高超，堪称辽金艺术博物馆。

主殿大雄宝殿始建于辽清宁八年（公元1062年），金天眷三年（公元1140年）依旧址重修，面阔九间，单体建筑面积达1559平方米，是我国现存辽金时期最大的佛殿。薄伽教藏殿建于辽重熙七年（公元1038年），面阔五间，殿内依墙排列重楼式小木作藏经阁38间及"天宫楼阁"五间，巧夺天工，玲珑之致，被著名建筑学家梁思成先生誉为"海内孤品"。大殿中央佛坛上供奉的29尊辽代泥塑堪称辽塑精品。华严宝塔是继应县木塔之后全国第二大纯木榫卯结构的方形木塔，通高43米，上景金盘，下承莲池，特别是塔下近500平方米的千佛地宫，采用100吨纯铜打造而成，内供高僧舍利及千尊佛像，金碧辉煌。

03. 大同华严寺景区 >>>

- ◈ 景区名称：大同华严寺景区
- ◈ 质量等级：国家AAAA级旅游景区
- ◈ 景区地址：平城区下寺坡街459号
- ◈ 联系方式：0352-2042025
- ◈ 景区简介：

华严寺位于大同古城内西南隅，始建于辽重熙七年（公元1038年），得名于佛教经典《华严经》。

寺院坐西向东，山门、普光明殿、大雄宝殿、薄伽教藏殿、华严宝塔等30余座单体建筑分别排列在南北两条主轴线上，布局严谨，规模宏大，占地面积达66000平方米，是我国现存年代较早、保存较完整的一座辽金寺庙建筑群，1961年被国务院公布为第一批全国重点文物保护单位。

2008年，大同市启动名城复兴工程，依据寺内"金碑"记载，投巨资对华严寺进行了大规模整修，恢复了辽金时期大华严寺的鼎盛格局。

04. 大同城区善化寺景区 >>>

- ◈ 景区名称：大同城区善化寺
- ◈ 质量等级：国家AAAA级旅游景区

◇ 景区地址：大同市平城区南寺巷6号
◇ 联系方式：0352-2539436
◇ 景区简介：

　　善化寺俗称南寺，位于大同市城区南街西侧。寺庙创建于唐代，玄宗时称开元寺。五代晋初改名为大普恩寺。辽末保大二年（公元1122年）其建筑大半毁于兵火。金天会六年（公元1128年）至金皇统三年（1143年）寺僧圆满大师主持重修，历时15年竣工。明正统十年（公元1445年）改称今名善化寺。寺院占地3万多平方米，建筑布局仍保留唐代风格。主要建筑坐北朝南，沿中轴线依次排列着天王殿（山门）、三圣殿和大雄宝殿。大雄宝殿左右为东西朵殿，前端两侧为阁楼式建筑普贤阁和文殊阁，三圣殿前两侧有东西配殿。寺内建筑高低错落，主次分明，左右对称，雄伟壮观。殿内保存有塑像、壁画碑刻等珍贵文物，特别是大雄宝殿内的塑像自然逼真，个性突出，刻画尤为生动，壁画色彩柔和、构图得当，堪称精品。寺内西侧为一座独具中国传统园林特色的花园。善化寺以其历史悠久、保存辽金时期建筑多而闻名于中外。1961年3月，国务院公布善化寺为全国重点文物保护单位。

05. 大同古城墙景区 >>>

◇ 景区名称：大同古城墙景区
◇ 质量等级：国家AAAA级旅游景区
◇ 景区地址：平城区和阳门内街2号
◇ 联系方式：0352-7699269
◇ 景区简介：

　　大同古城墙大致呈一个正方形，东西长1.8千米，南北长1.82千米，绕城墙一周是7.24千米，占地面积达3.28平方千米。城墙内以四牌楼为中心，十字穿心大街，每条大街呼应一座城门，东曰和阳门，南曰永泰门，西曰清远门，北曰武定门。每条大街的中心位置还各耸立一座高楼，东有太平楼，南有鼓楼，西有钟楼，北有魁星楼。这样的格局组成了独特的街巷文化，依据它们所在的大街又衍生出八大巷，七十二条绵绵巷，构成了大同古城的基本里坊格局。大同古城墙是我国现存较为完整的一座古代城垣建筑。城墙上还建有护城河、吊桥、城楼、箭楼、月楼、望楼、角楼、控军台等军事设施，形成了严密的防御体系。大同古城墙为国家AAAA级旅游景区和省级重点文物保护单位。

06. 大同晋华宫井下探秘游景区 >>>

◈ 景区名称：晋华宫井下探秘游景区
◈ 质量等级：国家AAAA级旅游景区
◈ 景区地址：晋华宫矿山公园内
◈ 联系方式：0352-7086666
◈ 景区简介：

　　晋华宫井下探秘游景区是目前世界最大、亚洲唯一、中国第一的情景最真实、系统最完整、设施最完备的煤炭矿井类工业旅游景区，先后被命名为"全国科普教育基地""全国首批工业旅游示范基地"。晋华宫井下探秘游景区完整地再现了煤矿井下调度、煤炭开采、掘进、机电、运输、安全等系统。游客进入深度300米的煤炭井下开采工作面，可以直接体验、感受煤矿1.4亿年之久的侏罗纪煤系。景区八大展区全部是实景实物再现，参观面积达13000平方米，是集科普性、体验性、探险性为一体的旅游项目。游客在这里穿矿服、戴矿灯、下矿井、坐矿车，吃一顿矿工饭，当一次煤矿工人，唯有此时才会真正体会到煤矿工人的艰辛努力和无私奉献。

　　晋华宫井下探秘游景区是晋华宫国家矿山公园的核心景区，公园总面积为32.9万平方米，由大同煤炭博物馆、工业遗址参观区、观佛台、晋阳潭、石头村四合院和棚户区遗址区等七大景点组成，是全国生态文明景区、中国最佳文化生态旅游目的地和国际休闲生态旅游示范区。

07. 大同方特欢乐世界景区 >>>

◈ 景区名称：大同方特欢乐世界景区
◈ 质量等级：国家AAAA级旅游景区
◈ 景区地址：平城区南环路南侧3666号
◈ 联系方式：0352-7995164；
　　　　　　0352-7995151
◈ 景区简介：

　　大同方特欢乐世界位于山西省大同市平城区，总占地面积约800亩，是晋冀蒙地区高科技主题乐园。大同方特欢乐世界由飞越极限、生命之光、逃出恐龙岛、熊出没脱口秀等30多个主题项目区组成，涉及主题项目、游乐项目、休闲及景观项目等200多项，其中绝大多数项目老少皆宜。这里有高空飞翔体验项目"飞越极限"，跟踪式立体魔幻表演项目"魔法城堡"，大型室内漂流历险主题项目"逃出恐龙岛"，惊险刺激的悬挂式过山车项目，大型雪山探险模拟项目"唐古拉雪山"，色彩斑斓、如梦似幻的4D剧场项目"海螺湾"，妙趣诙谐的卡通表演项目"熊出没脱口秀"等。

08.大同魏都水世界景区 >>>

◇ 景区名称：大同魏都水世界

◇ 质量等级：国家AAAA级旅游景区

◇ 景区地址：平城区魏都大道京大高速口出口西200米

◇ 联系方式：0352-5998888

◇ 景区简介：

　　大同魏都水世界位于毗邻京大高速出口，交通便利，距离大同火车站约1.9千米，距离大同新南客运站约3千米。景区占地总面积34万平方米，是一个集温泉洗浴、水上乐园、韩式汗蒸、餐饮美食、酒店客房、商务会议、酒吧茶艺、购物休闲、农业采摘、滑冰滑雪、休闲垂钓、跑马场、射击场等为一体的大型水上公园娱乐项目。此项目于2015年9月5日，由山西魏都文化发展有限公司开发，以"养生旅游、健康生活"为产业主导，并结合本地区经济发展趋势，以"填补市场空白，因地制宜"为指导方针而建设的项目。目前已被列入大同市2017年重点工程，2019年被评为国家AAAA级旅游景区。

09.平型关大捷景区 >>>

◇ 景区名称：平型关大捷景区

◇ 质量等级：国家AAAA级旅游景区

◇ 景区地址：灵丘县043县道东200米

◇ 联系方式：0352-8637115

◇ 景区简介：

　　平型关大捷景区位于山西省大同市灵丘县城西南的东河南镇与白崖台乡，千年古隘平型关东侧，距离县城30千米，遗址保护面积8.6平方千米。1970年，原北京军区在平型关战役遗址组织建设"平型关战役纪念馆"，2001年更名为"平型关大捷纪念馆"，由杨成武将军题写馆名。平型关大捷景区内有平型关大捷纪念馆、乔沟主战场、平型关大捷纪念碑、将帅广场、林彪与聂荣臻临时住所旧址等13处景点。平型关大捷遗址先后被评为全国重点文物保护单位、全国爱国主义教育示范基地、国家国防教育示范基地、全国100个红色旅游经典景区和30条红色旅游精品线路之一，2014年入选第一批国家级抗战纪念设施、遗址名录。

10. 大同天镇县李二口长城景区 >>>

- ◇ 景区名称:李二口长城景区
- ◇ 质量等级:国家AAAA级旅游景区
- ◇ 景区地址:天镇县逯家湾镇李二口村
- ◇ 联系方式:0352-6036207
- ◇ 景区简介:

李二口长城景区位于天镇县城东北12千米处,景区总面积7平方千米,核心面积2.5平方千米。

明嘉靖年间修筑的李二口长城,是明代大同镇长城的一部分,其北临二郎山和桦门古堡,南望慈云古寺和洋河水域,南北为镇宁古堡与新平古堡之孔道,以"奇、伟、雄、绝"而闻名。背倚环翠、二郎两山,濒临南洋河川,是山西"长城板块"旅游品牌的地标景观。

景区内长城资源丰富,民俗底蕴厚重,共分长城景观、历史文化、民俗风情、生态休闲、康养研修等五个区域,围绕李二口"小八达岭长城""错长城"、云东古道等历史文化资源,建有历史陈列馆、"石头记"大观园、红色记忆馆、九曲黄河灯阵、水景游园、杏韵天成等景观和景点,为广大游客提供集文化、访古、生态休闲于一体的旅游体验。

李二口长城景区以展示长城文化内涵、彰显民族融合魅力、增强公众文化自信为建设主旨。2020年,景区被列入长城国家文化公园45个国家层面重点建设项目,成为"游山

11. 大同火山群景区 >>>

- ◇ 景区名称:大同火山群
- ◇ 质量等级:国家AAAA级旅游景区
- ◇ 景区地址:云州区艾家洼村
- ◇ 联系方式:13994448585
- ◇ 景区简介:

大同火山群是我国第四纪火山群之一。已知的火山有30多座,主要分布于大同盆地东部,可以划分为东、西、南、北4个区。东区在许堡、神泉寺一带,西区是在爪园与西坪北地区,南区是在桑干河以南。北区是指大同市以北的山。根据火山外部形态特征,火山可分为4类:一是穹窿状的,由玄武岩组成,没有火山口,如孤山和峨毛疙瘩等。二是壳状的,由玄武岩组成,如肖家窑头火山和大辛庄火山等。三是半圆形的,系火山喷发物沿山前裂隙喷出,依山坡流动而成。四是马蹄状,由玄武岩流、火山碎屑互层组成,火山形成后,流水切穿火山口,形如马蹄状,如东坪山、金山等。大同火山群最高大也最有名的火山有阁老山、

黑山、狼窝山、金山、牌楼山、昊天山、马蹄山等七处，它们均为截顶圆锥状，稀疏分散在近百万平方米范围内，均属早已熄灭了的死火山。

12.山西浑源黄芪文化园 >>>

◇ 景区名称：山西浑源黄芪文化园

◇ 质量等级：国家AAA级旅游景区

◇ 景区地址：浑源县恒山北路

◇ 联系方式：13994337866

◇ 景区简介：

　　浑源黄芪文化园坐落在北岳恒山脚下，紧邻浑广、大浑高速公路出口，距云冈机场、大同高铁站60千米，交通便利，区域优势明显，是浑源全域旅游中集黄芪文化体验、黄芪生产加工、康养休闲、研学旅游、民俗体验为一体的AAA级景区。大自然给予"中国黄芪之乡"浑源特殊的厚爱，这片黄芪种植的神奇土地吸天地之灵气，聚日月之精华，分布在恒山海拔1800米左右的坡上，空气清新，土壤沙质，日照时间长，昼夜温差大。独特的生长环

境造就了浑源黄芪的神奇。数据表明，浑源黄芪的皂苷含量在0.16%以上，高出药典标准3倍多。种植面积的局限性和生长环境的特殊性成就了恒山黄芪独一无二的尊贵地位。

　　元朝末期，恒山野生黄芪大面积发展，成为贡品。数百年来，同仁堂等老字号一直首选恒山正北芪用来配制药品。浑源县近年来获得了国家地理标志产品保护、"国家中药材生产质量管理规范种植基地（GAP基地）""全国道地药材基地县"等多项殊荣。2023年5月，浑源恒山黄芪栽培系统成功列入第七批中国重要农业文化遗产。

13.广灵剪纸艺术博物馆 >>>

◇ 景区名称：中国广灵剪纸艺术博物馆

◇ 质量等级：国家AAA级旅游景区

◇ 景区地址：广灵县广泰东街

◇ 联系方式：0352-8960589;
　　　　　　13303428258

◇ 景区简介：

　　中国广灵剪纸艺术博物馆始建于2007年8月，位于山西省大同市广灵县城广泰东街，

门前为201省道，右边是同广高速公路出口。中国广灵剪纸艺术博物馆是全国建设最早、规模最大的剪纸专题博物馆。2008年被文化部命名为"国家文化产业示范基地"。

博物馆占地面积80亩，建筑面积25000平方米，馆舍3600平方米，内设十三个大展厅和一个地下收藏厅。博物馆现有藏品16000余件，其中展出国内外各种流派、各式风格的剪纸精品1640余幅。博物馆节假日不休息，全年免费对外开放。2013年被旅游局批准认定为国家AAA级旅游景区，是山西省唯一特色旅游景区。2018年被山西省科技厅命名为"山西省科普基地"。2019年被山西省委、省政府命名为"山西省省级爱国主义教育基地"。

14. 大同桑干河国家级湿地公园 >>>

- ◇ 景区名称：大同桑干河国家级湿地公园
- ◇ 质量等级：国家AAA级旅游景区
- ◇ 景区地址：云州区峰峪乡
- ◇ 联系方式：13994448585
- ◇ 景区简介：

桑干河是晋北人民的母亲河，它发源于管涔山，流经朔州、山阴、应县、怀仁。桑干之名，始于北魏，是一条季节性的河流，相传每到桑葚成熟的季节，河水就会干涸，桑干之名也因此而来。桑干河保护区，位于大同市云州区峰峪乡桑干河流域，现为桑干河自然保护区、桑干河国家湿地公园，是以保护杨树、樟子松、油松人工林和野生动物、迁徙水禽及其栖息地为主的自然保护区。面积为6万亩，湿地的生态环境和比较丰富的水资源为野生动植物提供了重要的栖息和繁衍场所。

湿地景观丰富，桑干河河道常年有水流淌，河滩、河岸两边，绿化覆盖率高、植物种类较多。优美的自然景观，候鸟停留时的盛大场景，吸引了周边地区的旅游摄影爱好者流连忘返。2020年12月25日，国家林草局通过了对山西大同桑干河国家湿地公园的国家湿地公园试点验收。2023年，大同桑干河国家级湿地公园入列国家AAA级旅游景区。

15. 大同土林生态旅游景区 >>>

- ◇ 景区名称：大同土林生态旅游景区

◈ 景区等级:国家AAA级旅游景区
◈ 景区地址:云州区杜庄乡杜庄村
◈ 联系方式:13903521119
◈ 景区简介:

大同土林是我国北方奇特的地质公园,是山西省知名旅游景点,是中国地质科学院天然的实验室,是中国摄影家协会、中国旅游摄影网创作基地,是全国中小学生教育研学基地。景区位于山西省大同市东南18千米处云州区杜庄村。

这里有神奇壮观的地质地貌,这里有被誉为"东方古人类文化摇篮"的泥河湾盆地旧石器文化遗址,这里有蓝天绿地的草原风光。

大同土林因其特殊的地貌形态,在地质地理学上显得弥足珍贵。中国地质科学院有关专家鉴定:大同土林是经过数十万年第四系上更新统马兰组和第四系下更新统泥河湾组共同演变形成的奇特地质地貌。它既不同于云南元谋土林,也不同于西藏阿里扎达土林,它是黄土高原上的奇迹。时间统领着风和水,在这块土地上喧嚣着的洪荒之力,让软绵散漫的黄土"凝聚起来、站立起来",形成奇特的黄土土林,显示了黄土高原的坚韧和刚强。独立而又互相关联的土壁、土柱聚集在这里,矗立在这里,或如城堡孤悬,或如将军列阵,或如大漠孤驼,或如猛虎卧岗,或如奇峰独秀,或如少女玉立,亦真亦幻,如情如梦。"横看成岭侧成峰,远近高低各不同",不同的角度、不同的距离,有着不同的视觉冲击力,充分展示了大自然的神奇魅力。

16.大同大泉山生态旅游景区

◈ 景区名称:大同大泉山生态旅游区
◈ 质量等级:国家AAA级旅游景区
◈ 景区地址:阳高县大白登镇大泉山村
◈ 联系方式:16635023063
◈ 景区简介:

大泉山地处阳高县城南部10千米处的大白登镇境内,地形丘陵起伏,沟壑纵横。大泉山共有8座大山、12条大沟、72条小沟,最高海拔为1031米,境内外地形复杂,山、沟、坡纵横交错,属黄土丘陵沟壑区。大泉山林地面积达到23281.14亩,森林覆盖率为69.04%,是一座名副其实的"花果山",现已成为晋北首屈一指的生态旅游好去处。数据显示:截至目前,大泉山旅游及基础设施累计投入1000多万元,先后建起文化广场、大泉山森林公园旅游步道、游客服务中心、大泉山宾馆、公共浴室、公共卫生间,开办两户"农家乐",阳高县到大泉山村环保电动公交车也已开通。目前,大泉山生态旅游区涵盖吃住行游购娱的服务体系已基本形成。

17. 大同阳高县镇边堡风景旅游景区 >>>

◇ 景区名称:大同阳高县镇边堡风景旅游区
◇ 质量等级:国家AAA级旅游景区
◇ 景区地址:阳高县长城乡镇边堡村
◇ 联系方式:13835264538
◇ 景区简介:

　　镇边堡风景旅游区位于阳高县长城乡镇边堡村,南依采凉山,北靠古长城,是明时大同镇边墙五堡之重要关口。镇边堡风景旅游区是集康养、休闲、消费于一体的一站式体验空间。该区的明长城、镇边古堡、明清一条街、烽火墩台等,作为长城文化体验的重要载体,已经让更多的游客、居民了解并认识到镇边堡作为边塞要口的重要意义。整个堡为长方形,东西两个堡门对称,西门为正门,堡门上方有"镇边堡"三字,东门名"怀远"。镇边堡为省级文物保护单位,2022年入列国家AAA级旅游景区。

18. 大同阳高县守口堡风景旅游景区 >>>

◇ 景区名称:大同阳高县守口堡风景旅游区
◇ 质量等级:国家AAA级旅游景区
◇ 景区地址:阳高县龙泉镇守口堡村
◇ 联系方式:13015394838
◇ 景区简介:

　　守口堡为明长城大同镇关堡,位于山西省阳高县守口堡村,全长约46千米。有关隘4处,由东至西为正门堡、守口堡、正宏堡、正边堡。各堡间共有墩台138座,正方体,较完整的底宽15米,顶宽7米,高15米,夯层13～20厘米。

　　2022年,阳高县守口堡风景旅游区入列国家AAA级景区。守口堡村乡村旅游业的发展立足"写生创作基地、长城夯筑艺术、美丽休闲乡村"三大主题,以"艺术乡村"为视角,通过"文创驱动、艺术带动、生态筑底"形成多点产业、联动布局、多点引爆的旅游格局。

19. 大同灵丘县车河有机社区 >>>

◇ 景区名称：大同灵丘县车河有机社区

◇ 质量等级：国家AAA级旅游景区

◇ 景区地址：灵丘县红石塄乡下车河村

◇ 联系方式：13663421180

◇ 景区简介：

灵丘县车河有机社区，成立于2013年，坐落在山西省灵丘县红石塄乡车河村，距省道201线5千米，距灵丘县城27千米，占地面积为27平方千米，耕地1213亩，其中森林覆盖面75%，依托太白山东麓车河村优美古朴的自然环境，社区致力于精心打造观光农业、生态旅游、植物观赏、度假休闲为一体的优质新型旅游度假区。目前，社区建成了国家级发展全域有机农业和改善农村人居环境示范区。2022年12月底，车河有机社区被评为国家AAA级旅游景区。

车河发源于太白巍山东麓，流经沙湖门口，与沙湖河交汇，在白沙口处汇入唐河。车河上游北岸山坡上有两个古老的村庄，故名上、下车河村。车河村北依大黄岭、南照观音梁、东接窄肋尖、西连太白巍山，呈东西向山间谷地。山上有草甸子，可供游客牧羊、骑行和野营，从这个地方可以鸟瞰全区。山坡长满各种植物。春季，金色的迎春花点缀山野，时至春夏之交，漫山遍野的山桃花争相开放；夏季，整个山梁都被翠绿的灌木包裹；秋季，枝叶泛黄，硕果累累；冬季，白雪皑皑，银装素

裹。这里四季分明，好一派塞上风光。山下是溪流潺潺、绿树成荫、曲径通幽、鸟语花香的自然生态长廊。车河有机社区自然环境良好，负氧离子含量高。因地形植被等差异，景区夏季比大同、北京低3～5℃，为全国少有的集旅游、避暑、疗养、度假、休闲融为一体的有机生态野趣公园。

车河有机社区采取了"有机农业＋生态旅游＋美丽乡村"的发展模式。景区内主要景点：有机产品展览厅、综合管理及培训区、有机农业耕作区、蔬菜生产区、有机餐饮服务区、社区生态民居区、民俗展示区、土鸡蛋生产区、青背山羊饲养区、活水养鱼垂钓区和梦幽谷生态旅游区。

20. 大同灵丘县花塔生态民俗景区 >>>

◇ 景区名称：大同灵丘县花塔生态民俗景区

◇ 质量等级：国家AAA级旅游景区

◇ 景区地址：灵丘县独峪乡花塔村

◇ 联系方式：15935218372

◇ 景区简介：

　　人工开凿的红沙岭隧道是进入花塔村的唯一通道，经隧道入村，眼前豁然开朗，百丈落差下的花塔村就静卧在三楼河畔。

　　景区内山峦叠嶂，国家二级保护稀有树种青檀在这里集中生长，周边生态环境优良。花塔海拔558米，为大同市海拔最低。这里四面环山，河水蜿蜒，一年四季温和少风，独特的地理环境使当地一年的无霜期高达180天，因此也是全市每年春天绿得最早的地方。一派淡朴田园风光的花塔，已经成为观光旅游、休闲度假的极佳去处，被人称之"世外桃源"。

21. 大同灵丘县觉山寺旅游景区 »»»

◇ 景区名称：大同灵丘县觉山寺旅游景区

◇ 质量等级：国家AAA级旅游景区

◇ 景区地址：灵丘县红石塄乡觉山村

◇ 联系方式：14797244000

◇ 景区简介：

　　觉山寺位于灵丘县红石塄乡觉山村，又称普照寺，北魏皇家寺院。创建于北魏太和七年（公元483年），是孝文帝拓跋宏为报母恩而敕建。该寺历代屡有重修，时至五代，战火连绵，觉山寺开始衰落，庙宇毁败，辽代又重新修葺。明天启六年（公元1626年）灵丘七级大地震，全寺庙宇全部倒塌，唯有辽代重修的砖塔仍巍然屹立。明崇祯三年（公元1630年）重建寺庙。清康熙二十七年（公元1688年）进行修葺，后又倾颓。清光绪十一年至十五年（公元1885—1889年），寺僧龙诚在本县大儒杜上化等人的全力支持和四乡民众资助下重建佛寺。除砖塔为辽大安六年重建外，现存庙宇为清代光绪年间重修建筑。寺院坐北向南，依山就势，寺内建筑有一井一塔七殿一堂一厅六楼二阁。布局为三条轴线，五个院落，相对独立又相互贯通，房屋共计134间，占地8100平方米。寺院西北山崖上悬一洞，称为悬钟岩舍利洞，亦称翠云洞。洞深14米，洞口宽19米，建有观音殿，面阔三间，"文革"后期被毁，2000年动工，现已修葺一新。西南突兀一山，顶置小砖塔，总高5.33米，实心，平面呈方形，背西面东，属寺院附属建筑，是晋北地区最小的砖塔。东北矗立笔架山，交错中显稳定，自然景色与古建筑相映成趣。

22. 大同浑源州署 >>>

◇ 景区名称:大同浑源州署
◇ 质量等级:国家AAA级旅游景区
◇ 景区地址:浑源县永安西街浑源州署
◇ 联系方式:13663421180
◇ 景区简介:

浑源州署位于浑源县城永安西大街,始建于金代,现存建筑是由明朝太祖洪武七年州判张溥主持营造,距今已有650多年的历史,占地49亩,有房舍310余间。

浑源州衙建筑群是中国北方现存的古官署衙门中独具特色的明清风格州衙建筑,它在整体布局上严格按照《明史》《清会典》所载的地方官署规制,表现了"坐北朝南、左文右武、前朝后寝、狱房居南"的传统礼制思想,整个建筑布局对称、合理、紧凑、主次分明、高低错落、井然有序、浑然一体。

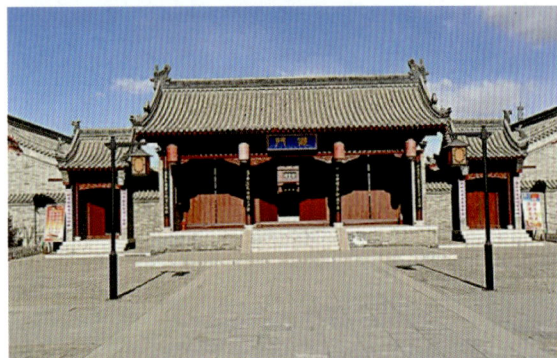

23. 天镇县慈云寺旅游景区 >>>

◇ 景区名称:天镇县慈云寺旅游景区
◇ 质量等级:国家AAA级旅游景区
◇ 景区地址:天镇县城区西街与石桥北巷交叉口
◇ 联系方式:0352-6824683
◇ 景区简介:

天镇县慈云寺旅游景区是一个集历史、文化和自然风光于一体的旅游胜地,被评为国家AAA级旅游景区。

慈云寺位于山西省大同市天镇县城区西街与石桥北巷交叉口,始建于唐代,原名法华寺。这座寺庙因其悠久的历史和宏伟的建筑而闻名,占地面积达16000平方米。慈云寺的建筑风格融合了多个朝代的特点,展现了古代建筑艺术的魅力。寺庙的主要建筑沿着中轴线对称布局,包括金刚殿、大雄宝殿、释迦殿、毗卢殿等,每一座殿宇都体现了不同历史时期的建筑风格和技术。

慈云寺不仅因其建筑风格而闻名,还因其丰富的历史背景和文化价值而受到重视。1957年,山西省政府将其审定为省级文物保护单位,2006年5月25日,慈云寺被国务院公布为第六批全国重点文物保护单位,进一步证明了其在历史文化领域的重要性。

除了作为旅游景点的价值,慈云寺还承载着丰富的历史文化信息。寺庙内的壁画、雕塑等艺术品展现了古代的艺术风格和技术,为研究古代艺术和历史文化提供了珍贵的实物资料。此外,慈云寺还是1900年八国联军侵华时,慈禧太后与光绪皇帝避难之地,这一历史事件也为慈云寺增添了更多的历史色彩。

天镇县慈云寺旅游景区的另一大特色是钟楼和鼓楼,这些建筑展现了元代的建筑风格,具有极高的历史和文化价值。特别是钟楼和鼓楼的圆攒尖顶建筑特征,在国内都属罕见,这里为游客提供了一个了解古代建筑技术和风格的机会。

总的来说,天镇县慈云寺旅游景区不仅是一个具有深厚历史文化底蕴的古建筑群,也是一个展示古代艺术和技术的宝库,吸引了无数游客前来参观游览，体验古代文化的魅力。

24. 云州区梨园水庄嘉年华生态农业景区 >>>

◇ 景区名称：云州区梨园水庄嘉年华生态农业景区

◇ 质量等级：国家AAA级旅游景区

◇ 景区地址：云州区峰峪乡东马庄村

◇ 联系方式：13934253111

◇ 景区简介：

云州区梨园水庄嘉年华生态农业景区是一个集采摘、养殖、游乐、休闲、民宿、康养、度假于一体的农文旅综合体验项目。该景区位于大同市云州区峰峪乡东马庄村，是一个农文旅综合体项目，通过流转1800亩土地，用于种植玉露香梨，同时嫁接西梅和种植各种水果，逐步形成了一个生态农业旅游区。景区不仅风景优美，还引入了旅游观光车、卡丁车等娱乐项目，以及小型瀑布、水上游乐设施、大型

灯光秀、音乐喷泉等观光场景，为游客提供了丰富的旅游体验。此外，景区还配备了休闲小木屋、星空营地、民宿窑洞等设施，让游客能够充分体验乡村与现代的完美融合。

梨园水庄的成功不仅在于其独特的自然景观和丰富的农业体验，还在于其创新的发展模式。村党支部通过实行农村集体产权制度改革，成立村股份经济联合社，让村民成为股东，实现了年年有分红的制度，有效激发了村民的积极性。随着梨树的挂果，景区不仅为村民提供了就业机会，还为全村带来了稳定的收入来源。2023年，梨树第一次挂果，总产量达到了约10500公斤，中秋节期间为694户村民发放了5200公斤的梨子，同时销售了5300公斤的梨子，实现了经济效益和社会效益的双赢。此外，梨园水庄还被评为国家AAA级旅游景区，成为了大同市新的网红打卡地。其特色在于提供了"春赏花、夏避暑、秋采摘、冬观雪"的全年旅游体验，成为了古都大同塞外特色农文旅品牌的一部分。通过这些努力，梨园水庄不仅推动了当地文化旅游业的发展，也为乡村振兴贡献了力量。

25.广灵县山水白羊旅游景区 >>>

- ◇ 景区名称:广灵县山水白羊旅游景区
- ◇ 质量等级:国家AAA级旅游景区
- ◇ 景区地址:广灵县城西南20千米处
- ◇ 联系方式:0315-5029701
- ◇ 景区简介:

广灵县山水白羊旅游景区是一个自然景观丰富、地貌类型多样的旅游景区,它是一个典型的山、水、林有机结合的自然景区,具有以下特点和景观。

景区位于广灵县城西南20千米处,是南壶森林公园五大景区之一。自然景观包括山、水、林等自然元素,形成了独特的自然风光。峡谷纵深15千米,有15道弯,整个峡谷逶迤起伏,三万亩林区波澜壮阔。峡谷两侧峰峦间,由大自然的鬼斧神工造就了一大批形态各异的自然景观,如将军崖、仙女峰、卧虎石、虎头岩、抬轿山、小龟山、南天门、老君洞等。景区内还有白羊寺和清凉寺等古代建筑遗迹,以及广灵县古代"八景"之一的"白羊暮霭"景观。这些古建筑和自然景观相结合,为游客提供了丰富的文化和自然体验。

这里曾举办首届山水白羊乡村文化旅游节,通过乡村民谣、电音夜场、马戏表演等节目演出,丰富了群众文化生活,吸引了更多游客参与。

广灵县山水白羊旅游景区不仅是一个自然风光秀丽的地方,还是一个能够让人亲近自然、体验文化的好去处。无论是对于喜欢户外探险的游客,还是对于寻求文化体验的旅行者,都是一个不容错过的地方。

26.左云县摩天岭景区 >>>

- ◇ 景区名称:左云县摩天岭景区
- ◇ 质量等级:国家AAA级旅游景区
- ◇ 景区地址:左云县北部黄土口村南
- ◇ 联系方式:0352-3824201
- ◇ 景区简介:

左云县摩天岭景区是一个集自然风光、历史文化、宗教文化于一体的综合性旅游景区,以摩天岭长城为核心,展现了丰富的边塞文化和自然景观。

景区内不仅有完整的明长城墙体,还有汉长城和北齐长城的遗迹,展现了不同历史时期的长城建筑风格。摩天岭长城因其险要的地形和独特的建筑风格,被誉为世界上海拔最高的长城之一,吸引了众多游客和历史文化爱好者。

除了长城,摩天岭景区还保存了多个朝代的古堡,如宁鲁堡、三屯堡、威鲁堡等,这些古堡不仅是军事防御的重要设施,也见证了古代农耕文明与游牧文明的交流融合。景区内的八台圣母教堂作为东西方文化的交会点,展现了中原文化与西方文化的融合,为景区增添了浓厚的宗教氛围。

摩天岭景区不仅是长城文化的重要载体,也是自然风光的绝佳去处。景区内的玄武岩石林、绿色生态屏障等自然景观与人文景观相得益彰,形成了独特的旅游体验。此外,摩天岭作为黄河水系和海河水系的分水岭,其地理位置独特,为游客提供了一个探索自然、了解地理的好去处。

总的来说，左云县摩天岭景区以其丰富的历史文化、独特的自然景观和宗教文化，成为了山西省乃至全国的重要旅游景点，吸引了无数游客前来观光旅游，体验独特的边塞文化和自然美景。

27.灵丘县空中草原旅游景区 >>>

◇ 景区名称：灵丘县空中草原旅游景区

◇ 质量等级：国家AAA级旅游景区

◇ 景区地址：灵丘县柳科乡刁泉村东南

◇ 联系方式：0352—8685555

◇ 景区简介：

灵丘空中草原旅游景区位于山西省大同市灵丘县柳科乡刁泉村东南，是一处以其高峻平坦的地形特征而闻名的高山草原。

该景区海拔2159米，面积达到3万亩，因其独特的地理位置和自然景观，被冠以"空中草原"的美誉。景区内不仅风景秀丽，而且气候凉爽，夏季无暑期，春秋无尘沙，空气湿润，是一个理想的避暑胜地。

灵丘空中草原旅游景区的自然景观十分丰富，四季各有特色。春天，金黄的蒲公英等花卉盛开，形成一片花的海洋；夏天，牧草青青，山花烂漫，野雉成群，提供了丰富的自然体验；秋天，天蓝草碧，牛羊满山，构成了一幅宁静美丽的画面；冬天，虽然气候寒冷，但依然保持着其独特的自然美景。

此外，空中草原还是世界著名的高山花卉雪绒花的生长地，每年七八月间，雪绒花在这块高山草甸尽情怒放，为景区增添了更多的自然美感。

除了其自然景观外，灵丘空中草原还提供了丰富的旅游活动。游客可以体验蒙古包野营、骑马等项目，享受与自然的亲密接触。此外，景区还开设了电瓶车等服务，方便游客游览。对于摄影爱好者来说，灵丘空中草原提供了一个绝佳的拍摄地点，无论是春天的花朵、夏天的牧草，还是秋天的蓝天白云和冬天的雪景，都是摄影的绝佳素材。

灵丘空中草原旅游景区的开放时间为全天，门票价格为65元，旺季进入景区的车辆费用为每辆200元，淡季为每辆100元。对于想要亲近自然、体验不同季节美景的游客来说，灵丘空中草原是一个不可多得的选择。

28. 云州区乌龙峡生态旅游景区 >>>

◇ 景区名称：云州区乌龙峡生态旅游景区

◇ 质量等级：国家AAA级旅游景区

◇ 景区地址：云州区鹅毛村南1公里处册田水库坝东

◇ 联系方式：400-0352-528

◇ 景区简介：

云州区乌龙峡生态旅游景区是一个集自然景观和人文景观于一体的旅游度假区，以其独特的火山地质和丰富的文化气韵吸引着众多游客。

乌龙峡是一亿年前火山熔岩喷发后，经桑干河水上亿年的冲刷形成的天然峡谷，属于国家级火山地质公园。这个景区不仅拥有优美的自然景观，如"龙凤呈祥"的神奇地貌、神态诡异的火山熔岩、清澈的溪水、飞瀑等，还融入了丰富的人文景观，如罗汉洞、红门寺遗址、铁索浮桥等，为游客提供了独特的文化和自然的双重体验。景区的主要活动包括国际滑沙、滑草、湖面荡舟、峡谷漂流、竹筏、皮划艇、林间骑射、山泉边烧烤、真人CS野战等，满足了游客对于户外活动和休闲娱乐的需求。此外，景区还举办各种文化活动，如汉服巡游、古风表演等，让游客在享受自然之美的同时，也能感受到传统文化的魅力。乌龙峡生态旅游度假区的成功打造，不仅体现在其对自然景观的保护和利用上，还在于其对文化活动的创新和推广上。这里被誉为"塞北小江南"。

29. 灵丘县猫山传统文化园景区 >>>

◇ 景区名称：灵丘县猫山传统文化园景区

◇ 质量等级：国家AAA级旅游景区

◇ 景区地址：灵丘县武灵镇猫山村

◇ 联系方式：13008087464

◇ 景区简介：

灵丘县猫山传统文化园景区是一个集自然风光与文化体验于一体的旅游目的地，以其高森林覆盖率、良好的植被条件而著称。

园内拥有普渡寺、铜猫台、三面观音像、玲珑宝塔等景点，这些建筑和景观不仅展现了自然之美，也融入了丰富的文化元素。猫山传统文化园景区的开发，旨在将自然美景与传统文化相结合，为游客提供一个兼具视觉享受和文化体验的旅游环境。

此外，灵丘县猫山传统文化园景区还被评定为国家AAA级旅游景区，这标志着该景区在旅游服务质量和游客体验方面达到了一定的标准。

30.悬空寺景区 >>>

◇ 景区名称：悬空寺

◇ 质量等级：国家AAAA级旅游景区

◇ 景区地址：浑源县东南郊恒山脚下

◇ 联系方式：0352-8324212

◇ 景区简介：

悬空寺，这座位于中国山西省大同市浑源县境内的古老寺庙，以其独特的建筑风格和令人叹为观止的地理位置而闻名遐迩。它坐落在北岳恒山的金龙峡西侧翠屏峰的峭壁间，仿佛是古人智慧与自然奇观完美结合的杰作。悬空寺利用力学原理半插飞梁为基，巧借岩石暗托，梁柱上下一体，廊栏左右相连，错落有致地镶嵌在万仞峭壁之上，远远望去，宛如一幅精美的浮空画卷，令人叹为观止。

悬空寺不仅建筑技艺高超，而且历史悠久，文化底蕴深厚。它始建于北魏后期（公元491年），距今已有1500多年的历史，是中国古代建筑艺术的瑰宝之一。寺庙内供奉着佛、道、儒三教的众多神像，体现了中国古代文化的包容性和多元性。游客在游览过程中，不仅可以欣赏到古代工匠的精湛技艺，还能深刻感受到中华文化的博大精深。

悬空寺的独特之处还在于它的惊险与奇巧。寺庙整体呈"一院两楼"般布局，总长约32米，楼阁殿宇40间，表面看上去支撑它们的是十几根碗口粗的木柱，其实有的木柱根本不受力，所以有人用"悬空寺，半天高，三根马尾空中吊"来形容其险峻。这种独特的建筑结构不仅展现了古代工匠的非凡智慧，也让悬空寺成为了中国古代建筑史上的一大奇迹。

如今，悬空寺已成为国内外游客争相前往的旅游胜地，每年吸引着数以万计的游客前来参观游览。在这里，人们不仅可以领略到古代建筑的魅力，还能感受到中华文化的博大精深和古代工匠的聪明才智。悬空寺，这座千年古刹，正以它独有的方式，向世人展示着中国古代文明的辉煌与灿烂。

特产美食介绍

01.大同黄花

黄花又名忘忧草、金针菜，它与蘑菇、木耳并称为"素食三珍"，自古就有"莫道农家无宝玉，遍地黄花是金针"的赞美诗句。云州区（原大同县）有600多年的黄花种植史，是闻名全国的"黄花之乡"，这里阳光充足、土壤富硒，成就了大同黄花色泽金黄、蕾长肉厚、味道清香、脆嫩可口的特性，品质非常高。

02.斗山杏仁

大同特产之一斗山杏仁，被称为山西特产三大宝之一。广灵斗山杏仁因其品质优良而闻名，被誉为山西的瑰宝。广灵种植仁用杏历史悠久，最远可追溯到明朝，民间吃杏仁的习惯流传至今。

斗山杏仁种子核果状，具长梗、下垂、椭圆形、长圆状倒卵形、卵圆形或近球形，长2.5～3.5厘米，直径1.5～2厘米；内种皮膜质，淡红褐色。富含大量蛋白质、不饱和脂肪酸、铁、磷、总黄酮、维生素E等营养物质。广灵斗山杏仁品质可靠，受到有关专家的好评，被评为国家地理标志保护产品。

03.左云苦荞

左云苦荞，作为山西省左云县的特产，不仅是中国国家地理标志产品，更是享誉国内外的绿色健康食品。这种小杂粮以其独特的营养价值和药用功效，赢得了"五谷之王"的美誉，并被誉为"东方神草"和"中国第一荞"。

左云苦荞的种植地左云县，地处黄土高原，海拔较高，昼夜温差大，无霜期长，且日照充足，这些得天独厚的自然条件为苦荞的生长提供了理想的环境。苦荞籽粒呈黑褐色或灰褐色，形状为圆三棱形或锥状三棱形，富含蛋白质、淀粉、脂肪和膳食纤维，以及多种矿质元素和微量元素，具有极高的营养价值。

04.浑源黄芪

浑源黄芪，山西大同的特产，是一种名贵的中草药。它以"条长而顺，皮光色亮，粉性大，空心小"而闻名，具有补身益气的作用。浑源的黄芪以"浑芪"为代表，药用价值较高，被称为"浑源黄芪"。

05.广灵大尾羊羊肉

广灵大尾羊，山西大同广灵县的特产，以产肉为主，皮毛呈毛股结构，肉质鲜嫩，皮毛品质好。广灵大尾羊品质高，体高和体重合适，屠宰后胴体重约38.42公斤，净肉约33.3公斤，肉脂约2.7公斤，尾脂重约8公斤，头蹄重约4.07公斤。

06.大同刀削面

大同刀削面别称"驸马面"，是大同市的一种特色传统面食，因其风味独特，驰名中外。据传大同刀削面是唐朝驸马柴绍发明，刀削面全凭刀削，因此得名。用刀削出的面叶，中厚边薄，棱锋分明，形似柳叶。入口外滑内筋，软而不黏，越嚼越香。刀削面的调料，也是多种多样的，有番茄酱、肉炸酱、羊肉汤、金针木耳鸡蛋打卤等深受喜食面食者欢迎。

07.大同油糕

大同油糕，是用黍子碾成的黄米磨成面，

然后用温水和成颗粒状上笼蒸过二十分钟后，放在盆里用手撅匀，表面上些食油后，把糕面捏成各种形状的馅儿，下到油锅炸成成品糕。大同油糕有"黄、软、筋、香"四大特点。

08.浑源凉粉

浑源凉粉，源自山西省大同市浑源县的一道地道传统美食，以其独特的制作工艺、细腻爽滑的口感以及丰富多样的调味而闻名遐迩。

凉粉选用优质土豆淀粉或绿豆淀粉为原料，经过精细加工制成半透明状的凉粉条，搭配特制的醋、辣椒油、芝麻酱、黄瓜丝等调料，色泽鲜艳，酸辣可口，清凉解暑。

09.灵丘黄烧饼

灵丘黄烧饼，源自山西省灵丘县的经典名点，以其金黄诱人的外观、酥脆可口的饼皮和层次分明的内里而广受好评。

灵丘黄烧饼选用上等面粉与独特配料精心和面，经过多道工序细心烘烤而成，外皮金黄酥脆，内里松软香甜，每一口都散发着浓郁的麦香与芝麻香，让人回味无穷。灵丘黄烧饼不仅是当地人的日常美食，更是赠送亲友、品味地方风味的上乘之选。

10.大同羊杂

大同美食中的羊杂是一道以羊杂为主要原料制作而成的汤菜，它包括羊杂、山药粉条、粉汤、油辣味调料等。羊杂汤热气腾腾，香气扑鼻，口感丰富，具有驱寒、暖胃、舒身的功效。

11.大同兔头

大同兔头，作为山西大同的特色传统名菜之一，以其独特的制作工艺和香辣鲜美的口感，赢得了广大食客的喜爱。这道菜品的原料主要选用速冻鲜兔头，配以姜、葱、辣椒、八角等十余种调料，经过精心腌制和长时间的红焖烹饪，使得调料的味道充分渗透到兔肉之中，形成了大同兔头独特的风味。

12.灵丘熏鸡

灵丘熏鸡是大同灵丘县的一道传统美食，色泽鲜亮、软烂可口、香味诱人，其与襄汾熏肉、临汾熏醋、太谷熏鸽一起被誉为山西"四大名熏"之一。

灵丘熏鸡味美，与它的独特制作工艺有关。制作时，要挑选膘肥体壮的活鸡，宰杀、褪毛、洗净后，将鸡放入陈年老汤中卤制。熟后，再放入秘制料汤中浸泡10多个小时。之后，将熟鸡用谷糠、柏木燃烧后的烟火进行熏烤。至此，独具风味的熏鸡才能出炉。

灵丘熏鸡因其独特的制作方法和口感受到当地人的喜爱。

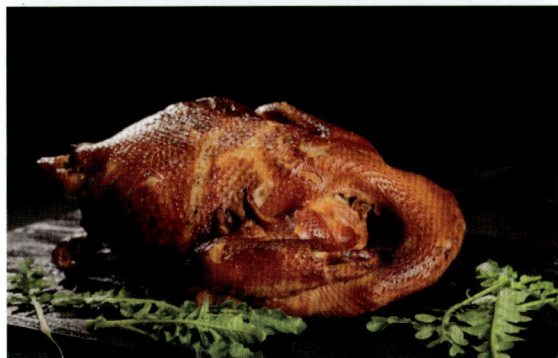

13. 黄米凉糕

黄米凉糕是大同的一道传统美食，以黄米为主要原料制作而成。它的制作方法简单，口感独特。吃起来既有黄米的黏性，又有玫瑰酱的香甜，非常美味。大同凉糕既充饥、下火，又香甜爽口，不仅是难得的特色小吃，也是当地老百姓特别喜欢的一种风味小吃。总的来说，黄米凉糕是大同美食中的一颗明珠。

14. 豆腐粉

大同豆腐粉，作为大同美食文化中的瑰宝，不仅仅是一道简单的小吃，更是承载着大同人对食材的精挑细选与其对烹饪技艺的极致追求。

在享用这道美食时，首先映入眼帘的是那洁白如玉的豆腐块与晶莹剔透的粉条交织在一起的画面，色泽和谐，令人垂涎欲滴。细品之下，豆腐的细腻滑嫩与粉条的Q弹爽口在口腔中交织，为食客带来前所未有的美妙体验。

而那特制的汤料，更是整道菜的点睛之笔，它融合了多种调料的精华，鲜美而不腻，让人回味无穷。无论是作为早餐的温馨选择，还是晚餐的解馋佳肴，大同豆腐粉都能以其独特的魅力，满足食客们的味蕾需求，成为大同美食文化中一道亮丽的风景线。

15. 百花烧麦

大同百花烧麦，作为大同地区独具特色的传统风味小吃，以其精湛的制作工艺和独特的口感享誉四方。每一颗烧麦都如同精心雕琢的艺术品，外皮薄韧透亮，包裹着丰富多样的馅料，色泽诱人，香气扑鼻。顶部褶皱精细，形如百花盛开，寓意着吉祥与繁荣。品尝大同百花烧麦，不仅是味蕾上的享受，更是对大同深厚文化底蕴的一次品味与体验。

16.阳高杏脯

阳高杏脯,源自阳高县的特色美食,选用当地优质鲜杏为原料,经过精心挑选、去核、糖渍、烘干等传统工艺精制而成。成品色泽金黄透亮,肉质饱满细腻,酸甜适中,口感软糯而有嚼劲,保留了杏果的自然香甜与丰富营养,是休闲零食与馈赠亲友的佳品。

17. 酸汤羊肉

大同酸汤羊肉,是大同地区独具风味的一道传统美食。这道菜以鲜嫩的羊肉为主料,搭配特制的酸汤底料,经过精心炖煮而成。酸

汤由多种天然食材发酵而成,酸爽开胃,与羊肉的鲜美相互融合,既去除了羊肉的膻味,又增添了独特的酸香风味。羊肉肉质细腻,口感鲜嫩,与酸汤的酸辣口感相得益彰,令人回味无穷。大同酸汤羊肉不仅是当地人的心头好,也吸引着众多食客前来品尝,感受这道美食的独特魅力。

朔州市

朔州市长城一号旅游公路建设里程818千米，其中：主线346千米，支线361千米，连接线111千米。同步建成慢行道38千米，鲁沟驿站、破虎堡驿站等7个驿站，鹅毛河观景台、大石口观景台等3个观景台，鹅毛河营地、广武汽车营地等3个营地。

连通如下景区。

AAAA级景区4个：应县木塔景区、右玉县右玉生态旅游景区、朔城区崇福寺景区、怀仁市金沙滩生态旅游景区。

AAA级景区3个：平鲁区山西长良生态园景区、怀仁市羲光农风生态旅游景区、怀仁市清凉山生态旅游景区。

朔州滋润机场位于朔城区福善庄乡和滋润乡交界处，距朔州市区约22.5千米。

朔州有7个火车站，分别是：山阴站、应县站、怀仁东站、怀仁站、岱岳站、神头站、朔州站，其中山阴站、应县站、怀仁东站是高铁站。

朔州市自驾游精品线路图（里程：296km）

右玉生态旅游景区

98　　70

☆ 金沙滩景区
38
★ 应县木塔景区

崇福寺景区 ☆

90

内　蒙　古　自　治　区

忻

右玉生态旅游　AAA

崇福寺　AAA

新店子镇

破虎堡驿站
杀虎口驿站
李达窑乡
樊家窑
破虎堡
邢家口

西口
北元
右卫
东兴
十八户营
黄家窑
赵家窑
老墙框

右卫镇
火烧滩
新庙子
红土堡

杨千河乡

右玉生态旅游景区（4A）
东丁

牛心堡乡
右玉
石头河
云阳
亚别乡

郭敖屯
小蒋家屯
右玉西

新城镇
威远镇
下堡
庞家堡
周家

右玉县

前胡彩沟
肖家
康村
北花园

宏河镇
五良太乡

耿家沟
火烧洼
马莲滩
边家堡
南花园

清水河县

韭菜庄乡
郭家窑
周花板
金家花板
布家屯
高家堡乡
元堡子

高石庄乡
黄家楼
大野庄
小马营
山岔堡
元堡子
吐儿

二道梁主线
泉子坡
凤凰城
田家大屯
大川
后榆林
吐儿

郑家营
小干沟
西水界乡
大川

阻虎乡
三百户
前沙城
西平太
千井
史家屯

南仗
扒齿沟
大路庄
店梁
向阳堡乡
平鲁东
屯港
玉井

雄沟梁
双碾乡
担子山
马家洼
平鲁北
下梨园
闫家窑
吴马营乡

白辛庄
吴家窑
魏庄
榆岭乡
中石湖

东昌峪
上水头
乱石卜
大梁
井坪镇
朱家嘴

下唐河
口子上
下水头乡
平鲁区
王高登
下面高乡
韩佐乡

南辛庄
大松沟
细水平鲁
前寺怀
山西长良生态园景区（3A）
白土堡

大养沟
潘家窑
西易
圣东

下木角
平朔露天矿
陶村乡
魏家窑

白殿沟
白堂乡
陶卜洼
担水沟
小平易乡
神西

富家坪
峙峪
小平易乡
神头

暖崖
大碓臼沟
朔州西互通
仓房坪
安庄
下团堡乡
朔州东
小

赤谷
井儿上
朔州市
朔州汽车站

东庄
利民镇
田庄乡
糟沙会
朔城区
崇福寺景区（4A）
太平窑

八角镇
张蔡庄乡
前村
新安庄

露明
朔州南
富甲园区

西山驿站
窑子头乡
窑子头
朔州西
贾庄乡

九坨塔
上沙塄河
沙塄河乡

梵王寺
下石碣峪
大涝

贺职乡
东湖乡
神池县

比例尺 1:550000　　0　　5.5　　11.0(千米)

· 一日游精品线路 ·

第❶站
金沙滩

📍 **起点**

第❷站
崇福寺

朔州 ─── 金沙滩 ─── 崇福寺

📅 **行程推荐**　全程102.8千米，驾车耗时1小时28分钟

　　驾车开往金沙滩游玩，之后沿二广高速、元朔高速去往崇福寺游览，全天行程102.8千米。

· 两日游精品线路 ·

第❸站
金沙滩

第❶站
崇福寺

📍 **起点**

朔州 ─── 崇福寺 ─── 应县

📅 **行程推荐**　全程150.1千米

　　第一天：上午驾车开往崇福寺，速前往应县木塔游览，晚上行米。

　　第二天：上午驾车前往金沙滩景区游玩，全天行程58.3千米

线路 ·

第❹站
清凉山

第❷站
应县木塔

· 三日游精品线路 ·

起点
第❶站
右玉生态旅游区

第❺站
长良生态园

第❷站
金沙滩

第❸站
应县木塔

第❹站
崇福寺

木塔　　　　清凉山
　　金沙滩

，驾车耗时2小时29分钟

游玩，下午沿元朔高速、二广高
县木塔附近，全天行程91.8千

玩，下午前往清凉山生态旅游

朔州　　　　金沙滩　　　　崇福寺
　　右玉生态旅游区　　应县木塔　　长良生态园

📅 行程推荐 ▶ 全程276.4千米，驾车耗时5小时18分钟

第一天：在右玉生态旅游区游玩一天，晚上宿右玉生态旅游区。

第二天：早上驾车从右玉生态旅游区出发，沿京拉线、S210前往金沙滩游玩，下午驾车去往应县木塔游览，晚上宿应县木塔附近，全天行程117.8千米。

第三天：早上从应县木塔出发，沿二广高速、元朔高速抵达崇福寺观光，下午驾车前往长良生态园游玩，全天行程158.6千米。

景点介绍 >>>

01.应县木塔景区 >>>

◇ 景区名称:应县木塔景区

◇ 质量等级:国家AAAA级旅游景区

◇ 景区地址:朔州市应县西街1号

◇ 联系方式:0349-5088889

◇ 景区简介:

　　应县木塔景区位于山西省应县老城西北,国家AAAA级景区,景区由南向北依次为山门、释迦塔、大雄宝殿。应县佛宫寺释迦塔俗称应县木塔,重建于辽清宁二年(公元1056年),历经千年"雷击不焚,强震不倒,战火不毁",木塔高67.31米,底层直径30.27米。八角形状、纯木构造,用木3000多立方米,总重7430吨。1961年,应县木塔被国务院列为全国重点文物单位,是世界现存最古老、最宏大的纯木结构建筑,它与法国的埃菲尔铁塔、意大利的比萨斜塔齐名,被称为世界三大奇塔,堪称国宝中的国宝。木塔有天柱地轴、日光沐佛、塔影罩殿、百尺莲开、春曦迎辉、夏暮无蚊、秋水倒影七大奇观,是罕世之珍宝。

02.金沙滩生态旅游区 >>>

◇ 景区名称:金沙滩景区

◇ 质量等级:国家AAAA级旅游景区

◇ 景区地址:怀仁市何家堡乡宋庄村西金沙滩生态旅游区

◇ 联系方式:0349-5961015

◇ 景区简介:

　　怀仁金沙滩是以宋辽交战杨家将故事和崇国寺佛教文化为主题建造的园林区。区内万顷碧波、百里苍翠、林海莽莽、气势恢宏,覆盖面积2000多亩。园区西部的仁和殿、天门阵、点将台、八卦阵等建筑群体,辅以大型全域实景演绎《忠魂》,以锣鼓等响器作为主乐器,结合剧情、特效、真人秀,烘托庄重、肃穆、震撼的氛围,从不同层面、不同角度再现了杨家将一门三代精忠报国、血染沙滩的忠烈壮举。金沙滩景区影视基地,参与拍摄《大破天门阵》《游龙记》等影视作品。

03.朔州市右玉生态旅游景区 >>>

◇ 景区名称:右玉生态旅游景区

◇ 质量等级：国家AAAA级旅游景区
◇ 景区地址：右玉县境内
◇ 联系方式：0349-8067515
◇ 景区简介：

　　右玉自古以来是中原农耕文明和北方游牧文明的融汇地，尤其是境内的杀虎口，一直是草原游牧民族南下进入中原的重要战略通道。特别是清朝年间，杀虎口作为著名税卡，日进斗金。

　　由于杀虎口的特殊地理位置，右玉作为边塞要冲、西口故里、晋商通道，是一条历史文化的走廊。县内现存古长城84千米、古堡80多座，被中国民间文艺家协会命名为"中国古堡之乡"。

　　右玉是"右玉精神"的发祥地，70年多来坚持不懈植树造林，林木覆盖率由0.3%上升到56%，将荒漠改造成了绿洲，创造了人类的生态奇迹。

　　右玉荣获全国造林绿化先进县、全国绿化模范县、国土绿化突出贡献单位、首批国家生态文明建设示范县、"绿水青山就是金山银山"实践创新基地等荣誉称号，成为国家级生态示范区、国家可持续发展实验区、全县域国家AAAA级旅游景区、中国低碳旅游示范地、美丽中国示范县、中国深呼吸小城、全国首批全域旅游示范区创建单位。右玉杀虎口、西口古道、三十二长城、十三边长城、桦林山长城、松涛园、右卫老城、小南山、苍头河、右玉精神展览馆、玉龙马园等景点共同组成了右玉生态旅游景区。

04.崇福寺景区 >>>

◇ 景区名称：朔州市崇福寺景区
◇ 质量等级：国家AAAA级旅游景区
◇ 景区地址：朔城区老城东大街1号
◇ 联系方式：0349-2023425
◇ 景区简介：

　　崇福寺景区是由崇福寺、马邑博物馆、尉迟敬德庙、大戏台、历史画轴、石刻组成，为国家AAAA级旅游景区。其中崇福寺是我国现存辽金三大佛寺和三大建筑之一，建于唐高宗麟德二年（公元665年）。金代扩建后，又经明、清两代修葺，成为一处殿阁巍峨、气势恢宏的佛门巨刹，又名"林衙古刹"，名列"朔州古八景"之首。

　　寺内五进院落，中轴对称。山门、金刚殿、千佛阁、大雄殿、弥陀殿、观音殿依次位于中轴线上，钟楼、鼓楼、文殊殿、地藏殿对称布列东西两侧，占地面积23520平方米，是我国现存最大的辽金建筑。1988年，崇福寺被国务院公布为第三批全国重点文物保护单位。

05.平鲁区山西长良生态园景区 >>>

◇ 景区名称:平鲁区山西长良生态园景区
◇ 质量等级:国家AAA级旅游景区
◇ 景区地址:平鲁区西水界乡骆驼山村南
◇ 联系方式:13513643684
◇ 景区简介:

　　长良生态园是一处集养殖、种植、旅游观光、农事体验和文化传播于一体的休闲农业循环精品园。这个生态园不仅是平鲁区农文旅产业深度融合的重要一步,而且成为了门神故里一颗璀璨的生态产业明珠。长良生态园以其丰富的活动和景观吸引了众多游客,包括彩虹滑道、水上乐园、萌宠喂养观赏、真人CS、超级越野车等游乐项目,以及民俗农耕区、种植采摘区、非遗展馆等。每一项都充满了体验感,让人流连忘返。此外,长良欢乐谷作为朔州市中小学研学实践基地,为孩子们提供了一个与大自然亲密接触的学习和娱乐场所。

06.怀仁市羲光农风生态旅游景区 >>>

◇ 景区名称:怀仁市羲光农风生态旅游景区
◇ 质量等级:国家AAA级旅游景区
◇ 景区地址:怀仁市经济技术开发区
◇ 联系方式:18703493707
◇ 景区简介:

　　怀仁市羲光农风生态旅游区是一个集旅游、种植、养殖、采摘、农科、垂钓和休闲娱乐等为一体的绿色生态旅游区。

　　该景区位于怀仁经济技术开发区,由怀仁市丰茂农林牧专业合作社全额投资建设。整个旅游区分为东西两部分,西部是农牧区,建设有各类果蔬大棚30余座,供游客采摘,还有猪舍、牛舍、散养鸡区域等。东部则是水产休闲区,拥有12000平方米的水域面积,提供鱼塘、垂钓以及休闲娱乐园等服务。

　　该景区年均接待量达到50万人次,依托原有的国家AAAA级景区和新增的两个国家AAA级景区,怀仁市充分利用资源优势,按照"六全"理念,持续打造核心景区,发展特色景点,丰富旅游供给,提升环境承载能力,推进多产融合,构建起全域旅游发展大框架,形成了"一核引领、一廊联通、两带延伸、四区支撑"的全域旅游新格局。此外,怀仁市还通过丰富的文旅资源持续推进全市文旅产业多产融合、多元发展,创建的全域旅游示范区已通过省级验收。

辽金时代的佛教繁荣。

景区内的建筑风格独特，如华严寺砖塔和石窟中的文殊菩萨像，都是省级文物保护单位。此外，半山腰的大雄宝殿和大肚弥勒佛像等，都是游客喜爱的景点。

为了满足游客的需求，景区提供了多样化的旅游服务设施。包括观光缆车设备，方便游客游览山顶的美丽风光。

清凉山还流传着许多美丽的传说和故事，如"舀不尽的锅头钵儿水"和"早种晚收的红糜子地"等，为游客提供了丰富的文化体验。

怀仁市清凉山生态旅游景区不仅是一个自然风光秀丽的地方，更是一个充满文化底蕴的旅游胜地，吸引了无数游客前来参观和游览。

07. 怀仁市清凉山生态旅游景区 >>>

◇ 景区名称：怀仁市清凉山生态旅游景区
◇ 质量等级：国家AAA级旅游景区
◇ 景区地址：怀仁市何家堡乡悟道村西
◇ 联系方式：0349-6621888
◇ 景区简介：

怀仁市清凉山生态旅游景区是一个集人文景观和自然风光于一体的旅游胜地。这个景区以其独特的地理位置、丰富的历史文化和秀美的自然风光吸引了众多游客。

清凉山山势陡峭，峰峦叠嶂，被誉为"小五台山"。景区内拥有丰富的植被，包括纵横交错的防风林带和硕果累累的经济林，为游客提供了一个清新自然的旅游环境。清凉山不仅是文殊菩萨赴五台山途中的第一道场，还承载着丰富的历史文化。景区内有辽代所建的华严寺砖塔和石窟中的文殊菩萨像，展现了辽金时代的佛教文化。此外，山上还有一座砖塔名华严寺砖塔，高约十米，七檐八角，与峰北山凹处的石窟遥相呼应，共同见证了

特产美食介绍

01. 紫皮大蒜

应县紫皮蒜产于应县小石口村一带，是当地群众在峪口肥沃的沙土地精心种植。培

育出的紫皮大蒜蒜皮紫红、头肥瓣大、辛辣味浓，外皮松而内瓣衣紧，鳞茎皮紫易剥，多数为四六瓣，洁白有光泽，个体肥大肉质紧实，以味辣香美而著称。

02.红山荞麦

朔州市盛产荞麦，荞麦是原产于北方的古老作物，由于它生产周期短，春、夏、秋三季都可以播种，逢灾年用荞麦补种、改种都可以获得一定的收成。近年来，随着农民市场经济观念的增强，荞麦的种植面积逐年增大。含硒量居全国首位的平鲁红山荞麦，千粒重38.8克，硒含量0.73毫克/克，深受日本和东南亚国家青睐，多次入选国宴。

03.油果子

油果子是朔州常见的小吃。它在清代非常流行。现在油果子做法和口味也很多，有滚糖、罩蜜、夹心、包馅、擦酥、渗糖等，品种多样、美味可口，益气健胃，享誉四邻。

04.怀仁羔羊肉

怀仁羔羊肉，产于山西省怀仁市。

怀仁羔羊肉色泽均匀，有光泽，脂肪呈乳白色，肌纤维清晰，有韧性。煮沸后，肉汤透明澄清，脂肪团聚于液面，膻味小，肉质鲜嫩，保水性好，熟肉率高，味道清香。

近年来，怀仁肉羊养殖已经具备一定规模及政策扶持的有利条件，怀仁市工商局积极帮助肉羊行业协会，申报了"怀仁羔羊肉"这一地理标志证明商标。

05. 右玉熏鸡

右玉熏鸡是山西传统的特色名吃，以其色泽红艳、肉质细嫩和鲜美的味道而闻名。它是利用右玉县独特的鸡种——右玉边鸡来烹制而成的。

右玉熏鸡不仅味道鲜美，而且具有很好的保存性能。据说，在夏季条件下，右玉熏鸡可以保存一周至十天而不变质，这也使得它成为当地人们夏季食用的一种佳肴。

06. 混糖月饼

混糖月饼是朔州的特色。朔州混糖月饼外皮松散，口感湿润而不油腻，既有麦香，又融合了糖的焦香和胡麻油的特殊香气，让人回味无穷。

07. 糖干炉

怀仁特产宋氏糖干炉又称闪塌嘴，起源于宋代，兴盛于清代，属宋氏家族祖传，工艺精湛，经宋氏传人不断潜心研究创新，制作出不同的风味，尤其是"油干炉"特点香、酥、脆，甜而不腻，是馈赠亲朋好友的特色食品。

怀仁糖干炉还具有丰富的营养价值,含有大量的蛋白质、碳水化合物、脂肪等营养成分,能够为人体提供足够的能量和营养。

08.盐煎羊肉

盐煎羊肉是朔州的传统名吃,以羊肉和食盐为主要食材,配以花椒为辅料。

盐煎羊肉的制作过程简单,但独特的烹饪方式使得羊肉的滋味得以释放,给人一种美味的感觉。

它不仅保留了食材的原汁原味,而且能够提升食材的口感和风味,让人回味无穷。无论是当地人民还是游客,都对盐煎羊肉情有独钟。

09.应州牛腰

应州牛腰是山西应县汉族特色小吃,起源于清代中期。它色泽金黄、口感松软、甜而不腻,被称为应州牛腰。牛腰是用面粉、红糖、鸡蛋等制作而成的,煮熟后越嚼越香,颜色也像煮熟的牛腰。应州牛腰由于制作过程独特,因此味道独特,受到了很多人的喜爱。

10.蒸饺子

蒸饺子是一道美味的朔州美食,以面皮包裹着羊肉馅或蔬菜馅料而闻名。面皮柔软筋道,搭配羊肉或蔬菜馅料,口感丰富。

在蒸锅中将饺子蒸熟,搭配各种调料,如酱油、盐、味精等,味道鲜美。无论是作为早餐还是晚餐,蒸饺子都是一道美味可口的佳肴。

11. 片烤方肉

片烤方肉是朔州传统小吃,采用生炉烘烤,将猪五花肉带肋骨6~7根剁下,用长把铁叉沿肋骨下插入,将肉皮朝下放在明炭火上烧燎,至猪肉焦黄变黑时取下。片烤方肉以其独特的制作方法和鲜美的口感,成为山西传统美食的代表之一,它不仅在国内享有盛名,也受到了国际友人的赞誉。它带给人们一种独特的美食体验,让人回味无穷。

12. 豌豆粥

豌豆粥是朔州的一道著名美食,选用当地优质豌豆精制而成,富含蛋白质和粗纤维以及人体必需的八种氨基酸,经常食用可以健脾胃,是一种非常不错的养生食物。

13. 酸菜炒莜面

酸菜炒莜面是一道以当地传统美食莜面为基础,经过烹饪而成的一道菜肴。

莜面口感韧劲十足,搭配酸菜的酸香味道,口感丰富。莜面经过腌制和烹饪,使得莜面更加入味,同时莜面的韧劲搭配上酸菜的香脆,口感更佳。

14.应县面皮

应县面皮是朔州应县的一道特色小吃,以纯白面为主要原料制作而成。面皮呈白色,质地细腻,口感柔软,带有浓郁的麦香味。

15.应县凉粉

应县凉粉是山西省应县独具地方特色的传统美食,以其清爽滑嫩、酸辣可口而享誉三晋大地。这道小吃选用优质绿豆淀粉为原料,经过精细加工制成半透明状的凉粉条,再搭配上特制的醋、蒜泥、芝麻酱、辣椒油等调味料,色泽诱人,香气扑鼻。品尝时,凉粉入口即化,酸辣适中,既开胃又解暑,是夏日里不可或缺的一道美味佳肴。应县凉粉不仅在当地深受欢迎,更因其独特的口感和制作工艺,吸引了众多外地游客前来品尝,成为了应县的一张美食名片。

16.羊拐弯

羊拐弯是山西省朔州市的传统特色美食,主要由羊腿关节部分制作而成。这道菜有多种烹饪方法,包括直接用高汤熬、烤制,以及先炸后炖。

其中,最受欢迎的做法是先炸后炖,这样处理后的羊拐弯吃起来有一种内蒙古烤全羊的味道,风味独特,美味可口。

17.油炸糕

　　油炸糕是朔州人民深爱的传统食品,尤其在节日和招待客人时,常作为上等食品。其制作主要使用软小米面、软糜子面或软大米面,通过开水和面后蒸熟,再揪成小团并加入各种馅料,如豆馅、土豆馅或鸡蛋韭菜馅。炸熟后的油炸糕皮脆里嫩,绵软可口,味道醇厚、甜美,色泽诱人。因其口感和味道,民间有"节节高、年年高"的美誉,是婚丧寿宴、礼宾待客的佳品。

忻州市
自驾游精品线路概况

忻州市旅游公路建设里程2390千米，其中黄河一号旅游公路建设里程264千米，长城一号旅游公路建设里程1505千米，太行一号旅游公路建设里程621千米，主线630千米，支线1009千米，连接线751千米。同步建成慢行道里程37千米，长城一号旅游公路"0"公里标志文化驿站、关河口驿站等6个驿站，莲花崖观景台、五道弯观景台等25个观景台，护水长城停车场、滑石堡停车场等33个停车场。

连通如下景区。

AAAAA级景区2个：五台山风景区、代县雁门关景区。

AAAA级景区14个：忻府区忻州古城、忻府区禹王洞风景区、忻府区云中河景区、偏关县红门口地下长城景区、偏关县老牛湾景区、繁峙县憨山文化旅游景区、繁峙县滹源景区、宁武县汾河源头景区、宁武县万年冰洞景区、宁武县芦芽山景区、原平市天涯山景区、定襄县河边民俗博物馆景区、岢岚县宋家沟景区、静乐县天柱山景区。

AAA级景区29个：忻府区苍龙山景区、忻府区遗山园景区、忻府区陀罗山景区、忻府区貂蝉故里文化园景区、岢岚县宋长城景区、岢岚县岢岚古城景区、保德县印象故城景区、五寨县五寨沟风景区、原平市爱木图景区、原平市柏枝山景区、原平市野庄古村景区、原平市大龙门牡丹山庄景区、代县杨家将忠武文化园景区、代县代州古城景区、代县赵杲观景区、宁武县悬空村景区、宁武县宁化古城景区、宁武县马仑峡谷景区、繁峙县龙虎山景区、繁峙县公主文化旅游景区、繁峙县韩庄长城景区、繁峙县秘磨岩景区、繁峙县桥儿沟景区、繁峙县平型关景区、河曲县黄河西口古渡景区、定襄县七岩山景区、五台县森雅轩晋作木艺园景区、五台县五峰慧果沙棘产业园景区、五台县徐向前元帅故居景区。

AA级景区6个：五台县驼梁景区、五台县百草绿源健康产业园景区、神池县荣庄子星河里景区、神池县南山景区、原平市高欢古战道景区、代县白仁岩景区。

忻州五台山机场位于忻州市定襄县宏道镇无畏庄村，距忻州市区约38千米。

忻州有23个火车站，分别是：忻州西站、原平西站、五台山站、繁峙站、代县火车站、原平站、忻州站、宁武站、轩岗站、河边站、岢岚站、安塘站、豆罗站、定襄站、东淤地火车站、大营火车站、东庄火车站、平社站、秦家庄站、神池站、五寨站、下社火车站、阳明堡站。其中，忻州西站、原平西站是高铁站。

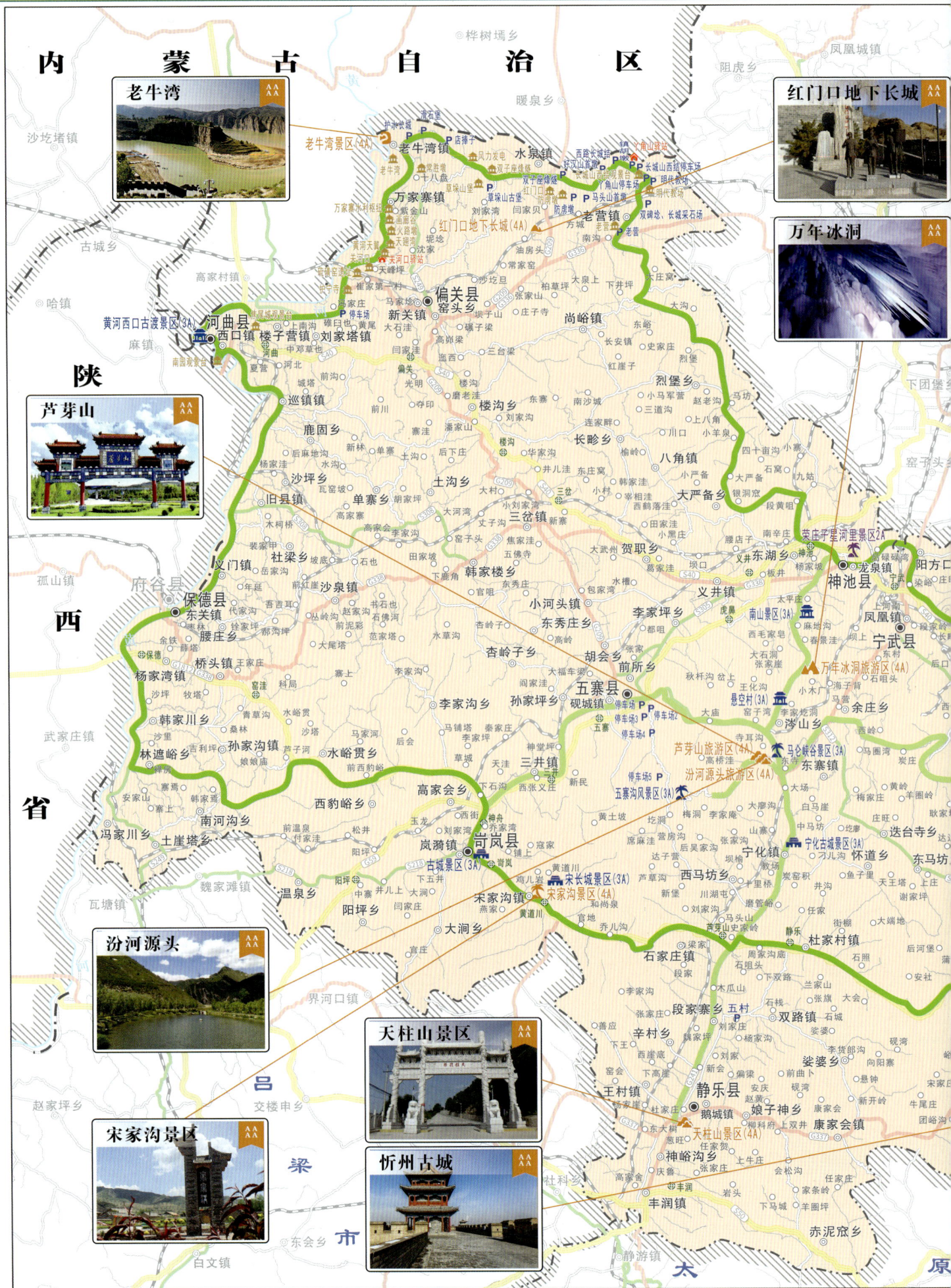

五台山 AAAAA

滹源 AAAA

悬山文化景区 AAAA

雁门关 AAAAA

忻州市自驾游精品线路图（里程：1579km）

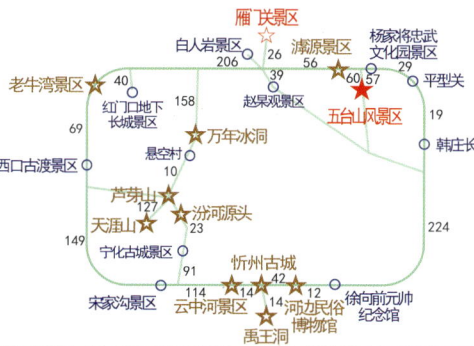

雁门关景区
白人岩景区　26　滹源景区　杨家将忠武文化园景区
老牛湾景区 ☆ 40　　　　206　39　56　60 57　29　平型关
红门口地下长城景区　158　赵杲观景区　五台山风景区
黄河西口古渡景区　69　　　　　　　　　19　韩庄长城
悬空村　10
芦芽山 127　　　　　　　　　　224
天涯山 ☆　汾河源头
149　宁化古城景区　23
　91　忻州古城　42
宋家沟景区　114　14　14　12　徐向前元帅纪念馆
云中河景区　　14　河边民俗博物馆
　　　　禹王洞

南山寺

金阁寺

佛光寺

天涯山 AAAA

南禅寺

云中河 AAAA

河边民俗博物馆 AAAA

河
北
省

比例尺 1:730000　0　7.3　14.6(千米)

· 一日游精品线路 ·

第❶站
老牛湾

起点 📍

第❷站
万年冰洞

忻州 ⎯ ⎯ 老牛湾 ⎯ ⎯ 万年冰洞

🗓 **行程推荐** 全程140.6千米，驾车耗时3小时05分钟

上午驾车前往老牛湾游玩。下午沿省道S249、灵河高速前往万年冰洞游玩，全天行程140.6千米。

· 两日游精

第❷站
河边民俗

第❸站
禹王洞

忻州 ⎯ ⎯ 五台山

🗓 **行程推荐** 全程137千

第一天: 在五台山风景区游玩
第二天: 从五台山出发，沿砂
馆参观，下午驾车前往禹王洞

·三日游精品线路·

第❶站
五台山

起点

第❶站
老牛湾

起点

第❷站
雁门关

第❺站
五台山

第❹站
河边民俗博物馆

第❸站
禹王洞

边民俗博物馆

禹王洞

车耗时2小时20分钟

，晚上宿五台山。

、沧榆高速前往河边民俗博物

，全天行程137千米。

忻州　　雁门关　　河边民俗博物馆

老牛湾　　禹王洞　　五台山

行程推荐　全程488.2千米，驾车耗时7小时06分钟

第一天：上午在老牛湾游玩，下午驾车沿灵河高速、呼北高速前往雁门关游玩，全天行程222.1千米。

第二天：早上沿二广高速、忻州环城高速前往禹王洞游玩，下午前往河边民俗博物馆游玩，全天行程180.9千米。

第三天：早上沿沧榆高速、砂石线前往五台山景区游玩一天，全天行程85.2千米。

忻州市A级景点·特产美食

景点介绍 >>>

01.忻州市五台山风景名胜区 >>>

◇ 景区名称：五台山风景名胜区

◇ 质量等级：国家AAAAA级旅游景区

◇ 景区地址：五台县台怀镇杨柏峪村南路219号

◇ 联系方式：0350-6542380

◇ 景区简介：

五台山位于山西省忻州市，与四川峨眉山、安徽九华山、浙江普陀山共称"中国佛教四大名山"。与尼泊尔蓝毗尼花园、印度鹿野苑、菩提伽耶、拘尸那迦并称为世界五大佛教圣地，也是中华十大名山之一。

五台山是世界文化景观遗产、国家森林公园、国家地质公园，清凉美誉蜚声海外，佛教文化源远流长。

享有"中国佛教缩影"美誉的五台山，是国内唯一一处汉藏共居一山讲经说法的道场。自东汉永平十一年（公元68年）开山建寺以来，历经发展、传播、兴衰，绵延传承近两千年。

02.忻州市代县雁门关风景区 >>>

◇ 景区名称：雁门关景区

◇ 质量等级：国家AAAAA级旅游景区

◇ 景区地址：代县雁门关景区

◇ 联系方式：0350-6100519

◇ 景区简介：

雁门关景区是世界文化遗产万里长城的重要组成部分、全国重点文物保护单位，是国家AAAAA级旅游景区，是历史最为悠久、战争最为频繁、知名度最高、影响面最广的古关隘，被誉为"中华第一关"。

在三千多年的历史岁月中，雁门关始终和中华民族的命运息息相关。作为古代中国北境著名的咽喉要塞，雁门关见证和影响了中国的历史进程。作为中原文化和游牧文化交汇点，雁门关亲历了民族融合的艰辛历程，积淀了色彩斑斓的多民族文化精华。作为中国历史上著名的千古商道，雁门关折射了古代边贸的兴衰，成就了晋商的辉煌。

雁门关景区是以雁门关军事防御体系历史遗存、遗址为主要景观资源的边塞文化、长城文化、关隘文化旅游区，景区规划面积30平方千米。关城、长城、隘城、兵堡、烽火台等不同等级、不同用途、不同形制的历史建筑遗存，形成了景区凝重、雄浑、大气的边关特色旅游风情。随着近年来的大规模修复开发，古老的雁门关已经成为集"吃、住、行、游、购、娱"等综合功能于一体的边塞文化旅游目的地。

力致力于文物保护和旅游开发事业,取得了一定的荣誉,曾获省文物局安全"金铠甲"活动模范单位、"年度教育培训工作先进单位""年度博物馆展示服务先进单位"等称号,2009年荣获国家AAAA级旅游景区与国家二级博物馆称号。

03.忻州市定襄河边民俗博物馆 >>>

◇ 景区名称:河边民俗博物馆
◇ 质量等级:国家AAAA级旅游景区
◇ 景区地址:定襄县河边镇河边村一号
◇ 联系方式:0350-6016658
◇ 景区简介:

河边民俗博物馆是1988年8月筹建,1989年秋正式对外开放。它原是阎锡山故居,位于定襄县东北22公里处的河边村(原属五台县)。阎锡山故居始建于1913年,落成于1937年。整个建筑群坐东向西、庞大恢宏、错落有致,有民间四合庭院,有典雅亭台楼阁,有古朴砖石窑洞,还有仿欧建筑,融民间与官方、中国与西洋建筑风格于一体,显示出别具一格的文化美学价值。

阎锡山故居有30多座院落,近千间房屋,总占地面积5万余平方米。

馆内陈列品以民俗文物为主,按照农、食、住、行、娱、信为内容的六大系列布局,包括民间面塑、刺绣、雕刻、饮食、信仰、婚俗和元宵节民俗一条街等共58个陈列室,总面积1980平方米。这些展室的陈列,生动地反映了晋北清末民初独特的民俗文化和异彩纷呈的民间艺术。2013年5月,阎锡山故居被国务院列为全国重点文物保护单位。河边民俗博物馆共存放文物2850件,其中一级文物6件,二级文物7件,三级文物122件,普通文物338件。

多年以来,河边民俗博物馆职工齐心协

04.忻州市宁武万年冰洞旅游景区 >>>

◇ 景区名称:宁武万年冰洞旅游区
◇ 质量等级:国家AAAA级旅游景区
◇ 景区地址:宁武县春景洼乡麻地沟村
◇ 联系方式:15386800188
◇ 景区简介:

万年冰洞在山西省忻州市宁武县春景洼乡麻地沟村,处旅游专线旁,海拔2300米。万年冰洞是我国迄今发现的最大的自然冰洞，也是世界上迄今永久冻土层以外发现的罕见的大冰洞。冰洞现开发近百米，分成上下多层，每层可容纳数十人。

2005年，宁武万年冰洞被评为第四批国家地质公园，2010年被评为国家AAAA级旅游景区。

05.忻州市宁武芦芽山生态 旅游景区 >>>

◇ 景区名称：芦芽山景区

◇ 质量等级：国家AAAA级旅游景区

◇ 景区地址：宁武县西马坊乡

◇ 联系方式：18295828675

◇ 景区简介：

芦芽山景区是山西省十大风景名胜区之一，先后被命名为国家级森林公园、国家级自然保护区、国家级地质公园、国家级水利旅游风景区。2009年，芦芽山旅游风景区被列入国家自然与文化双遗产预备名录。

2010年9月，景区被评为国家AAAA级旅游景区，2014年被评为国家级服务业标准化试点单位。景区内约有82万亩原始次森林、66万亩草原、500多种动植物资源、100多个景点，是一处集山、石、林、草、洞、湖、泉、谷、庙、关十大景观于一体的"北方原始高原型山水形态旅游景区"。曾荣获"国际旅游投资协会理事单位"、山西省品牌协会(2020~2025)常务副会长等荣誉。

芦芽山因形似"芦芽"而得名，海拔2754米。在主峰绝顶约6平方米的石坪上，巍然托起一座正方体石砌建筑——太子殿，因其位居群山之际，数十里外即可看到。

据考证，芦芽山是我国唯一的毗卢佛道场，太子殿即为佛顶。芦芽山生物资源丰富，是罕见的生态基因库，不仅拥有珍贵树种落叶松，而且是世界珍禽——褐马鸡的主要保护地。

06.忻州市宁武汾河源头旅游 景区 >>>

◇ 景区名称：宁武汾河源头旅游区

◇ 质量等级:国家AAAA级旅游景区
◇ 景区地址:宁武县东寨镇
◇ 联系方式:17039211333
◇ 景区简介:

汾河源头是三晋人民饮水思源、寻根感恩的母亲河。汾源四周九山汇聚,溪流淙淙,亭台楼榭,风光旖旎。源头有一水塘,塘上石壁刻有"汾源灵沼"四个大字,壁上雕有龙头,龙口中喷出一股清泉,终年流淌不绝。雷鸣寺,魁星阁挺立楼子山上,沾汾河之灵气,气象不凡。这里自古以来就有三晋第一胜境之美誉。

07.忻州市忻府区云中河景区 >>>

◇ 景区名称:忻州市忻府区云中河景区
◇ 质量等级:国家AAAA级旅游景区
◇ 景区地址:忻府区凤栖街西端北侧
◇ 联系方式:0350-3120600
◇ 景区简介:

云中河景区地处忻州城北,东临北同蒲铁路,西望大西高速铁路和大运高速公路,南

望秀容古城,北邻奇顿温泉,是国家AAAA级旅游景区、山西省省级旅游度假区、山西省三星级城市公园。

景区分两期建设,一期工程于2013年6月15日开工建设,2014年4月25日开园;二期工程于2017年7月20日开工建设,2018年7月28日开园并投入使用。景区东西全长6070米,南北平均宽436米,总面积为265.08万平方米。其中,陆地面积为193.3万平方米,水域面积为71.78万平方米。

景区容纳广博、内涵丰富,有广场、内湖、湿地、雕塑小品、石刻文化柱、钢雕吉祥柱、景观亭、景观桥、运动场、汽车影院、野餐广场、露营地、室外泳池、游客服务中心。景区林稠叶翠、花团锦簇,有乔木3.8万株、灌木1.9万株、绿篱13万平方米;种植草坪50.2万平方米,种植水生植物5.6万平方米,铺植地被类植物45.8万平方米。

公园著名景点有坝上风光、云中夜色、荷塘曲步、牧桥夕照、楹联积玉、双亭观霞、香蒲染绿、北美风情等。景区先后引进晋忻梦幻乐园和山西云中河房车(自驾车)露营地两大旅游产业项目。

游乐场位于景区陀罗广场两侧,含晋忻梦幻乐园和梦幻水世界两大园区,老少皆宜,男女青睐。房车营地项目位于牧马桥西侧河道南岸,含营舍基地(包括木屋别墅区、房车营位区、帐篷露营区)、服务基地(包括接待中心、餐饮中心)和休闲基地(包括婚礼广场、游艇亲水码头、温泉养生、户外泳池等)三大部分。

08.忻州市忻府区禹王洞景区 >>>

◇ 景区名称:禹王洞景区

◇ 质量等级:国家AAAA级旅游景区

◇ 景区地址:忻府区西张镇霸沟村

◇ 联系方式:0350-8675253

◇ 景区简介:

　　禹王洞风景区位于山西省忻州市城东南15千米的系舟山腰,处于太原与五台山旅游的必经之路,距离太原60千米。1992年由原林业部设为国家森林公园,是国家AAAA级旅游景区。禹王洞风景区共分两部分,一部分是仙气缭绕、灵光泛动、洞内色彩斑斓、气象万千的禹王洞,洞内洞连洞、路通路,九曲回环,色彩斑斓,怪石奇洞,气象万千。石笋、石花、石佛等数不胜数,拥有"群狮迎客""山村晨晓""金龟出洞"等众多自然景观,实属罕见。水晶宫奇丽无比;站在会仙桥上,可看到"瑶池仙境,世外桃源";高1.8米的镇海宝塔,花团锦簇,景象奇丽。这里还有一部分就是书香盈动、花草繁茂的农业采摘休闲园区——凝萃园。园内兴建了遗山文化苑,形成了山水人文相辅之态。景区目前已具备了吃、住、行、游、玩、乐一体化的接待功能,基础建设和配套设施全面升级,山下韩岩村遗山墓园与禹王洞景区遗山书院遥相呼应,起到互助补充作用。在这一区域,集中呈现了才藻富赡的文化大家传世之作,成为集登山探险、避暑观光、休闲度假、文化交流于一体的综合性旅游区。

09.忻州滹源景区 >>>

◇ 景区名称:繁峙县滹源景区

◇ 质量等级:国家AAAA级旅游景区

◇ 景区地址:繁峙县向阳南路

◇ 联系方式:0350-8917900

◇ 景区简介:

　　滹沱河,繁峙人民的母亲河,发源于山西省繁峙县横涧乡乔儿沟村,是海河水系最大的支流。滹沱河自东而西横贯全县,于笔峰村西入代县,滹沱河全长680千米,流经14个县,该景区于2013年被评定为国家级水利风景区。滹源景区,坐落于城南滹沱河畔,是以滹沱河源头及其在繁峙县境内的羊眼河、峨河、青羊河、孤山水库、下茹越水库为依托,结合景区内正觉寺、正觉禅院、鼓楼等历史文物以及三馆一院及城市综合体等现代服务设施,形成一个集自然资源和人文资源于一体的综合性风景区,2011年评为山西省五星级城市公园。

　　滹源景区全长7千米,宽314米,总面积220万平方米。景区呈"一带二廊三区串珠状"分布,"一带"即滹沱河河槽内自然形成的蓝色水带;"二廊"是景区南北路绿化形成的两条绿色长廊;"四区"即景区的四大功能,陆上休闲娱乐区、郊野湿地亲水区、历史文化古建区和综合服务功能区。

陆上休闲娱乐区以体育场、娱乐场、小公园、陆上景观亭和花草树木为主,满足了游客休闲、娱乐、健身等需求。郊野湿地亲水区主要以自然河面和沙洲为主,结合生态绿化,形成了适宜动物栖息、鸟类回归的生态湿地保护区,通过设置的亲水平台让游客远距离观赏栖息地动植物景观。历史文化古建区主要以景区内的国家重点文物保护单位正觉寺、正觉禅院、鼓楼、太宁宫等历史古建群为主,以便于游客更深入了解景区的深厚文化底蕴。综合服务功能区是由城市综合体和三馆一院组成。

该景区的建成极大地改善了人居条件、提升城市品位、改善整体形象,青山如黛,碧水绕城,形成一个"沙滩碧水、意韵流芳、雁宿寰鸣、春华秋实"的生态文化景区。

10.忻州市原平市天涯山景区 >>>

◇ 景区名称:原平市天涯山景区

◇ 质量等级:国家AAAA级旅游景区

◇ 景区地址:原平市城东子干乡境内

◇ 联系方式:0350-3310213

◇ 景区简介:

天涯山风景区位于原平市子干乡境内、大运高速公路出口以东5千米处,紧邻310省道,交通便利,依山傍水。

2011年春,原平市委、市政府按照省市转型跨越发展的要求,紧紧抓住全省转型综改和扩权强县"双试点"县的机遇,结合原平扩城靓市建设富饶宜居家园的战略规划,挖掘地方资源优势,发展文化旅游产业,对天涯山景区进行了全方位的规划和建设,并成立了天涯山管理委员会。

景区总规划占地面积1000公顷,一、二期工程总投资2.3亿元,共建设有108项景观建筑和园艺小品,形成一桥、二路、三水、四场、五区的总体框架。

景区建设水面面积3万平方米,累计栽植各类大树7万余株,各类花灌木110万株,铺设草坪12万平方米,修筑道路5.4公里,动土石方80余万立方米。

景区以天涯山优美独特的自然景观为依托,以2600多年前春秋时期介子推"精忠纯孝"精神为主题,以传承忠孝文化、生态修复、观光旅游与休闲度假为目的,以别致的建筑风格为特点,着力打造全省一流的风景旅游度假区,同时使之成为忠孝文化节的会址和忻州市青少年德育教育基地。

2013年,景区已被国家旅游局评审为国家AAA级旅游景区,被山西省人民政府确定为山西省峰丛花岗岩地质公园、省级名胜区、原平市青少年德育教育基地、山西省第一批学雷锋志愿者服务站。2019年12月,景区被评为国家AAAA级旅游景区。

11. 忻州市偏关县老牛湾景区 >>>

◇ 景区名称：忻州市偏关县老牛湾风景区

◇ 质量等级：国家AAAA级旅游景区

◇ 景区地址：偏关县老牛湾镇老牛湾村

◇ 联系方式：400-666-5889

◇ 景区简介：

　　老牛湾位于晋蒙交界处，以黄河为界，往南是山西的偏关县，北岸是内蒙古的清水河县，西邻鄂尔多斯高原的准格尔旗，是一个鸡鸣三市的地方。九曲黄河从这里入晋，内外长城在这里交汇，晋蒙大峡谷以这里为开端，黄土高原沧桑的地貌特征在这里彰显。老牛湾是游牧文化和农耕文化的结合处，也是历史上北宋和辽、金和西夏、明朝与鞑靼的界关。这里地处边陲，且形势险要，在古代是一个屯兵防御的古城堡，老牛湾堡建于明成化三年，至今已有500多年的历史。如今在老牛湾紧临黄河的山崖上，还完好地保存着一座砖砌的空心敌楼，城楼周边荒草萋萋、水声悠远，但是倚楼俯视黄河，依稀可以感受到昔日的雄浑沧桑。

12. 忻州市忻府区忻州古城景区 >>>

◇ 景区名称：忻州古城

◇ 质量等级：国家AAAA级旅游景区

◇ 景区地址：忻府区南北大街

◇ 联系方式：0350-3238888

◇ 景区简介：

　　忻州古城是忻州市委、市政府与袁家村共同打造的特色文化旅游项目，致力于复现明清时期忻州古城商贸繁盛、休闲安逸的社会生活景象。它始建于东汉建安二十年（公元215年），具有1800年历史的"晋北锁钥"之地，也是中俄万里茶路上的历史文化名城，又因文风昌盛、享"文集九原、雅出秀容"之誉，逐渐成为晋北政治、文化中心和商品集散重镇。作为五台山脚下的重要新兴旅游景点，忻州古城以地方特色为基础，以中国杂粮之都、东方佛教之都、晋北温泉之都为支撑，三产融合发展为目标，忻州全域旅游为联动，融入现代人文精神，汲取晋北民居建筑文化精髓，既坐拥历史悠久的老城墙、老街巷等人文景观与戏楼、故居、书院等文物保护单位,亦云集上百家当地及全国名优小吃、主题餐厅、特色民宿、文创小店、酒吧、咖啡馆等全方位文旅服务,为游客呈现式样繁多、内容丰富又品位独具的旅居体验,令沉积上百年的忻州古城重获生机、风情再起。此外,忻州古城还具有出色的旅游景区区位优势,它向东承接五台山,向南对接太原晋中,向西联动芦芽山、老牛湾,向北辐射雁门关,与周边地区的长效、便捷、密切联动满足了游客"忻州古城,随处可往"的心灵需求,使游客在忻州古城看到一个既有民俗风情又有创意文化、既有乡愁情结又有城市感觉的古城文化旅游和休闲度假胜地,使群众共享艺术创意与文化发展的积极成果,在古城寻找到返璞归真、自在美好的生活新方式。

13.忻州市静乐县天柱山景区 >>>

◇ 景区名称:静乐县天柱山旅游景区
◇ 质量等级:国家AAAA级旅游景区
◇ 景区地址:静乐县鹅城镇天柱路1号

◇ 联系方式:0350-8946958
◇ 景区简介:

天柱山景区位于城南汾河、碾河与洋河三河交汇处,海拔1463米。山形俊秀,古木参天,山前碾河如带,汾水似锦,天柱山耸立静乐。天柱山在汾碾交流之处,与安徽天柱山并称中华南北两天柱,被载入《中国名胜词典》。

景区内庙群典雅,松柏苍翠,艾草遍山,景色秀美,占地面积约6685亩,属森林公园、寺庙观堂和自然保护区为一体的旅游景区。其中天柱龙泉为"静乐八景"之首,于2020年12月创建成为国家AAAA级旅游景区。

《四库全书》有"狗舐灵泉在天柱山,泉东北又有金龙泉。"可见天柱山与北魏尔朱世家渊源甚深,不仅名因北魏天柱大将军尔朱荣封号而得(见《晋乘蒐略》),龙泉由其高祖尔朱羽健开挖(见《北魏书》),而明惠王庙也因尔朱荣大将军而建(见《元一统志》)。

山南筑有赵王城,两书皆载"赵武灵王庙在南三里东山下,尝破义渠,自代至阴山守楼烦为都,曾于此练兵"。至今天柱山西侧武灵王点将台、古城墙等遗迹依稀可辨,武灵王庙犹存。

天柱山作为一座文化底蕴深厚的历史封号名山,景区景点星罗棋布,景物别具特色,基础设施臻于完善,现已成为休闲避暑、观光旅游胜地。

14. 繁峙县憨山文化旅游景区 >>>

◇ 景区名称：繁峙县憨山文化旅游景区

◇ 质量等级：国家AAAA级旅游景区

◇ 景区地址：繁峙县砂河镇

◇ 联系方式：13903507980

◇ 景区简介：

憨山文化旅游景区位于五台山北40千米处，砂河镇北部，是中国佛教四大名山"五台山"的后花园。憨山景区为国家AAAA级旅游景区，可承接五台山及周边景区游客，以发展夜间经济为主。憨山文化旅游景区占地133万平方米，绿化面积86万平方米。景区规划为三条轴线（即东、中、西线），景点主要有：如意门、七步莲、宝瓶、文昌阁、冶金广场、胥府、守信园、县政府旧址、驿站堡墙遗址、彩虹喷泉、莲花广场、民俗街、木雕艺术馆、戏台院、石雕艺术馆、智慧门、荷花池、如意广场、别有洞天、七子送福、收藏馆、直升机起降点等二十多个，并配有游客服务中心、汽车站、民俗酒店、医养中心、康养中心、健身步道、登山石级、娱乐场、停车场和公共卫生间等。

15. 偏关县红门口地下长城 >>>

◇ 景区名称：偏关县红门口地下长城

◇ 质量等级：国家AAAA级旅游景区

◇ 景区地址：偏关县水泉镇水泉村

◇ 联系方式：13835016219

◇ 景区简介：

偏关县红门口地下长城景区位于水泉镇水泉村，水泉村古称水泉营，始建于明朝成化二年（公元1466年），是长城红门口的驻军堡，红门口是长城要塞，水泉营是镇守红门口的游击将军署，号称"三关前哨"。1968年，响应毛主席"备战、备荒、为人民""深挖洞、广积粮"的号召，水泉堡又成为北京军区"长城沿线战斗村"建设工程之一。明代地上长城搬到地下，成为现存全国规模最大战备地道。

红门口地下长城景区，是偏关边塞军事历史风情游的一部分，由红门口遗址、水泉营古堡、战备地道三部分组成。2013年8月，在县委、县政府的领导下，水泉乡人民政府立项开始建设景区。目前，水泉营古堡已修复古道、古牌楼、古戏台，新建红门口水泉营历史文化展、水泉地区民俗展和广场雕塑。地道改造完善适合开放的有1650米。战备地道分两期挖掘而成，第一期（1968—1969年）是水泉民兵和当地老百姓全民动员挖掘土洞，长度约为4400米；第二期（1970—1980年）由县人民武装部指挥，利用原先的部分土洞，完成了后来的砖砌地洞，长约4500米。当时民工由全县15个公社的民兵一月轮换一批施工，断断续续历时13年，总长约8900米。水泉战备地道的主体功能是藏运兵员，设有指挥部、供粮处、医疗室、饮水源、瞭望台、会议作战室、伙房、广播站等设施，上下三层，出口众多，四通八达，又因为其主体部分由明长城砖砌成，更增加了历史文化价值，在全国现存战备地道中首屈一指。

16.忻州市宋家沟景区 >>>

◇ 景区名称：宋家沟景区

◇ 质量等级：国家AAAA级旅游景区

◇ 景区地址：岢岚县宋家沟镇宋家沟村

◇ 联系方式：13994171439

◇ 景区简介：

宋家沟村依山傍水，平均海拔1360米，年平均气温6.2℃，岢岚的母亲河岚漪河环村而过，森林覆盖率达到16.01%，村庄绿地率达到35%，空气清新，气候凉爽，与规划建设的国家AAAA级旅游景区宋长城景区游客集散中心比邻，是避暑休闲理想去处。

历史文化底蕴深厚，距村5千米处有保存较为完好宋代长城，这在我国长城史、军事史上占有十分重要的地位。

村庄附近有1500年的北齐军事遗址苏孤戍、古堡等优质的旅游资源，临近的铺上村在抗战时期曾是山西临时省委所在地。村庄田园风光、北方民居、民俗风情等保持原生态，青山绿水，风景旖旎，引人入胜。

现该村为国家AAAA级旅游景区、省级旅游扶贫示范村，交通便捷，景区有6000平方米的生态停车场1个，2019年新建停车场用地30余亩，共有停车位500多个。

景区通讯、移动网络畅通全覆盖，自来水、排污管网入户，建有旅游厕所5座。有兰花花客栈可就餐，住宿有客栈，如爱民客栈等。

2017年6月21日，习主席来此视察后，这里每年的6月21日都要举办乡村旅游季活动。宋家沟村不负主席嘱托，发展乡村旅游，造福一方百姓。

2019年追加投入1000万元用于景区公共基础设施配套，修建登山步道、骑行道、旅游厕所、停车场等。

17.五台县徐向前元帅故居景区 >>>

◇ 景区名称:五台县徐向前元帅故居
◇ 质量等级:国家AAA级旅游景区
◇ 景区地址:五台县东冶镇永安村
◇ 联系方式:0350-6554629
◇ 景区简介:

徐向前元帅是五台人民的骄傲,他是忠诚的共产主义战士,坚定的马克思主义者,久经考验的无产阶级革命家、军事家,中华人民共和国的缔造者之一,长期担任党、国家和军队重要领导职务的卓越领导人。

他为党和人民的事业建立了不朽的历史功勋,深受全党、全军和全国各族人民的敬重和爱戴。1990年去世后,江泽民同志为之题词"功勋垂青史、楷模昭后人",李先念同志题词"光辉一生垂青史、为人师表昭后人",习仲勋同志题词"一生光明正大,从不为己诉曲"。

徐向前元帅故居位于山西省忻州市五台县东冶镇永安村中街,始建于清朝嘉庆、道光年间,1990年按照原貌进行了修缮。故居正房为3间2层木楼,左右耳房各1间,东西配房5间,院门是垂花门,大门是礼门,内有3个院落,占地900平方米,建筑面积330平方米,是一幢典型的晋北四合院建筑,是徐向前元帅出生和青少年时期生活的地方,1992年正式对外开放。

故居分七个展厅,第一、二、三展厅展出的是徐向前元帅参加的战争历史资料,第四展厅展出的是徐向前元帅清廉家风图片和文字资料,第五、六、七展厅展出的是1949年10月1日以后,徐向前元帅的工作历史的图片和文字资料。

2005年11月,徐向前元帅故居被命名为全国爱国主义教育示范基地,同年,被中宣部、国家发展改革委、国家旅游局等14个部委命名为全国红色旅游经典景区,2006年6月被授予全国重点文物保护单位,2009年11月被授予国家国防教育示范基地,2019年徐帅故居和纪念馆成功创建国家AAA级旅游景区。

18.繁峙县平型关景区 >>>

◇ 景区名称:平型关景区
◇ 质量等级:国家AAA级旅游景区
◇ 景区地址:繁峙县平型关镇平型关村
◇ 联系方式:0350-8917900
◇ 景区简介:

平型关景区位于繁峙县东北部平型关镇平型关村,距县城65公里。

平型关北连浑源,西南接繁峙,南邻河北阜平,西有雁门之险,东有紫荆之固,属重要门户,是内长城防御体系的重要组成部分,长城文化、关隘文化特色鲜明。因震惊中外的平型关战役、平型关大捷而使其红色文化独树一帜,享誉国际,成为中国反侵略历史上不朽的丰碑和中华民族抵御外侮、自强不息的精神象征。

平型关景区所在地是全国抗战以来取得的大胜仗也是八路军出师以来第一个大胜仗的遗址,是一所具有爱国主义和革命传统教育意义的军事博物馆。

景区主要景点包括平型关段长城（包括关城与长城）、关堡、过街戏台等。平型关关城是出入平型关口的唯一通道，也是防守御敌的重点守护之地；长城，是防御工事的主体。随地形起伏布置，平面呈不规则梯形。四周城墙北长南短，东曲西直。

1987年12月，长城被列入《世界遗产名录》。1986年8月18日，山西省繁峙县平型关被列为第二批山西省重点文物保护单位。

19.忻州桥儿沟景区 >>>

◇ 景区名称：桥儿沟景区
◇ 质量等级：国家AAA级旅游景区
◇ 景区地址：繁峙县平型关镇桥儿沟村
◇ 联系方式：0350-8540779
◇ 景区简介：

桥儿沟景区性质为自然保护区，地处山西省繁峙县平型关镇桥儿沟村，以滹沱河源头为依托，结合桥儿沟村的自然和人文旅游资源形成的一个综合性风景区。

桥儿沟景区旅游资源类型相对丰富，自

然资源有滹沱河、滹沱河源头、滹沱河湿地、青龙泉，人文资源有桥儿沟村、青龙寺、文昌阁、关帝庙等，属于生态与乡村的联袂，组合优势明显。尤其是以滹沱河为代表的河流文化和以庙宇信俗为代表的乡土民俗文化，交相辉映。景区远离城市喧嚣，气候舒适、自然生态环境良好，是不可多得的世外桃源，是滹沱溯源、休闲康养度假的好去处。

20.五台县五峰慧果沙棘产业园景区 >>>

◇ 景区名称：五峰慧果沙棘产业园
◇ 质量等级：国家AAA级旅游景区
◇ 景区地址：五台县东冶镇槐荫村济胜桥旁
◇ 联系方式：15034446028
◇ 景区简介：

坐落于世界文化遗产佛教圣地五台山脚下的五峰慧果沙棘产业园，位于山西省忻州市五台县东冶镇槐荫村济胜桥，地理位置大致在东经112°~113°，北纬38°~39°，海拔700余米，紧邻阎锡山故居，徐向前元帅故居，地理位置优越,交通便利,旅游资源丰富,是我国野生沙棘的重要生长地区。

园区成立于1997年,距今二十余年,占地面积10000余平方米,建筑面积20000余平方米,园区规划面积约43000平方米,是低碳全景生态园、产能领先科技园、智能循环经济园,是将高精沙棘食品生产全过程面向游客开放的沙棘制品企业。整个园区建筑立面采用沙棘与沙棘叶固有的橙色、绿色及棕褐色点缀,充分体现了企业的绿色发展理念。

园区内现有产品展示区、萃取车间、植物油精炼车间、植物油灌装车间、软胶囊生产车间、研发检验中心、小试中试车间、沙棘果粉生产车间、原料前处理车间、冷库、书画院等。园区是一家集食品、保健品、化妆品等系列产品的研发、加工、生产、销售为一体的现代化工业企业,更是"文化+旅游+工业+健康+景区"深度融合的现代化沙棘产业园。

21.忻府区貂蝉故里文化园景区 >>>

◇ 景区名称:忻州市貂蝉故里文化园

◇ 质量等级:国家AAA级旅游景区

◇ 景区地址:忻府区顿奇街

◇ 联系方式:0350-3076966

◇ 景区简介:

红牙催拍燕飞忙,一片行云入画堂,千古凤仪成绝剧,闭月美誉赞貂蝉。这就是忻州貂蝉故里景区,貂蝉故里景区全名"貂蝉故里文化园",占地面积100余亩,位于山西省忻州市忻府区北部顿村,距市区4千米,高铁西站2千米,距二广高速口800米,距省会太原50千米,距山西大同190千米,108国道自门前通过。景区因貂蝉美誉而得名,设有貂蝉宫、农耕文化民俗展览馆、貂蝉民宿区、傅山旧居和华夏始祖大殿五大园区。进入园区首先映入眼帘的是貂蝉宫,宫外设一尊古代四大美女之一"貂蝉"的汉白玉塑像,塑像高3.08米,是依据貂蝉的历史画像塑造。宫内设有沙盘区和浮雕区,根据历史资料分别对貂蝉的出生地和大义之举进行还原展现。另设有吕布塑像、吕布展馆、貂蝉茶楼、貂蝉湖、网红桥、摔碗酒等10余种网红拓展设施。

二园设有农耕文化民俗展览馆,主要展现忻州当地千百年的农耕文化的代表劳作用具。游一次农耕文化展馆,真正了解雁北民俗风情。傅山碑廊位于傅山旧居的下院,是依据明清大书法家傅山先生的原真迹勒刻而成,共计130块,每块石碑,笔法苍劲,线条质感极强,观后方知,当年的傅山先生在书法的研究和创作思想中的境界高度。

傅山旧居位于景区三号大院,旁边设有38间不同风格的貂蝉民宿区,另设有多功能厅大小两个,可同时容纳400人会议和活动。傅山旧居内设傅山金身大殿,供广大游客瞻仰,院内保留傅山先生起居房屋"世居堂",保留傅山先生生前书法作品存放的房屋名曰"霜红轩",保留傅山先生的200余种珍贵配方,且被后人沿用至今的地方,名曰"乡风堂"。华夏始祖大殿位于景区最后园区,通过108个汉白玉九龙台阶石到达华夏始祖大殿,大殿设三层汉代建筑结构,殿内供奉有18尊华夏始祖圣人塑像,大殿院内设有"张王李刘"四大姓氏文化园,另设有景区快餐餐厅,可同时容纳100人同时用餐。

22.定襄县七岩山景区 >>>

◇ 景区名称:七岩山景区
◇ 质量等级:国家AAA级旅游景区
◇ 景区地址:定襄县城东南7.5千米至
  12.5千米处
◇ 联系方式:15386909621
◇ 景区简介:

　　七岩山景区位于定襄县城东南7.5千米至12.5千米处,东北向西南方向依次分布有留晖洪福寺、七岩山寺、居士山、西沟、夏家寨、吕布池六大方块,现已初步实现"三通",进入开发状态的有留晖洪福寺、七岩山寺。留晖洪福寺为2019年10月8日公布的第八批全国重点文物保护单位。

　　七岩山寺为忻州市重点文物保护单位。七岩山寺位于定襄县城东南9千米处,这里两山兀立,一水中流,据现在碑刻史料记载,寺庙历史最早可追溯到公元223年至288

年。1700多年以来,这里吸引了曹操"假子"秦郎、晋武帝岳父胡奋、北魏枭雄尔朱荣、日本遣唐高僧圆仁、金代大诗人元好问、明代晋庄王朱钟铉、清代蒙古亲王秀什图以及近代的阎锡山、张培梅、牛诚修,来此游历观光朝拜。沟内现存有刊刻于公元276年号称现存西晋唯一山西地上古碑,公元519年北魏比丘慧端造像及碑记,公元536年东魏七宝山灵光寺千佛摩崖造像碑记,公元556年北齐光武令赵郎奴摩崖造像及碑记,公元713年摩崖造像碑记,公元730年唐房焕碑,以及1.8米明代单体大石狮等石刻瑰宝。据有关专家考证,留晖洪福寺圣母乐亭为国内现存唯一居庙中轴戏台。

　　七岩山现存石佛造像与河南龙门石窟、河北邺城响堂山石窟为同一源流。七岩山系舟山山脉,是标准的石灰岩喀斯特地貌。寺内原有从东魏至民国年间的头牌坊、二牌坊、三牌坊、生产作坊、灵光寺、景贤阁、回光窟、锦衣妨、佛楼、梳洗楼、眼光楼、代王祠、圣母祠、关帝庙、钟鼓楼、文殊洞等建筑群,至"文革"后期全部损毁殆尽。

23.原平市大龙门牡丹山庄景区 >>>

◇ 景区名称:原平市大龙门牡丹山庄景区
◇ 质量等级:国家AAA级旅游景区
◇ 景区地址:原平市云水镇大龙门村
◇ 联系方式:15174749666
◇ 景区简介:

　　大龙门牡丹山庄,位于山西省原平市云水镇大龙门村。

　　大龙门牡丹山庄景区占地面积1.3万亩,景区内种植牡丹、芍药300余万株,树莓100万余株。大龙门牡丹山庄动植物种类繁多,有袍子、野猪、野兔、野鸡、松鼠及各种鸟类时常穿梭于村间。

　　景区依托大龙门自然山水风光和大龙门古村,规划建成"两个核心、七个板块、二十八个景点"。2021年,大龙门牡丹山庄成功创建为AAA级旅游景区。

24.繁峙县秘魔岩景区 >>>

◇ 景区名称:秘魔岩景区
◇ 质量等级:国家AAA级旅游景区
◇ 景区地址:繁峙县岩头乡岩头村
◇ 联系方式:15386909621
◇ 景区简介:

　　秘密岩寺以崖名,故称秘密寺,又称秘魔寺,因唐朝秘魔和尚在此讲经说法而得名,位于山西省繁峙县城南37千米的岩头乡岩头村东,距西豆公路2.5千米。创建于北齐,唐宋时声誉大振,闻名全国,在佛教界享有盛名。

　　特别是秘魔岩的"龙洞",是佛教徒到五台山必须朝拜之地,有"朝五台山,不朝龙洞,只朝了半座山"的说法。

　　秘魔岩位于山西省繁峙县岩头乡境内,紧邻省道繁五(繁峙—五台)公路,是五台山秘魔景区的代表性景点,由秘密寺、中庵、天井大峡谷、五台山龙洞、七佛湾五处知名景观组成。

　　这里松柏苍翠,山岩险峻,风景奇丽。明代高僧憨山大师有诗:"羊肠百折任青藜,草莽萧萧仄径迷。"秘密寺自唐建立,历代重修,原建规模甚大,有茅蓬32处,现仅存前院、中院、后院、西庵、中庵等处,前院有天王殿,东西两厢及正殿5间,南北藏经楼各5楹。中院有配殿及正殿皆5间。后院部分殿堂残坏,仅北阁五楹尚存。中庵包括三圣庵、观音洞、金佛楼3处。

　　天井峡谷为山西省十大峡谷之一。整个秘魔岩景区壁立千仞,苍松滴翠,山花烂漫,流水潺潺,自然景观之美,不但堪称五台山之最,也为世所罕见。近年来,县乡政府和寺院在景区内修缮了部分殿堂佛像,铺设了上山朝龙洞的石阶,还在路径险要处设置了护栏、抓环。

25.五台县森雅轩晋作木艺园景区 »»

◇ 景区名称:五台县森雅轩晋作木艺园
◇ 质量等级:国家AAA级旅游景区
◇ 景区地址:五台现代农业产业示范区(豆村镇小豆村)
◇ 联系方式:13403455766
◇ 景区简介:

　　森雅轩晋作木艺园地处山西省五台县豆村镇,紧邻五台山核心区,是一家集家具研发、生产销售,传播家具文化为一体的景区。木艺园秉承"留住老手艺"的宗旨,致力于挖掘、整理、恢复传统技艺,推陈出新,匠心制作,逐渐形成以晋作家具博物馆为核心,集木作鉴赏、渊源探秘、地方风貌、技艺传承、民宿体验等于一体的特色景区。

26.繁峙县韩庄长城景区 »»

◇ 景区名称:繁峙县韩庄长城景区
◇ 质量等级:国家AAA级旅游景区
◇ 景区地址:繁峙县神堂堡乡
◇ 联系方式:15340631979
◇ 景区简介:

　　韩庄长城景区位于山西省繁峙县东南部神堂堡乡韩庄村,紧靠108国道,交通便利,占地面积为20.59平方千米,景区所在的韩庄村为中国第四批历史传统村落,2021年被评为国家AAA级旅游景区。

　　韩庄长城,又称竹帛口长城,战国时赵国修筑,隋代重修。明代在原长城外包砌砖石,加高加宽,筑成内长城,保存较完整。城墙随蜿蜒起伏的山势修筑,砖石结构,每隔一段有一台,从韩庄到茨沟营20千米的地段上共有13阶台。每阶台都以"茨字"编号,台上额镶嵌着"茨字第xx号台"的石刻。从韩庄村东"茨字二十二号"起,按从北到南的顺序编号,直到茨沟营。

　　2019年10月7日,韩庄长城被公布为第八批全国重点保护单位。繁峙韩庄长城景区目前共有特色景点12余处,有韩庄竹帛口明长城、老爷庙、日军据点遗址、明代采石场、明代砖窑群遗址、好汉坡、望脉峰、落钟坛、碧霞祠、应关城门楼、南天门、烽火台等景观。景区服务设施齐全,有长城步道、游客中心、购物中心、2处公共卫生间等配套服务设施,极大地便利了游客的出行。

韩庄长城景区是集人文景观与自然景观为一体的景区，有原生态的山水，有500年的文化。浓厚的历史底蕴和文化色彩，吸引着来自五湖四海的游客，在旅途过程中感受到历史的厚重，体验淳朴的农家生活，让游客在游览观光过程中了解当地历史，对周边区域的经济发展起到良好的促进作用。

27.繁峙县公主文化旅游景区 >>>

◇ 景区名称：繁峙县公主文化旅游景区
◇ 质量等级：国家AAA级旅游景区
◇ 景区地址：繁峙县繁城镇
◇ 联系方式：15735078691
◇ 景区简介：

公主文化旅游景区位于繁峙县繁城镇公主村，距县城10公里，为国家首批传统村落之一。公主寺占地面积约4000平方米，1986年8月18日经山西省人民政府公布为省级重点文物保护单位，2006年被国务院批准列入第六批全国重点文物保护单位名单，2021年被评为国家AAA级旅游景区。

景区旅游资源丰富，主要有公主寺、龙王庙、隐峰山国家登山健身步道等景点。公主寺内苍松翠柏，葱茏参天，在公主寺西侧几百米的小山坡上，建有龙王庙。隐峰山是五台山北台支脉，因其山势险峻，云遮雾罩，山峰常隐于白云缭绕之中而得名。隐峰山的六座山峰海拔均在2000米以上，春末、夏至、仲秋之季，山上绿草如茵，各色野花竞相开放，在这里徒步健走可观群山之连绵，看云海之苍茫，是登山健身、观景游玩的不二路径。公主文化旅游景区已成为集旅游、休闲、健身于一体的文化旅游景区。

28.繁峙县龙虎山景区 >>>

◇ 景区名称：繁峙县龙虎山景区
◇ 质量等级：国家AAA级旅游景区
◇ 景区地址：繁峙县大营镇
◇ 联系方式：18834056777
◇ 景区简介：

繁峙龙虎山景区位于山西省繁峙县大营镇南洪水村，距繁峙县县城西南50多千米，与北太铁路、天黎高速公路、108国道直线距离均不到5千米，"长城一号"旅游公路及龙砂公路更是直接从景区中通过，交通十分便利。该景区以其丰富的自然景观和文化景点而著称，主要包括龙山、虎山、龙山湖等自然景观。通过整合南洪水、北洪水、卤城、北河会、郝家湾五个村的旅游资源，2021年，繁峙龙虎山景区被评为国家AAA级旅游景区。景区旅游资源丰富，主要景点有"二龙戏珠"、北河会摩崖石刻、莲花山观音、汉王墓、显灵寺等景观，还有汉代卤城遗址、龙山烽火台、龙山湖（虎山水库）、休闲游乐园、文化广场、游客中心、特色农家乐、红色讲堂等景点和配套项目。繁峙龙虎山景区已建成游客接待中心1处、红色讲堂1处、杂粮销售电商平台1个、风情特色民宿2处、农家乐院落6处、4000平方米文化广场1座、标准公共卫生厕所1座，修建了一条长1800米登山休闲步道，把相邻的龙山和虎山的各个景点串联起来，游客可以徒步登山游览。繁峙龙虎山景区依山傍水，环境清静，空气新鲜，民风淳朴，充分发挥了村庄依山傍水的地理优势，经过一年的创建，打造了这个集观光、休闲、娱乐、度假于一体的乡村旅游基地。

29.原平市野庄古村景区 >>>

◇ 景区名称：原平市野庄古村景区
◇ 质量等级：国家AAA级旅游景区
◇ 景区地址：原平市苏龙口镇野庄村
◇ 联系方式：13603509829
◇ 景区简介：

　　野庄村，位于山西省原平市城区东北方53.5千米处。

　　丘陵半山区地貌，其东至虎岳背，与五台桑园村、白云村交界，北与代县康家湾、韩家湾为界，在古东峪镇东。2021年12月24日，野庄古村通过了专家组评审，成为国家AAA级景区。

30.河曲县黄河西口古渡景区 >>>

◇ 景区名称：河曲县黄河西口古渡景区
◇ 质量等级：国家AAA级旅游景区
◇ 景区地址：河曲县西口镇长城西大街临陕公园
◇ 联系方式：13603505905
◇ 景区简介：

西口古渡位于县城黄河大街最西端，是旧河曲城的水西门码头，也是晋西北人昔日走西口的必经之路。曾创下"一年四季流莺转，百货如云瘦马驼"的盛世场景。现为河曲新景之一，不仅是群众休闲娱乐的重要场所，而且承载了厚重的西口精神。

31.忻府区遗山园景区 »»»

◇ 景区名称：忻府区遗山公园
◇ 质量等级：国家AAA级旅游景区
◇ 景区地址：忻府区西张镇韩岩村
◇ 联系方式：18636040775
◇ 景区简介：

遗山公园位于忻州市惠民工程民心家园对面，于2019年9月开工建设，总占地面积300多亩，开园伊始，受到市民热捧。

尤其近日傍晚后，景观湖中央高品质的水景喷泉系统，自开放以来，音乐喷泉和水幕灯光秀轰动全市，吸引广大忻州市民以及周边县市的游人前来观赏。公园由城市延伸区、山地密林区、中部功能区、核心观湖区和入口

景观区五大区域组成，儿童乐园广场、老少乐园广场、乒羽广场、北入口广场和景观湖广场五大活动中心，文化馆、咖啡厅、售卖亭、卫生间、管理房等配套设施一应俱全。遗山公园共栽植各类乔灌木85个品种1万余株，绿化面积14.1万平方米，绿化率超过70%，形成了三季有花、四季常绿的生态景观。

32.宁武县悬空村景区 »»»

◇ 景区名称：宁武县悬空村景区
◇ 质量等级：国家AAA级旅游景区
◇ 景区地址：宁武县王化沟村
◇ 联系方式：18035097333
◇ 景区简介：

悬空村，位于山西省晋西北宁武县管涔山深处。浓密葱茏的林海之中，有个古老神奇的悬空村建在悬崖绝壁间，远望好似空中楼阁，天上人家。村里房屋都建在百米高的悬崖绝壁上，街道是立木支撑、圆木铺架的"栈道"。

在这个古老的村子里，处处可见石砌的

小径、古朴的民居，村民们悠然地过着日出而作、日落而息的农耕生活。村子古老、静谧，却远近闻名。外人要进村，则须沿着一条陡峭的山路缓缓而行，大多数的房屋都有两三百年的历史，建筑材料多以石头和木材为主，人走在栈道上如同置身半空。

33.宁武县马仑峡谷景区 »»

◇ 景区名称：宁武县马仑峡谷景区
◇ 质量等级：国家AAA级旅游景区
◇ 景区地址：宁武县东寨镇
◇ 联系方式：13994086317
◇ 景区简介：

　　景区内有桃花苑、杏花岫、红桦泽、云杉崖，满目青山绿树，异卉青苔，时见野鸡、松鼠等小生灵穿越其间，是返璞归真，回归自然的游乐胜境。

　　沟谷内弯弯曲曲，奇石如洗，植被极好。一条长年不断的溪流从窄窄的沟内流出，在落差十数米的瀑布下，形成连珠潭五六处。最

大一处潭深三米多，直径两米多。流水好像从天而降，飞珠溅玉，真可谓大珠小珠落玉盘。久而久之，在坚硬的花岗岩石凿出令人不可思议的多姿多态，千奇百怪的石潭。而周围的花岗岩石崖则被潭水瀑布洗磨得溜溜圆光，色彩斑斓，表面上如同五彩缤纷的绸缎，伸手触摸，花岗岩像美玉一样细腻润滑。潭边戏水赏景，其乐融融。

34.宁武县宁化古城景区 »»

◇ 景区名称：宁武县宁化古城景区
◇ 质量等级：国家AAA级旅游景区
◇ 景区地址：宁武县宁化镇宁化村
◇ 联系方式：15525644888
◇ 景区简介：

　　宁化古城历史悠久，文物古迹众多，保存均比较完整，为省重点文物保护单位。沿着古城漫步，可以欣赏古城的全貌和周边的风景。然后可参观瓮城，感受其独特的魅力。

　　古城初建于隋，唐代以后，由于地理位置

的特殊,开始向军事城堡演变。朝廷不时着重兵守卫,曾为山西"卧牛城"(忻州)的"犄角"之一,乃历代兵家必争之地。宋太平兴国四年(公元979年),正式置宁化县。金大定二十二年(公元1182年)宁化县升为宁化州。古城建于宋太平兴国四年(公元979年),后历代均有修葺。

城池依山而建,由东向西斜,西城紧邻汾河,古城周长约2.5千米,城墙高10.33米,城墙现存大部分完整。保存有古代瓮城两座,一北一南,其平面布局呈正方形,置有二进重门,是明代在宋旧址上修复并加筑。

城倾山势走向而建,居河畔一台地缓坡之上,依山傍水,风景独秀。宁化古城历史悠久,现存文物古迹十分丰富,除了隋"汾阳宫"宫城遗址之外,还有宋、明、清三代修筑的城池建筑旧址,明清砖砌城墙遗存及关帝庙,宁化万佛洞明代石窟寺、朝阳洞、旦板洞等古建筑。

35.代县代州古城景区 >>>

◇ 景区名称:代县代州古城
◇ 质量等级:国家AAA级旅游景区

◇ 景区地址:代县上馆镇
◇ 联系方式:13934001309
◇ 景区简介:

代州古城平面图呈东北缺角的"丑"字形。"丑",代表北方天空中形状似牛的一组星宿,故又称卧牛城。代州古城东、南、西、北的四个方位,筑就4座敦实厚重的城门,分别为:熙和门、迎熏门、康阜门、镇朔门。除南门之外,其余3座城门均有双重城墙的瓮城拱卫。在四城门和四罗城的城台上,均建有进深3间、面阔5间的三层木构城楼。

当然,四城隅的转角城墙上还筑有面阔7间、进深7间,高为三楹的木构拐角楼。城墙总周长为9里185步,高3丈5尺。

遥想古城当年,城墙上12座敌楼相映并立,且和城内高120尺的鼓楼、阿育王塔遥遥呼应,这是一种何等的古城空中视线风景,视观古城整体形象,真可谓:仰天承天运,脚踏纳地灵。代州城内,警铺五十越,横跨东西大街;48处官衙,散布城内四方;48座庙寺点缀满城。整个城垣,固若金汤,14座楼塔,风铃画戟。整个古城,从上自下渗透出一股傲视苍穹、大气凛然、岿然不动的风度和气势。

代州古城几经迁徙,几经毁建,历数千年风雨沧桑,可谓古也。驻扎在代州古城的政治家、军事家、谋略家,他们纵横捭阖、运筹帷幄,上演了难以胜计的人间大戏,文化积淀可谓厚也。每当历史车轮碾到朝代更迭之时,代州古城总能发生一两件举足轻重的大事,可谓重也。在代州古城中孕育出的雁门文化精华惠及当代、泽及后世,可谓远也。

36.杨家将忠武文化园景区 >>>

◇ 景区名称:杨家将忠武文化园

◇ 质量等级:国家AAA级旅游景区

◇ 景区地址:代县枣林镇鹿蹄涧村

◇ 联系方式:13509706939

◇ 景区简介:

杨忠武祠,亦称杨令公祠,俗称杨家祠堂,位于代县城东北20千米处的鹿蹄涧村,是杨业后代为祭祀杨业夫妇暨杨氏后代英烈而建造的祠堂,是北宋名将杨业满门英烈宗祭之地。

与此相关的七郎墓是雁门古战场杨家将镇守边关留下的唯一墓冢,胡峪口六郎城则为宋代边隘军事戍守工程,以及散布代州境内的其他杨家遗存,为弥足珍贵的雁门杨家将文化实证,是雁门边塞文化的重要组成部分,也是山西省第三批重点文物保护单位。

杨忠武祠,创建于元至元十六年(公元1279年)。祠堂面南而建,祠南向,对面楼台三间为祭台,题名"颂德楼"。楼前有古槐两株,粗壮挺拔。

雍熙三年(公元986年)杨业战死陈家峪,后宋追赠太尉,并"忠武",杨氏子孙以此题共祠名。祠堂分前后院,前院奉祀杨业后裔。后院左右厢房各三间,正殿五站,殿内塑二十二尊像。正中神龛内,是杨业和佘太君像。两侧为八子塑像。东、西、南三面是杨家历代名将塑像,姿容伟俊,气宇轩昂。

37.代县赵杲观景区 >>>

◇ 景区名称:赵杲观

◇ 质量等级:国家AAA级旅游景区

◇ 景区地址:代县新高乡红寺村

◇ 联系方式:13994061540

◇ 景区简介:

赵杲观坐落在代县城南20公里的天台山中,相传为纪念春秋代国丞相赵杲所建。赵杲观创建于北魏太延年间(公元435年~440年),距今近1600年。相传春秋战国时期,晋国赵襄子为了统一北方,将其姐夫,当时占领代地的头领诱杀于沟注山上,代国丞相赵杲率领国王的家眷隐居于天台山,后人为纪念赵杲终身不仕,笃志道教,于北魏太延年间,在赵杲隐居的石洞中建观,故称为赵杲观。赵杲观以形态各异的洞窟构建为主,整个观依崖建物,因洞造寺,将险峰陡壁增添上人工建筑,鬼斧神工,匠心独具,真可谓是仙宫佳境。正如古人所说,赵杲观"临幽谷,倚奇岩,山清水秀,洵代郡之胜境,人间第一蓬莱也"。

赵杲观,素称"天台十八洞""三晋第一

观"，现为国家级森林公园、山西省重点风景名胜区、山西省重点文物保护单位。

38.忻府区苍龙山景区 >>>

◇ 景区名称：忻府区苍龙山景区

◇ 质量等级：国家AAA级旅游景区

◇ 景区地址：忻府区董村镇刘家山村境内

◇ 联系方式：15034461985

◇ 景区简介：

忻府区苍龙山景区，位于山西省忻州市忻府区董村镇刘家山村境内，距离城区东南方约12千米处，是一座集自然风光、历史文化和庙宇艺术为一体的山水风景名胜区，被誉为"山西省北部明珠"。

苍龙山景区被群山环抱，群峰翠绿，溪水潺潺，空气清新。景区内最引人注目的是苍龙山主峰，海拔高达2102米，山峰秀丽挺拔，气势雄伟壮观。登上山顶，可以饱览周围山川秀美的景色，云雾缭绕，如仙境一般。在秋季，山区的枫叶如火焰般绚丽多彩，吸引了无数游客前来观赏。此外，景区内还有龙王沟、草帽尖、将军岭、石人崖、虎头梁、碳梁等多处未开发的

自然景观，以及龙王洞、转运弯、一线天等景点，每一处都充满了自然之美和探险的乐趣。

苍龙山景区历史悠久，是古代军事重镇之一。景区内保留着大量的历史文物，其中最著名的是苍龙山石窟群，这些石窟建造于北魏时期，以佛教题材为主题，雕刻着千佛和佛教故事，具有很高的艺术价值和历史意义。此外，景区还有苍龙山古城遗址、忻州文庙等历史遗迹，让游客在游览过程中能够感受到古代文明的厚重与魅力。

39.岢岚县宋长城景区 >>>

◇ 景区名称：岢岚县宋长城景区

◇ 质量等级：国家AAA级旅游景区

◇ 景区地址：岢岚县宋家沟镇王家岔村

◇ 联系方式：400-006-6655

◇ 景区简介：

岢岚县宋长城景区，作为全国唯一现存的宋代长城遗迹，不仅承载着丰富的历史文化，还以其独特的自然风光吸引着众多游客。

岢岚县景区内的长城修筑于宋真宗景德年间（公元1004~1007年），是在宋辽订立檀

渊之盟后为加强军事防御而修建的。这段长城不仅具有军事防御功能，还起到了划界作用，是中国长城史上极具代表性的重要遗产。根据历史记载，这段长城是在北齐、隋代修筑长城的基础上补修而成的，体现了多个朝代对长城防御体系的不断完善和加固。

景区位于岢岚县城北部，自然风光秀美。长城从王家岔至高龙尉大梁方向伸展，蜿蜒至大庙、县东山，连绵30千米。这些长城全部用当地片石砌筑，虽经千年的风雨剥蚀，但依然屹立不倒，成为了屹立在晋西的一段独特的风景线。站在长城上，远眺群山，近观草木，让人不禁为古人的智慧与毅力所折服。

岢岚县宋长城景区的开发和保护不仅促进了当地旅游业的发展，还带动了周边乡村的经济发展。通过旅游项目的实施，当地村民实现了脱贫致富，生活质量得到了显著提升。同时，景区的开发和保护也提高了公众对长城文化遗产的认识和重视，增强了全社会的文化遗产保护意识。岢岚县宋长城景区以其独特的历史文化价值、秀美的自然风光、有效的保护管理和丰富的旅游体验而备受瞩目。它是中国长城史上的一颗璀璨明珠。

40.保德县印象故城景区 》》》

◈ 景区名称：保德县印象故城景区
◈ 质量等级：国家AAA级旅游景区
◈ 景区地址：保德县城西10公里处
◈ 景区简介：

保德县印象故城景区凭借其独特的地理位置和丰富的历史文化资源，成为了黄河沿岸知名的乡村旅游目的地。

印象故城不仅是汉代古城遗址，也是汉文帝刘恒接母回京故事的发生地。此外，它还是西汉荀巨伯"以德退敌"之城，以及明代五省总督陈奇瑜告老还乡的归隐之地。这些历史故事和人物使得印象故城充满了浓厚的文化底蕴和历史意义。印象故城依托其深厚的历史人文资源，打造了包括乡村聚落景观、乡村田园景观、乡村建筑景观等在内的"印象故城十八景"景观体系。

这些景观不仅展示了传统的农耕文化，还展示包括了文化古迹和历史人文景观，如关帝庙、魁星阁等。印象故城所在地区拥有得天独厚的自然环境，黄河从远方奔腾而来，滋润着晋西北大地。

41.忻府区陀罗山景区 >>>

◇ 景区名称:忻府区陀罗山景区

◇ 质量等级:国家AAA级旅游景区

◇ 景区地址:忻府区合索镇陀罗村

◇ 联系方式:15934328178

◇ 景区简介:

陀罗山是晋西北云中山系的一座名山,位于忻州城西20千米处的合索乡黄龙王沟村西,最高处海拔1542米,地下水位150米左右,水质pH值在7~7.8之间,平均气温10.6度,无霜期160~180天之间,年降雨量在400~600毫米之间。

山形挺秀,高出云表,巍峨磅礴,险峻异常,怪石嶙峋,悬崖欲坠,松柏繁茂,花草丛生。山上有终年细流叮咚的滴水崖,有波光粼粼的青龙池,有光滑平整的清凉石,有文殊菩萨留下足迹的文殊庙宇,此山历史悠久,山形奇秀,山顶南北走向,其东是断层与盆地相接,相传是文殊菩萨在五台山外的又一道场,素有"陀罗避暑"之美誉。陀罗山是集旅游、探险、度假、避暑于一体的风景区。在地理学上,属上太古界变质岩系,乃忻州最古老的岩质,其独特的地质构造又被地质学家称为"地质公园"。

山上现有人工建造的文殊正殿、老爷庙、奶奶庙、避暑阁、神水阁、山门、戏台等建筑,还有天然存在的清凉石、舍身崖、孤松独石、滴水崖等各种景点。据史料记载,宋元时期名人居士常来此地避暑消灾。

宋代宣和二年,陀罗山已开始建设个别景点,明清之际陀罗山已初具规模,名闻三晋。明末清初傅山曾为陀罗山专门作诗,题为《间关上陀罗山二首》,以"南峰落落不多松,涛冷新秋带石汹"专赞陀罗山之壮美。

新中国成立后,陀罗胜景与昔日的美景相融,堪称相得益彰。山脊梁的长龙治水,沟壑间的龙嘴吐玉,山腰上的层层梯田,蓊郁的森林,耕作的人群,给陀罗山的画廊增添了崭

新的内容。

42.五寨县五寨沟风景区 >>>

◇ 景区名称:五寨县五寨沟风景区

◇ 质量等级:国家AAA级旅游景区

◇ 景区地址:五寨县前所乡

◇ 联系方式:0350-4333731

◇ 景区简介:

五寨沟是五寨县南山生态自然旅游区,被人们称为北方的"九寨沟",由芦芽山脉和云中山脉构成的多褶皱高中山地带,南北长约70千米,东西宽约78千米,森林经营总面积44.5万亩,现有天然次生林11.2万亩。

五寨沟以云杉和华北落叶松天然次生林为主,被誉为"华北落叶松的故乡"和"云杉之家"。置身于林区,满目青山绿水、松海林涛,仿佛一个清凉的世外桃源。国家一级保护动物,山西省省鸟——褐马鸡,以及列入世界濒危物种的珍贵鸟类黑鹳,金钱豹、雪豹、梅花鹿、金雕、原麝等国家一、二级珍稀保护动物,均在沟内出现。境内有晋西北的名山芦芽山,

"高原翡翠"荷叶坪等名胜景点。从芦芽山、荷叶坪沿清涟河源头顺流而下,一路有三猴戏雄狮、四季冰川、小瀑布、还珠洞、玉玺石、风动石、百福石、情人岭、南峰水库、南禅寺等景点。整个旅游区集山、水、林、石、草、庙、泉等自然景观于一体,景色诱人,美不胜收。

县城西12千米处有西雪山,山顶上有一座始建于唐贞元十二年的雪山瑞云寺,到寺上遗址,仰南山天然卧佛,观夕阳照,别是一番景观。

43.岢岚县岢岚古城景区 >>>

◇ 景区名称:岢岚县岢岚古城景区
◇ 质量等级:国家AAA级旅游景区
◇ 景区地址:岢岚县
◇ 联系方式:0350-4532060
◇ 景区简介:

　　岢岚古城历史悠久,地属忻州境内最早县邑古汾阳邑,早在春秋战国时期就已存在。其名称来源于境内的岢岚山,据史书记载,岢岚山在秦汉时期即为太原郡地,后历经多个朝代的更迭与更名,最终在民国时期复称岢

岚县。古城见证了历史的沧桑变迁,留下了丰富的文化遗产。

　　古城内保留着许多古代遗迹,如城墙、庙宇等。城墙高大坚固,城门高大出奇,四门都有瓮城,城外还有护城河环绕,形成了完整的防御体系。漫步在古城的街巷中,仿佛穿越回千年前的繁华时代,可以深刻感受到历史的厚重与文化的积淀。此外,古城内还有许多古色古香的建筑和庭院,每一处都充满了历史的韵味和文化的魅力。

　　岢岚古城景区内拥有多个值得一游的景点。其中,毛主席路居馆是岢岚革命历史的见证,馆内陈列着丰富的革命文物,让人感受到那段激情燃烧的岁月。此外,岢岚的宋长城也是景区内的一大亮点,虽历经千年风雨,但依然屹立不倒,其蜿蜒绵长的身姿和雄伟壮观的气势令人叹为观止。站在长城之上,远眺群山,近观草木,可以深刻体会到古人的智慧与毅力。岢岚县岢岚古城景区是一座集历史文化、自然风光、美食体验于一体的综合性旅游景区。

44.原平市爱木图景区 >>>

◇ 景区名称:原平市爱木图景区
◇ 质量等级:国家AAA级旅游景区
◇ 景区地址:原平市苏龙口镇野庄村、木图村等
◇ 景区简介:

原平市爱木图景区是一个集自然风光与人文历史于一体的旅游目的地,位于山西省原平市。它涵盖了多个古村落,如木图、野庄、辛庄、下长乐等,以其独特的"六古"魅力(古寺、古树、古村、古镇、古道、古墙)吸引游客。此外,景区还有丰富的红色文化资源,因抗战时期的重要历史事件而被称为革命精神的传承地。爱木图景区拥有壮丽的高山草甸和多样的动植物资源。这里曾是晋察冀边区的"南泥湾",也是游击区大生产运动的发祥地。景区内有众多寺庙道观,如东松彰神清观、辛庄观音寺、郭家庄观音寺等,这些宗教场所不仅历史悠久,而且建筑精美,藏有许多文明印迹。

抗战时期,徐向前、赵尔陆、陈锡联等将领在此部署指挥了一系列战斗,留下了许多红色遗址,如高欢战道和夜袭阳明堡战役的遗迹。爱木图景区周围的古村落保留了许多传统的石头建筑,这些村落本身就是一种活生生的历史见证。近年来,原平市爱木图景区的知名度不断提升。

2023年5月1日,景区举办了"牵手原平爱在木图"中国·原平·爱木图牵手大会暨青年人才"五一"婚恋专场和原平市乡村振兴文旅产业大会,这些活动有助于推广原平市的旅游资源,提高景区的影响力。

45.原平市柏枝山景区 >>>

◇ 景区名称:原平市柏枝山景区
◇ 质量等级:国家AAA级旅游景区
◇ 景区地址:原平市大林乡西神头村
◇ 景区简介:

原平市柏枝山景区是一个集自然风光与人文历史于一体的旅游景区。景区以其峻岭绵延、奇石遍野、草木繁茂、灵岩溢泉的自然景观而闻名,特别是景区内的汉楸唐柏,远近闻名,其中龙凤楸更是被授予"中国最美古树"称号,成为国家级保护文物。

每年的五月中上旬,是龙凤楸的花季,一层层一叠叠的花朵,上下一色、遮天蔽日,景色非常壮观,吸引了大量游客前来赏花。此外,景区还举办了多届楸花节,成为当地重要的旅游活动之一。柏枝山景区不仅自然景观丰富,还蕴含着深厚的历史文化底蕴。景区附近的西神头村有一座柏枝神祠,是为了纪念秦始皇的长子扶苏太子而建。扶苏庙前的两千年楸树被誉为"华夏第一楸",每年花开时节,都会吸引众多游客前来赏花。

近年来,原平市柏枝山景区得到了政府的高度重视和支持。为了促进景区的发展,国家先后修通了乡村旅游专用公路和旅游扶贫公路,方便游客前往。同时,当地政府还计划继续丰富旅游供给,打造AAA级景区。

柏枝山麓林木丰茂,植被优良,是一处人迹罕至的原始处女地。其中树种以油松、落叶

松、云杉、杨树等为主，灌木丛生、植物茂密，是禽鸟、昆虫自由生长的天堂。

46.佛光寺景区 >>>

◈ 景区名称：佛光寺

◈ 景区地址：五台县豆村镇东北的佛光山中

◈ 联系方式：0350-8751066

◈ 景区简介：

忻州佛光寺，位于山西省忻州市五台县豆村镇东北的佛光山中，是五台山南台西麓的一颗璀璨明珠。这座古寺始建于北魏孝文帝时期（公元471~499年），历经沧桑，于唐大中十一年（公元857年）重建，是中国现存规模最大、结构最复杂、保存最完整的唐代古建筑之一。佛光寺不仅被中国建筑学家梁思成誉为"中国第一国宝"，更因其独特的建筑风格和丰富的历史文化遗产而享有"亚洲佛光"的美誉。

佛光寺依山而建，东、南、北三面环山，向西开敞，地形优越，景色宜人。寺内主要轴线为东西方向，依据地形巧妙处理成三个平台，布局严谨，错落有致。寺内现有殿、堂、楼、阁

等一百二十余间，其中东大殿七间，为唐代建筑，是中国保存最完整、规模最大、等级最高、最古老的唐代木构建筑，具有极高的历史价值和艺术价值。

此外，文殊殿七间为金代建筑，其余建筑则多为明、清时期所建，展现了不同历史时期的建筑风格和文化特色。

佛光寺的唐代建筑、雕塑、壁画和题记等文物，都是研究唐代历史、文化和艺术的珍贵资料。东大殿内的佛像庄严慈祥，壁画色彩斑斓，线条流畅，生动地描绘了唐代社会的风土人情和宗教信仰。这些文物不仅展示了唐代艺术的卓越成就，也为后人提供了了解唐代历史文化的重要窗口。游客在此不仅可以领略到古建筑的魅力，还可以感受到大自然的宁静与和谐。总之，忻州佛光寺是一座集历史、文化、艺术和自然风光于一体的佛教古刹，是中华民族宝贵的文化遗产，无论是对于学术研究还是旅游观光，都具有极高的价值和意义。

47.南禅寺景区 >>>

◇ 景区名称:南禅寺

◇ 景区地址:五台县城西南22千米处李家庄西侧

◇ 联系方式:0350-6525162

◇ 景区简介:

　　忻州南禅寺,坐落于山西省忻州市五台县西南的阳白乡李家庄附近,依山傍水,四周群山环抱,宛如一颗璀璨的明珠镶嵌在阳白沟小银河的北岸。这座古寺距今已有1200多年的历史,是我国现存最古老的木构建筑之一,也是全国重点文物保护单位。

　　南禅寺占地面积约3078平方米,坐北向南,布局严谨,由两座小院组成,其中西院为主体部分,布局整齐,主次分明。寺内主要建筑包括山门(观音殿)、东西配殿(菩萨殿和龙王殿)以及大佛殿,共同构成了一个典型的四合院式建筑群。大佛殿作为南禅寺的核心建筑,其木结构建筑保存完好,不仅体现了唐代建筑的风格特点,更是中国建筑史上的瑰宝。殿顶采用单檐歇山式结构,面阔三间,斗拱用材硕大,檐角平缓而深远,翼展刚健轻巧,充分展示了唐代建筑的古朴与庄重。

　　殿内保存有精美的唐代彩塑,这些彩塑形态各异,栩栩如生,包括释迦牟尼、文殊菩萨、普贤菩萨等佛像,以及众多生动的佛界众生相。这些彩塑不仅展现了唐代雕塑艺术的精湛技艺,更为研究唐代文化和历史提供了宝贵的实物资料。尤其是释迦牟尼佛像,庄严肃穆、面容慈祥,令人心生敬畏,其艺术价值和历史地位不言而喻。

　　此外,南禅寺还以其独特的历史背景和文化底蕴吸引着众多游客和学者。唐代安史之乱后,佛教禅宗分为北禅宗与南禅宗两大派别,南禅寺正是南禅宗创立之初的重要寺庙之一。历经沧桑,南禅寺多次躲过战乱和自然灾害的破坏,得以保存至今,成为了研究唐代佛教文化和历史的重要场所。

　　在秋日里,南禅寺枫叶红遍山野,景色宜人,吸引了众多游客前来观赏。在这里,游客们不仅可以领略到唐代建筑的古朴与庄重,更能感受到千年古寺的宁静与庄严。南禅寺不仅是一座寺庙,更是中华民族悠久历史和文化的见证,它的存在让后人得以窥见唐代文化和艺术的辉煌。

特产美食介绍

01.忻州瓦酥

　　忻州瓦酥是山西省忻州市的一种传统特色小吃,以其独特的制作工艺和口感而闻名。这种小吃外形酷似古代建筑的瓦片,故而得名"瓦酥"。瓦酥约长10厘米,宽4厘米,厚0.5厘米,内外皆呈金黄色。

　　品尝忻州瓦酥,首先映入眼帘的是其精致如瓦的外形,色泽诱人,金黄中透着诱人的光泽。轻轻咬下,酥脆的口感瞬间在口腔中绽放,伴随着浓郁的香甜气息,让人回味无穷。无论是搭配一杯清茶,还是作为午后小憩的甜点,忻州瓦酥都能带给人无尽的愉悦与满足。

　　此外,忻州瓦酥还因其独特的包装和寓

意,成为了人们走亲访友、传递情谊的佳品。它不仅仅是一种美食的享受,更是一种文化的传承与分享。无论是本地居民还是远道而来的游客,都会被这份来自忻州的甜蜜所打动,留下深刻的印象。

02.定襄蒸肉

定襄蒸肉是山西省忻州市定襄县的一道传统名吃,以其独特的制作工艺和口感而广受赞誉。这道菜历史悠久,相传曾为当地进贡宫廷的贡品,如今已成为民间宴席上的必备佳肴之一。

定襄蒸肉的主要食材是精瘦猪肉,辅以淀粉、植物油及各种调味品精制而成。其制作过程精细,首先将猪肉切成适宜的条状,加入花椒粉、大茴粉、胡椒粉、葱姜蒜末等调味料腌制,使肉质更加入味。随后,将腌制好的猪肉与适量的淀粉、水混合,搅拌成稀糊状,再装入容器中上屉蒸制。蒸制过程中,火候的掌握至关重要,需先快火加热使内外温度均衡,再改用慢火蒸制数小时,以确保肉质酥烂、口感绵润。

定襄蒸肉的特点在于其肉香扑鼻、口感绵润、回味无穷、多食不腻。蒸制过程中,猪肉的油脂被充分逼出,与淀粉等食材相融合,形成了独特的口感和风味。食用时,可将蒸好的蒸肉切成块状或条状,搭配调料汁食用,口感更佳。

定襄蒸肉以其独特的制作工艺、口感和营养价值而深受人们喜爱。

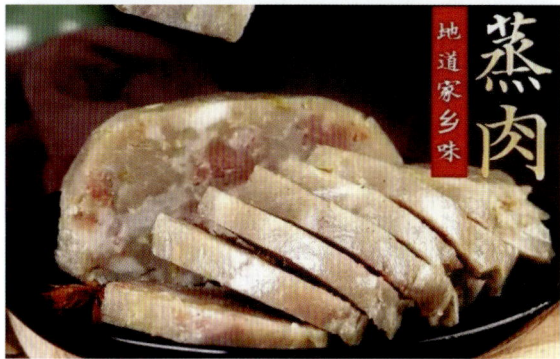

03.五台山台蘑

五台山台蘑是一种营养极高的食用菌类作物,又称"天花菜"。元代吴瑞《日用本草》中有这样的记述:天花菜出自山西五台山,形如松花而大,香气如簟,白色,食之甚美。唐宋时就被选作宫廷菜,是山西传统的著名特产。其实,五台山的独特气候和生态环境,才是台蘑品质优良的主要原因。

这里的蘑菇属峰南所产的银盘蘑菇最佳。菇类生长期主要分两个阶段:一是菌丝生长期,二是出蘑菇期。这里的蘑菇和张家口的口蘑一样,有规则地生长在草丛的圈道上,从根部到顶部呈乳白色。

明圈分布在草丛长得茂盛的地方,暗圈隐藏分布在草丛中,须凭采集经验分辨寻找。每年从立秋到白露这段时间,是台蘑生长、采集的旺盛季节。台蘑的特点:呈伞形,肉质细嫩,色泽乳白,菌体肥大,油性大,香味浓,可烹制成多种荤素名肴,是席上珍馐。做出菜来色泽素洁清新,味道鲜美甘甜,口感嫩脆爽滑。

04.代县熬鱼

熬鱼的做法始于20世纪50年代的代县、雁北一带,由于它的做法费工费时、用料考究,在当时只有在重要的宴席上,人们才可以吃到。

代县熬鱼是忻州市代县的传统名吃,以草鱼为主料,配以香菜、葱丝等辅料。它经过腌制、油炸后,再用慢火熬制2~3小时,最后加入辅料炖煮。它的特点是鱼骨酥软、鱼肉鲜美软滑,口味极佳。

代县熬鱼具有滋补健胃、利水消肿、清热解毒、止咳下气的作用,是一道美味可口的山西特色美食。如今熬鱼也以它独有的营养特

性而在鱼宴市场中崭露头角。

05.繁峙豆腐

繁峙豆腐俗称"水豆腐",历史悠久,是传统的地方风味副食,以其白、细、精、嫩而著名。

繁峙人从东汉时期就有磨豆腐的历史,他们选用上等的黄豆或黑豆,经过浸泡后,磨碎成豆浆后,再经卤水点沸,最后压成香喷喷、嫩娇娇的水豆腐。繁峙豆腐采用繁峙优质豆腐,经过传统配方和现代工艺制作而成。它不仅口感韧劲十足,而且营养丰富,老少皆宜。繁峙豆腐干不仅是一道美味的传统风味小吃,也是自选食用和馈赠亲朋的绝佳选择。

州甜糯玉米的糖分积累多，香甜软糯。忻州甜糯玉米不仅外观美观，而且口感糯，肉质鲜嫩。

它不仅富含丰富的糖分，还有多种营养成分，如蛋白质、维生素、矿物质等。忻州甜糯玉米被广泛应用于速冻保鲜、真空包装、产业化生产等领域，深受消费者喜爱。

06.代县酥梨

代县酥梨是山西省忻州市代县的特产，以其果肉松脆、汁多味甜而闻名。它口感独特，深受人们喜爱。代县酥梨在市场上非常畅销，其干制品甚至可以媲美市场上其他知名品牌。这种梨不仅可以直接食用，还可以加工成梨脯、罐头等美食。

07.忻州甜糯玉米

忻州甜糯玉米是忻州市的特产，因为忻州属于温带半干旱气候，昼夜温差大，所以忻

08.代县麻片

代县麻片是忻州地区的传统名吃，选用上等面粉、蜂蜜、白糖和麻油等制作而成。代县麻片已有200多年的历史，在清代颇有名声，并有面铺专营此业。

麻片选料严格，要用上等面粉、去皮芝麻仁、纯麻油或葫油、良好的蜂蜜与白糖制作。其做法是，将面拌糖、和油、揉蜜水、擀皮涂蜜、撒芝麻，然后上锅烘烙。精制细作，遂为佳品。代县麻片的口感独特，酥脆中带有一丝柔软，不仅融合了面粉的韧性和芝麻的香味，还搭配了蜂蜜的甜度，使得麻片吃起来特别美味。当咬下去的一刹那，脆脆的感觉迅速蔓延开来，满口余香给人一种愉悦的享受。

09.河曲开河鱼

河曲开河鱼是山西省忻州市河曲县的地方美食，选用当地清澈的河水里的野生河鱼，经过酱炖、清炖等制作方式，制作出肉质细嫩、味道鲜美的菜肴。

河曲开河鱼不仅色泽明亮、肉质细腻，而且营养丰富，具有滋补养生的作用。它不仅味道鲜美，而且价格适中，受到了广大食客的喜爱。据《河曲县志》记载，清代康熙、雍正、乾隆年间，当地官吏每年春天都要将开河后打捞的"开河鱼"上贡给皇帝。"开河鱼"以黄河鲤鱼更佳，味道鲜美，据说有大补医病的功效，被民间誉为"活人参"。

10.原平锅魁

原平锅魁是一种烤制的地方传统名点，已有300余年历史，面饼呈黄色，形状呈长方块，有不包馅的空心锅魁和甜馅锅盔。原平锅魁具有香、甜、酥、脆的特点，口感香脆可口，存放时间长久，始终酥脆如初。

11.神池月饼

山西省忻州市神池县以其独特的美食——神池月饼，向全国展示了地方文化的魅力。这种以手工打造、香鲜酥甜而闻名的月饼，是当地中秋节传统的特产，以其精细的制作工艺和选料，深受人们的喜爱。

12.宁武油炸糕

　　宁武油炸糕是山西省忻州市宁武县的特色小吃。它的外皮酥脆，里面香甜，口感不腻，是当地人在节日和招待客人时的必备食品。

　　除了用于节日和招待客人，宁武人还有许多与油炸糕有关的习俗。他们认为油糕的形状与谐音"高"十分相似，因此在庆祝过生日、婚礼和其他纪念日时，要品尝各种类型的宁武油炸糕。

　　例如，小孩满月用满月糕、百岁糕；老年人寿辰要吃长寿糕；婚礼用喜糕；盖房子要吃上梁糕；搬家之后要吃搬家糕。

13.河曲酸粥

　　酸粥，是一种用酸米汤泡制过然后制作出来一种粥，因为用酸米汤炮制过，所以做出来的粥吃上去也是酸酸的，遂取名"酸粥"。河曲酸粥是忻州特产之一，具有开胃健脾、护肤美容的功效。它是由发酸的米煮成，通过发酵产生的酵母菌影响其食用价值。

吕梁市

吕梁市黄河一号旅游公路建设里程852千米,其中:主线300千米,支线381千米,连接线171千米。同步建成慢行道114千米,万亩核桃林驿站、休闲观景驿站等12个驿站,木孤台观景台、神圪达观景台等14个观景台,北卜湾房车营地、开阳房车营地等3个营地。

连通如下景区。

AAAA级景区12个:临县碛口景区、临县义居寺景区、兴县蔡家崖晋绥文化景区、交城县玄中寺景区、交城县卦山景区、孝义市孝河湿地公园景区、孝义市胜溪湖森林公园、孝义市三皇庙景区、孝义市金龙山文化旅游景区、汾阳市汾酒文化景区、汾阳市贾家庄文化生态旅游区、方山县北武当山风景名胜区。

AAA级景区16个:临县正觉寺景区、临县南圪垛景区、临县丛罗峪真武山景区、中阳县闹泥山庄景区、文水县刘胡兰纪念馆景区、文水县世泰湖景区、文水县苍儿会生态旅游区、兴县黑茶山四八烈士纪念馆景区、石楼县红军东征纪念馆景区、岚县土豆花风景区、岚县白龙山景区、离石区白马仙洞景区、离石区千年旅游景区、交城县如金温泉景区、汾阳市上林舍生态旅游景区、柳林县抖气河景区。

吕梁大武机场位于方山县大武镇西北,距吕梁市区约20.5千米。

吕梁有13个火车站,分别是:文水站、汾阳火车站、吕梁站、交城火车站、岚县站、白文东站、蔡家崖站、柳林南站、阳泉曲站、白壁关站、兑镇站、孝南站、孝西站。

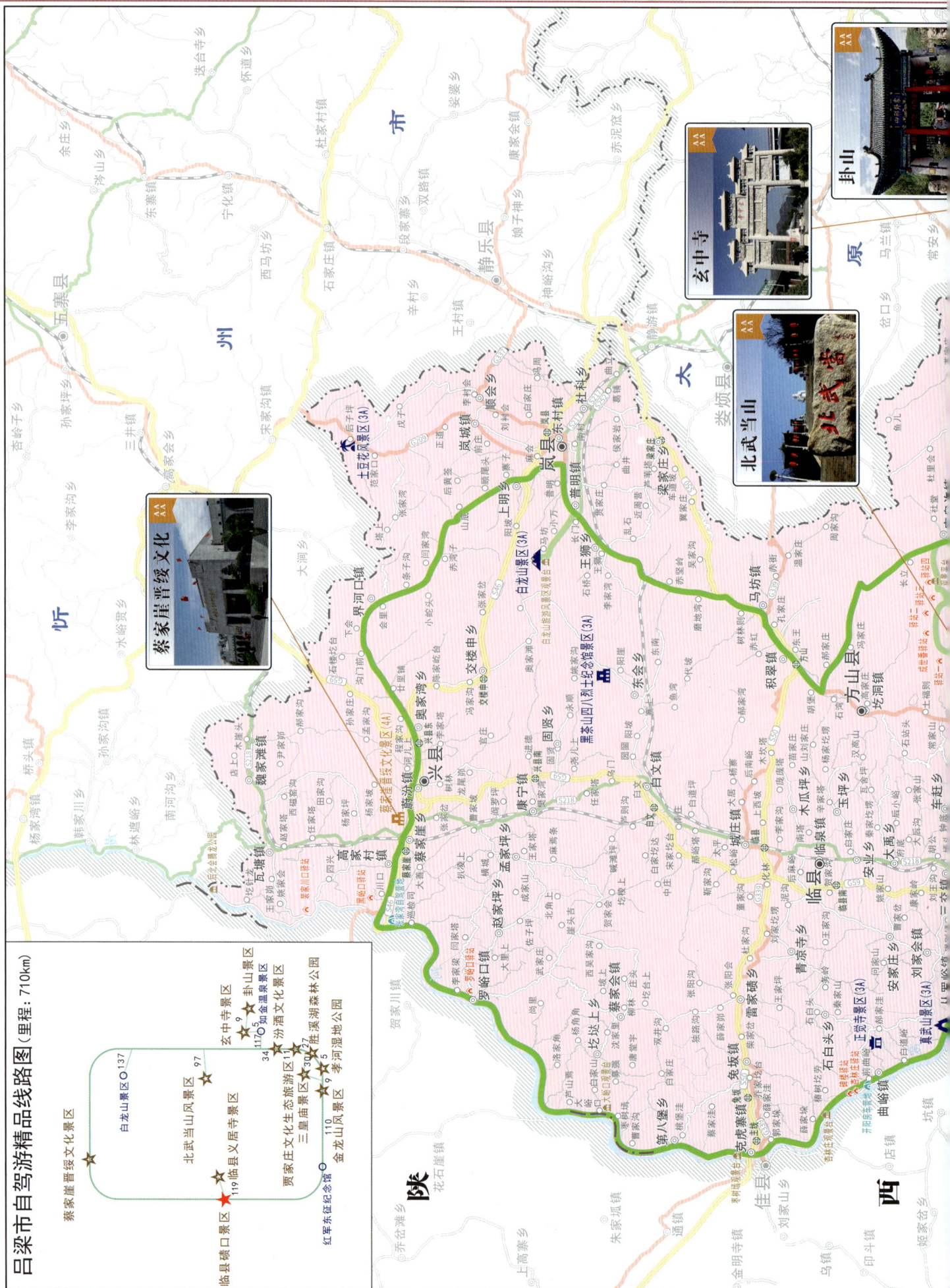

吕梁市自驾游精品线路图（里程：710km）

玄中寺

北武当山

卦山

蔡家崖晋绥文化

白龙山景区 137
北武当山风景区 97
玄中寺景区 9
卦山景区 117
临县碛口义居寺景区 34
如金温泉景区 5
汾酒文化景区 11
贾家庄文化生态旅游区 7
三皇庙景区 30
湿地湖森林公园 5
金龙山风景区 110
孝河湿地公园 9
临县碛口景区 119
红军东征纪念馆

陕

西

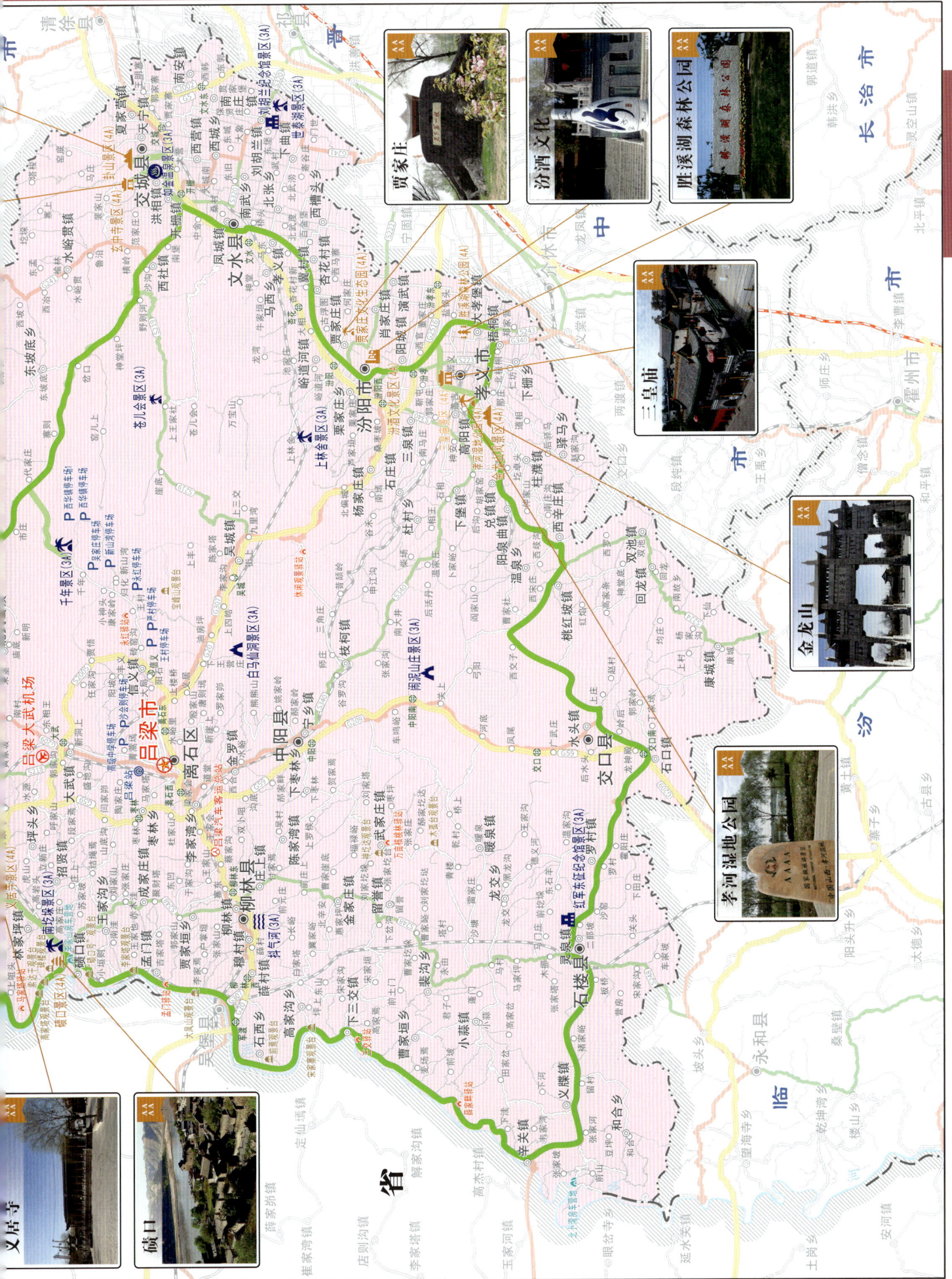

贾家庄

汾酒文化

胜溪湖森林公园

三皇庙

金龙山

孝河湿地公园

义居寺

碛口

比例尺 1:670000　0　6.7　13.4(千米)

• 一日游精品线路 • ❋

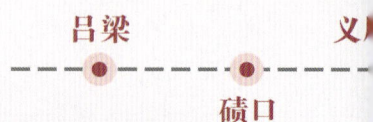

第❶站
义居寺
起点

第❷站
碛口

吕梁 ●---●--- 碛口 ●
义居寺 ●

📅 **行程推荐** 全程22.3千米，驾车耗时34分钟

驾车前往义居寺游玩，之后沿省道S248、离碛线前往碛口游玩，全天行程22.3千米。

• 两日游精

第❷站
义居寺

起点

第❶站
碛口

吕梁 ●---● 义居
碛口 ●

📅 **行程推荐** 全程183.5千

第一天：上午驾车前往碛口
居寺游玩，晚上宿义居寺，全

第二天：上午从义居寺出发，
游玩，下午前往三皇庙游玩，

·（精品）线路·

第❶站
北武当山

起点

第❺站
卦山

第❻站
玄中寺

第❸站
贾家庄

第❷站
白马仙洞

第❸站
三皇庙

第❹站
世泰湖

第❹站
三皇庙

三皇庙

贾家庄

吕梁　　白马仙洞　　世泰湖　　玄中寺

北武当山　　三皇庙　　卦山

，驾车耗时3小时27分钟

，下午沿离碛线、S248去往义
程22.4千米。

前往贾家庄文化生态旅游区
行程161.1千米。

🏛 行程推荐 ◀ 全程271.7千米，驾车耗时6小时12分钟

第一天：上午前往北武当山游玩，下午驾车沿苏北线、吕梁绕城
高速前往白马仙洞，全天行程69.5千米。

第二天：从白马仙洞出发驾车前往三皇庙游玩，下午前往世泰
湖游玩，晚上宿世泰湖，全天行程148.8千米。

第三天：早上从世泰湖出发，下午驾车前往卦山、玄中寺游玩，
全天行程53.4千米。

景点介绍 >>>

01. 方山县北武当山风景名胜区 >>>

◇ 景区名称：北武当山

◇ 质量等级：国家AAAA级旅游景区

◇ 景区地址：方山县北武当镇武当村

◇ 联系方式：0358-6071189

◇ 景区简介：

北武当山，国家AAAA级旅游景区，是1994年被国务院批准的全省6处国家级风景名胜区之一，又是道教的发源地。北武当山又名真武山，古称龙王庙，景区规划面积88平方千米，已开发的景区约20平方千米。主峰香炉峰海拔1986米，比五岳之首泰山（海拔1545米）高735米，比湖北的武当山（海拔1612米）高668米。北武当山正好处于环卫之中，众星捧月，卓然不群，群峰连绵起伏，浩瀚壮阔，衬托出北武当山的雄伟气势。北武当山被称为"三晋第一名山"，是人们对它集"雄、奇、险、秀"于一体的自然景观的评价。

02. 汾阳汾酒文化景区 >>>

◇ 景区名称：汾酒文化景区

◇ 质量等级：国家AAAA级旅游景区

◇ 景区地址：汾阳市杏花村镇太白路与酒都大道交叉口西北350米

◇ 联系方式：0358-7220777

◇ 景区简介：

汾酒文化景区隶属于汾酒集团，是集吃、住、行、游、购、娱于一体的综合旅游服务体系，位于距汾阳市15千米处，青银高速公路、307国道及太中银铁路横穿全境。近年来，景区倾力打造名白酒基地、保健酒基地和酒文化旅游基地，先后被授予"全国工业旅游示范基地""全国重点文物保护单位""国家级酒文化学术活动示范基地"，2011年被全国旅游质量等级评定委员会评为国家AAAA级旅游景区。在这里，游客可以观赏知名国有大型企业形象、面貌、环境；品味源远流长的汾酒文化，感受全国最具影响力的酒文化专题博物馆；了解首批国家级非物质文化遗产的汾酒传统酿造技艺；在复古生产线品鉴原浆汾酒以及竹叶青等。

03. 汾阳市贾家庄文化生态 旅游区 >>>

◇ 景区名称：贾家庄文化生态旅游景区
◇ 质量等级：国家AAAA级旅游景区
◇ 景区地址：汾阳市贾家庄村
◇ 联系方式：0358-3338585
◇ 景区简介：

贾家庄文化生态旅游区，位于全国文明村、全国特色小镇、中国最美休闲乡村、国家森林村庄——贾家庄村内，是国家AAAA级旅游景区、全国农业旅游示范点、全国全民健身户外营地。

景区内有贾家庄三晋民俗文化体验地——贾街、汾州民俗文化园、恒鼎工业文化创意园、贾家庄村史展览馆、马烽纪念馆等景点，配套有裕和花园酒店、贾樟柯艺术中心、种子影院、铭义汾中主题酒店、贾家庄游乐场等。

景区距离省城太原约100千米，与酒都杏花村、平遥古城、乔家大院、绵山景区等相毗邻，处于太原都市圈、晋商文化圈、自然风光圈的交汇处，是山西旅游的黄金区域。

近年来，贾家庄文化生态旅游区依托便捷的地理位置和交通条件，整合旅游资源，打造成为集乡村民俗旅游、农耕文化体验、红色经典教育、工业文化创意、康体养老休闲、美食影视文学体验于一体的文化生态旅游景区。近年来，多位领导先后莅临视察指导，70多个国家的国际友人慕名前来参观访问，累计接待国内外游客近千万人次。

04. 交城县卦山景区 >>>

◇ 景区名称：卦山风景名胜旅游区
◇ 质量等级：国家AAAA级旅游景区
◇ 景区地址：交城县城西北2.5千米
◇ 联系方式：0358-3512718
　　　　　　0358-3512728
◇ 景区简介：

卦山旅游区位于交城县城西北，307国道北侧，有沥青公路直通寺前，交通方便，风景优美，格调高雅，是驰名三晋的一处名胜古迹，国家AAAA级旅游区，国家级重点文物保护单位。

卦山，因山形如卦象而得名。群峰环抱，断续开合，有"卦岳爻峰"之称，位居交城十景之首。主峰大极峰海拔1142.8米，千年古柏密布其中，面积达两千多亩。这里鸟语花香，空气湿润，负离子含量相当丰富，构成一个优良的生态环境，成为旅游度假的良好场所。身临其境，黛色参天，阵阵清香扑面而来，沁人肺腑。卦山建筑规模宏伟，坐北朝南，鳞次栉比。由天宁寺、石佛堂、书院、朱公祠、圣母庙、文昌宫等六组建筑组成，另外还有环翠亭、戏台、华严塔、墓塔林等附属建筑，有殿堂楼阁200多间，建筑面积4000多平方米。

天宁寺创建于唐贞观元年，最先开凿的石佛堂石佛，相传有印度僧人"华严法师"在此讲经说法。卦山不但山形奇特，庙宇浩繁，更有给游客造成强烈视觉印象的参天古柏。卦山古柏扎根于悬崖绝壁，钻岩抱石，姿态各异,著名的有龙抓柏、牛头柏、连理柏、文武柏等,惟妙惟肖、情趣盎然,古往今来流传有许多神秘美妙的神话传说。

每年农历五月初五,是卦山庙会之期,各地游客纷至沓来,虔诚拜佛、敬香还愿、游览名胜、斗棋抚琴、寻奇探幽,勾勒出一幅独特的民情风俗长卷。

05.交城县玄中寺景区 >>>

◇ 景区名称:玄中寺
◇ 质量等级:国家AAAA级旅游景区
◇ 景区地址:交城县西北约10千米的石壁山上
◇ 联系方式:0358-3905102
◇ 景区简介:

玄中寺位于吕梁交城县城西10千米处石壁山上,亦称为石壁寺,是国家重点文物保护单位、国家AAAA级旅游景区,是我国现存最古老的净土宗祖庭。

石壁山峭壁嶙峋,满山松柏郁郁葱葱,林中深处国家一级保护动物褐马鸡悠闲自得,甚为喜人。东南有龙首峰,山顶宋代秋容白塔昂然屹立,具"一夫当关,万夫莫开"之险。近

塔处平台四周垛堞围栏,是历史上僧侣及附近百姓躲避兵燹之所,此地自古便有"石壁秋容"之称,为交城十景之一。玄中寺创建于北魏延兴二年(公元472年),是阿弥陀佛化身在中华大地上初始接引众生、昭示净土的地方,已有1500多年的历史。

净土宗中的三位祖师昙鸾(公元476—542年)、道绰(公元562—645年)、善导(613—681年)先后在此住锡、研修。昙鸾祖师开创了以称念"阿弥陀佛"名号往生西方极乐世界的中国佛教净土宗净土法门,使得玄中寺声名远播,四众归向。道绰和善导祖师弘布净土,完善了净土宗完整体系。日本佛教净土宗和净土真宗,是依三位祖师的净土宗理论而创建,将玄中寺尊奉为祖庭,历来受到日本净土宗和净土真宗信徒的敬仰崇拜。玄中寺已成为中日文化交流、发展两国民间友谊的纽带和桥梁。

寺宇沿中轴线可分为前院、中院、后院,建筑面积4000余平方米,有殿阁200余间。崇峻阁楼层次分明,颇为壮观。历朝历代,玄中寺被视为皇家寺院。贞观九年(公元635年),唐太宗李世民闻道绰大师盛名,车驾玄中寺,礼谒道绰,"解众宝名珍,供养启愿玉衣",为文德皇后祈愿祛病,御书寺名"石壁永宁寺",使玄中寺在国内声名大振。

玄中寺牌楼挂有原中国佛教协会会长赵朴初所书"净土古刹"横匾,亦有华国锋同志亲书"石壁胜境"匾额。寺院共有天王殿(山门)、大雄宝殿、祖师殿、万佛殿、七佛殿、观音殿、地藏殿、文殊殿、普贤殿和千佛阁等殿宇,实乃游览、祈福的吉祥圣地。

06.孝义市三皇庙景区 >>>

◇ 景区名称:孝义三皇庙景区

◇ 质量等级:国家AAAA级旅游景区

◇ 景区地址:孝汾大道与时代大道交汇处东北角

◇ 联系方式:18534769489

◇ 景区简介:

孝义三皇庙位于山西省孝义市孝汾大道与时代大道交汇处东北角。始建于元朝,具体时间不详,明、清年间多次扩建修葺,2013年,孝义三皇庙被国务院公布为国家重点文物保护单位,2014年成为国家AAAA级旅游景区。

庙群按两进一偏院布局。山门、乐楼、正殿坐落在由东到西步步登高的主轴线上。进山门为头进院,南侧新建曲折碑廊数楹,北侧为下道院。向西登二十一级青石台阶进二门。二门为垂花雕柱悬山顶结构。过二门为二进内院,迎面为坐西朝东的三皇大殿。殿内上奉伏羲、神农、轩辕金妆圣像,两侧配祀历代十大名医。耳殿左供财神,右供牛马王。正殿门额高悬"三皇庙"竖匾一块,是明嘉靖进士、四川按察使司、书法名家邑人梁明翰亲笔题书敬立。

南北廊坊挂着三皇圣像及十大名医肖像,书法名流的书法作品也经常在此定期展览。明清遗韵、古色古香的乐楼金碧辉煌、流光溢彩。一百多年前就誉满汾州的"玻璃戏台"曾产生过"不为看戏为看台"的轰动效应。

07.孝义市金龙山风景区 >>>

◇ 景区名称:山西省孝义金龙山文化旅游景区

◇ 质量等级:国家AAAA级旅游景区

◇ 景区地址:孝义市高阳镇下吐京村西

◇ 联系方式:13935832777

◇ 景区简介:

金龙山文化旅游景区位于高阳镇下吐京村西,临水村南岸,北邻下堡河,南靠省道孝石线,距孝义市区7千米,地理位置优越,交通便利,与孝义市湿地公园、晋商古驿道、胜溪湖森林公园、临黄塔等景点形成一条特色文化旅游路线。景区内自然风光秀美,文化底蕴深厚,是中国佛教文化、道教文化和当地孝亲文化的结合地。

金龙山胜迹,在当地颇孚盛名。古碑文记载:"孝义西乡临水村南岸有山,名十八甲者,其巅旧建金龙大王之庙,前襟盛水,左涌清泉,山形层叠,恍矗青云之梯,庙貌巍峨,俨开龙门之遥,在昔人文蔚起,仕宦云从,孰谓非神灵之默佑,风水之发祥耶。"景区总占地5平方千米,主景区占地1691亩。主景区主要景点包括崇孝寺、文昌阁、神仙楼、财神殿、敬德祠、青云十八阶、金龙殿、五福阁、金龙泉、观音堂、采摘观光园等。

金龙山文化旅游景区的建设必将为孝义市弘扬历史文化、发展旅游业、推进文化产业大繁荣、打造文化强市增添浓墨重彩的一笔。

08.孝义市胜溪湖国家森林公园 >>>

◎ 景区名称：胜溪湖森林公园

◎ 质量等级：国家AAAA级旅游景区

◎ 景区地址：孝义市时代大道

◎ 联系方式：0358-7834321

◎ 景区简介：

胜溪湖森林公园是一座集休闲、娱乐、游览、健身为一体的大型综合性公园。园中植物景观多样，滨水景观自然亲和，小品建筑构思新颖、寓意深刻、建造精巧，是北方城市中难得一见的苏州风格的观光胜地。

公园全长3.2千米，占地约160公顷，其中水域面积约占四分之一，总投资约3.6亿元。园

内种植各类花灌木130余种，23万余株。公园七大口均设有停车场，停车位共计573个。

公园的总体布局强调自然生态，园内景观以湖为主，湖岸结合。公园的设计继承了我国传统的园林艺术，借鉴杭州、苏州的造园经验，结合现代城市公园功能需要，突出植物景观的多样性和滨水景观的自然亲和。

依托园内自然河流和主要城市道路，公园划分为六大景区：中心景观区、孝河景观区、滨河休闲区、观光休闲区、生态过渡区、健身休闲区。中心景观区位于公园西北处，设置了碧荷园、畅秋园、春华园、石花园、万绿园等。该区以植物景观为主，亭台楼阁点缀其间，假山瀑布错落有致，湖泊溪流相映成趣，区内还设有儿童游乐园、草坪广场等。

胜溪湖森林公园是贯穿城市东西的生态绿轴，是城市的绿色屏障和天然氧吧，也是面向社会普及植物科学知识、现代园林理念和文化信息的重要窗口。同时，它所形成的"一河两岸"的发展格局，为孝义市打造滨湖景观，建设"北方水城"奠定了坚实的基础。

09.孝义市孝河湿地公园 >>>

- 景区名称:孝义市孝河国家湿地公园
- 质量等级:国家AAAA级旅游景区
- 景区地址:孝义市时代大道与孝汾大道交叉口
- 联系方式:0358-2127789
- 景区简介:

孝义市孝河国家湿地公园属黄土高原典型的次生湿地,是孝义市打造"一河两岸、沿河环湖"滨水生态园林城市的标志性工程,是2020年省政府认定的首批十佳重要湿地。

公园总面积5.99平方千米,水域面积约3.28平方千米。2013年国庆开园并正式对外开放。

公园自然景观质朴,生态资源丰富,人文历史深厚,水系纵横交错,是国内少有的集区域水利、城市湿地、生态文化、民俗景点、休闲娱乐、科普宣教于一体的多功能主题湿地公园,被评为国家湿地公园、国家城市湿地公园、国家AAAA级旅游景区三个国字号荣誉称号,省级旅游休闲度假区、省科普教育实践基地、省级水利风景区和省文明卫生景区四个省级荣誉称号。

园内有植物68目187科252种,树木总面积180万平方米,是天然氧吧。园内有动物26目70科239种,国家一级保护动物黑鹳、金雕2种,国家二级保护动物大天鹅、小天鹅、鸳鸯、白琵鹭、雀鹰、松雀鹰、灰背隼、游隼、燕隼等21种,山西省重点保护鸟类有苍鹭、白鹭、黄脚三只鹬、金眶鸻、冠鱼狗、星头啄木鸟、黑翅长脚鹬等15种。

孝河国家湿地是以生态为基础,以野趣为价值坐标,以水为主题,以旅游观光、休闲度假、体验认知为内涵的山西旅游胜地。目前,正在对标一流,积极打造国家AAAAA级旅游景区、全国科普教育基地、全国生态旅游度假区。

10.吕梁市临县义居寺景区 >>>

- 景区名称:临县义居寺景区
- 质量等级:国家AAAA级旅游景区
- 景区地址:临县三交镇枣圪挞村
- 联系方式:0358-4451777
- 景区简介:

义居寺旧称佛堂寺,位于山西省临县三交镇枣圪挞村,距碛口古镇10千米,是临县古十三官寺之一,属天官寺下院,创建于宋代,几经重修。该寺坐西向东,现存建筑占地5981平方米。正殿为元代遗构,山门、前殿为明代建筑,藏经楼重修于清康熙五十二年(公元1713年),万佛洞石窟为唐代遗存。寺庙集精巧的建筑结构和精湛的雕刻艺术于一身,充分显示了古代劳动人民的聪明才智和艺术创造力,是我国古代建筑的杰作。2006年,国务院公布该景区为全国重点文物保护单位。

据民国六年《临县志》载:"义居寺为天官寺下院,创建于宋代,历经重修。"明万历年重修碑文记载,称其创建于宋代,几经重修。

寺院建筑规模宏大,气势雄伟壮观,三进

院建筑群体，依中轴线排列为山门、前殿、正殿、藏经楼，万佛洞于南端。清光绪十八年(公元1892年)碑载："义居寺，龙蟠虎踞宛若天台之奇形，鸟语花香恍如桃园之佳境。前临湫水，后枕柏山，左接金堆，右连笔架。高楼涵洞，学士来游而忘返；芳草甘泉，圣人赏玩而得趣。"翠柏森林而可荫，古槐郁郁而增荣，固西河之名区，实中国北部之胜地！

这里古柏苍梧，古建耸立，还有北魏时期的石窟，北宋壁画、古建。一天的时间，便可让游客领略千年的文化。

11. 吕梁市临县碛口景区 >>>

◇ 景区名称：吕梁市临县碛口景区

◇ 质量等级：国家AAAA级旅游景区

◇ 景区地址：碛口镇

◇ 联系方式：0358-4467001

◇ 景区简介：

碛口位于临县城南48千米处黄河边，因黄河第二大碛——大同碛得名。碛口从清代乾隆年间兴起，此后200余年是中国北方著名的商贸重镇，五里长街，店铺林立，商贾云集。船筏在黄河里穿梭，驼铃在山谷里回荡，在京包铁路建设前的170年间，每日有500余只木船来往于碛口码头，大批的粮油、皮毛、药材等自陕、甘、宁、绥、蒙等运来，棉布、绸缎、茶叶、陶瓷等物品，自太原、汾州等地由"向阳匣"陆路驮运至碛口，转销于大西北。民间有"驮不尽的碛口，填不满的吴城"。文水民间有"青定头，南峪口，拴起骡子跑碛口"的民谣。当时，当地养有500余峰骆驼，可见那时的繁华。2003年，山西省政府命名碛口为风景名胜旅游区。碛口旅游区主要包括黄河大同碛、碛口古镇、西湾、李家山和寨子山民居、黑龙庙、毛主席东渡黄河纪念碑、黄河峡谷天然石雕等。

12. 吕梁市兴县蔡家崖晋绥文化景区 >>>

◇ 景区名称：蔡家崖晋绥文化景区

◇ 质量等级:国家AAAA级旅游景区

◇ 景区地址:兴县蔡家崖乡蔡家崖村

◇ 联系方式:0358-6320128

◇ 景区简介:

兴县蔡家崖晋绥文化景区拥有浓厚的红色背景,是抗日战争和解放战争时期中共中央晋绥分局、晋绥边区行政公署、八路军120师师部和晋绥军区司令部所在地,领导的以吕梁山为核心的晋绥边区成为革命圣地延安的东部屏障,孕育的"对党忠诚、无私奉献、敢于斗争"的吕梁精神成为中国共产党人精神谱系的组成部分。

位于兴县蔡家崖乡的晋绥边区革命纪念馆,最早建于1962年,纪念馆新馆2011年落成,馆内以大量实物、数据、图表及多媒体方式,生动展现了晋绥边区军民波澜壮阔的峥嵘岁月和老一辈革命家立下的丰功伟绩。作为中国第一部反映根据地民众抗日的文学作品,长篇小说《吕梁英雄传》讲述的就是晋绥边区的抗战故事。

蔡家崖晋绥文化景区创建过程中,兴县相关部门通过实地调研、查阅历史文献,将红色文化与规划方案紧密结合起来,同时充分征求专家团队和老干部意见,深入思考长远发展方向,努力将景区打造成为有文化、有特色、有融合的AAAA级景区。

与此同时,兴县在原有基础上着力做好景区交通、饮食住宿等配套设施,进一步完善提升景区设施、环境等。

13.离石区白马仙洞景区 >>>

◇ 景区名称:离石区白马仙洞景区

◇ 质量等级:国家AAA级旅游景区

◇ 景区地址:离石区吴城镇洞沟村九凤山上

◇ 联系方式:0358-2299777

◇ 景区简介:

白马仙洞位于吕梁市离石区吴城镇洞沟村九凤山上,距离石城区27千米,距307国道8千米,交通便利。该洞所处的九凤山风景秀丽、环境优美,四周苍松翠柏,山顶云烟缭绕,林间紫气徘徊。据地质专家和文物专家对白马仙洞进行全面勘探后发现,该洞属柳林泉城,是由地壳运动而形成,地质绝对年龄约1.4亿年。白马仙洞洞口至洞底全长约500米,洞口与洞底相对高差168米,专家称之为"华北第一险洞"。

白马仙洞不仅是旅游观光的好去处,也是古代先民祈雨祭祀、祈福求康的活动场所,洞内留有近百首从辽金时代历代先民们祈雨祭祀、祈福求康的墨迹。现已探明洞中有八洞,洞中套洞,景中生景,具有深而险、险而奇的特点,洞中险境遍布,岔道时有,宽处可跑马阅兵,窄处难容一人。该洞对于研究我国古代历史、文化、风土人情以及地质构造形成史具有极高的科学价值,同时又是一处集考察、地质勘测、旅游开发于一体的福泽圣地,蕴藏着无穷的魅力,具有极高的开发价值。

14. 离石区千年景区 >>>

◆ 景区名称：千年旅游景区

◆ 质量等级：国家AAA级旅游景区

◆ 景区地址：离石区信义镇千年村

◆ 联系方式：13935873550

◆ 景区简介：

千年旅游景区，位于吕梁市离石区信义镇千年村，东起苍茫辽阔的西华镇亚高山草甸，北抵吕梁山源初之地骨脊山，规划总面积67.12平方千米，距吕梁市区32千米。景区自然资源丰富多彩，生态环境清新怡人，高山峡谷、原始丛林、险崖草甸、珍稀动物齐聚，景色相映成趣，静谧悠然。景区所处的关帝山林区为华北地区森林覆盖率最高的区域之一。海拔2000米的西华镇亚高山草甸为黄土高原上极为罕见的生态奇观。水面面积约750亩的千年水库水质达国家一级饮用标准。海拔2534米的骨脊山，是景区天然的景观与文化地标。

千年旅游景区将依托完善的基础服务设施，打造集生态停车、旅游接待、古街游览、亲

水游憩等多功能于一体的千年印象综合服务休闲组团；依托中部山谷气候优势，打造以花海、果林、田园景观为主题的千年灵谷田园仙境组团；依托北部山地地形优势，打造吕梁英雄文化、现代极限运动、户外探险运动为主题的千年劲谷英雄文化组团；依托东北部高山、密林、草甸和部落文化，打造颇具神秘风格的千年秘谷高山探秘组团；最终形成"一核两带四大组团"的空间布局，积极打造具有国际水准的吕梁山地休闲旅游目的地。

15. 柳林县抖气河景区 >>>

◆ 景区名称：柳林抖气河景区

◆ 质量等级：国家AAA级旅游景区

◆ 景区地址：柳林县清河北岸薛家湾段

◆ 联系方式：0358-4029188

◆ 景区简介：

柳林抖气河景区为自然与人文景观的有机结合，它以四十里抖气河为主轴，由东向西展开，已形成城区景点群。目前，有清河文化雕塑园、柳林县展览馆、柳林泉等旅游景点。

雕塑园是山西省唯一一所以雕塑为主的

休闲景观长廊，位于县城东部清河公园岸边，起点为青龙桥头，终点为杨家港。一期工程园区总面积16940平方米，全长1700米，大幅浮雕67幅，21个平台上设有铸铜人物33组72人，它以"黄土情""黄河魂""清河韵"为主线。二期工程总长度847.8米，是柳林县加快提升抖气河AAA景区的重要支撑项目，建设内容包括文化休闲长廊（柳林古寺庙影雕46幅），宗教文化大型浮雕墙以及水景，五福门、36行祖师爷雕塑和特色产品展示区等。

16. 文水苍儿会景区 »»»

◇ 景区名称：苍儿会生态文化旅游景区

◇ 质量等级：国家AAA级旅游景区

◇ 景区地址：文水县开栅镇麻峪口村

◇ 联系方式：0358-3427111

◇ 景区简介：

苍儿会生态文化旅游景区位于山西省中部的文水县西北区域，是一代女皇武则天、女英雄刘胡兰的故乡。

总开发面积约360平方千米，这里是国家级森林公园，华北地区面积最大的一片原始森林，平均海拔在1200~2100米，森林覆盖率83%，绿色植被覆盖率92%，野生动物70余种，野生中药材100余种，野生食用菜20余种，野生干鲜果30余种。

景区地理位置优越，属太原市1小时经济圈，距正在建设的祁离高速出入口500米，距太原市区仅74千米，距吕梁市大武机场40千米。

吕梁山苍儿会生态旅游经济区是国家AAA级旅游景区、国家级森林公园、全国休闲农业示范点、全国特色农业、服务业综合改革示范区，山西省首批文化产业示范基地、省级休闲旅游度假区。

17. 文水县世泰湖景区 »»»

◇ 景区名称：文水县世泰湖温泉度假湿地景区

◇ 质量等级：国家AAA级旅游景区

◇ 景区地址：文水县刘胡兰镇王家堡村

◇ 联系方式：0358-3095555

◇ 景区简介：

　　文水县世泰湖景区位于文水县东部刘胡兰镇王家堡村，紧靠汾河，与晋中祁县隔汾河相望。景区占地面积1200亩，其中水域面积800亩。

　　景区先后被评为全国休闲农业与乡村旅游示范点，全国精品休闲渔业示范基地和全国休闲渔业主题公园、省级湿地公园、省级旅游休闲度假区、省级水利风景区、国家水产品养殖示范基地，鲤鱼、草鱼、花白鲢均为农业部认证的无公害水产品，吕梁市农业产业化龙头企业。景区湖水清澈、树木葱郁、空气清新、水天一色。

　　其中，湖心岛、鸳鸯岛、桃花岛、天后岛四岛风景独特，自然风光旖旎，生态环境佳绝，是天然的休闲观光度假胜地。景区拥有众多特色项目，如水上游乐、豪华游轮、垂钓、水中摸鱼、远古射箭、荷花观赏、篝火晚会、萌宠互动、生态采摘、七彩滑道、水上木屋、特色蒙古包、九曲穿林、寺院听经、学生研学旅等，是一处集生态休闲、温泉度假、垂钓娱乐、拓展体验、科普教育为一体的旅游景区。

18.交城县如金温泉景区 >>>

◇ 景区名称：如金温泉景区

◇ 质量等级：国家AAA级旅游景区

◇ 景区地址：交城县安定村村口西50米路北

◇ 联系方式：0358-3929000

◇ 景区简介：

　　如金温泉总占地2000余亩，位于中国天然"氧"吧的交城县洪相乡安定村，与驰名中外的佛教圣地净土宗祖庭玄中寺为邻。交通便捷，距省城太原仅35分钟车程。得天独厚的地理位置还蕴藏了优质的高锶温泉，得尽天地人文灵气。

　　如金温泉素有"太原后花园，吕梁东大门"之美誉。自2000年成立以来，景区累计投资8000余万元，完善基础设施建设，培育、种植白皮松幼树100万株。

　　经过多年发展，如金温泉依托自身温泉资源、地理位置、旅游资源等优势，现已发展成为集温泉养生、温泉游泳、温泉水上乐园、绿色餐饮、休息娱乐、高空游乐为一体的综合性旅游度假景区，2018年被评为山西品质旅游休闲娱乐项目。

19. 汾阳市上林舍景区 >>>

- 景区名称：汾阳市上林舍生态旅游景区
- 质量等级：国家AAA级旅游景区
- 景区地址：汾阳市栗家庄镇上林舍村1号
- 联系方式：0358-7582666
- 景区简介：

　　上林舍生态旅游景区始建于2019年初，位于山西省汾阳市上林舍村，是全新打造升级的一处集乡村旅游、生态观光、休闲度假、户外运动、拓展研学、趣味娱乐、特色美食、国防教育、军事设备基地为一体的新型景区项目。汾阳市上林舍村，位于山西省汾阳市，隶属汾阳市栗家庄镇，距离市区12.8千米，有市级公路汾郝线，交通方便，地理位置优越。上林舍村历史悠久，以皇家园林命名，是古老且具园林特色的村舍。该村自然环境优雅、气温凉爽、林丰果茂、藤缠树绕、空气中负氧离子含量较高，空气质量能达国家I级标准，堪称天然氧吧，更有一条蜿蜒近三千余米的林泉沟穿村而过，长流淙淙，清澈见底。自然冲刷而形成的曲折河道，与天然植被自成一景。

20. 石楼县红军东征纪念馆景区 >>>

- 景区名称：石楼县红军东征纪念馆景区
- 质量等级：国家AAA级旅游景区
- 景区地址：石楼县故乡村
- 联系方式：13333583366
- 景区简介：

　　红军东征纪念馆是1991年经中共中央办公厅、中宣部批准兴建的一座反映红军东征山西、抗日救亡的革命历程的专题纪念馆。纪念馆由国家发改委投资250万修建，于1993年奠基，1996年5月5日落成并对外开放，由原中共中央总书记江泽民同志题写馆名和碑名。红军东征纪念馆位于石楼县县城东征大街，总占地面积1.1万平方米，建筑面积3800平方米，使用面积1100平方米。红军东征纪念馆是全国唯一的介绍红军东征这一历史事件的专题纪念馆，是广大民众集中了解和认识我党我军这一段光辉历史的窗口。

21. 兴县黑茶山"四八"烈士纪念馆景区 >>>

◇ 景区名称:兴县黑茶山"四八"烈士纪念馆
◇ 质量等级:国家AAA级旅游景区
◇ 景区地址:东会乡庄上村
◇ 联系方式:13753383459
◇ 景区简介:

"四八"烈士纪念馆位于兴县东南45千米的黑茶山脚下东会乡庄上村,距县城45千米,交通方便。纪念馆建于1960年,建筑面积378.7平方米,占地面积1730平方米,整个建筑坐北向南,有五个大厅,大厅里陈列着王若飞、叶挺、邓发等烈士灵位、遗像、悼词、简历、记事碑等,陈列着烈士生前革命活动史料和图片。

王若飞等5位烈士及随员的13块石刻灵位(另有两通石碑)分载着烈士简历和遇难经过:1946年1月,国民党召开了一手包办的国民参政会,公然彻底撕毁政治协商会议决议和《东北停战协议》。4月8日,中国共产党代表王若飞、秦邦宪因形势严峻,不得不冒恶劣天气,由重庆飞回延安向党中央报告和请示。由于天空阴雨,飞机迷失方向,超越延安,于当日下午2时在兴县黑茶山山峰遇雾撞毁。

此次空难遇难者有:政治协商会议中共代表、中共中央秘书长王若飞;《解放日报》社兼新华社社长、政协宪章审议委员会中共代表秦邦宪;新四军军长叶挺;叶挺夫人李秀文;中共职工委员会书记邓发;还有王若飞之舅父,贵州教育家黄齐生,第十八集团军参谋李少华、彭踊左以及随行魏万吉、赵登俊、高琼(女)和叶挺之子与女、黄齐生之孙黄晓庄。

为悼念烈士英灵,1978年建"四八"烈士纪念馆,1999年黑茶山顶建遇难处纪念亭,属省级文物保护单位。

22. 岚县白龙山景区 >>>

◇ 景区名称:岚县白龙山景区
◇ 质量等级:国家AAA级旅游景区
◇ 景区地址:岚县普明镇马坊村
◇ 联系方式:18635876503
◇ 景区简介:

白龙山景区位于岚县县城西22千米处与兴县接壤处,主峰海拔2253米,山势雄伟险峻,景区森林环抱,群峰耸立,松奇石怪,景色优美,气候宜人,为古"岚阳八景"之首。

地处白龙山腰部的白龙庙,历史悠久,自古以来香火旺盛,现存明清建筑及石刻、宋代石雕等文物遗迹,始建年代不详。据古碑记载,宋神宗敕封白龙神为灵渊侯,并赐银复建,以后历代均有修缮。

2006年,景区被公布为吕梁市首批重点文物保护单位。

白龙庙的周边是山神庙、风神庙、三星庙,几处庙宇由500多级石阶连缀,鳞次栉比,掩映在苍松翠柏间,忽隐忽现,香烟缭绕,宛若仙境。

巨型"寿"字石刻，由已故全国政协副主席、当代书法大师赵朴初亲笔题写，高15.5米，宽8.5米，为中国巨字石刻之最，是景区的独特景观。

景区内分布着"白龙圣顶——主峰""神龟望月""三星聚会""饮马池""迎客松"等二十余处自然景观。穿行山间，一石一木，无不令人生情。白龙山四季景色各异，春季桃杏花开，夏日清凉滴翠，秋季漫山红叶，冬季银装素裹。身临其境，美不胜收，是宗教朝觐、休闲避暑的胜地。

23. 岚县土豆花风景区 >>>

◇ 景区名称：岚县土豆花风景区

◇ 质量等级：国家AAA级旅游景区

◇ 景区地址：岚县岚城镇

◇ 联系方式：18335812916

◇ 景区简介：

岚县土豆花风景区，是一处集自然美景、文化体验与生态休闲于一体的绝美之地。这片占地约10.35平方千米的风景区，宛如一颗璀璨的绿宝石镶嵌在吕梁山北端，以其独特的

土豆花海和丰富的自然资源吸引着八方游客。

步入景区，首先映入眼帘的是广袤无垠的土豆花海，一朵朵色彩斑斓的土豆花在微风中摇曳生姿，散发出淡淡的清香，让人心旷神怡，仿佛置身于世外桃源。这里不仅是土豆花的海洋，更是心灵栖息的净土，让人忘却尘嚣，沉醉不已。

作为土豆花景区的主阵地，王家村以其独特的地理位置和丰富的自然资源，成为了农文旅融合发展的典范。这里北倚风景秀丽的饮马池，南傍潺潺流淌的饮马溪河，海拔1600米的高度赋予了这里独特的气候条件，成为马铃薯生长的天然沃土。近年来，在中国科协的大力支持下，王家村引进了多个优质马铃薯品种，并在马铃薯原种繁育上取得了显著成效，为当地农业产业升级注入了强大动力。

岚县土豆花风景区不仅是一处观赏美景的好去处，更是一个集文化体验、生态休闲、避暑养生、亲子娱乐、研学教育于一体的综合性旅游胜地。在这里，游客可以参与马铃薯种植体验、观看传统农耕工具展览、品尝土豆美食盛宴。

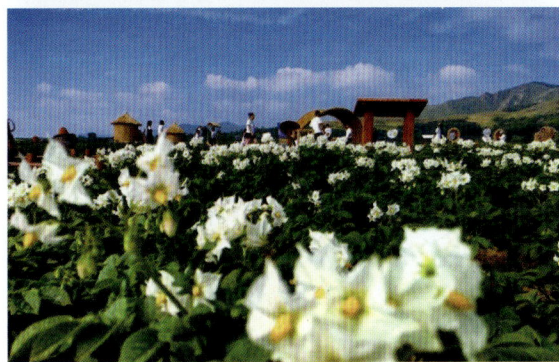

24.临县丛罗峪真武山景区 >>>

◇ 景区名称:临县丛罗峪真武山景区

◇ 质量等级:国家AAA级旅游景区

◇ 景区地址:临县丛罗峪镇

◇ 景区简介:

　　丛罗峪真武山景区位于山西省吕梁市临县丛罗峪镇,是一个集自然风光与人文景观于一体的旅游目的地。景区以其独特的地理位置、丰富的自然资源和悠久的历史文化而闻名。

　　丛罗峪镇位于临县南部,全镇总面积9平方千米,耕地1780亩,辖1个行政村、3个自然村,总人口约1864人。该镇地处丘陵河谷区,属基岩裸露区,主要产业为红枣种植。

　　真武山庙会是一项传统民俗活动,每年举行时,附近的村民都会参与其中,通过扭会子等形式庆祝节日,这为游客提供了丰富的夜间娱乐体验。

　　真武观位于丛罗峪村南山顶,坐东朝西,东西长50米,南北宽40米。据《吕梁市不可移动文物名录》记载,真武观始建于北宋时期,已有600多年的历史。

　　观内建有山门、正殿、后殿等建筑,两侧为厢房。真武殿面宽三间,进深六椽,重檐歇山顶,四周围廊。后殿为砖拱砌窑洞三孔,上建观音殿。1982年,真武观被临县人民政府公布为"县级文物保护单位"。近年来,庙观经过修复和扩建,现已成为金碧辉煌、香火不断的宗教旅行地。

25.文水县刘胡兰纪念馆景区 >>>

◇ 景区名称:文水县刘胡兰纪念馆景区

◇ 质量等级:国家AAA级旅游景区

◇ 景区地址:文水县刘胡兰村(原名云周西村)村南

◇ 联系方式:0358-3485991

◇ 景区简介:

　　刘胡兰纪念馆是全国重点烈士纪念建筑物保护单位,坐落在山西省文水县刘胡兰村(原名云周西村)村南。文(水)祁(县)公路从纪念馆北墙通过,东接大运公路,西连307国道,该馆与山西中部的晋祠、卦山、玄中寺、武则天纪念馆、杏花村汾酒厂、晋商宅院(乔家大院、渠家大院、曹家大院等)、平遥古城等景点一起,形成了一条旅游热线。

　　刘胡兰纪念馆前身为刘胡兰烈士陵园,始建于1956年,1957年1月12日,刘胡兰就义10周年时落成并对外开放,1959年改称刘胡兰纪念馆。1959年、1976年曾两度调整布局,重新整修扩建。

　　现纪念馆占地面积63000余平方米,位居全国个人烈士纪念馆首位。主要建筑物由毛泽东题词纪念碑、刘胡兰事迹陈列室、七烈士纪念厅、刘胡兰雕像、陵墓和观音庙等组成。整体建筑以纪念碑与陵墓为中轴线对称分布,凝重典雅。

　　为纪念刘胡兰英勇就义50周年,1996年又实施了较大规模的维修改造工程,增设了刘胡兰事迹影视室,纪念刘胡兰就义50周年书画室以及党和国家领导人的题词碑。

在中国革命战争年代献身的英烈中，刘胡兰是唯一的一位由毛泽东、邓小平、江泽民三代领导人题词的革命烈士。刘胡兰纪念馆是中宣部命名的"全国百个爱国主义教育示范基地"，是共青团中央、民政部命名的"全国青少年教育基地""爱国主义教育基地"，是国家教委(现教育部)、共青团中央、民政部、文化部、国家文物局等多单位联合授予的"全国百个中小学爱国主义教育基地"，也是山西省、吕梁地区确定的"爱国主义教育基地""德育基地"和"国防教育基地"。

26.中阳县闹泥山庄景区 >>>

◇ 景区名称：中阳县闹泥山庄景区
◇ 质量等级：国家AAA级旅游景区
◇ 景区地址：中阳县暖泉镇车鸣峪村
◇ 景区简介：

中阳县闹泥山庄景区位于山东省吕梁市中阳县，距离县城以北约10千米处，四周群山环抱，沟深谷幽，林木茂密，保留着原始的质朴与自然之美。景区内白云飘飘，流水潺潺，空气清新，气候凉爽，是避暑度假的绝佳选择。

在自然景观方面，闹泥山庄拥有清澈的小溪、绵延的草地以及丰富的野生动植物资源，构成了一幅幅生动的自然画卷。游客可以在此漫步山间小道，感受大自然的宁静与和谐，也可以参与划船、钓鱼等水上活动，享受与水的亲密接触。

人文景观方面，山庄内建有仿古建筑、古塔和古寨等，这些建筑不仅展现了传统建筑的魅力，还为游客提供了一个体验古代生活方式的场所。游客可以在此参观古塔，欣赏亭台楼阁的美景，也可以在古寨内体验古代农民的居住方式，感受浓厚的历史文化氛围。

此外，闹泥山庄还设有各种娱乐设施，如露天泳池、运动场地以及游乐设施等，满足不同游客的休闲娱乐需求。无论是家庭出游还是朋友聚会，这里都能提供丰富多样的活动选择，让游客度过一个愉快的假期。

中阳县闹泥山庄景区以其独特的自然风光、丰富的人文景观和完善的娱乐设施，吸引了众多游客前来观光、休闲和娱乐，是一个不可多得的旅游胜地。

27.临县南圪垛景区 >>>

◇ 景区名称:临县南圪垛景区

◇ 质量等级:国家AAA级旅游景区

◇ 景区地址:临县林家坪镇南圪垛村

◇ 景区简介:

临县南圪垛景区位于山西省吕梁市临县林家坪镇南圪垛村,是一个集红色文化、历史文化、自然景观于一体的旅游目的地。

这里曾是中共中央西北局和陕甘宁晋绥联防军的重要驻地,众多革命领导人如贺龙、习仲勋等曾在这里居住和工作过。如今,旧址仍然保存完整,并被列为山西省重点文物保护单位和爱国主义教育基地。

推荐的自驾路线是从临县城南出发,沿着沿黄旅游扶贫公路行驶约40千米到达林家坪镇南圪垛村。

近年来,临县南圪垛景区所在的临县正积极推进文旅产业的发展。2023年,临县成功创建了3个国家AAA级旅游景区,其中包括南圪垛景区在内的多个景点。

这些举措将进一步提升临县南圪垛景区的知名度和吸引力。

28.临县正觉寺景区 >>>

◇ 景区名称:临县正觉寺景区

◇ 质量等级:国家AAA级旅游景区

◇ 景区地址:县城西45千米处曲峪镇

◇ 联系方式:0351-6598888

◇ 景区简介:

正觉寺俗称大寺上,位于临县城西45千米、距黄河10千米的正觉寺集镇贸易中心,临曲公路侧约50米之地,是临县古十三寺之首,占地面积约15785.28平方米。据清康熙五十七年(公元1718年)《临县志》、清乾隆三十六年(公元1771年)《汾州府志》记载:"正觉寺,在临县城西九十里,汉建,一云金秦和三年建。古柏森列亦胜境也。"其实际情况是,西周穆王时代(公元前1009—前954)又有印度大德檀那在临县小甲头创建了佛教寺院,名曰"正觉寺",传播弥勒佛教,形成道佛融为一体的宗教圣地。正觉寺历史悠久,闻名遐迩,传说始建于东汉,兴盛于唐代。历代都有修复扩建,其最后一次扩建在民国初年,形成了规模宏大、庄严雄伟的集佛、道为一体的正觉寺寺院建筑群。

正觉寺的寺庙建设群雄伟壮观,引人入胜,丰富了我国古代寺庙建筑的类型。寺庙内外的柏树更是郁郁苍苍、别具一格,为三晋大地的名胜风景添了绚丽的一笔。"晋源之柏第一章"是古人为正觉寺匾额的一句题词,足见柏树在当时的地位。正觉寺的柏树传说自唐朝就有,故称唐柏。人们为了区别称呼,将寺院内的柏树以人名命名,将寺院外的柏树大致以星宿命名。

02.野山坡沙棘汁

山西吕梁野山坡特产沙棘汁，是一种源自中国黄土高原的独特饮品。沙棘是一种生长在野外、自然环境下的植物，因其丰富的营养价值和药用价值而备受人们青睐。

沙棘汁正是从这种植物中提取出的天然饮品，其独特的深黄色泽和浓郁的口感，让人一试难忘。

特产美食介绍

01.山西汾酒

山西汾酒，是中国清香型白酒的典型代表，工艺精湛，源远流长，素以入口绵、落口甜、饮后余香、回味悠长特色而著称，在国内外消费者中享有较高的知名度、美誉度。历史上，汾酒曾经过多次辉煌。汾酒有着4000年左右的悠久历史，1500年前南北朝时期，汾酒作为宫廷御酒受到北齐武成帝的极力推崇，被载入廿四史，使汾酒一举成名。

03.孝义柿子

孝义柿子是孝义市的林业品牌，种植历史悠久，有关柿树种植记载始于明代，有1500多年的历史。孝义柿子果面洁净，无机械损伤、病虫果和霉烂，无不正常外来水分和异味，果梗完整或统一剪除，果蒂和宿存萼片完整。平均单果重大于89克。果形扁圆形，果皮光滑，呈橙黄和橙红色。果实汁多，味甜，含糖量大于11%，品质上等，无籽。

柿子具有润肺、补血、健胃、止咳、抗癌、防辐射、抗衰老等药理功能。柿子为优良的降血压食品，适宜高血压患者食用；适宜痔疮出血、大便秘结者食用；因为鲜柿子中含碘量很高，适宜缺碘引起的甲状腺疾病患者食用；还适宜饮酒过量或长期饮酒者食用。

04.岚县马铃薯

岚县马铃薯，山西省吕梁市岚县特产。岚县马铃薯可作为主食或副食食用的"独立型"和与其他食品搭配制作饭菜的"混合型"两大类型，约100余种餐品，粉面饺子、捣拿糕、磨擦擦、掺马铃薯圪僵僵、黑河捞等是岚县的传统吃法。

岚县马铃薯在长期的栽培和自然选择下主要品种有克新1号、冀张薯8号、晋薯16号、青薯9号。岚县马铃薯既能鲜食菜用，又能蒸食。

05.柳林碗托

柳林碗托是吕梁市当地的传统名吃，是用荞麦做的，因其用小碗蒸，熟后晾晒，可以从碗中脱下，故而得名碗脱。柳林碗托营养丰富，食用简便，口感极佳。

06.莜面栲栳

莜面栲栳是吕梁的一种特色美食，外形奇特，口感特别棒，食用方便。莜面栲栳在山西地区非常受欢迎。特别是在老人寿诞、小孩满月和节假日的宴会上，家人都会准备很多栲栳栳一起享用，以祈全家和睦、人运亨通。

08.交城骏枣

交城骏枣是山西省吕梁市的特产之一，已有1000年以上的栽培历史。交城骏枣的独特形态使其成为享誉国内外的知名特产。交城骏枣以其肉厚核小、味甜汁多、品质优良的特点而受到欢迎。

07.水晶豆腐

水晶豆腐是山西省吕梁市特有的一种地方小吃，原料为土豆。它外观晶莹，形状类似豆腐片因此得名水晶豆腐。

09.汾州核桃

汾州核桃迄今已有2000余年的核桃种植历史，这里出产的"汾州核桃"具有果实外形悦目、个头大、皮薄、出仁率高、香脆可口等优点。汾阳拥有中国最大的核桃生产基地，种植面积达55万亩，正常年景产量达2万吨。

10.合楞子

　　吕梁美食中的合楞子是一道流行于山西省吕梁山区的传统美食。它以土豆为主要食材，口感酥松且带着沙沙的感觉，十分独特。

11.岚县莜面

　　岚县莜面是岚县的一道传统美食，由莜麦加工而成的面粉制成。莜面的营养成分是其他面粉营养成分的七倍以上，可与精面粉媲美。

　　莜麦性喜寒、旱，在岚县莜麦大都种在山火丘陵的最顶端。

12.梧桐山药

　　梧桐山药，山西省孝义市特产。梧桐山药产地位于孝义市东部平川区域，属山西台背斜及新生代内陆断陷盆地。梧桐山药营养丰富，曾长期被作为朝廷贡品，素有"地下人参"的美称。

13.临县捣拿糕

捣拿糕是岚县特有的小吃，是土豆在岚县老百姓饮食生活中的又一种吃法。将山药洗净连皮放入锅中加水煮，中间间歇3~5次，30分钟后取出，剥皮晾冷，用捣拿糕轱辘子（一种木制炊具）将山药蛋捣成糊状，蘸用醋、胡麻油、酱油、辣椒、盐制的佐料便可食用。拿糕洁白如玉，口感柔软而带有韧性，堪称天下美食。

14.临县豆腐

临县豆腐以其营养丰富、味道鲜美、颜色纯白、质地精细、软而不脆等特点誉满晋西。

临县豆腐是山西第一家有正规工艺标准的豆腐。经山西省质量技术监督局审核批准，《临县卤水豆腐标准》成为山西省首个豆腐工艺标准。在临县，最正宗的豆腐是麻峪豆腐。麻峪村是当地出了名的豆腐村，村里一多半的人家都是做豆腐的。临县县城人吃豆腐只认麻峪豆腐，在离石、太原等地，麻峪豆腐也是赫赫有名。

晋中市

自驾游精品线路概况

晋中市太行一号旅游公路建设里程1346千米,其中:主线240千米,支线556千米,连接线550千米。同步建成慢行道112千米,白龙河驿站、和合驿等17个驿站,黄金谷、西沟台等25个观景台,百草坡房车营地、南山公园等6个营地,南垴2号停车场、南垴1号停车场等24个停车场。

连通如下景区。

AAAAA级景区2个:平遥县平遥古城景区、介休市绵山风景区。

AAAA级景区16个:榆次区小西沟文旅康养小镇、榆次区后沟古村景区、榆次区乌金山景区、榆次区九龙国际文化生态旅游区、榆次区榆次老城景区、榆次区常家庄园、灵石县石膏山风景区、介休市张壁古堡景区、灵石县王家大院民居艺术馆、灵石县红崖峡谷景区、平遥县镇国寺景区、平遥县双林寺景区、昔阳县大寨景区、左权县麻田八路军总部纪念馆景区、左权县太行龙泉旅游区、祁县昭馀古城茶商文化旅游区。

AAA级景区25个:榆次区潇河莲花湾景区、榆次区明乐庄园、榆次区小五台庄园旅游景区、榆次区黄土农言文化旅游、榆次区老西醋博园旅游园区、太谷区鑫炳记非遗文化园景区、太谷区广誉远中医药文化产业园、太谷区润月山庄景区、太谷区阳邑小镇、太谷区美宝山庄景区、寿阳县寿阳方山景区、寿阳县龙栖湖景区、寿阳县祁寯藻故里景区、平遥县晋中战役博物馆景区、平遥县横坡古村生态旅游区、平遥县牛肉文化产业园、介休市虹霁寺景区、介休市南庄古村旅游区、和顺县天凯庄园旅游景区、灵石县王家庄园景区、左权县莲花岩景区、左权县日月星风景区、左权县晋冀鲁豫边区临时参议会旧址纪念馆、昔阳县石马寺景区、祁县红海玻璃文化艺术园。

晋中市有17个火车站,分别是:太谷西站、平遥古城站、晋中站、介休东站、祁县东站、太谷东站、榆社西站、灵石东站、平遥站、介休站、灵石火车站、太谷站、榆次站、榆社站、祁县火车站、寿阳站、张兰站,其中,太谷西站、平遥古城站、晋中站、介休东站、祁县东站、太谷东站、榆社西站、灵石东站是高铁站。

晋中市自驾游精品线路图 (里程：853km)

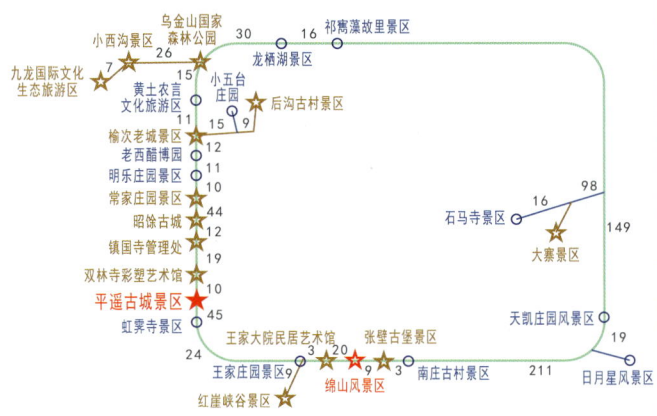

乌金山国家森林公园
小西沟景区 30　16　祁寯藻故里景区
九龙国际文化生态旅游区 7　26
龙栖湖景区
黄土农言文化旅游区 15
小五台庄园
11　15　9　后沟古村景区
榆次老城景区 12
老西醋博园 11
明乐庄园景区 10
常家庄园景区 10　44
昭馀古城 12
镇国寺管理处
双林寺彩塑艺术馆 10
平遥古城景区 45
虹霁寺景区
王家大院民居艺术馆　张壁古堡景区
24　3　20　9　3
王家庄园景区 9　绵山风景区　南庄古村景区　211
红崖峡谷景区

石马寺景区 16　98
大寨景区 149
天凯庄园风景区 19
日月星风景区

乌金山

小西沟

九龙国际

榆次老城

常家庄园

昭馀古城

平遥古城

双林寺彩塑艺术馆

王家大院

张壁古堡

红崖峡谷

绵山

石膏山

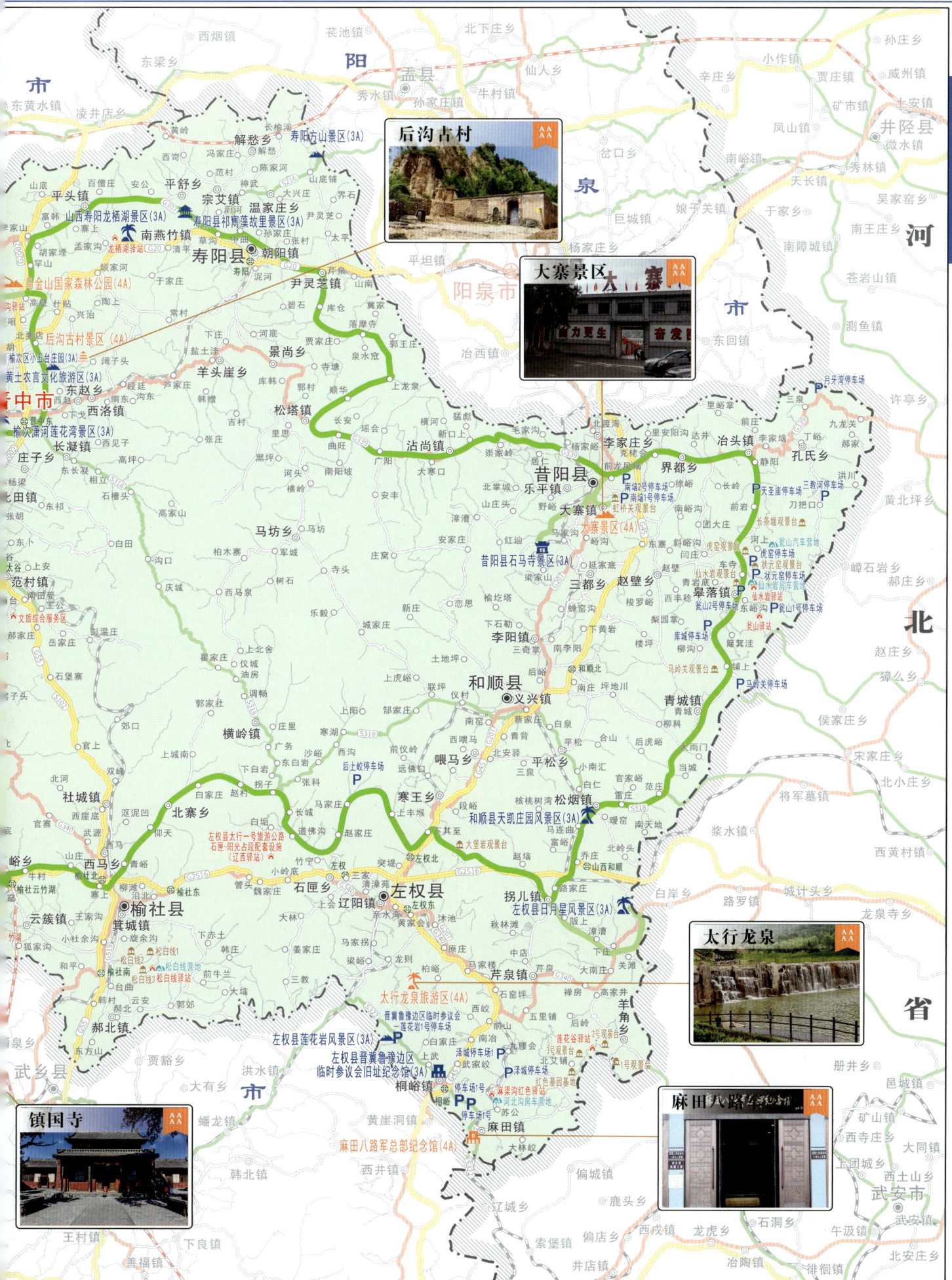

阳

市

泉

河

北

省

市

后沟古村

大寨景区 大寨

太行龙泉

麻田八路军总部纪念馆

镇国寺

阳泉市

晋中市

孟县

井陉县

武乡县

武安市

东黄水镇　凌井店乡　西烟镇　东梁乡　茌池镇　北下庄乡　仙人乡　辛庄乡　小作镇　咸州镇
平头镇　山底　百僧庄　黄岭　平舒乡　宗艾镇　温家庄乡　大兴乡　界石　井陉县　岔口乡　南峪乡　天长镇　吴家窑乡
山西寿阳龙栖湖景区(3A)　解愁乡　长榆根乡　寿阳方山景区(3A)　巨城镇　娘子关镇　于家乡
富家山　富村　孟家乡　南燕竹镇　寿阳县祁寯藻故里景区(3A)　尹灵芝　太平　杨家乡　南障城镇
胡家堙　罕山　朝阳镇　芹圭　阳泉市　苍岩山景区
金山国家森林公园(4A)　于家河　顺家河　泥河　山南　平坦镇　碧石　落磨寺　郭王庄　冶西镇　东回镇　测鱼镇
后沟古村景区(4A)　景尚乡　寺塘　泉水窑　里安河沟　达井　九龙关　许亭乡
榆次区小五台庄园(3A)　盐土沟乡　羊头崖乡　库韩　郭村　上龙泉　月牙湾停车场
黄土农言文化旅游区(3A)　东赵乡　段庄　芦家庄乡　顺华　长安　毛家沟　冶头镇　李家峪　三教河停车场
晋中市　西洛镇　松塔镇　里思　南阳坡　曲旺　横河　新庄上　崇家岭　广阳　北渡海　杨家岭　昔阳县　前岩　刀把口　黄北坪乡
榆次潇河莲花湾景区(3A)　高坪　黑坪　河头　横岭　山庄头　北掌城　乐平镇　大寨镇　静阳　天王庙停车场　长条堰观景台
长凝镇　东长凝　相立　高家山　马坊乡　马坊　安丰　山庄头　前龙岗　虹桥关景区　东峪　斜峪乡　刀把口　郝庄乡
北田镇　石槽头　石羊头　柏木寨　军城　寺头　漳漕　大寨景区(4A)　赵壁乡　青背底　状元窑停车场　仙水岩观景台
张胡　西见头　沟口　庆城　西马泉　新庄　马家沟　延家底　东峪　梨峪口　仙水岩观景台
范村镇　沿口村　郭家沟　乐毅　城家庄　恋思　下石勒　梁家山　三都乡　楼坪　库城停车场　马岭关停车场
文殊综合服务区　彭家庄　东祁　翟家庄　仪城　李阳镇　土地坪　南李奇　柳沟　薜箕洼　马岭关观景台
岳家庄　温止　油房　调畅　上北舍　南虎峪　义兴镇　联络　和顺北　青城镇
石儿寨　石门寨　横岭镇　庄里　广务　上阳　邹家庄　蔡家　青城　柳科
北河　社城镇　北寨乡　沙峪　西沟　前仪岭　南窑　平松乡　官家村　范儿
官上　双峰　下白岩　东白岩　喂马乡　北安驿　小南汇　白仁　甫庄　当城
官上　白家坪　拐子　张科　远佛台　三泉　松烟镇　和顺县天凯庄园风景区(3A)
西马乡　北寨乡　赵村　长城　马家庄　上丰坡　道佛垴　赵家垴　大堡岩观景台　北岭头
岭乡　仰天　左权县太行一号旅游公路石匣-阳光占段配套设施(辽西驿站)　左权北　左权　山西和顺　赵垴　乔村
榆社县　箕城镇　管头　魏家庄　辽阳镇　左权东　左权县日月星风景区(3A)
松白线1　松白线2　松白线营地　松白线3　松白线驿站　大林　亲水河　黄家会　木则　左权县莲花岩风景区(3A)
和平　小社余沟　旋余山　郝村　云名　郝北镇　东方山　韩村　韩北镇　大墙　姜家庄　梁峪　二教　芹泉镇　下窑坪　五里铺　后泉　莲花谷驿站　羊角乡
狐汊沟　太行龙泉旅游区(4A)　上武　武家峪　泽城　册井乡
贾豁乡　洪水镇　大有乡　牛川乡　柏峪　南冶　武家峪　泽城停车场　红色基地驿站　矿山镇
左权县晋冀豫边区临时参议会旧址纪念馆(3A)　上城　桐峪镇　河北沟驿站　西寺乡
蟠龙镇　黄崖洞镇　麻田八路军总部纪念馆(4A)　苏公　麻田红色旅游1号　麻田镇　上团城乡　西土山乡
韩北镇　西井镇　辽阳乡　大林岭　鹿头乡　西戌镇　龙虎乡　石洞乡　午汲镇　大同镇
王村镇　下良镇　善福乡　索堡镇　井店镇　冶陶镇　徘徊镇　北安庄乡　武安镇

● 一日游精品线路 ●

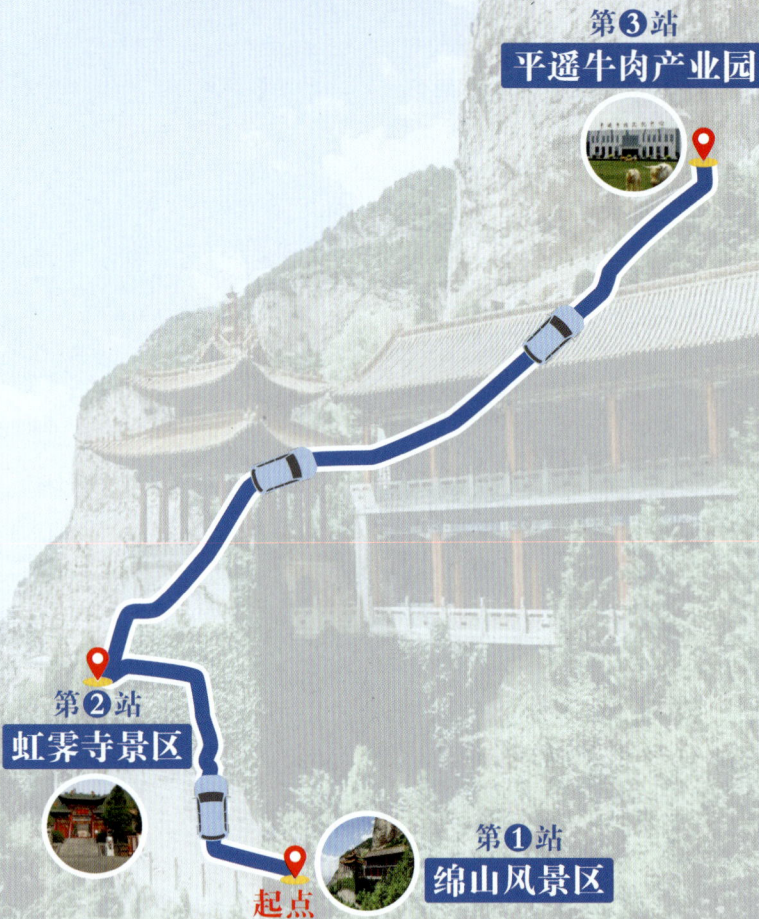

第❸站
平遥牛肉产业园

第❷站
虹霁寺景区

起点

第❶站
绵山风景区

晋中　　　　　　　　虹霁寺景区

绵山风景区　　　　　平遥牛肉产业园

📅 **行程推荐**　全程71.6千米，驾车耗时1小时29分钟

上午驾车前往绵山风景区游玩，之后沿X378、S221去往虹霁寺景区。下午经京昆线前往平遥牛肉产业园游玩，全天行程71.6千米。

● 两日游精

第❶站
石膏山

第❹站
昭馀古城

晋中　　　　　　　　王

石膏山

📅 **行程推荐**　全程122千米

第一天:上午驾车前往石膏山
昆高速前往王家大院游玩，
47千米。

第二天:上午出发前往双林寺
化旅游区，全天行程75千米。

线路

第②站
王家大院

第③站
双林寺景区

● 三日游精品线路 ●

起点

第①站
乌金山景区

第②站
榆次老城

第③站
常家庄园

第④站
镇国寺

第⑤站
平遥古城

第⑥站
张壁古堡

晋中 ———— 榆次老城 ———— 镇国寺 ———— 张壁古堡
乌金山景区   常家庄园   平遥古城

院 ———— 昭馀古城
双林寺景区

驾车耗时2小时40分钟

区游玩，下午从南峪线到京
宿王家大院附近，全天行程

，下午前往昭馀古城茶商文

行程推荐　全程170.7千米，驾车耗时3小时16分钟

第一天：上午在乌金山景区游玩，下午沿龙城中央大道、锦东大道辅路前往榆次老城，全天行程23.8千米。

第二天：早上沿县道X333、京昆线抵达常家庄园，游玩后驾车沿京昆线、二广高速前往镇国寺，晚上前往平遥古城，游玩观赏平遥古城夜景，全天行程109.2千米。

第三天：上午游玩平遥古城，下午驾车沿郑孝燮路、介秦线前往张壁古堡游玩，全天行程37.7千米。

景点介绍 >>> 🏯

01.晋中市平遥县平遥古城景区 >>>

◇ 景区名称:平遥古城景区
◇ 质量等级:国家AAAAA级旅游景区
◇ 景区地址:平遥县
◇ 联系方式:0354-5690000
◇ 景区简介:

　　平遥古城始建于西周宣王时期,明代洪武三年扩建,距今已有2800多年的历史。迄今为止,它还较为完好地保留着明清时期县城的基本风貌,堪称中国汉民族地区现存最为完整的古城。沧桑的平遥古城交通脉络由纵横交错的四大街、八小街、七十二条蚰蜒巷构成,自然形成一幅八卦图,鸟瞰古城酷似乌龟,古城墙共设6道城门、南北各一,分别为龟首、龟尾,东西各二,分别为乌龟的四肢,是我们探访古代汉民族文化发展的绝佳之地。

　　1986年,平遥古城被国务院列为第二批中国历史文化名城,1997年12月,被联合国教科文组织列为世界文化遗产。

02.晋中市介休市绵山风景区 >>>

◇ 景区名称:介休市绵山风景区
◇ 质量等级:国家AAAAA级旅游景区
◇ 景区地址:介休市南槐志村
◇ 联系方式:0354-7055111
◇ 景区简介:

　　绵山,因山势连绵而得名,是一处融历史文化、自然风光、文物胜迹、佛寺道观、军事文化、革命遗址、民俗风情、避暑康养为一体的旅游胜地。绵山是国家AAAAA级旅游景区、国家非物质文化遗产寒食清明节的发源地。绵山位于山西省中南部,地跨沁源、灵石、介休三县市,是太岳山向北延伸的支脉,最高海拔2566.6米,绵山亦名介山。

　　绵山人文历史源远流长,文人墨客在此吟诗作赋,高僧大德于此开坛弘法。李世民御驾来此虔诚祈雨,介休三贤在此德育乡梓,可谓物华天宝、人杰地灵。绵山是全国首例由民营资本修复开发的旅游景区,从1995年到如今已开发了14大游览区、360多个景点,完善了吃、住、行、游、购、娱六大旅游要素。

03.晋中市常家庄园景区 >>>

◇ 景区名称：山西榆次常家庄园

◇ 质量等级：国家AAAA级旅游景区

◇ 景区地址：榆次区东阳镇车辋村

◇ 联系方式：0354-2756789；
0354-2756906

◇ 景区简介：

常家庄园，国家AAAA级旅游景区，是被称为"儒商世家"的山西榆次常氏家族，在其事业达到辉煌顶点之际，耗巨资营造家族式民居建筑群。

常家庄园始建于乾隆三十三年（公元1768年），后历经百余年，建成占地60万平方米、房屋4000余间、楼房50余座、园林13处的宏大规模，其建筑面积居山西所有晋商大院之首。常家庄园现对外开放面积共计约12万平方米，其中宅院4万平米、园林8万平米，形成"一山、一阁、两轩、四园、五院、六水、九堂、八贴、十三亭、二十五廊、二十七宅院"的格局。

04.乌金山国家森林公园景区 >>>

◇ 景区名称：乌金山国家森林公园

◇ 质量等级：国家AAAA级旅游景区

◇ 景区地址：榆次区乌金山镇平地泉村

◇ 联系方式：0354-3263533

◇ 景区简介：

山西省乌金山国家森林公园坐落在被誉为"晋商故里"的山西省晋中市榆次区乌金山镇，位于榆次、太原、寿阳三县市交会处的罕山之阳。西距太原30公里、武宿飞机场25公里，南距榆次县城17公里、山西大学城14公里，地理位置优越。景区最高海拔1489.2米，总面积约5.5万亩，森林面积3.1万亩，森林覆盖率达80%以上。2007年乌金山国家森林公园对外开放。2012年，景区被评为"国家AAAA级旅游景区"和"省级休闲旅游度假区"，是中国首批、山西唯一的"森林康养、天然氧吧"，其中乌金山狂欢谷是"华北最大、项目齐全"的游乐场。现景区基本形成六点（水晶院、太清宫、龙王庙、九峰塔、神坛、大佛台）、两谷（天缘谷、狂欢谷）、一楼（七星楼）、一堂（德顺堂）、一山庄（山外山大酒店）的格局，总建筑面积为257698平方米。

05.晋中市榆次老城景区 >>>

◇ 景区名称:榆次老城

◇ 质量等级:国家AAAA级旅游景区

◇ 景区地址:榆次区府兴路225号

◇ 联系方式:0354-3296815

◇ 景区简介:

　　榆次老城位于山西省晋中市,它历史悠久,文化深厚,距省会太原25千米,距太原飞机场16千米,距太旧高速、大运高速晋中出口处10千米,是山西交通的枢纽,被誉为三晋旅游第一站,堪称游览晋商文化走廊的最佳起点。榆次老城占地100万平方米,古建筑群和园林建筑面积60万平方米,是一个璀璨丰韵的文物古迹和文化艺术交融为一体的风景名胜区,也是中国最大的晋商文化主题景区,无愧于晋商文化起始点的称号。景区自开城以来,《龙票》《乔家大院》《太行山上》《走西口》《铁梨花》等影视剧组慕名而来取景拍摄,榆次老城逐渐成为了华北地区最大的影视城,2010年由中国广播电视协会电视制片委员会评选为"全国影视指定拍摄景地"。

06.九龙国际文化生态旅游区景区 >>>

◇ 景区名称:九龙国际文化生态旅游区

◇ 质量等级:国家AAAA级旅游景区

◇ 景区地址:榆次区乌金山镇河口村

◇ 联系方式:400-0351-699;
　　　　　　0351-3094888

◇ 景区简介:

　　九龙国际文化生态旅游区位于山西省晋中市榆次区乌金山镇河口村,距离太原武宿机场5千米。

　　景区同时处于太原、晋中两大发展区域的复合位置,南属晋中市榆次区,西属太原市小店区。

　　这里的景色自然天成,既有苍茫林海的浩瀚之气,又有小桥流水的灵秀之美;既有保护自然前提下的合理开发,又有人文景观与自然景观交相辉映的浪漫情调。

　　景区处处有景,时时诱人,动中有静,静中生动。山环水绕,草木峥嵘,林屋映衬,优雅别致。夏季清爽宜人,是没有污染的绿色世界,非常适合休闲、度假、避暑;冬季则银装素裹,是冰雪旅游的世界。

　　大家如要隆冬时节来到这里,可到景区内的滑雪场体验北国风光,并在欢乐的氛围中享受滑雪的乐趣。

　　九龙国际文化生态旅游区,是集旅游度假、餐饮、会议、住宿、休闲、娱乐、体育运动为一体的旅游度假景区。2009年,景区被国家旅游局评定为国家 AAAA 级旅游景区。

07.晋中市榆次区后沟古村 景区 >>>

◈ 景区名称:晋中市榆次区后沟古村景区

◈ 质量等级:国家AAAA级旅游景区

◈ 景区地址:榆次区东赵乡后沟村

◈ 联系方式:0354-2631088

◈ 景区简介:

后沟古村位于晋中市榆次区东赵乡,东与寿阳县接壤,总面积1.33平方千米,有75户人家,265人。

其村史可追溯到唐代,至今已有1200余年的历史,是浓缩了千百年黄土旱垣农耕文明的经典村落。

2003年元月,被中国民协确定为中国民间文化遗产抢救工程古村落调查保护示范基地,有"中国古村落抢救工程第一村"之称。

2020年12月底,被山西省文旅厅确定为国家AAAA级旅游景区。当代著名作家,中国民协原主席冯骥才先生多次莅临后沟考察并题写村名,称之为"农耕的桃源"。

08.昭馀古城茶商文化旅游 景区 >>>

◈ 景区名称:昭馀古城茶商文化旅游区

◈ 质量等级:国家AAAA级旅游景区

◈ 景区地址:祁县东大街33号

◈ 联系方式:0354-3836569

◈ 景区简介:

昭馀古城茶商文化旅游区,坐落在晋商故里、万里茶道的中心——祁县。

1994年1月,"祁县昭馀古城"被国务院批准为第三批国家历史文化名城。2011年6月,祁县晋商老街被批准为中国历史文化名街。2015年12月,中国商业史学会授予了祁县"万里茶道——茶商之都"的称号。2019年3月,国家文物局将"万里茶道"列入《中国世界文化遗产预备名录》。同时,祁县现存的13处茶商遗址也被纳入"中国世界文化遗产预备名单"。

09.晋中市太行龙泉旅游区景区 >>>

◇ 景区名称：太行龙泉旅游区

◇ 质量等级：国家AAAA级旅游景区

◇ 景区地址：左权县辽阳镇西瑶村

◇ 联系方式：0354-8930506

◇ 景区简介：

　　太行龙泉旅游区是国家AAAA级旅游景区、国家森林公园、四部委联合评定的全国第一批国家森林康养基地，也是山西省风景名胜区、山西省休闲农业和乡村旅游示范点，拥有山西省首批"太行人家"乡村旅游特色服务单位。近年来，取得了8项国家级荣誉、6项省级荣誉和9项市级荣誉。

　　景区位于太行山中段、左权县境内，距207国道3千米，总面积240平方千米，森林覆盖率90%以上，溶洞古刹举世稀有，龙泉飞瀑天下奇。景区资源禀赋好、森林资源优、业态丰富，被誉为"北方的九寨沟"，是古辽阳八景之一，是中华十龙文化发祥地，是晋中市着力打造的百里画廊源头和重要组成部分，也是山西省着力锻造的太行山板块重要组成部分。

10.麻田八路军总部纪念馆景区 >>>

◇ 景区名称：麻田八路军总部纪念馆

◇ 质量等级：国家AAAA级旅游景区

◇ 景区地址：左权县麻田镇上麻田村

◇ 联系方式：0354-8855002

◇ 景区简介：

　　麻田八路军总部纪念馆位于左权县城南45千米处麻田镇上麻田村。纪念馆总占地面积10.3万平方米，展陈面积7600平方米。这里山有北国雄风、水有江南秀色，素有太行山上"小江南"之称和"小延安"的美誉。1980年，纪念馆正式对外开放，2008年免费对外开放。

　　抗日战争时期这里是华北政治、军事、经济、文化中心。八路军总部、中共中央北方局等党、政、军首脑机关曾在此驻扎。彭德怀、刘伯承、邓小平、左权、杨尚昆、罗瑞卿等老一辈无产阶级革命家在此战斗、生活达五年之久。他们在此书写了争取民族独立和人民解放的壮丽篇章，铸就了传之久远、光照千秋的太行精神。

11.灵石县王家大院民居艺术馆景区 »»»

◇ 景区名称:灵石县王家大院民居艺术馆

◇ 质量等级:国家AAAA级旅游景区

◇ 景区地址:灵石县静升镇静升村

◇ 联系方式:0354-7722122

◇ 景区简介:

王家大院位于山西省灵石县城东12公里处的中国历史文化名镇——静升镇。艺术馆距平遥古城35千米、介休绵山风景区4千米,是山西省推出的晋商民俗线路中的名院精品。同蒲铁路、108国道纵贯县境,大运高速公路灵石出口处距王家大院2千米,大西高铁灵石东站距王家大院3千米,交通十分便利。王家大院开放十几年来,已成为全省乃至全国的知名品牌。

1999年被评为"山西省十大著名优秀旅游景区"和"省级文明景区(点)",2001年通过了ISO9000国际质量管理体系认证,2002年初被评定为国家AAAA级旅游景区和中国"质量万里行"全国示范单位,2003年被评为"中国(首选)十佳文明示范旅游景区",2004年被文化部命名为山西省首批唯一的"全国文化产业示范基地",2006年被国务院列为"全国重点文物保护单位",同年12月15日被建设部和国家文物局列入《中国世界文化遗产预备名单》,2007年被评为"中国民间文化遗产旅游示范区",2008年被评为"中国文化旅游十大品牌"。

12.灵石县红崖峡谷景区 »»»

◇ 景区名称:灵石县红崖峡谷景区

◇ 质量等级:国家AAAA级旅游景区

◇ 景区地址:灵石县静升镇柏沟村

◇ 联系方式:0354-7830555

◇ 景区简介:

红崖峡谷景区位于山西省晋中市灵石县静升镇柏沟村,是国家AAAA级旅游景区,太岳山国家森林公园十大景区之一,景区总面积28平方千米。

景区处于太谷、平遥、灵石的晋商民俗文化旅游带上,北依绵山8千米,西邻王家大院3千米,形成一个旅游金三角组合。

景区山高峰险,人迹罕至,动植物种类丰富,奇花异草、四时交替,珍禽异兽、遍布山间,森林覆盖率96.84%以上,素有"山西绿宝石、天然大氧吧"之美誉。景区内最高峰牛角鞍2566.6米,是太岳山最高峰,晋中市第一高峰。

红崖峡谷景区集险、秀、雄、奇、幽于一体,天成胜境。景区生态环境优美,森林茂密,草甸坦荡,风景秀丽,在山西所有景区中水资源也是非常充沛的,拥有多个瀑布,形成了较为壮观的瀑布群系统,因此,也被国家林草局授予"最具影响力森林公园"。

13.介休市张壁古堡景区 ›››

◇ 景区名称:介休市张壁古堡景区

◇ 质量等级:国家AAAA级旅游景区

◇ 景区地址:介休市龙凤镇张壁村

◇ 联系方式:0354-7086156;
　　　　　　 400-116-1600

◇ 景区简介:

张壁古堡位于山西省介休市龙凤镇张壁村,是晋中盆地内由平遥古城、王家大院、介休绵山等组成的晋中旅游金三角区域的核心地带,毗邻大西高铁、大运高速并有旅游专用公路直达景区,铁路公路交通区位优势极为明显。张壁古堡占地0.12平方公里,是一处保存完好的古代军事设防村落,是全国重点文物保护单位、国家AAAA级旅游景区,山西省唯一双料国家级历史文化名村和中国传统村落,是山西省唯一入围的"中国十大魅力名镇"。目前,张壁古堡已累计投入6亿多元,先后实施了古堡保护开发、张壁新村建设、基础设施完善、村民搬迁安置和周边生态绿化等项目,基本满足了安全和旅游观赏需求。

14.灵石县石膏山景区 ›››

◇ 景区名称:石膏山风景名胜区

◇ 质量等级:国家AAAA级旅游景区

◇ 景区地址:灵石县南关镇东许村

◇ 联系方式:0354-8558888

◇ 景区简介:

石膏山风景区位于山西省晋中市灵石县南关镇东许村,距离省城太原180千米,与介休的绵山、沁源的灵空山鼎足而立,是国家AAAA级景区、国家级森林公园、省级风景名胜区、省级地质公园。规划总面积60平方千米,森林覆盖率达95%以上。2011年9月正式对外开放,目前已建成开放卧龙景区、红叶景区、天竺景区、龙吟谷景区等70多个景点。

石膏山群山环抱,奇峰耸翠,有清清流水,千尺飞瀑,还有古刹、溶洞,具有泰山之雄、华山之险、庐山之秀、黄山之奇。景区内以生态休闲度假、佛教文化体验为主题,集观光、探险、科普、健身于一体。其人文景观资源以天竺景区宗教建筑群为代表,寺院因山就势,巧妙营构,自然景观资源以良好的植被和山体地质景观为主,其景观资源包括了省内除温泉以外的自然景观资源的主要类型,呈现综合性多样性的特点。景区现已开放漂流、滑雪场、登山、攀冰、户外拓展(帐篷体验区、狩猎场、靶场、房车营区、滑道)等体育健身项目,成为户外体育活动的绝佳营地。石膏山环境清雅,林峦清秀,泉水清醇,空气清新,境内峰峦起伏,松林葱郁,流水潺潺,幽深绮丽,景区内完好的自然植被造就了它特别良好的环境质量,林区空气含菌量极低,负氧离子含量高,是休闲疗养、避暑度假的理想之地,因此被誉为"高原翡翠,避暑胜地,天然氧吧"。景区主打康养基地品牌,是一处集林业、旅游业及健康服务业相互交融于一体,适合观光游览、休闲度假、运动养生、康体保健的旅游胜地、生态腹地。2019年景区正式成为"全国森林康养基地试点建设单位"。

15.平遥县双林寺彩塑艺术馆景区 >>>

◈ 景区名称:平遥县双林寺彩塑艺术馆

◈ 质量等级:国家AAAA级旅游景区

◈ 景区地址:平遥县中都乡桥头村双林正街28号

◈ 联系方式:0354-5779023

◈ 景区简介:

双林寺,位于平遥县西南6千米的桥头村,是全国重点文物保护单位,1997年与平遥古城、镇国寺申报成为世界文化遗产。艺术馆重修于北齐武平二年(公元571年),原名"中都寺",其地本为中都故城所在。据史料记载,双林寺因寺内两棵古槐树而得名。这两棵古槐树相传为释迦牟尼涅槃时的化身。

从北齐算起,中都寺至今也已历经一千五百多个春秋了。双林寺整座寺院坐北向南,庙群占地面积约为一万五千余平方米,内分东西两大部分。西部为庙院,沿中轴线坐落着三进院落,由十一座殿堂组成,东部为弹院、经房等。现存二千余尊作品全部由木胎泥型,集宋、元、明、清历代彩塑之精华,被联合国教科文组织称之为"真正的世界珍宝"。

16.平遥县镇国寺景区 >>>

◇ 景区名称：平遥县镇国寺

◇ 质量等级：国家AAAA级旅游景区

◇ 景区地址：平遥县襄垣乡郝洞村

◇ 联系方式：0354-5848041

◇ 景区简介：

镇国寺位于平遥古城东北12千米处的襄垣乡郝洞村，是平遥古城世界文化遗产的重要组成部分。原名京城寺，明嘉靖十九年改为镇国寺，整座寺院坐北朝南，由两进院落组成，总占地面积为21993.51平方米。1988年2月正式对外开放，1997年12月3日，连同平遥古城、双林寺彩塑艺术馆一起被列入《世界遗产名录》。寺院始建于五代北汉时期，距今已有一千多年的历史，现存主体建筑有天王殿、万佛殿、三佛楼，两侧配置有钟鼓楼、二郎殿、土地殿、东西碑廊、三灵侯、财福神殿、观音殿、地藏殿、东西经堂、禅室，寺庙西侧为禅院。附属文物有11尊五代彩塑、45尊明清彩塑、壁画100余幅，金代铁铸钟一口、五代龙槐一棵，碑碣20余通。

17.昔阳县大寨景区 >>>

◇ 景区名称：大寨景区

◇ 质量等级：国家AAAA级旅游景区

◇ 景区地址：昔阳县大寨镇大寨村

◇ 联系方式：0354-4388706

◇ 景区简介：

大寨景区，位于晋中市昔阳县大寨镇大寨村，景区包括大寨村和大寨森林公园。大寨村物华天宝，人文荟萃，风景秀丽，是国家AAAA级旅游景区，山西五大著名特色旅游景区。

大寨景区人文名胜荟萃。大寨村为中国"十大名村"之一、国家农业旅游示范点、第一批全国乡村旅游重点村和山西省AAA级乡村旅游示范村。大寨展览馆是全国红色旅游经典景区和山西省爱国主义教育基地，大寨人民公社旧址为全国重点文物保护单位。

景区还保留了红旗广场、村口门楼、乐人树、陈永贵故居、火车厢式窑洞、军民鱼水池、周恩来纪念亭、陈永贵墓地、郭沫若纪念碑、陈永贵雕像、团结沟渡槽、大寨文化展示馆、大寨田等著名人文历史遗迹。在这里也可听到首战白驼沟、三战狼窝掌、奋力战洪灾、三不要三不少、搬山填沟造平原、科学种田、农业学大寨等脍炙人口的故事。

这里还有山西省省级森林公园大寨森林公园，该公园山负虎踞龙盘之雄，水占含华毓秀之胜，松涛浅唱，秀色四季，诸美迭见，亭台廊榭和自然景观水乳交融，宛若天成。

18. 榆次小西沟景区 »»»

◇ 景区名称:榆次小西沟景区
◇ 质量等级:国家AAAA级旅游景区
◇ 景区地址:榆次区乌金山镇小西沟村
◇ 联系方式:0351-8306166
◇ 景区简介:

　　小西沟文旅康养小镇,位于晋中市榆次区乌金山镇北部山区小西沟旧村废弃的矿场,海拔1100米。这里旅游资源丰富,以漏鱼儿、打卤面为代表的美食,不仅仅是味道,从手法、传承年代、样式、材料等各个方面都独具一格。手工扎染、织布等场景体验,让游客深入感受非遗文化的魅力,是小西沟的包容与文化特色之一。小西沟文旅康养小镇四面环山,绿色植被丰富,海拔1180米,空气质量优、噪音低、水质干净。小镇利用天然的地理优势,建立理想的生活民宿,目前已有"安时光城堡""静和山居"两家中高端民宿客栈,也建立了素食养生馆,倡导"小住"文化,提供"素食套餐"并为顾客量身定做各种美食!

19. 和顺县天凯庄园风景区 »»»

◇ 景区名称:和顺县天凯庄园风景区
◇ 质量等级:国家AAA级旅游景区
◇ 景区地址:和顺县松烟镇松垴旧村东
◇ 联系方式:0354-8219999
◇ 景区简介:

　　和顺天凯庄园位于山西省晋中市和顺县松烟镇,是集设施农业、旅游观光、休闲度假、文化传媒、餐饮住宿、会议接待、康养休闲等为一体的综合型示范项目。庄园内设有体育健身区、水上游乐区、鲜果采摘区、农业科技园、南方植物园等,其中休闲区配套有餐饮住宿、会议接待等设施,内设豪华别墅群、商务会议室、购物超市、多功能餐厅、准星级酒店以及停车场等,每年可为35万游客提供便捷的"一站式"服务,满足不同群体、不同层次、多元化旅游消费需求。先后被山西省委、省政府授予山西省模范单位,是山西省总工会授予的干部学习教学点,晋中市委、市政府授予市级重点龙头企业。

20.寿阳县祁寯藻故里景区 >>>

◇ 景区名称：寿阳县祁寯藻故里景区

◇ 质量等级：国家AAA级旅游景区

◇ 景区地址：寿阳县平舒乡龙门河西100米

◇ 联系方式：0354-4915128;
0354-4669506

◇ 景区简介：

祁寯藻故里景区位于省级历史文化名村——平舒村和国家级传统村落——龙门河村之间，临307国道，交通便利。

2012年被评定为国家AAA级旅游景区，是市级廉政文化教育基地、爱国主义教育基地和诗词研习基地。祁寯藻官至体仁阁大学士、首席军机大臣，曾侍教道光、咸丰、同治三位皇帝，誉称"三代帝王师"，是清代著名的政治家、农学家、书法家和诗人。景区综合开发自然资源和人文资源，因地制宜，精心配置，风景园林和生态园区并存，传统韵味和现代展示相结合，让游人在感受祁氏文化魅力的同时回归自然生活。

21.山西寿阳龙栖湖景区 >>>

◇ 景区名称：山西寿阳龙栖湖景区

◇ 质量等级：国家AAA级旅游景区

◇ 景区地址：寿阳县南燕竹镇蔡庄村

◇ 联系方式：0354-4980111

◇ 景区简介：

寿阳龙栖湖景区位于山西省寿阳县西部，紧邻216省道，西南距太原市区50千米，距太原东二环高速口20千米，南面距晋中市区40千米，东边到阳泉市60千米、石家庄市170千米，是寿阳西部旅游资源聚集区内的重点景区，也是"中国寿星文化之乡（寿阳）"目前对外开放的大型旅游度假区和福寿养生基地。

2017年底，龙栖湖景区被山西省水利厅评为"省级水利风景区"，同时2018年1月被评为国家AAA级旅游景区。

2019年被评为山西首批"太行人家"乡村旅游特色服务单位，2020年被晋中市教育局评为"晋中市中小学生研学实践教育基地"。

22.榆次区老西醋博园景区 »»

◈ 景区名称：老西醋博园旅游园区

◈ 质量等级：国家AAA级旅游景区

◈ 景区地址：榆次区108国道杨村段

◈ 联系方式：18636804990

◈ 景区简介：

榆次区老西醋博园是一座集生产、旅游、科技研发为一体的大型醋业企业，占地近13万平方米，是国家AAA级旅游景区。该园区不仅承载着山西老陈醋的生产、研发与物流货运功能，更是一个集醋文化观光、旅游、餐饮、住宿为一体的综合性产业园。作为国家级非物质文化遗产生产性保护示范单位和榆次旅游示范区，老西醋博园在传承和弘扬山西醋文化方面发挥着重要作用。

园区内，游客可以亲眼目睹山西老陈醋的酿造过程，从发酵池到成品，每一步都充满了传统工艺的魅力。同时，这里还设有小型博物馆，通过展品和解说，向游客生动展示山西陈醋的发展史及背后的故事。

23.榆次区明乐庄园景区 »»

◈ 景区名称：晋中明乐农业生态庄园

◈ 质量等级：国家AAA级旅游景区

◈ 景区地址：榆次区修文镇西白村

◈ 联系方式：0354-3260777；
　　　　　　0354-2436666

◈ 景区简介：

明乐农业生态庄园成立于2011年9月，距城区16千米，占地约400亩。

它是以马术、种植养殖、休闲、观光、度假、会务、旅游为一体的休闲旅游生态庄园，是繁荣农村经济、推动农业转型、促进农业增收的新型产业，尤其是庄园利用养殖名马繁育条件，开辟了马文化传播基地，带动发展餐饮、百鸟、会务、马术表演等项目，深受游客欢迎。庄园于2019年被评为山西省农业农村厅休闲农业示范点。

目前，庄园有3个休闲垂钓池（共占地26亩）、百鸟养殖园（占地21亩，园内有40个品种约800只鸟类）、80亩果园、40亩东湖公园、30亩休闲苑等。种植2.6万株杨柳，100亩苜蓿草地。

庄园建成了三栋可一次性容纳500人住宿（246间）宾馆和一次性可接待780人就餐的饭店，还有可供游客休闲观赏的农耕博览馆和马文化博览馆。

24.黄土农言文化旅游景区 >>>

◇ 景区名称:黄土农言文化旅游区

◇ 质量等级:国家AAA级旅游景区

◇ 景区地址:榆次区锦东大道文华街东

◇ 联系方式:0354-3230099

◇ 景区简介:

　　黄土农言文化旅游区位于晋中市榆次区环城东路路东大学街口与文华街口之间,区内厚重的官道驿站文化和农言文化别具特色,拥有逾600年历史的北方堡寨式古村凤凰寨,拥有榆次规模最大,香火最旺的村庙——资圣教寺。峡谷沟壑,山塬伟岸,褶皱丰富,沟谷险峻,沟宽达300米,可利用性强。旅游区属于典型性黄土高原风貌,拥有太原市周边最壮美的白龙河黄土大峡谷,远望高垣山峦叠嶂,沟壑纵横,着力打造"一带一路、两小镇",其中,一带为白龙河黄土大峡谷休憩带,一路为京陕古官道文化休闲体验区,两小镇分别为龙门官驿小镇和凤凰寨旅居小镇。黄康养项目地跨榆次区什贴、乌金山、郭家堡等三个乡镇的十一个村庄,整体呈东北—西南走向,

西南界至晋中市榆次区锦东大道,东北界至什贴镇白龙河黄土大峡谷,囊括的村庄有小寨村、龙白村、韩家寨村、南窑头村、南咀村、焦家寨村、罗家庄村、北要店村、葛家庄村、南胡村、新付村等,总面积一万余亩,总长度20千米。项目区与晋中市城区接壤,距太原市城区25分钟车程,距山西省大学城2.5千米。项目区距离武宿机场、太原南站均15分钟车程。京昆高速、榆祁高速等横跨项目区。项目周边快速路系统有锦东大道、龙湖大街、龙城大街等交错纵横。

25.榆次区小五台庄园景区 >>>

◇ 景区名称:榆次区小五台庄园

◇ 质量等级:国家AAA级旅游景区

◇ 景区地址:榆次区什贴镇山庄头村

◇ 联系方式:0354-2571188

◇ 景区简介:

　　小五台国家AAA级旅游景区,丘陵环抱,青山翠柏,莺歌燕舞,鸟语花香,具有宁静悠闲的原始神韵,又有现代文化气息,是一个集休闲度假、商务会议、户外婚礼、生态采摘、医疗养老、娱乐体验、研学旅游为一体的综合性旅游景区。

小五台庄园位于山西榆次东外环（高源线）7千米处，距龙湖高速出口3千米，距晋中市区10分钟车程，距离太原南站、武宿国际机场22分钟车程，距离省会太原市30分钟车程。

小五台拥有2000亩生态林，绿色自然资源丰富，山灵水秀，植被茂密，是空气清新的天然氧吧。拥有养生药茶、富硒深井矿泉水、水千山系列绿色食品——富硒黑小米、野生酸枣、金银花、各种干果、散养笨鸡蛋……这些产品成就了小五台养生天堂的美誉。

2017年成立了晋中榆次小五台疗养院。2019年成立小五台中医医院，是一所集导引养生功疗养、饮食疗养、娱乐疗养、预防和治疗慢性病的康复机构，是榆次医养结合的示范点，三部六病的推广基地。

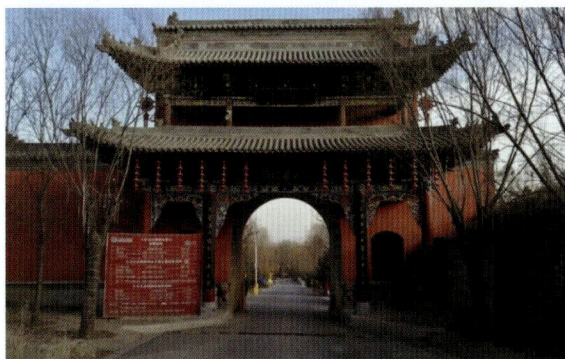

26.左权县晋冀鲁豫边区临时参议会旧址纪念馆景区 »»

◇ 景区名称：左权县晋冀鲁豫边区临时参议会旧址纪念馆

◇ 质量等级：国家AAA级旅游景区

◇ 景区地址：左权县桐峪镇桐滩村

◇ 联系方式：0354-8752333

◇ 景区简介：

晋冀鲁豫边区临时参议会旧址（简称临参会）位于桐峪镇桐滩村，距县城35千米处，是国家AAA级旅游景区、省级文物保护单位、山西省爱国主义教育基地。

临参会总占地9000平方米 分为阁楼、广场、民主墙、旧址和三三制民主政权建设陈列馆五部分，其中旧址原为桐滩村西老爷庙。旧址按传统的寺庙结构布局，二进院落，坐北朝南，中轴线上由南至北建有山门（兼做戏台）、正殿、后殿，东西有厢房、碑廊。

正殿是临参会的会场，两侧分别是秘书处、主席团、提案审查委员会和资格审查委员会，后院为高等法院和边区政府、议会办公地。

抗战时期，辽县抗日政府在此建立了"第三民族革命两级小学校"（简称三民校）。

27.左权县莲花岩风景区 »»

◇ 景区名称：左权县莲花岩风景区

◇ 质量等级：国家AAA级旅游景区

◇ 景区地址：左权县桐峪镇莲花岩自然村

◇ 联系方式：0354-8540789

◇ 景区简介：

左权县莲花岩风景区位于左权县桐峪镇莲花岩自然村。景区东西走向12.6千米，谷底海拔平均1060米,最高山峰1500米,总面积1.9万亩;开发始于2009年8月,以经典太行山水、左权民俗(民歌)文化和山地避暑休闲为主要特色,是集旅游观光、休闲度假、商务会议、党性教育学习、拓展培训、研学教育、中草药种植及森林康养为一体的综合性红色文化创意旅游胜地。景区成立后至今累计完成投资1.35亿元。景区已初步建成以游客入园大型停车场、太极图、古崖居、太行仰天大佛、百态山崖造型、观音庙建筑群、丛林探险、滑道为主要景观的旅游格局,可以同时容纳300人住宿,500人就餐,2014年12月被评为国家AAA级旅游景区。左权莲花岩景区建设项目多次被列入县重点工程,晋中市文化产业重点项目,省旅游重点项目,县级政府和市级政府极为重视,省市领导多次莅临景区参观调研指导工作,2019、2020两届"左权县民歌汇·国际民歌赛"均在莲花岩景区举办,大赛的成功举办让全国甚至全球游客领略了左权文化的魅力,太行精神的宏伟。

28.左权县日月星风景区 »

◇ 景区名称:日月星风景区

◇ 质量等级:国家AAA级旅游景区

◇ 景区地址:左权县芹泉镇下庄村营圪道村

◇ 联系方式:0354-8720888

◇ 景区简介:

日月星风景区位于山西省晋中市左权县芹泉镇下庄村营圪道村,处晋冀交汇,太行山中段群巅之中,是太行山里的一个天然大冰柜,2016年被省旅游局誉为"山西最佳避暑胜地"之一。风景区所在的营圪道自然村,处三县两省交界地,即分属山西省左权县、和顺县、河北省邢台县,亦是山西高原和华北平原的天然界线、分水岭。

分水岭山西一侧地势相对平缓,河北一侧地势则骤然下降,山势陡峻、石崖相连,绝壁成排,峡谷万仞。2014年11月,景区被授予日月星风景区国家级农民专业合作社荣誉称号。

29.红海玻璃文化艺术园景区 »»

◇ 景区名称：晋中市祁县红海玻璃艺术园景区

◇ 质量等级：国家AAA级旅游景区

◇ 景区地址：祁县东环路红海玻璃艺术园

◇ 联系方式：0354-5271777

◇ 景区简介：

　　祁县红海玻璃文化艺术园位于国家历史文化名城、中国玻璃器皿之都——祁县，公司始建于1953年，由原祁县玻璃器皿公司改制而来，距今已有60多年的玻璃生产历史，是祁县第一家玻璃生产厂家。60多年来红海玻璃从生产最简单的煤油灯、马灯罩等开始逐渐发展壮大，产品不断提档升级，市场由家庭使用到出口世界各地。产品花色有上万种，由日用玻璃发展到艺术玻璃。规模从一座小熔炉、几十个工人发展到占地面积4.5万平方米，年产值3.8亿元，形成了集"产、学、研、工、贸、游"为一体的工业集团。

30.太谷区美宝山庄景区 »»

◇ 景区名称：太谷区美宝山庄景区

◇ 质量等级：国家AAA级旅游景区

◇ 景区地址：太谷区南山南路西山底村康源街西1号

◇ 联系方式：0354-6215379

◇ 景区简介：

　　美宝山庄位于文化底蕴浑厚素有"中国华尔街""旱码头""小北京"之称的金太谷，距太谷县城12千米地处太谷南山百里林果带、凤山脚下，双龙聚会之宝地。这里春天是花的海洋，夏天凉爽怡人比大城市温度低3~5℃，秋天硕果累累是最令人向往的季节，冬天您可以在这里睡热炕、喝烧酒、吃野味、在生态棚里享受春天的美景。周边被几十万亩果园环抱，绿化率可以与欧洲比美，素有天然"氧吧"之称。

　　美宝山庄是太谷区首批国家AAA级景区、全国先进个体工商户、中国森林养生基地、全国首批旅游"信得过"景区、全国休闲农业与乡村旅游示范点、中国乡村旅游模范户、中国人民解放军总后艺术中心拍摄基地、全国四星级休闲农业和乡村旅游星级示范企业（园区）大中小学研学实践培训基地。

　　美宝山庄特色文化突显、奇树奇景共存、神话传说不断。每年这里都会举办桃花节、相亲节、民俗古典婚礼节、拜月大典等文化活动，今年山庄又推出"农谷味道"情景剧，吸引着四面八方的游客。来到这里，您可"品"山庄小院文化，可欣赏"五奇二展"的美景，可体验"八园一乐"的农耕文化，可以尝到特色农家美食，还可分享到采摘的乐趣。吃野味、游田林、住窑洞、体验农家生活是这里的一大特色。

　　这里是儿童的乐园，是摄影书画家的天堂，是农民增收的基地、大学创业场所，是游客采摘、垂钓、休闲、度假、品清茶、论博弈、尝野味、游田林、住窑洞分享农家特色的理想地。在这里您可体验到"美园、美景、美享受，漫游、漫品、漫生活"的快乐。

31. 太谷区润月山庄景区 >>>

◇ 景区名称：太谷区润月山庄景区

◇ 质量等级：国家AAA级旅游景区

◇ 景区地址：太谷区侯城乡东庄村

◇ 联系方式：0354-5506555

◇ 景区简介：

　　太谷润月山庄，包括湖水、多功能宾馆、窑洞、别墅区、会议中心、游客服务中心、研学区、户外活动区、周末闲暇区、农事体验区、康养健身区、互动交流区、采摘园、餐厅、停车场、山地山坡等，总规划面积2000亩。

　　其中水库面积60亩，家畜养殖区20亩，主体区建筑面积3000平方米，配套有1000平方米停车场，总共投资8000多万元。

　　景区主要以晋商窑洞和欧式小二楼为主题，以绿地、水面、小桥流水、垂钓、田园风光

为主线，是一家集美食、休闲娱乐、生态观光旅游为一体，经营农家特色菜品为主的生态庄园。

　　依托良好的山水田园生态资源，太谷润月山庄经过几年的投资建设，目前已初步形成了具有一定区域市场影响力的景区，具备一定的接待能力，庄园已经连续八年对外开放接待游客和参观者，形成有机种植、生态康养、绿色养生、自然旅居的生态循环链。

32. 太谷区阳邑小镇景区 >>>

◇ 景区名称：太谷区阳邑小镇景区

◇ 质量等级：国家AAA级旅游景区

◇ 景区地址：太谷区阳邑乡阳邑村万寿路阳邑中学西北侧280米

◇ 联系方式：13663448512

◇ 景区简介：

2018年初阳邑小镇于由太谷政府委托晋中市太谷区旅游集散中心负责运营。这是一个有灵魂、有灵气的承载新时代中国新农村建设的景点。集散中心通过两年的精心打造，已经成功申报成为AAA级景点。这一特色红色景区由五个板块构成，包括：杜润生旧居文化区、农村改革论坛区、美丽乡村建设区、净信寺片区和游客接待中心。它已经成为集文化展示、旅游观光、论坛会展、餐饮、娱乐购物等功能为一体的特色小镇。阳邑小镇的核心是杜润生旧居文化区，包括：老宅院、九号院、润物院。农村改革论坛区，包括：会务功能区、中国三农史迹展馆、门前广场（含停车场）和高档古窑洞式住宿。小镇的游客接待中心是集工业、非遗、文化、餐饮、住宿、购物、观赏于一体的工业文明旅游园区，其中包括：特色的公社食堂形式的餐饮，太谷饼制作工艺展示馆、锻造非遗展示和手工DIY体验区。小镇还有一些其他特色包括：太极拳、形意拳表演、太谷秧歌表演、国学讲堂、各种舞蹈表演、各种形式地方特色小吃和旅游购物。

33. 广誉远中医药文化产业园景区 >>>

◇ 景区名称：太谷广誉远中医药文化产业园

◇ 质量等级：国家AAA级旅游景区

◇ 景区地址：太谷区侯城乡广誉远路1号

◇ 联系方式：0354-6262134；
0354-6225518

◇ 景区简介：

由中华老字号企业山西广誉远国药有限公司兴建的"太谷广誉远中医药文化产业园"位于太谷区南山风景区，与"凤凰山森林公园（凤凰三塔）""龟龄山庄（酎泉寺）等太谷名胜融为一体，是未来"广誉远中医药小镇"的核心部分，总占地面积500亩，全部建成后将成为一座具有浓厚中式氛围，传承祖国医药文化的中医药文化小镇。

园区以中医药核心理念"治未病"为主要展示，全面发挥"中医药活化石"的存古价值、活态价值及独特效益，依托广誉远"国家非物质文化遗产生产性保护示范基地""国家中医药健康旅游示范基地"优势，涵盖吃、住、娱、游、购、宴、住等功能体系，打造具有浓厚佛教、道教色彩的中医药特色旅游基地、养生基地和教育基地，与平遥古城、五台山等旅游胜地南北遥相呼应，形成山西省独特的佛、道、儒三教一体的参观之旅、养生之旅和晋商文化之旅，以"中医药康养+旅游"的特色化发展，打造国际化的中医药养生文化旅游路线，带动祖国传统医药向现代化、国际化健康服务体系深度发展。

34.灵石王家庄园景区 »»

◇ 景区名称:灵石王家庄园

◇ 质量等级:国家AAA级旅游景区

◇ 景区地址:灵石县静升镇

◇ 联系方式:0354-7719598

◇ 景区简介:

灵石王家庄园景区,坐落于山西省灵石县的历史文化名镇静升镇,是一个集明清民居建筑之精华与现代休闲体验于一体的综合型庄园。作为国家AAAA级旅游景区,王家庄园占地面积达210亩,紧邻著名的王家大院,仅相距800米。

庄园的主景区包括灵石之光煤炭主题馆、蜜境之旅蜜蜂文化产业园、海洋迪士尼科技馆、珍奇植物园以及军事文化体验馆。其中,海洋迪士尼科技馆是王家庄园的最大亮点,占地近2500平方米,由动感XD影院、海洋互动区和光舞时空大厅三部分组成,是山西省首个以海洋情景剧为主题的互动体验馆。景区为游客提供了科普性、娱乐性和观赏性并存的视听盛宴。

35.介休市南庄古村景区 »»

◇ 景区名称:山西省介休市龙凤镇南庄古村

◇ 质量等级:国家AAA级旅游景区

◇ 景区地址:介休市龙凤镇南庄村

◇ 联系方式:18035417688

◇ 景区简介:

南庄村位于介休市龙凤镇南庄村,占地面积24万平方米,海拔1061米。这里空气清新、冬暖夏凉,是理想的"避暑山庄"。村内以十字街为中心,有东门里、南门里、北大门、三角地、后南窑、后头街等六七条街道,街道总长950米。三个堡门和堡墙将整个村子合围起来,像一个袖珍城堡。

南庄村先后荣获"中国历史文化名村""中国传统村落""国家AAA级旅游景区""全国乡村旅游重点村""山西最美旅游村"等称号。

清代时,举人张昭奎以及名震一方的镖师阴泰忠,为这个小山村积淀了深厚的人文底蕴。中堂文化博物馆由李光遐先生于2020年创办。

方形石台,塔身为水磨砖砌建而成,上为琉璃塔顶,下有浮雕莲花石座,每边长为3.6米,塔底面积为62.7平方米,塔高为31米。

1982年6月,介休县人民政府公布为介休县第一批重点文物保护单位。

36.介休市虹霁寺景区 >>>

◆ 景区名称:介休市虹霁寺景区

◆ 质量等级:国家AAA级旅游景区

◆ 景区地址:介休市义棠镇白岸村108国道北500米处银锭山公园内

◆ 联系方式:0354-3548588

◆ 景区简介:

虹霁寺又名滚钟寺,距今已有1300多年的历史,位于介休市西南10千米的义棠镇,东临汾河,背靠银锭山,往西前行就是古战场雀鼠谷。寺中主体建筑有真武庙、观音堂、天王殿、钟鼓楼、南北碑廊、地藏殿、东方三圣殿、西方三圣殿、本命佛殿、大雄宝殿、伟人殿,空王佛南北配殿、春秋楼由东至西层次式排列,建筑风格雄风伟岸。

据《唐会要》《金石录》等记载,唐贞观年间,李世民因雀鼠谷义士殒戎阵者众多,曾下诏在雀鼠谷银锭山为阵亡义士建造寺刹。

该寺建于唐贞观十三年,唐太宗破刘武周于汾州,立此寺。该寺初唐始建,明万历年重修,清康熙年间复修,乾隆金妆,后几经战乱,致使该寺殿毁楼塌,2013年由民营企业家、安益公司董事长李宏伟先生投资一亿多资金,不仅对原有的古建筑进行了整修,还对周围的银锭山进行了绿化和美化。

弘济寺建成后,史学家李百药曾为寺庙撰写碑文,建塔还标明此地为崇仰佛教圣地,树塔以志县界。塔为八角九级楼阁式,塔下有

37.昔阳县石马寺景区 >>>

◆ 景区名称:石马寺景区

◆ 质量等级:国家AAA级旅游景区

◆ 景区地址:昔阳县大寨镇石马村

◆ 联系方式:15721649645

◆ 景区简介:

石马寺景区位于昔阳县城西南15千米处的石马村,是全国重点文物保护单位、国家AAA级旅游景区,景区总面积4.45平方千米。

景区内的核心资源石马寺是将石窟造像与寺庙殿堂融为一体的宗教建筑群。石马寺最早叫落鹰寺,北魏石窟建成后,取名石佛寺。

石马寺内的石窟始建于北魏永熙三年

（公元534年），距今已有1490多年的历史。石马寺石窟与云冈石窟、龙门石窟有异曲同工之妙，被誉为我国石窟艺术的"小家碧玉"。

38.平遥牛肉文化产业园景区 >>>

◇ 景区名称：平遥牛肉文化产业园

◇ 质量等级：国家AAA级旅游景区

◇ 景区地址：平遥县工业新区

◇ 联系方式：13703547955

◇ 景区简介：

　　平遥牛肉文化产业园是平遥牛肉集团旗下开发的文化旅游区。以明清时期平遥牛肉之父——雷金宁的故事为主线，讲述源于西汉、立于唐宋、兴于明清和"相、屠、腌、卤、修"传统加工技艺的发扬光大的历史过程，讲好平遥故事、讲好平遥牛肉故事，讲好冠云故事，弘扬晋商诚信内涵。平遥牛肉集团自2011年开放工厂以来，接待游客人数从每年2万余人增加至2020年的70余万人，为宣传平遥文化和平遥牛肉文化做出了积极的贡献。

　　在平遥县文旅局的推荐下，经市文化和旅游局组织评定，于2022年8月31日确定平遥牛肉文化产业园为国家AAA级旅游景区。

39.榆次潇河莲花湾景区 >>>

◇ 景区名称：榆次潇河莲花湾景区

◇ 质量等级：国家AAA级旅游景区

◇ 景区地址：榆次区锦东大道潇河文艺小镇

◇ 联系方式：0354-3113333

◇ 景区简介：

　　潇河莲花湾景区融合山水林田湖草等自然要素，主打寻梦莲花湾剧场、寻梦莲花大型水秀演艺、潇河体育公园、环城绿道等，形成以莲花广场为核心的"一座殿堂，千顷画廊，一湾秀水，万朵莲花"亮点景区，描绘出水与城、水与绿、水与人深度交融的生动画卷。

40.平遥县横坡古村生态旅游景区 >>>

◇ 景区名称:平遥县横坡古村生态旅游区

◇ 质量等级:国家AAA级旅游景区

◇ 景区地址:平遥古城西南16公里处

◇ 联系方式:0354-5637555

◇ 景区简介:

横坡古村位于世界文化遗产平遥古城西南16千米处,地处半丘陵地区。横坡古村原名仙坡,后依其地貌改为横坡。建村于何时已无法考证,从净乐庵遗址上现存的明正德、万历两块碑刻推断最迟在明代正德年间已有村民繁衍居住,距今已500多年。村中有四大家族,分别群居于一处,依地形地貌,建筑特征,形成四座形态各异,各具特色的古院落群。横坡古村的民谣"姚家的圪洞,郭家的湾,李家的吊桥,张家的山",正是描述着村里根据姓氏聚居、依山就势的特殊居住形态。横坡窑洞是山西窑洞的杰出代表之一,被誉为平遥古城的"布达拉宫"。

41.平遥县晋中战役博物馆景区 >>>

◇ 景区名称:平遥县晋中战役博物馆景区

◇ 质量等级:国家AAA级旅游景区

◇ 景区地址:平遥县东泉镇石圐圙村武家山自然村

◇ 联系方式:13603544444

◇ 景区简介:

晋中战役博物馆是一个旨在弘扬红色文化、承续民族血脉、全面展示晋中战役历史、见证山西解放伟业的场所。

晋中战役博物馆由多个部分组成,包括晋中战役纪念馆、徐向前路居、晋中战役指挥所旧址等十余处展室。馆藏文物共计435件,通过这些宝贵的文物,游客可以深入了解晋中战役的历史。

博物馆不仅是一个展示历史的地方,多年来还致力于开展文化、教育、文体、科技等领域的交流互动活动。它通过收集、展示反映晋中战役历史的展品,并依法开展研学活动、教育培训,让更多的人了解和学习这段历史。

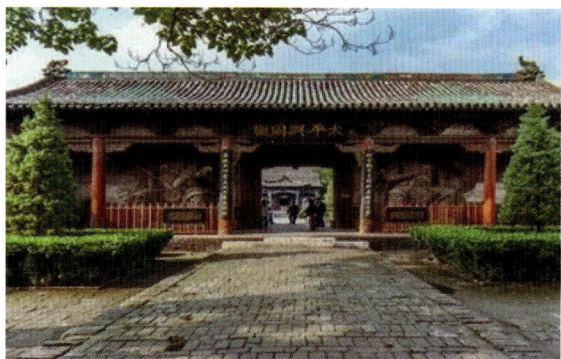

42.太谷区鑫炳记非遗文化园景区 >>>

- 景区名称:太谷区鑫炳记非遗文化园景区

- 质量等级:国家AAA级旅游景区

- 景区地址:太谷区北洸乡北洸村

- 联系方式:0354-6136037

- 景区简介:

鑫炳记非遗文化园是山西鑫炳记食业股份有限公司于2015年投资3000余万元倾力打造的一处集"生产销售、文化传承、DIY体验、休闲旅游"为一体的山西省工业旅游示范点。

园区位于太谷县城东南10千米处的山西省休闲旅游度假区北洸乡,占地面积70亩,空气清新,具有深厚的晋商文化底蕴。

鑫炳记非遗文化园旅游资源特色鲜明、内容丰富、类别多元,主要分为太谷非遗博物馆、太谷饼非遗传习所、太谷供销社记忆馆和工业生产参观等四大游览区,配套有鑫炳记食府和鑫炳记特产超市。

太谷非遗博物馆是目前太谷区唯一的一处以传承太谷文化、保护太谷非遗为主的博物馆,博物馆占地面积600平方米,分为东西两部分,共四大板块,分别为"医心医艺""太谷味道""乡风乡韵""古城拾忆"。非遗项目以图片展板、实物展示、宣传视频方式将太谷传统戏曲、传统体育、游艺与杂技、传统技艺等多方位展现出来。展厅民风淳朴、晋商文化气息浓厚,让人在晋商的发源地"太谷"领略到

了独特的晋商风情,是游客了解晋商文化,体验民俗活动的理想之所。

43.寿阳县寿阳方山景区 >>>

- 景区名称:寿阳县寿阳方山景区

- 质量等级:国家AAA级旅游景区

- 景区地址:阳县城东25千米处

- 联系方式:0354-4711888

- 景区简介:

寿阳方山,地处山西省寿阳县城东25千米。1992年原林业部200号文件批准成立"方山国家森林公园",公园总面积3580公顷,其中旅游风景区面积1156公顷,森林覆盖率为82.7%。地区最高海拔1532米,最低海拔1220米,年平均气温7.4℃,夏季平均气温17℃,是盛夏避暑好地方。

方山历史悠久,文化积淀厚重。历史上为中国佛教圣地五台山南埵之门,又称朱明埵。唐代皇室后裔李通玄为避宫廷内乱,隐居此山潜心研究《华严经》,著享誉中外的《华严经论》。明末文学家傅山,清代相国祁隽藻等历

史名人来此拜谒、游历、避暑。

方山人文自然景观奇美独特，有天然云洞、两池、六奇石、八松景、九泉十景和众多碑林寺庙。特点：山峻、林幽、石奇、泉清，风光秀美；寺塔、庙宇、楼阁、碑碣、景观瑰丽。这里可谓是"方山奇峰挂青松，林海波涛幕游人。"

特 产 美 食 介 绍

01.平遥牛肉

平遥牛肉是中国传统美食的精华之一，其独特的制作工艺历史悠久，可追溯到唐代，经过长期的发展和演变，已成为中华美食的瑰宝。早在明代，平遥牛肉就已经闻名遐迩，到了清代后期和民国年间，更是成为达官显贵宴客的必备之品。甚至在清末，慈禧太后将平遥牛肉定为皇宫贡品。平遥牛肉在制作过程中讲究选料和加工方法。选用的牛肉主要是上等的黄牛，在烹饪过程中，使用多种名贵中草药和香料，将牛肉放入大锅中蒸煮。经过

文火慢炖数小时，牛肉吸收了各种香料的味道，最终呈现出红亮的色泽。平遥牛肉的特点是色泽红润，肉质鲜嫩，肥而不腻，瘦而不柴，醇香可口，营养丰富。平遥牛肉不仅是美食文化的代表，也是文化遗产的体现。它见证了中国传统烹饪工艺的发展和演变，是山西省传统名菜之一。

02.榆次桃花面

榆次桃花面是榆次的特色小吃。

选用面粉、胡萝卜、油炸丸子、鸡蛋、山西烧肉等制作而成。口感丰富，别是一番风味，让人百吃不厌。

03.太谷饼

太谷饼是山西省传统名吃,因产于太谷县得名。太谷饼始于清代,具有甜而不腻、酥而不碎,味美鲜香等特点,以其香、酥、绵、软而闻名全国,享有"糕点之王"的美称。太谷饼为"晋商饮食文化"的典型代表,著名歌唱家郭兰英那首清脆悠扬的"平遥的牛肉,太谷的饼……"更是让太谷饼的美名传遍天下。

太谷饼是面制炉烤的实心饼,当地俗称"干饼""烧饼"。冷食此饼,酥而不硬,软而不皮,而且储存时间长,久储味道不变,既可作茶点,也可旅行食用。因此,太谷饼还是人们相互馈赠的上好礼品。

04.寿阳豆腐干

寿阳豆腐干,山西省寿阳县特产。

寿阳豆腐干块形较平整,外观褐红,内显金黄,口感坚实,组织细腻有韧劲,无豆腥味,鲜香味美,营养丰富。"寿阳豆腐干"采用当地产优质大青豆制成。所用原料寿阳大青豆颗粒饱满,富含蛋白质、维生素等多种营养成分。

独特工艺精制的豆腐干,低糖、微咸,口感细腻,味感清香,具有高蛋白质低脂肪、高维生素低胆固醇等特点,有很高的营养价值。"寿阳豆腐干"的产品特色,主要是得益于其大豆、水质和传统工艺。

05.太谷壶瓶枣

太谷壶瓶枣,太谷里美庄为主产区,榆次、平遥、交城、清徐也有栽培。壶瓶枣传说在春秋战国时期就有栽培,果实大,以形似"壶"状而得名。果皮薄,肉厚质脆,甜酸适度。鲜枣含折光糖37.8%,总糖30.35%,酸0.57%,糖酸比52.92:1。每100克鲜枣含维生素C 493.2毫克。干枣含糖71.38%，酸3.15%，糖酸比为22.66:1。每100克干枣含维生素C 30.13毫克。红枣味甜可口，营养丰富保健医疗价值很高。

06.介休贯馅糖

贯馅糖又称灌馅糖，山西介休特色传统糖点，介休八珍中的一珍，也是山西十大名特食品之一。

贯馅糖是一种咬着酥脆，吃着绵甜，深受广大消费者好评的食品。介休贯馅糖，有着悠久的历史。据县志记载，早在明末清初就畅销全国，有着很高的声誉。

贯馅糖营养丰富，具有皮儿薄，馅儿香，气味芬芳，味道鲜美可口等特点。

07.熏鸽

熏鸽是晋中地区的特色美食，采用多种天然香料精心制作而成。

熏鸽的制作工序繁复，做工讲究，出来的熏鸽香味红艳油亮，味道浓郁，诱人垂涎三尺。肉质鲜嫩，尝上一口，让人唇齿留香，回味无穷。

08.祁县酥梨

祁县酥梨，山西省祁县特产。祁县酥梨以其果形端正，洁白透黄、皮薄肉细，香甜酥脆，果汁多，有着糖分高、营养丰富、品质上乘的特点，被誉为果中一绝、梨之上品，畅销国内各大城市，并打入国际市场。

09.寿阳茶食

寿阳茶食是山西寿阳著名的传统小吃，是一种烙饼和月饼合二而一的早点食品。这种食品，外酥、里脆，形状像小酥皮月饼，据传，茶食这一名字，还是唐代大文学家韩愈所起。这种茶食文化在寿阳当地保留传承。茶食食之香甜可口，可作早点佳品，当地人每逢春节总是动手做些来吃。在婚嫁、喜庆之时，每每以其待客或作为馈赠礼品，或作祭祖敬神供品。

10.平遥长山药

平遥长山药被国内外称为"中国小人参"，是当地久负盛名的特产，其制品营养丰富、性温味甘，是健身、扶脾、养胃的上等滋补药品，远销马来群岛、日本、美国等地区和国家。平遥长山药除了经过烹饪食用之外，还加工成为长山药粉。

11.晋中砂子饼

晋中砂子饼，亦名疤饼。这种疤饼，直径一般是26厘米到33厘米，饼既薄且脆，饼脸用卵石烙成，凸凹不平，因而有"疤饼"之称。

烙制疤饼时，先将面粉、食油、鸡蛋、盐、五香粉等原料和起，用擀面杖擀成又圆又薄的饼坯，把平底鏊置于火上加热，再把大小不一的河中捡来的卵石洗净，放在平底缝里，等卵石烧到极热以后，把饼坯放在烧热的石子上用文火烤熟即成。这种饼的原料配比，可按食用需要而定，但食油不可多放，以免影响存放。

12.寿阳小米

寿阳种谷子历史悠久，品种繁多，当地农家种有"大白谷""铁索链""蛇谷"等10余个品种，金黄透亮，圆润饱满，口感绵甜，黏糯爽口，清香四溢；蒸煮皆宜，酿酒清香。

13.寿阳油柿

寿阳油柿是山西地方民间传统小吃，是山西省寿阳独有的食品。油柿是一种油炸食品，形如柿子，呈焦黄色，微有裂纹，故名，特点是油而不腻，果味清香，外酥内软，甘甜利口。1959年全国科普会上将其定为山西名特产品，它是以白面、汤糖、麻油和少许碱面配制而成。市场上多有销售，人们喜食，尤其赶会看戏，用红烧饼夹之，俗称"蛤蟆含蛋"，别有风味。

阳泉市

　　阳泉市太行一号旅游公路建设里程687千米，其中：主线286千米，支线151千米，连接线250千米。同步建成慢行道72千米，大汖温泉驿站、牛道岭驿站等9个等驿站，盂五界—吉古堂连接线观景台、崔家庄—庄只观景台等8个观景台，车轮停车场、椿树底停车场等4个停车场，辛庄营地、娘子关营地等5个营地。

　　连通如下景区。

　　AAAA级景区8个：城区阳泉记忆·1947文化园、城区小河古村评梅景区、盂县藏山旅游风景区、盂县华北奕丰生态园、盂县大汖温泉旅游度假景区、郊区桃林沟景区、郊区翠枫山自然风景区、平定县娘子关景区。

　　AAA级景区7个：盂县水神山景区、盂县大汖古村景区、盂县藏山翠谷景区、郊区狼峪抗战遗址公园、平定县董寨龙潭峡谷景区、平定县红岩岭景区、平定县固关长城景区。

　　AA级景区7个：平定县平西抗战文化园、平定县瓦岭村柏岭山景区、平定县上艾莲花山景区、平定县南庄抗战地道景区、平定县七亘大捷景区、矿区银圆山庄景区、郊区关王庙景区。

　　A级景区1个：平定县冠山景区。

　　阳泉东梁机场位于阳泉市盂县东梁乡西梁村。

　　阳泉市有5个火车站，分别是：阳泉北站、娘子关站、阳泉火车站、岩会火车站、阳泉东站，其中阳泉北站是高铁站。

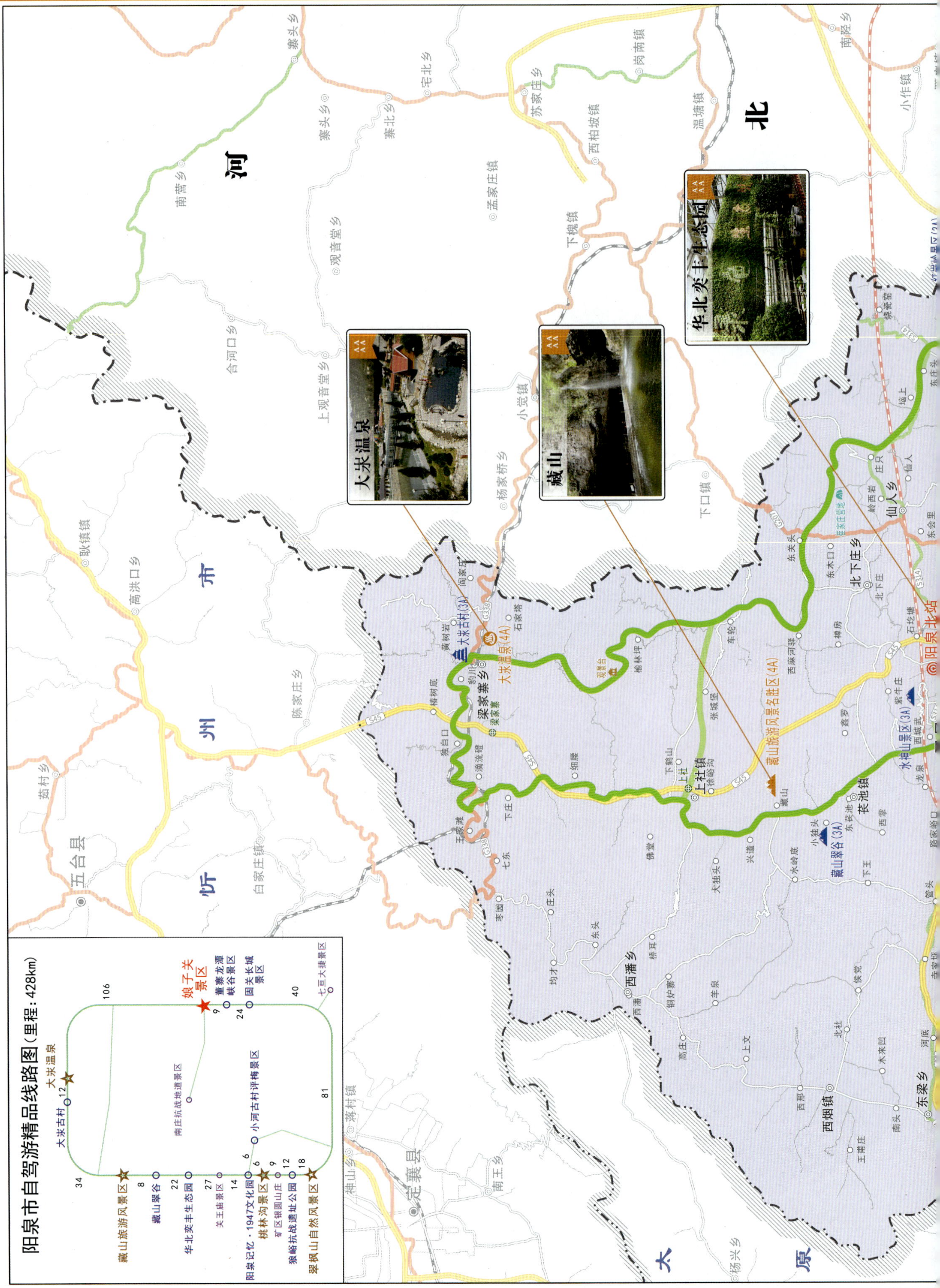

北

河

市

州

忻

五台县

定襄县

神山乡

南王乡

大　原

阳泉市自驾游精品线路图（里程：428km）

大米温泉

娘子关景区

童寨龙潭峡谷景区

固关长城景区

七日大捷景区

大米古村　12

藏山旅游风景区　34

藏山翠谷　8

华北奕丰生态园　22

关王庙景区　27

阳泉记忆·1947文化园　14

桃林沟景区

矿区镇圆山庄

狼峪抗战遗址公园

翠枫山自然风景区　81

106　　40

9　24

6　9　12　18

大米温泉

藏山

华北奕丰生态园

大米古村(3A)　大米温泉(4A)

藏山旅游风景区(4A)

藏山翠谷(3A)

水神山景区(3A)

阳泉北站

娘子关

小河古村景区

阳泉记忆1947

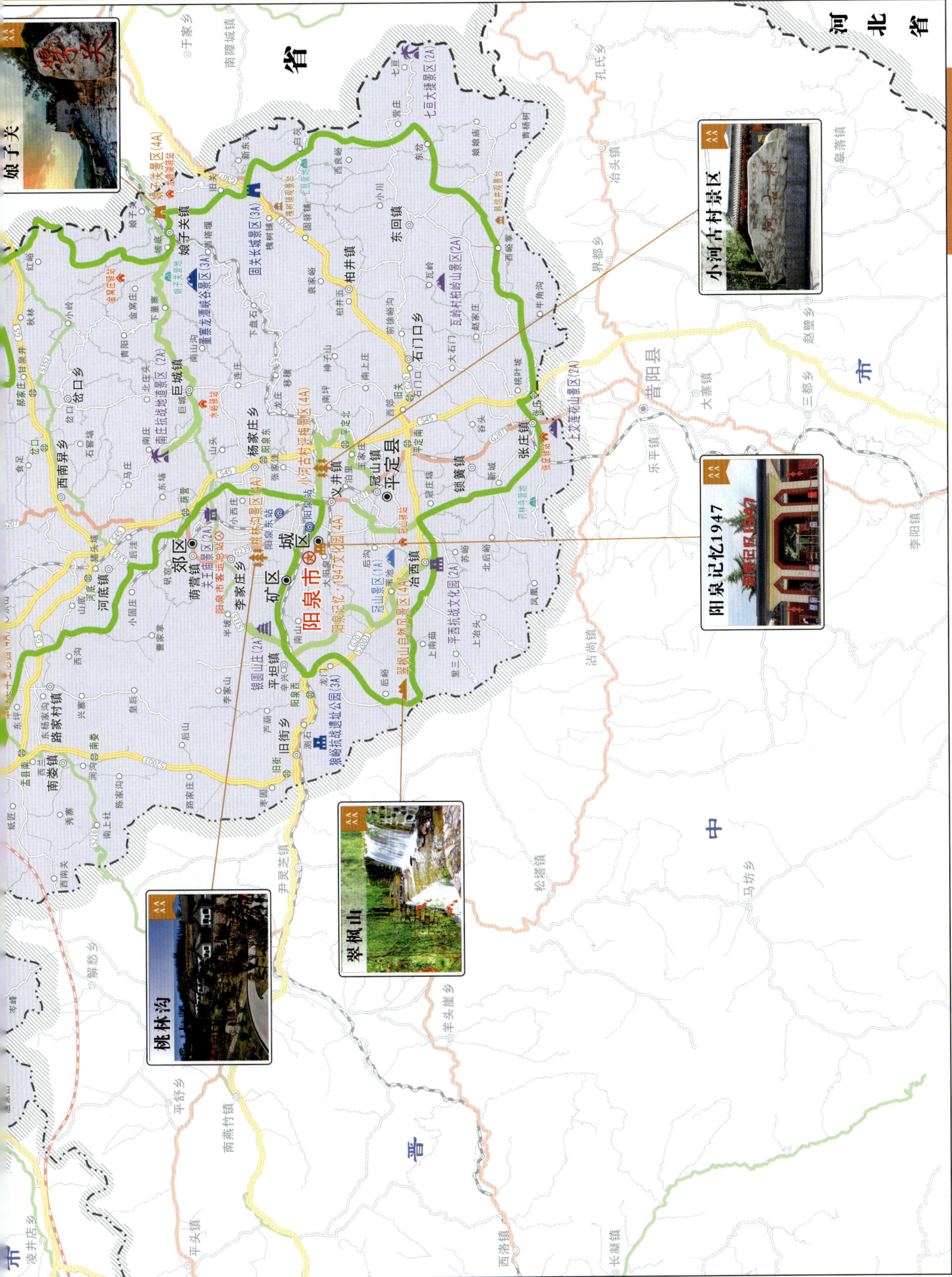

翠枫山

桃林沟

省

娘子关景区(4A)
五龙潭瀑布站

七亘大捷景区(2A)

南障城镇
千家乡
新井东站

新关
娘子关站
坡底
娘子关镇
衡塔站

白灰
东岭
固驿铺镇
娘娘庙
西良峪

关都乡
孔氏乡

草帽乡
冶头镇

晋阳县
大寨乡
三都乡
市

红岭
金家庄站
金家庄
秋林
南阳
北庄村

南山沟
重塾温泉谷景区(2A)
固关长城景区(3A)
槐树铺
固驿铺镇
小口镇
东回镇
柏井镇

南坪
移庄
龙庄
柏井西
南上社
石门口乡
桃树沟
科井古村观景台·七旦居民地

瓦岭村柏崖山景区(2A)
石门
慈疃村
慈峪村

牛角沟

静马乡甘泉井
岔口乡
石窑坡
马家坪

山底
东垴
沟西滩
山头

南垴孟地景区(2A)
杨家庄乡
水峪
南坪
义井镇东
义井镇
石门口乡
石门口乡
南郊
谷头
平定县
冠山镇
张庄镇

张庄站
张庄煤矿站

上太连花山景区(2A)
张庄镇

大阳泉站

晋阳县
大寨乡

乐平镇

西南舁乡
阳坡
阴汉度
河底镇

阴营乡
士王王庄
阳泉市客运总站
李家庄乡
矿区
桃林沟景区(2A)
阳泉东站

平定县
冠山镇
锁簧镇
新城
冠山景区(1A)
石门

冠山镇
上冶头
里三·平西抗战风景区

沾尚镇

曹家山
东沟
半坡
桃林沟景区(2A)
银圆山庄(2A)
平坦镇
辛兴
阳泉东

龙门
翠枫山自然风景区(4A)
冶西镇

松塔镇

马坊乡

中

纸匠
毫县南
南娄镇
洞沟曲南娄
陈家沟
南上社
皇山
后山
芦峪
旧街
旧街乡
狮脑山战战遗址公园(3A)

西南关
西洛沟
平头山
路家村镇
兴寨
尹灵芝园

羊头崖乡

解愁乡

娄家乡
平头镇
南燕竹镇

西洛镇
长岭镇

晋

市

· 两日游

第①站
小河古村评梅
起点

第②站
阳泉记忆·1947文化园

第③站
翠枫山景区

狼峪
起点

第②站
桃林沟景区

第④站
固关长城

阳泉　　　阳泉记忆·1947文化园
小河古村评梅景区　　翠峰山景区

阳泉　　桃林沟
狼峪抗战公园

📅 **行程推荐** 全程29.6千米，驾车耗时59分钟

上午驾车前往小河古村评梅景区游玩，之后沿阳铝街、南庄路去往阳泉记忆·1947文化园。下午沿桃北中街、辛后线前往翠峰山游玩，全天行程29.6千米。

📅 **行程推荐** 全程75.9千米

第一天：上午驾车前往狼峪抗战
进入到漾泉大街前往桃林沟景
近，全天行程18.6千米。

第二天：上午出发前往董寨龙潭
全天行程55.3千米。

①站
战公园

第②站
藏山翠谷

起点

第①站
大众度假景区

第③站
奕丰生态园

第④站
红岩岭景区

第③站
董寨龙潭峡谷

第⑥站
固关长城

第⑤站
娘子关景区

景区　　　固关长城

阳泉　　藏山翠谷　　红岩岭景区　　固关长城

董寨龙潭峡谷景区

大众度假景区　　奕丰生态园　　娘子关景区

车耗时2小时03分钟

🏛 行程推荐 全程164.5千米，驾车耗时3小时56分钟

园游玩，下午从王岩沟东路
游玩，晚上宿桃林沟景区附

第一天：上午在大众温泉旅游度假景区游玩，下午沿天黎高速、
G239前往藏山翠谷景区，全天行程41.7千米。

谷景区，下午前往固关长城，

第二天：早上途经泉沟1号桥、孙家庄2号桥抵达华北奕丰生态
园，游玩后驾车途经天黎高速、京昆高速前往红岩岭景区，晚上
宿红岩岭景区附近，全天行程72.9千米。

第三天：早上从红岩岭景区出发，途经太行一号旅游公路、
S315到娘子关景区，下午驾车前往固关长城游玩，全天行程
49.9千米。

景点介绍

01. 盂县藏山旅游风景名胜景区 >>>

- ◇ 景区名称：盂县藏山旅游风景名胜区
- ◇ 质量等级：国家AAAA级旅游景区
- ◇ 景区地址：盂县苌池镇藏山村
- ◇ 联系方式：400-114-0353
- ◇ 景区简介：

　　山西盂县藏山风景区是赵氏孤儿发源地、忠义文化发祥地、三晋历史文化名山，因春秋时期藏孤救赵事件而闻名遐迩，距今已有2600多年的历史，是"国家AAAA级旅游景区""国家水利风景区""全国重点文物保护单位"，其核心文化赵氏孤儿传说被收录为国家级非物质文化遗产，游览面积十余平方千米，由育孤园、春秋藏孤胜地、莲花寺、仙人峰自然生态区四大板块168个景点组成，是历史文化与自然山水相结合的两日游大景区。

　　藏山位于阳泉市盂县，地处太行山西麓，是晋冀旅游金三角地带，为京昆高速、太石高速、阳五高速三条高速六大出口的交会处。

02. 盂县大崇温泉 >>>

- ◇ 景区名称：山西盂县大崇温泉景区
- ◇ 质量等级：国家AAAA级旅游景区
- ◇ 景区地址：盂县梁家寨乡寺平安村
- ◇ 联系方式：0351-8145678
- ◇ 景区简介：

　　山西大崇温泉景区占地面积200余亩，建筑面积为4万多平方米，项目总预算为5亿元，是山西首家集温泉沐浴、休闲养生、水上乐园、生态旅游及完善的吃、住、娱、购配套于一体的新型、综合性"AAAA级温泉旅游度假景区"。大崇温泉景区，融合了温泉自然、闲适、动感、健康等产品特性的同时，着意突出了温泉产品的地域特色。星罗棋布于区内的温泉池分为室内动感区、水中风情区、自然养生泉区、大韩风情区、仇犹文化区、水上乐园区等六大区域，共设有40余种70余个功能各异、大小不一的温泉泡池，构成了全新的温泉天地。

03. 平定县娘子关景区 >>>

◇ 景区名称:阳泉市平定县娘子关景区

◇ 质量等级:国家AAAA级旅游景区

◇ 景区地址:平定县娘子关镇娘子关村

◇ 联系方式:0353-5681888

◇ 景区简介

　　娘子关原名苇泽关,位于太行山脉中段,山西省阳泉市东约40千米处的绵山山麓,是万里长城上的著名关隘,为历代兵家必争之地。以雄关、险道、崇山、秀水闻名于天下的娘子关,素有"天下第九关"之称和"北国小江南"之美誉。娘子关是我国古代"先秦九塞"之一,是出入太行山的重要通道,为晋、冀之间的咽喉要地和两省的分界线。作为历史上万里长城的著名关隘,娘子关现已被列为第一批国家级长城重要点段,娘子关古村落入选第八批中国华侨国际文化交流基地。同时,其作为山西省重点打造的黄河、长城、太行三大旅游板块上的重点项目和阳泉市文旅康养产业的龙头项目,娘子关镇先后被评为中国历史文化名镇、AAAA级乡村旅游示范村。

04. 阳泉郊区桃林沟景区 >>>

◇ 景区名称:桃林沟景区

◇ 质量等级:国家AAAA级旅游景区

◇ 景区地址:郊区平坦镇桃林沟村

◇ 联系方式:0353-5688000

◇ 景区简介:

　　国家AAAA级旅游景区——桃林沟景区位于山西省阳泉市郊区平坦镇桃林沟村,地处城市近郊,背靠山体,南依村域主干道,自然生态环境良好,有阳泉后花园的美称。

　　景区总占地面积约100万平方米,是一个集生态旅游、文化观光、田园体验、休闲度假、住宿娱乐、商务会议为一体的综合性生态文化旅游景区。

　　景区交通方便,距离市区2.7千米,漾泉大道快速路与阳五高速和307复线衔接,下高速可直达景区。距离市区域内各景区(娘子关、藏山、石评梅故居、翠峰山、银元山庄等)车程约在1.5小时内。景区因地制宜,全年免费对外开放。

　　景区内含非遗文化景点桃河民俗文化园和桃花源里公园,可体验挑战性、刺激性项目高空滑索、桃林鹊桥、银河冲击波、喊泉、七彩滑道,娱乐性项目桃林乡村亲子乐园、悦洋水世界,体育项目英皇骑士俱乐部、摇摆船、童立方体能俱乐部等游乐项目。另外桃林欢乐世界游乐场内的摩天轮为当地制高点,乘坐摩天轮可以俯瞰整个景区。

05. 翠枫山自然风景区 >>>

◇ 景区名称:阳泉市翠枫山自然风景区
◇ 质量等级:国家AAAA级旅游景区
◇ 景区地址:郊区平坦镇后峪村翠枫山自然风景区
◇ 联系方式:0353-4075500
◇ 景区简介:

该景区位于山西省阳泉市平坦镇后峪村,这里依山傍水,风景优美,温度适宜,是国家AAAA级旅游风景区、国家级水利风景区、省级风景名胜。景区占地13平方千米,自然森林覆盖率97%,负氧离子含量高达2350个每平方厘米,是名副其实的天然氧吧,是中老年人养生保健的康养胜地、孩子们的最佳游玩乐园。在这里,共有植物1200余种,鸟类、昆虫和各类动物800余种,野生果树110余种、野生花卉400多种、野菜类植物270多种、药用植物350种,堪称山西省"物种基因库",还有自然天成的"财门""运门"等特色景观,更有广场"怪坡"、水上娱乐以及山西目前最大的"标本馆"等多项特色娱乐项目。

06. 盂县华北奕丰生态园景区 >>>

◇ 景区名称:华北奕丰生态园
◇ 质量等级:国家AAAA级旅游景区
◇ 景区地址:盂县牛村镇前元吉村
◇ 联系方式:0353-8115678
◇ 景区简介:

山西华北奕丰生态园紧邻阳泉北火车站,是由石店煤业转型打造的集生态农业引领、现代林业示范、生态休闲旅游为一体的综合性生态园区。

园区内有奕丰钓鱼台、奕丰跑马场和圣仙乐滑草滑雪场等景点,已形成占地万亩的苗圃基地,油松、侧柏、木槿、槐树等景观树绿意盎然,是一处集经济林、生态林、采摘园相结合的园林景观。

动物科普基地共饲养展狮子、豹子、羊驼、浣熊等70余种珍禽名兽,展示出大自然的和谐之美。

园内专为家长和儿童设计建造了亲子乐园,漫步其间,欣赏孔雀开屏、锦鸡炫舞。园内设有动物表演等特色节目,精彩纷呈。园内还种植有大量绿色无公害蔬菜,花卉品种齐全。苗圃、经济林、生态林、草地相结合的万亩园林景观区形成了一道集自然人文于一体的绿色走廊。

面积达七千多平方米的圣先乐生态酒店,兼有花木造景艺术、陶瓷、石刻和民间歌舞等文化符号,就餐环境一流。

该村是近代著名红色作家石评梅女士的祖籍故里，山清水秀，民风淳朴，文物古迹及文化遗产丰富。该村群山环绕、依坡建村、河流穿村而过。山势的自然高差造就其建筑特点的高低起伏，错落有致，层次分明，村内街巷硬化、美化、绿化科学合理，许多古建筑群保存完好，一派古村落气象，素有礼仪之乡之美称。

保持完整的石家花园、关帝庙、观音庵等古建筑群落堪称我国北方最具特色的大院民居文化代表，彰显了小河历史文化名村的价值和品位。

07.阳泉市小河古村评梅景区 >>>

◇ 景区名称：阳泉市小河古村评梅景区

◇ 质量等级：国家AAAA级旅游景区

◇ 景区地址：阳泉市城区义井镇小河村

◇ 联系方式：400-1190-353

◇ 景区简介：

环境优美、历史文物遗留丰富的评梅景区位于阳泉市城区义井镇东部，村西与阳泉城区毗邻，行4千米柏油路即可到达市中心。距太旧高速公路平定出口8千米，与白羊墅火车站隔河相望，307国道在村西1.5千米处通过，交通十分便捷。

景区内有丰富的文化古迹。景区内已有景点石评梅纪念展馆、石家花园、关帝庙、观音庵、水上游乐中心、廉政教育基地等。先后接待游客数十余万人次，取得了一定经济效益和良好的社会效益。

景区所在古村由于拥有众多历史文化遗产，于2007年被原建设部、国家文物局评定为阳泉市首家"中国历史文化名村"，并被列入省级新农村建设重点推进村。

08.城区阳泉记忆·1947 文化园景区 >>>

◇ 景区名称：城区阳泉记忆·1947文化园

◇ 质量等级：国家AAAA级旅游景区

◇ 景区地址：阳泉市城区南庄路118号（原水泵厂）

◇ 联系方式：19135301122

◇ 景区简介：

阳泉记忆·1947文化园位于城区南庄路

市水泵厂原址,该园以展示1947年阳泉历史风貌为主题,通过丰富多样的展览和文化活动,让人们了解和体验当时的社会生活和历史变迁。

09. 平定县固关长城景区 >>>

◇ 景区名称:平定县固关长城旅游景区开发处

◇ 质量等级:国家AAA级旅游景区

◇ 景区地址:平定县娘子关镇新关村

◇ 联系方式:0353-6142258

◇ 景区简介:

固关景区位于山西省平定县娘子关镇新关村,距河北省界只有2千米,紧临307国道、石太高速,交通十分便利。

位于固关景区内的固关长城,据古建筑学家罗哲文教授考证,始建于公元前369年的春秋战国时期,属中山长城的一部分,全长20千米,距今已有2300多年的历史,比秦始皇统一六国后修筑的万里城要早155年。固关长城后于明代嘉靖年间(公元1542年)进行了大

型修复,将关口设在固关(即今新关村)。

当初由于蒙古游牧虏寇经常窜到关内骚扰,并率军攻打故关(今旧关),因故关地形险要不足,险被虏寇攻破。为加强防御,嘉靖皇帝派大臣勘察地形,下诏移关设城将故关西迁十里,在险要狭窄的山间修筑关口,改"故"为"固"即今"固关"。并在此建关设城,城内建有三座衙门,俗称大衙门、二衙门、三衙门。大衙门由参将(嘉靖皇帝的四叔庄懿王)镇守;二衙门由千总(专营军饷粮草、武器、弹药)镇守;三衙门为守备(征收关税)镇守。庄懿王到固关赴任前向圣上讨旨,公告天下,在全国各地招兵买马,允许固关守关将士随军带眷,生下男孩者报衙门注册登记,享受皇粮军饷待遇,待年满十八周岁随父在此一同守关,成为守关的父子兵。因此,现在在固关(新关村)安家落户的200户,近800口人,多数属明代守关将士的后代。

10. 盂县藏山翠谷景区 >>>

◇ 景区名称:藏山翠谷景区

◇ 质量等级:国家AAA级旅游景区

◇ 景区地址:盂县芘池镇小独头村

◇ 联系方式:0353-5699993;
　　　　　　13363539666

◇ 景区简介:

　　藏山翠谷景区位于盂县芘池镇小独头村,地处太行山西麓,紧邻国家AAA级旅游景区藏山,距阳泉北高铁站约20分钟车程。这里自然生态资源丰富,田园风光多彩,文化底蕴深厚。特色景点有龙凤古柏祈福台、九天飞瀑、藏山湖、饮马池、翠谷流溪。体验项目有滑索、紫色梦幻、半山茶吧、山地运动。文化项目有忠义文化、红色文化、农耕文化。目前,景区已初步形成了"观光游、休闲游、生态游"旅游新格局。"观光游"——以生态农业休闲观光园、百果园、葡萄园、百亩花海构成观光采摘体验区。漫步其间,如美酒佳酿,浅尝回味无穷,深醉则不知所出。"休闲游"——以阳光窑洞、古村落、龙凤古柏构成休闲度假区。再现文明魅力、富有无限生机、彰显美丽风光。"生态游"——以独特的自然资源、野生动植物、集群蝴蝶构成原生态旅游区,让游客从喧哗的都市生活和繁重的工作压力中解放出来,身处天然氧吧"森"呼吸,静听松涛之声觅幽境,享受轻松和惬意。

11. 平定县红岩岭景区 >>>

◇ 景区名称:红岩岭景区

◇ 质量等级:国家AAA级旅游景区

◇ 景区地址:平定县岔口乡主铺掌村

◇ 联系方式:18435377862

◇ 景区简介:

　　红岩岭,传为王莽追刘秀之岭,又称红岩寺梁,海拔1200多米,西南—东北走向,绵延四十余里,沿途峰叠峦聚,望去呈红色,古称"四十里红岩寺大梁"。

　　洞天福地,鬼斧神工。景区西北凤凰山"玉皇洞",为天然钟乳石溶洞,五洞平行相连,曲径通幽,总长1000余米,面积近8000平方米,被地质专家誉为"太行第一钟乳石洞"。洞内冬暖夏凉,四季恒温14℃,四周钟乳倒悬,石笋擎天,孤城绝塞,古寨遗迹。

　　景区东部晋冀结合部尚存有三百多米石砌古长城遗址,史载最早为战国时赵世家成侯所筑,现存有北齐天保年间和明嘉靖年间复修后的遗址。景区中南部山顶古秋林寨,北有平天关,其东西南三面绝壁,前后寨门房屋遗址至今尚存。

　　这里也是红色圣地,革命摇篮。1941年,赵继秋、马锡芝等八名八路军战士在反"扫荡"战役中壮烈牺牲,党组织和群众为烈士立碑,成为传统革命教育基地。1952年,转业军人张瑾瑶矢志从教,创办红育口学校,走村串户扫除成人文盲,被誉为"红色的山乡教师",红育口学校被省政府确定为"德育教育基地"。

12.盂县大汖古村景区 »»»

◇ 景区名称：盂县大汖古村景区

◇ 质量等级：国家AAA级旅游景区

◇ 景区地址：盂县梁家寨乡大汖村

◇ 联系方式：13453343344

◇ 景区简介：

　　大汖古村位于山西省盂县梁家寨乡深山沟谷中，是迄今盂县仅存的最古老村落。大汖村口有三条瀑布，村居最大瀑布之地，故取名"大汖"。因其分布俨若藏传佛教圣地，又有太行山深处的"布达拉宫"之称。据当地文物部门考察，村后曾有座镇山大王庙，里面供奉着7尊石像。

　　"镇山大王"石像背后记有"北魏永安二年"，距今有1500多年历史，有专家称，这一村落在北魏时期就已存在。

　　大汖村依山而建，是一个兼具徽派民居特点和南方吊脚楼风格，至今仍保留原始农耕风貌的古村。这个既有布达拉宫建筑风韵又具皖派江南味道的深山小村，在三晋的黄土地上别具风情。

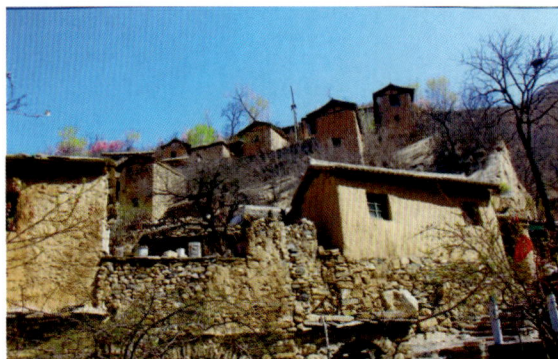

13.平定董寨龙潭峡谷景区 »»»

◇ 景区名称：平定董寨龙潭峡谷景区

◇ 质量等级：国家AAA级旅游景区

◇ 景区地址：平定县娘子关镇下董寨村

◇ 联系方式：13097503551

◇ 景区简介：

　　董寨龙潭峡谷风景区地处太行山中麓的娘子关镇下董寨村位于温河下游，经过亿万年地质结构变化，形成了奇异的自然风光，绘成了壮美秀丽的天然画卷。这是一处集地质地貌、古寨人文、探险寻奇、休闲娱乐为一体的旅游胜地。

14.郊区狼峪抗战遗址公园景区 >>>

◇ 景区名称:郊区狼峪抗战遗址公园
◇ 质量等级:国家AAA级旅游景区
◇ 景区地址:阳泉市郊区旧街乡南沟村
◇ 联系方式:13835330087
◇ 景区简介:

　　狼峪抗战遗址公园,位于郊区旧街乡草帽山。公园设有接待中心、展览馆、培训室、住宿部,建有纪念碑、缅怀亭、将军像、烈士墓、宣誓墙、百团大战系列版画,重点呈现百团大战期间抗日名将、八路军第129师新10旅旅长范子侠在阳泉西线铁路破袭战中的传奇故事和平西县游击队大队长葛尧臣英勇就义的壮烈事迹。

15.盂县水神山景区 >>>

◇ 景区名称:盂县水神山景区
◇ 质量等级:国家AAA级旅游景区
◇ 景区地址:盂县县城东北5千米处
◇ 联系方式:13934035053

◇ 景区简介:

　　水神山位于盂县县城东北5千米处,山上苍松翠柏,奇花异草,清秀幽雅,烈女祠依山而筑,由低而高,形成一组沿中轴线排列的虚实相交、错落有致、左右对称的建筑群。相传宋太祖赵匡胤陈桥兵变,取后周而代之。周世宗之女柴花公主生性刚烈,不甘寄生于赵宋,逃居此山,后殉节自尽于水神山抱泉楼侧的一棵枣树上。后人感其贞烈,立庙祭祀,俗称"圣女祠"或"奶奶庙"。

　　水神山从自然形势看,坐西北而朝东南,形势颇似一把座椅,属于风水宝地。其主峰海拔水神山在千米以上,两翼山梁舒展张开。明清时重修过的两组古建筑,一处为祭祀水神的抱泉楼,另一处即烈女祠,一上一下坐落在两翼山梁的怀抱之中。

　　县城东部不仅有烈女祠古建筑、巧夺天工的雕塑工艺和色彩精美的壁画艺术而闻名遐迩,还因其山川秀丽而驰誉三晋。水神山,峰峦耸峙,苍松翠柏,异卉奇花,素有"林海花浪""云天仙宫""云海仙阁"之称。春夏之季,桃李争艳,五彩缤纷,幽芳浓郁,山水相映,分外妖娆,真可谓踏春游夏的绝佳胜境。

特产美食介绍

01.平定荆花蜂蜜

平定荆花蜂蜜是阳泉平定县的特产，呈浅琥珀色，入口留香，回味无穷，具有清热解毒的功效，因此被称为"一等蜜"。

平定荆花蜂蜜中富含营养，可以提高人体免疫力，缓解神经紧张，促进睡眠，并有一定的止痛作用。

02.盂县花椒

盂县花椒是盂县地区的特产之一，有着千余年的栽培历史。它的特点是色泽鲜艳，外红内黄，香味芬芳。盂县花椒被称为"十里香"，因为它的独特品质而闻名。它不仅可以用来烹饪，还可以用来制作饮品和调味品。

03.西回小米

西回小米的生产基地地处太行山中部，产自于山西省阳泉市平定县西回村。它的生长期长，昼夜温差大，种植土壤为褐色土质，肥分较高，常年使用农家肥，团粒结构好，水源主要靠天然旱井集雨，基地及周边无"三废"污染源，生态环境良好。

04.平定黄瓜干

平定黄瓜干，这是一种拥有400多年历史的独特美食，以其清脆的口感、爽口的味道和香醇的余韵而广受人们的喜爱。

据历史记载，平定黄瓜干的生产始于明朝，经过一代又一代人的不断发展和完善，如今已经成为平定县的一张美食名片。这种美味的食品以新鲜的黄瓜为主要原料，经过精心腌制和晒干等工艺步骤制作而成。每一片黄瓜干都保留了黄瓜的原始风味和口感，经过腌制和晒干后，更是增添了一种香醇而深厚的味道。

平定黄瓜干的最大特点就是它的清脆口感和香醇味道。每一口咬下去，都能感受到那种独特的清脆口感，这种清脆并不是那种生硬的脆，而是一种带着爽口感觉的脆。而它的香醇味道，则是一种深厚而绵长的香味，让人一尝难忘。平定黄瓜干是一种集悠久历史、独特口感和方便易食于一体的美食。它不仅代表了平定县的美食文化，更是中国美食文化中的一颗璀璨明珠。

05.仙人红薯

仙人红薯，山西省阳泉市盂县特产。

盂县仙人乡狮子神村海拔低、积温高、沙土地透气好，这些独特的地理和气候条件成就了贞祥红薯种植专业合作社红薯产品的优质特性。2011年，合作社的红薯产品获得无公害农产品认证。如今仙人红薯品牌越叫越响，入社农户达126户，辐射带动仙人乡十几个村进行种植。岩石地貌，沙性土壤，这些极其优良的传统种植经验模式和气候条件等特性使仙人红薯以其薯个均匀，薯型纺锤，椭圆，圆筒，块根表面光滑平整，内外皮层色鲜艳丽漂亮商品率高，每千克含干物质258克以上闻名于世。

2013年12月30日，原农业部正式批准对"仙人红薯"实施国家农产品地理标志登记保护。

06.粉条豆腐丝

粉条豆腐丝是阳泉的传统特色美食之一，以粉条和炸过的油豆腐丝为主要原料制作而成。外脆里嫩的豆腐丝搭配上香喷喷的葱、姜末、蒜末、花椒和大料、酱油、陈醋、香油等调料，口感丰富。

它是一道简单、清淡、鲜美的菜肴，不论是过年待客、还是坐席，都是人们的首选。

07.糊嘟

阳泉美食中，有一种特色面食叫做"糊嘟"，是用玉米面做成的，因为蘸料和软硬适中老少皆宜的口感而受到广大山城人民的喜爱。

08.酿白菜

酿白菜是阳泉的一道不可多得的美食，它以白菜为主料，经过一系列的调味和蒸制，制作出肉馅与白菜搭配的丸子。制作过程简单，味道鲜美。酿白菜独特的口感和味道，使人在品尝时能够感受到白菜的清爽和肉的鲜嫩，增加了味道的层次感。

09.阳泉漂抿曲

　　阳泉漂抿曲是阳泉特有的面食，以绿豆掺少量精白面粉和面，经特制抿曲床压制而成。

　　漂抿曲煮熟后捞入各种调料配制成的汤汁中即可飘起。阳泉漂抿曲长如挂面，细如毛粉，清香利口，鲜味扑鼻，富有营养，风味别致。因为它是以绿豆为主要食材制成，吃后不仅有消暑功效，而且还是用粗细粮混搭制作而成，这绝对是绿色健康的美食。

10.枣介糕

　　枣介糕是山西省阳泉市盂县的传统糕点，可以算作阳泉的特色美食。枣介糕制作简单，口感丰富多彩，而且香甜可口，可以算作山西阳泉的特色美食之一。

11.阳泉压饼

　　阳泉压饼是山西阳泉地区的特色美食，以香酥脆爽、口味独特而闻名。

　　制作过程独特，每个饼需要反复翻五六遍，直到香味完全沁入面粉中才行。阳泉压饼金黄酥脆，入口碎，每个饼都像是压在人心里的美食，是阳泉地区自己独特的美食。

年，八路军一二九师部队追赶阎锡山部队至沁河的将军岭时，阳城县的村民们还担上"肉罐肉"慰问八路军战士，体现了当地人民对军队的支持和感激之情。

12.俊儿肉

俊儿肉就是猪皮冻，是阳泉的传统小吃。"俊"在当地就是冷却上冻的意思。在当地冬天过年时经常做。吃的时候，放点儿葱姜蒜，再蘸上老陈醋，非常好吃，且富含胶原蛋白，多食可达到美容的效果。

14.平定豆叶菜

平定豆叶菜是山西省阳泉市平定县的特产，当地人自古以来就有四季食用豆叶菜的习惯。采摘豆叶的最佳时节是"白露"前后，这时，人们会结伴到田间采摘豆叶，称为"捋叶"。制作过程也相当独特，包括将豆叶卷紧、加水焖熟、切成细丝、层层放入瓮中腌制等步骤。

13.阳城肉罐肉

阳城肉罐肉是山西阳泉的著名特产，以其独特的制作工艺和喷香的味道而闻名。阳城肉罐肉的烹制方法独特，煎煮出来的肉质鲜美，肥而不腻，软烂可口，满口留香。1945

平定砂货品种繁多,有砂锅、砂罐、砂壶、砂坛、砂盆、砂笼、砂瓢、砂勺等近百种。用砂锅熬小米稀饭,水米交融,色泽金黄,香味浓郁;砂锅炖肉,无腥膻气;砂锅炖豆腐,色正味醇;砂壶煎药,药性不变;砂漏锅生豆芽,长得快,不霉烂;砂笼屉蒸馒头,上气匀,热得快;砂盆栽花,通风透气,不烂花根。此外,平定砂货还以价格低廉取胜。适合各类人群使用,因此深受山西人民喜爱。

15. 烩猫耳朵

烩猫耳朵是山西阳泉城区的知名特产,由当地特产面粉制作而成。这种面食的独特之处在于其形状,用手指将面块按成小猫的耳朵般,煮熟后既可炒食,也可搭配各种打卤、浇头食用。其口感筋道,造型美观,不仅美味,而且营养健康,适合老少各类人群食用,因此深受山西人民喜爱。

16. 平定砂货

平定砂货造型优美,表里光洁,壁薄体轻,耐酸、耐碱、耐热、耐用。

长治市

· 自驾游精品线路概况 ·

长治市太行一号旅游公路建设里程1355千米,其中:主线237千米,支线905千米,连接线213千米。同步建成慢行道35千米,福头乡村驿站、龙尾头乡村驿站等6个驿站,沁县环湖旅游路月岭山湖段、沁县环湖旅游路环景村段等6个观景台,房车露营地、虹霓营地2个营地;沁县环湖旅游公路环西汤湖段停车场、西沟纪念馆停车场等8个停车场。

连通如下景区:

AAAAA级景区1个:壶关县太行山大峡谷八泉峡景区。

AAAA级景区12个:壶关县欢乐太行谷景区、壶关县太行山大峡谷景区、上党区振兴小镇景区、黎城县黄崖洞文化旅游区、黎城县洗耳河景区、平顺县太行水乡风景区、平顺县通天峡景区、平顺县天脊山景区、武乡县八路军太行纪念馆景区、武乡县太行溶洞风景区、武乡县八路军文化园景区、襄垣县仙堂山景区。

AAA级景区15个:潞州区漳泽湖国家城市湿地公园、潞州区太行军工文化园(刘伯承工厂旧址)、平顺县上党中药材文化园景区、武乡县鲁迅艺术学校下北漳旧址景区、沁县二郎山景区、沁源县通洲宝灵山风景区、沁源县丹雀小镇景区、沁源县灵空山、长子县仙翁山木化石景区、长子县潞酒文化园景区、长子县紫云山景区、黎城县丹泉小镇、黎城县四方山景区、屯留区石泉海田园艺术庄园、屯留区老爷山景区。

AA级景区6个:潞州区神农峰景区、潞州区八路军总司令部北村旧址景区、武乡县八路军总部王家峪旧址纪念馆景区、平顺县九天圣母庙景区、长子县九连环大院景区、上党区五凤楼景区。

长治王村机场位于长治市潞州区和潞城区交界处,距长治市区7.5千米。屯留沙家庄机场位于长治市屯留县沙家庄村南。长治沁源机场位于长治市沁源县沁河镇。

长治有10个火车站,分别是:长治东站、长治南站、武乡站、襄垣东站、长治北火车站、长治火车站、黎城火车站、潞城火车站、武乡东火车站、襄垣火车站。其中长治东站、长治南站、武乡站、襄垣东站是高铁站。

八路军太行纪念馆

丹雀小镇景区(3A)

通洲宝灵山风景区(3A)

灵空山景区(3A)

二郎山景区(3A)

老爷山景区(3A)

石泉海田园艺术庄园(3

欢乐太行谷

观音堂

崇庆寺

振兴小镇

长治市自驾游精品线路图（里程：828.2km）

八路军文化园 AAA
太行山龙洞 AAA
黄崖洞 AAAA

中太行洗耳河 AAA
仙堂山 AAAA
太行水乡 AAAA
通天峡 AAAA
天脊山 AAAA
八泉峡 AAAA
太行山大峡谷 AAAA

线路图标注（右上角）：

八路军太行纪念馆 0.4 太行龙洞景区 46
八路军文化园 47 黄崖洞文化旅游区 52
105 仙堂山景区 17 洗耳河景区
60 18 12 四方山景区
老爷山景区 丹泉小镇景区
29 太行水乡 46 通天峡景区 110
石泉海田园艺术庄园 45
42 天脊山景区 70
仙翁山木化石景区 振兴小镇景区 太行山大峡谷景区
九连环大院景区 10 五凤楼景区 太行山大峡谷八泉峡景区
11 17 20 69 2
紫云山景区

地图地名（选录）：

河北省 河南省 市

贾豁乡 大有乡 洪水镇 左权县 芹泉镇 桐峪镇
槐树烟 凤台乡 寨坪 宽章 西村 方向 麻池滩
蟠龙镇 韩北镇 黄崖洞文化旅游区(4A) 壶山 黄崖洞镇 四方山景区(3A)
监漳镇 太行溶洞景区(4A) 西井镇 岭头 清泉
下北漳旧址纪念园(3A) 中太行洗耳河景区(4A) 房车露营地 西井 北坡 刀把咀
八路军总部王家峪旧址纪念馆景区(2A) 丹泉小镇景区(3A)
西营镇 坪上 仟仟 王家窑 石背后
王村镇 下良镇 仙堂山景区(4A) 上马岩 三十亩 索堡镇
善福镇 上丰 段堡 岚沟 王家庄 秋树垣
襄垣县 古韩镇 洪井镇 横岭 聚龙 烟子
上遥镇 大寺 南村 东阳关镇 火罗道 东阳关 狄子岭
黎城县 黎侯镇 岩井 上湾 固新镇
八路军总部司令部 北村旧址景区(2A) 辛安泉镇 西仵镇 宋庄
侯堡镇 店上镇 程家山镇 后家滩驿站 自新 北贾璧乡
西白兔乡 西申店 西坡底 西坡 鹞子坡 黄贝坪 和峪
路村乡 渔泽镇 黄碾镇 史回镇 岭后 沟东 太行水乡(4A) 石城镇 马塔
马厂镇 微子镇 北耽车乡 阳高乡 阳高 王家庄
长治王村机场 潞城区 黄牛蹄乡 排桥 岳家寨
长治东站 会山底 克老岭 螺旋桥停车场 茶兰岩 观台镇
漳泽湖国家城市湿地公园(3A) 潞州区 凤桥 北社乡 虹梯关乡 梯后 通天峡景区(4A)
观音堂 长治汽车客运中心 高岸 九天圣母庙景区(2A) 老马岭 西桥乡
潞酒文化园(3A) 长治市 平顺县 青羊镇 虹霓 石板岩
集店站 欢乐太行谷 东河 虹梯关乡 青草街停车场
太行军工文化园(刘伯承工厂旧址)(3A) 西沟纪念馆停车场 三里湾 东寺头乡 樊梨 天脊山景区(4A) 张家凹
苏店镇 西沟乡 东坡 安阳 石窑滩 禅龙湾
壶关县 龙泉镇 晋庄镇 消岭贤 涛上 黄崖 黑虎党参展览馆 青龙洞停车场 达驼
长治南站 贾掌 王庄 龙溪镇 石窑滩
南漳镇 北呈乡 壶关 塔底 车厢沟 花园 合涧镇
上党区 大安 龙溪镇 盘马池 玉峡关镇 龙尾头村驿站
长治县 南宋乡 黄山乡 店上镇 小南清 十字河
东和乡 西池乡 大并 石坡乡 正河驿站 新城
崇庆寺 紫云山景区(3A) 八义镇 萌城镇 魏岭乡 东井岭乡 大井 太行山大峡谷景区(4A) 太行山大峡谷八泉峡景区(5A) 东川底
林镇 色头镇 南宋镇 五凤楼景区(2A) 贾家庄底 百尺镇 福头乡村驿站 紫泉 大峡谷镇 东姚镇
振兴小镇景区(4A) 西火镇 杨村镇 平城镇 马安 南郊 黄崖底 东土池 大河涧乡
城 三甲镇 建宁乡

比例尺 1:570000 0 5.7 11.4(千米)
231

· 一日游精品线路 ·

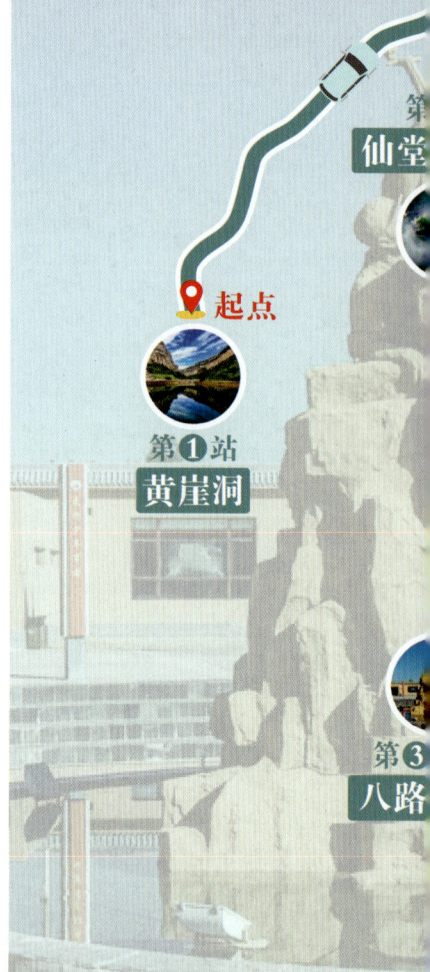

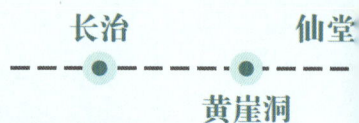

起点
第①站
天脊山景区

第②站
欢乐太行谷

第③站
潞酒文化园

长治 ⸺ 欢乐太行谷
天脊山景区 ⸺ 潞酒文化园

🗓 **行程推荐** 全程76.2千米，驾车耗时1小时58分钟

上午驾车前往天脊山景区游玩，之后沿太行一号旅游公路、李东线去往欢乐太行谷。下午沿二广高速到振东西街前往潞酒文化园游玩，全天行程76.2千米。

· 两日游

第站
仙堂

起点
第①站
黄崖洞

第③
八路

长治 ⸺ 仙堂
黄崖洞

🗓 **行程推荐** 全程200.6千

第一天： 上午驾车前往黄崖高速到长延高速前往仙堂山景全天行程90千米。

第二天： 上午出发前往八路行程110.6千米。

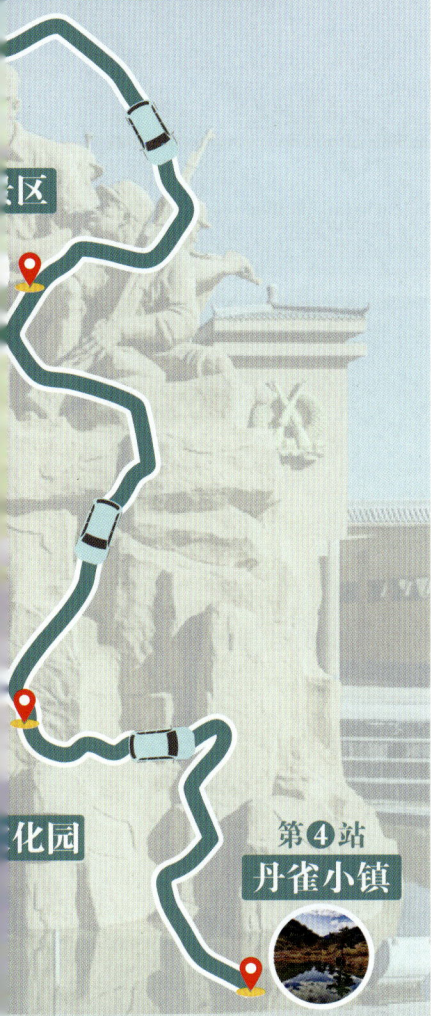

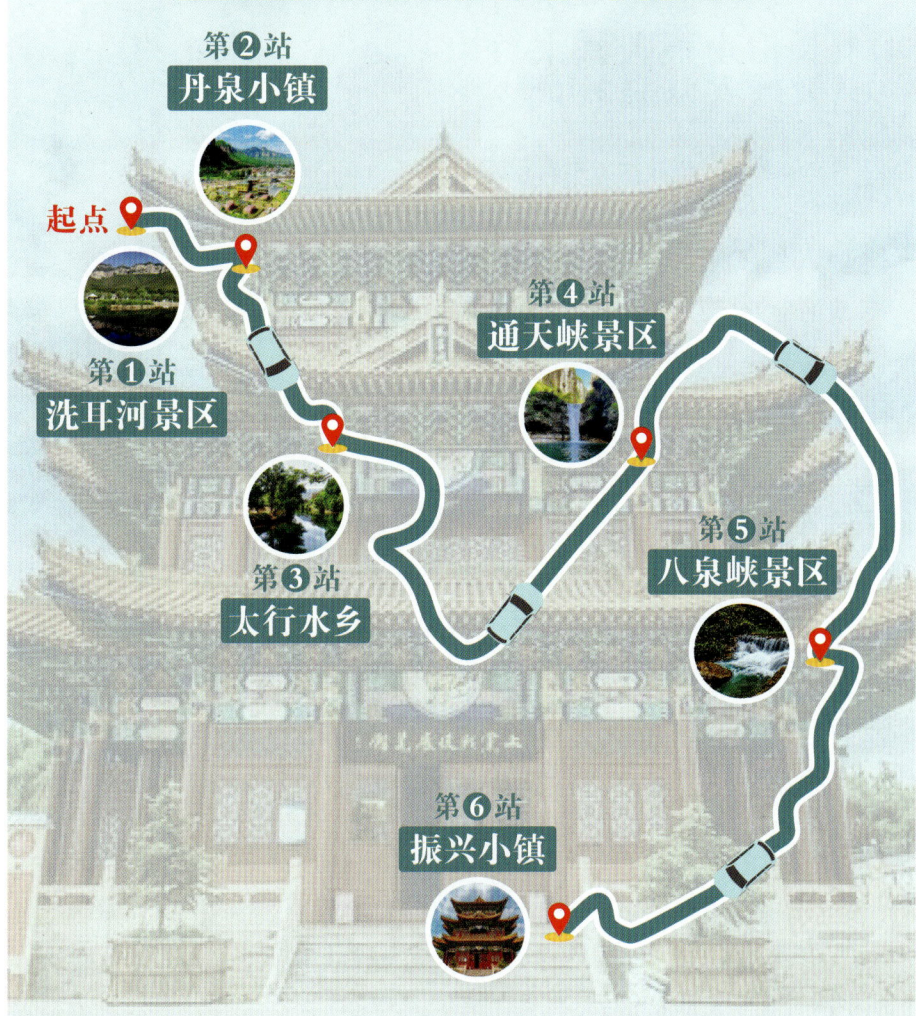

长治市

第❷站
丹泉小镇

起点

第❶站
洗耳河景区

第❹站
通天峡景区

第❸站
太行水乡

第❺站
八泉峡景区

第❻站
振兴小镇

区　　　　　丹雀小镇

八路军文化园

车耗时3小时49分钟

化旅游区游玩,下午沿青兰
玩,晚上宿仙堂山景区附近,

化园,下午前往丹雀小镇,全天

长治　　　丹泉小镇　　　通天峡景区　　　振兴小镇

洗耳河景区　　　太行水乡　　　八泉峡景区

📅 行程推荐　全程315.4千米,驾车耗时7小时32分钟

第一天:上午在洗耳河景区游玩,下午途经乌海线前往丹泉小镇,全天行程14.9千米。

第二天:早上沿青兰线、常辛线抵达太行水乡,游玩后驾车途经虹梯关服务区到张河线前往通天峡景区,晚上宿通天峡景区附近,全天行程122.9千米。

第三天:早上从通天峡景区出发,沿南林高速、兴阳线到达八泉峡景区,下午驾车前往振兴小镇游玩,全天行程177.6千米。

景点介绍

01. 长治市壶关县太行山大峡谷八泉峡景区 >>>

◇ 景区名称:山西省长治市壶关太行山大峡谷八泉峡景区

◇ 质量等级:国家AAAAA级旅游景区

◇ 景区地址:壶关县大峡谷镇桥后沟村

◇ 联系方式:400-0710-999

◇ 景区简介:

　　八泉峡景区是太行山大峡谷中气势宏大、内涵丰富的一个高品位景点,其蕴涵了太行山之精髓,实乃天赐的瑰宝,浓缩的盆景。因峡谷中桥后沟有八股大的泉水同出一地,峡谷中部又有两处泉源均为8个泉眼,三处泉数均合"八"的倍数,易名八泉峡。景区三大特色:地上游、水中游、天上游。具体可以归纳为"8、3、4、1"。

　　"8"指的是,八泉峡景区因8股泉水同出一处而得名。不仅如此,景区还有大八泉、中八泉、小八泉等诸多泉景和8大景观,这些景观形成了8千米的旅游路线。800米的时空隧道可以使游客轻松抵达大坝顶部一览胜景。

　　"3"的含义包括,建设了3千米长的高峡平湖景观,水路峡谷幽长,两侧的崖壁直入云霄。全长3000米的高空索道,为全国唯一的拐弯索道。全露天观光电梯,高208米,顶部用的玻璃与钢铁混合构成了透明的空中眺台,称为"天空之城"。这一设施获得了"最高、最快、最透明"3项世界纪录。

　　"4"指"沿途边走边看地上行,坐着游轮水里游,站在天空之城天上看,体验拐弯索道云里穿"4种方式体验八泉峡。

　　"1"就是只要游客来到八泉峡,可以通过全方位多角度欣赏雄峡的魅力,体验谷底看、水中游、空中观、云中行、天上飞"五位一体"立体式游览新模式。

02. 壶关县太行山大峡谷景区 >>>

◇ 景区名称:壶关太行山大峡谷景区

◇ 质量等级:国家AAAA级旅游景区

◇ 景区地址:壶关县大峡谷镇

◇ 联系方式:400-0710-999

◇ 景区简介:

　　山西壶关太行山大峡谷景区地处晋豫两省交界,位于山西省长治市东南部,南太行的东麓,占地面积225平方千米,林草覆盖率74.9%,主峡东西全长35千米。景区经过多年来的开发建设,逐渐形成了由五指峡、王莽峡、龙泉峡三大峡谷为主线串联的400多处景观。主要有八泉峡、红豆峡、青龙峡、黑龙潭和紫团山等十个景区。先后被评为国家AAAA级旅游景区、国家地质公园、国家森林公园、中国攀岩基地、中国十大最美峡谷。大峡谷,一幅雄奇的山水画。四季轮回,春花秋色流光溢彩,日月更迭,朝晖夕阴,景象万千。走进峡谷,犹如步入百里画廊。壁立千仞的奇峰怪石,郁郁葱葱的莽莽林海,喷珠溅玉的悬泉飞瀑,妙趣横生的岩溶桥洞,令人目不暇接。

的徒手攀岩和真实刺激的CS镭战等打卡胜地,是旅游、康养、度假、研学理想之地。

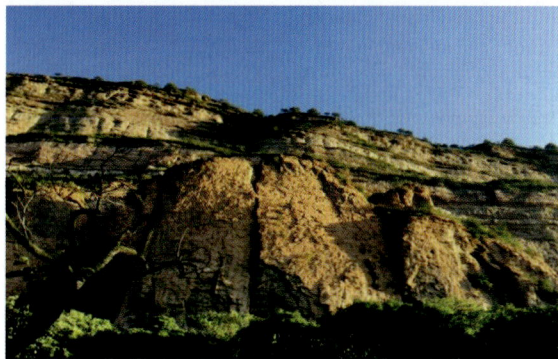

03.中太行洗耳河景区 >>>

◇ 景区名称:中太行洗耳河景区

◇ 质量等级:国家AAAA级旅游景区

◇ 景区地址:黎城县西井镇彭庄村

◇ 联系方式:0355-7710555

◇ 景区简介:

中太行洗耳河景区是国家AAAA级旅游景区,位于山西省长治市黎城县西井镇彭庄村,距离207国道3.2千米,黎左高速西井口3.6千米,区位优势突出。景区集"雄、奇、险、秀"于一体,千峰环立,一水依托,高山、流水、森林构成一幅千里画廊。作为中太行山国际旅游度假区的核心景区,中太行洗耳河景区有远近闻名的书画写生基地箕山画家村,有"许由洗耳、洗耳恭听"的神泉发源地洗耳泉,有登高望远、祈福求雨的九龙山,有领略巍峨太行的观景平台听松岭,有穿越千里雄峰的太行廊桥,有盘桓于峭壁之上的高空栈道,有可享受神秘与惊险体验的丛林穿越、力量与智慧

04.壶关县欢乐太行谷景区 >>>

◇ 景区名称:欢乐太行谷

◇ 质量等级:国家AAAA级旅游景区

◇ 景区地址:壶关经济开发区办公楼路南500米

◇ 联系方式:0355-8674567

◇ 景区简介:

欢乐太行谷位于全国文明城市,国家森林城市,中国十大魅力城市之一古城长治的后花园——壶关经济开发区。景区位于壶关经济开发区办公楼路南500米,长治东高速收费站西2千米(325省道附近)处。

欢乐太行谷由长治市假日欢乐大世界旅游开发有限公司于2015年8月份开工建设,2017年7月份投入运营,总投资25亿元,占地66万平方米。2019年被评为国家AAAA级旅游景区,是壶关县"两谷两园两带两镇"旅游发展规划的重要组成部分,由冒险广场、水世界、欢乐岛、天幕美食街四大核心板块建成,

现员工人数达400余名。

05.长治市平顺县太行水乡景区 >>>

- ◈ 景区名称:长治市平顺县太行水乡
- ◈ 质量等级:国家AAAA级旅游景区
- ◈ 景区地址:平顺县城东约30千米处
- ◈ 联系方式:13835575299
- ◈ 景区简介:

太行水乡景区起于平顺实会桥,止于河南林州河口桥,全长53千米,区域面积4397平方千米。

从上而下,景区依次有大云寺风景区、南垴山风景区、柳树湾风景区、天鹅湖风景区、太行三峡风景区、月亮山风景区、恐龙谷风景区、世外桃源风景区、芦苇荡风景区等九大景区,这里有六处国家级文物保护单位,三处省级文物保护单位和汉寨、唐堡、赵长城等1566处文物古迹。

景区内涵丰富。其中,天台庵为全国仅存的四处唐代木构建筑之一。龙门寺集五代、宋、金、元、明、清六朝建筑于一寺,为国之仅有。大云院的五代壁画是全国仅存的两处之

一,还有3000亩原始次森林,太行溶洞等。

这里集北国雄姿与南部旖旎于一体,融阳刚之气与阴柔之美于一地,自然景观与人文景观交相辉映,珠联璧合。

06.上党区振兴小镇景区 >>>

- ◈ 景区名称:振兴小镇景区
- ◈ 质量等级:国家AAAA级旅游景区
- ◈ 景区地址:上党区振兴村
- ◈ 联系方式:0355-8217666
- ◈ 景区简介:

上党区振兴小镇景区位于山西省长治市上党区振兴新区振兴村境内,是一处集山水风光、休闲娱乐、民俗体验、度假养生、农艺博览为一体的乡村旅游度假胜地。该景区地理位置优越,北倚上党名山老雄山,南望长晋分界金鸡岭,毗邻长晋、长安高速,交通便捷。景区总面积达到6.6平方千米,气候宜人,年平均气温9℃,素有"太行无扇之城、上党天然氧吧"之称。

振兴小镇景区自2015年建成开放以来,凭借其丰富的旅游资源和完善的旅游设施,

吸引了大量游客前来观光游览，年平均游客接待量达到60万人次。景区内拥有多个特色旅游板块，如振兴雄山欢乐谷、振兴民俗文化村、振兴农艺博览园等，涵盖了生态游乐、文化体验、农业观光等多个方面。

在振兴小镇，游客可以欣赏到美丽的自然风光，体验到丰富的民俗活动，品尝到地道的农家美食。景区内的槐荫寺、工人文化宫、农民艺术馆等文化景点，展示了当地深厚的历史文化底蕴。

同时，景区还注重生态保护和可持续发展，构建了以生态培育为基础，以现代农业为主导，以休闲观光为主线，以避暑康养为特色的田园型休闲度假旅游体系。

07. 平顺县通天峡景区 >>>

◇ 景区名称：山西平顺虹梯关通天峡景区

◇ 质量等级：国家AAAA级旅游景区

◇ 景区地址：平顺县虹梯关乡梯后村

◇ 联系方式：0355-8884687

◇ 景区简介：

平顺虹梯关通天峡景区地处晋、豫两省交界，位于长治市东南部的平顺县，地处太行山南端，距山西长治市50千米，离河南林州市35千米，规划占地面积达56平方千米，主峡谷长26千米，处于八百里太行最精华地段，被誉为太行山旅游的一颗明珠。景区于2010年成立，2013年9月正式营业，是山西省招商引资的重点项目、省长跟踪服务项目。景区包括沿主峡谷的峡谷风情观光区、虹梯关古道风景区及位于平顺县城的通天峡大酒店以及正在施工建设的虹霓风景区。景区自2013年9月28日开始营业至今，先后被评定为国家地质公园、国家AAAA级旅游景区、山西省重点风景名胜区，荣获中国最具人气景区、山西省十大新锐景区和长治市十大标杆民营企业等荣誉。

08. 平顺县天脊山景区 >>>

◇ 景区名称：长治天脊山

◇ 质量等级：国家AAAA级旅游景区

◇ 景区地址：平顺县东寺头乡羊老岩村

◇ 联系方式：0355-7710555

◇ 景区简介：

天脊山景区位于山西省长治市平顺县东寺头乡羊老岩村距中国十大魅力城市之一的长治市。景区面积26平方千米，海拔1886米，被誉为"天之脊"。

天脊山以其古朴原始的自然环境、温和湿润的气候条件、绮丽壮阔的地形风貌以及完好的生态植被，被誉为上党长治后花园，素有赛江南之称。天脊山景区自2003年开发以来已投资5亿多元，旅游品质不断提升，游客接待量逐年递增。2007年天脊山景区被评为"省级地质公园"，2008年被评为国家ＡＡＡＡ级旅游景区，同时成为国家首批自驾游基地，２００９年被评为"省级风景名胜区"，2011年被评为"国家级地质公园"，现正努力向国家ＡＡＡＡＡ级旅游景区迈进。

09.黎城县黄崖洞文化旅游景区 >>>

◇ 景区名称：黄崖洞文化旅游区

◇ 质量等级：国家AAAA级旅游景区

◇ 景区地址：黎城县黄崖洞镇上赤峪村168号

◇ 联系方式：0355-5512000

◇ 景区简介：

黄崖洞文化旅游区居太行之"棱"上，最高海拔2008米。雄山秀水、奇峰幽峡、日出云海、松涛飞瀑、天梯栈道、虫鸣星空。

这里是八路军创建最早、规模最大的兵工厂诞生地，被誉为"人民军工摇篮"，黄崖洞保卫战中日战况，敌我伤亡6:1创空前未有之纪录。兵工厂车间、供销社、厂卫部、弹药库，保卫战碉堡、掩体、战壕，将军屋、营房、烈士陵园等遗迹遍布，是现存规模最大、保存最完好的国家级红色抗战遗址，被誉为"没有围墙的抗战博物馆"。这里集太行壮美风光、黄崖地质奇观、红色军工文化、抗战史迹遗址于一体，是以资源保护、文化弘扬、党政培训、研学团建、观光度假、避暑康养、户外拓展为主要功能的文化旅游区。

10. 武乡县八路军太行纪念馆景区 >>>

◇ 景区名称:八路军太行纪念馆
◇ 质量等级:国家AAAA级旅游景区
◇ 景区地址:武乡县太行西街363号
◇ 联系方式:0355-5543661
◇ 景区简介:

八路军太行纪念馆坐落于山西省长治市武乡县太行西街363号,由邓小平同志亲笔题写馆名,于1988年9月开馆,2008年起对外免费开放,是全国唯一一座全面反映八路军抗战历史的大型革命纪念馆,是国家级抗战纪念设施馆。八路军太行纪念馆展有珍贵历史资料和革命文物,馆藏抗战文物8115件,国家一级文物166件。

纪念馆总占地面积14.8万平方米,建筑面积1.6万平方米,展陈面积1.2万平方米,主要由八路军抗战史陈列馆、八路军将领馆、窑洞战模拟景观、八路雄风碑林公园等参观景点组成,是一处集收藏、展示、研究、宣传、旅游观光为一体的综合性红色旅游经典景区。

先后被授予"全国爱国主义教育示范基地""全国红色旅游经典景区""国家一级博物馆""国家AAAA级旅游景区"等荣誉称号。

11. 武乡县八路军文化园景区 >>>

◇ 景区名称:八路军文化园
◇ 质量等级:国家AAAA级旅游景区
◇ 景区地址:武乡县太行西街
◇ 联系方式:0355-6456666
◇ 景区简介:

八路军文化园是国家AAAA级旅游景区,占地231亩,位于武乡县城内,背靠凤凰山,东临马牧河。

依托太行山特殊的地理位置,通过八路军时期的村落建筑、历史文物、生活用品、演艺互动等生动地反映了八路军在太行山区与日寇浴血奋战、艰苦创业的光辉历程。

园内常态化演出表演有情景剧《反扫荡》、蒙太奇体验剧《太行游击队》、地下交通站、抗战风情、非遗•鼓书、民俗表演、中华武术等。通过声、光、电等科技手段,幽默诙谐的表现形式,喜庆热闹的民俗风情,生动再现了八路军将士与当地老百姓军民同心,共同抵制日寇的历史场景,给游客以身临其境之感。同时,游客还可参与"当一天八路军"的角色扮演活动,亲身体验八路军当年的战斗、生产、工作、学习、生活、娱乐生活以及与当地民众鱼水情深的艰苦奋斗精神。

感受一次不同以往的体验式红色革命传统教育,以及水、陆、空多种拓展项目,供游客体验。同时,还可承办中、小型商务会议、年终会议以及各类旅游、会议接待及业务培训。

12.武乡县太行溶洞景区 >>>

◇ 景区名称:太行溶洞风景名胜区

◇ 质量等级:国家AAAA级旅游景区

◇ 景区地址:武乡县蟠龙镇石泉村

◇ 联系方式:0355-6471868

◇ 景区简介:

太行溶洞景区位于武乡县蟠龙镇石泉村,是一个大型溶洞,洞内大厅宏伟,温度宜人,空气新鲜,各种造型奇特的钙化景观攀岩四壁,流光溢彩。

太行溶洞在大地构造上位于沁水凹陷的东部边缘地带。区域上出露地层主要有元古界长城系、古生界寒武系、奥陶系、石炭系、二迭系、中生界二迭系、新生界第三系、第四系等。太行溶洞就发育在上寒系白云岩地层中。其洞体形成于喜山运动时期,洞内的岩溶景观形成于2300万年前,由于溶洞内气候干冷,岩溶作用强度和规模较小,溶洞洞口较小,渗入洞内的降水不易蒸发,构成了相对湿润的气候。

溶洞沉积了大量的钙化物质,形成现在独特的景观。溶洞上下共分4层,总长2000多米,共有400多处景点。洞内景观发育的丰富性及多样性在华北地区罕见,其景观归纳为"六大宝",即石花、鹅管、石笋、顶板、穴盾与月乃石。石笋造景之奇,鹅管之多之细,穴盾之白嫩,国内罕见。最值得一提的是月乃石,在溶洞内分布的数量居全国第一,这为今后中外科学家的研究提供了极好的研究条件。

13.襄垣县仙堂山景区 >>>

◇ 景区名称:仙堂山景区

◇ 质量等级:国家AAAA级旅游景区

◇ 景区地址:襄垣县下良镇井背村

◇ 联系方式:400-629-8100

◇ 景区简介:

仙堂山景区位于山西省襄垣县,太行山西麓、上党盆地之北,距县城25千米、长治机场60千米、太长高速40千米、黎霍高速(在建)35千米、太焦高铁20千米,太行一号公路基本完工,交通十分便利。古谓"仙堂旧隐",今为融自然风光、人文景观、法显文化、历史文物、避暑休养为一体的旅游胜地。仙堂山素有"太行灵山"之称,海拔1100~1725米,花草树木360多种,森林覆盖率90%,空气质量和地表水质量为国家一级标准,环境噪声为零,有"天然氧吧"之誉。仙堂寺居胜景之冠。门前天梯矗立,寺后奇峰高耸,殿内外泉水萦绕,四面环山,神奇壮观,古称"九龙环抱,人杰地灵"。金灯岩、舍身崖、虎掌石、海底生物化石、黑龙洞、朱砂洞、观音洞等奇峰险洞千姿百态、鬼斧神工。仙堂奇松、娲皇宫奇树为树中之绝。翠微峰、灵鹫峰等山峰环列如画屏，天然卧佛神态安详而庄严。明永乐进士李俊诗云："此是蓬莱真境界，更于何处觅仙堂。"

14. 屯留区老爷山景区 »»»

◇ 景区名称：老爷山景区

◇ 质量等级：国家AAA级旅游景区

◇ 景区地址：屯留区余吾镇老马背村村北

◇ 联系方式：15803550111

◇ 景区简介：

老爷山景区位于山西省山西省长治市屯留区余吾镇老马背村村北。森林公园总面积18.38平方千米，景区面积2.68平方千米，距G22高速、G55高速、208和309国道半小时车程，距长治王村机场一小时车程。这里交通便利、四通八达，景区主要景点：省级爱国主义教育示范基地、上党战役主战场遗址。老爷山森林公园于2018年3月被中国林业产业学会评为"中国森林体验基地"。三峻山神庙位于老爷山之东峰麟山，是我国上古时期"羿射九乌"神话故事的发生地，庙内供奉着羿神，庙

宇规模宏伟，雕梁画栋，具有深厚的文化底蕴。金禅寺位于老爷山西峰灵山，是中国第一古刹洛阳白马寺与佛教圣地五台山僧侣来往弘法之驿站，寺内的九层密檐式砖砌空心舍利塔是国家第七批公布的国宝级文物，塔身上的百余处弹洞见证了上党战役的历史。先师庙位于老爷山南峰徐陵山，庙内大成殿供奉着儒教圣祖孔子及其主要弟子，塑像布局和神龛制作简直就是曲阜孔庙大成殿的复制版。

15. 屯留区石泉海田园艺术庄园景区 »»»

◇ 景区名称：屯留区石泉海田园艺术庄园

◇ 质量等级：国家AAA级旅游景区

◇ 景区地址：丰宜镇石泉村村西

◇ 联系方式：13016992145

◇ 景区简介：

石泉海田园艺术庄园始终以"农业发展与科学、艺术相结合，农村文明与人文、文化相融合"为建设理念，用心打造一个高标准的有文化、有内涵、有温度的田园艺术庄园。

2017年被省旅游局确定为长治市四条省级乡村旅游线路之一,长治市100个休闲农业,乡村旅游示范点,2021年12月被评为国家AAA级旅游景区。

16.黎城县四方山景区 >>>

◇ 景区名称:黎城中太行四方山景区
◇ 质量等级:国家AAA级旅游景区
◇ 景区地址:黎城县西井镇岭头村四方山
◇ 联系方式:0355-6670088
◇ 景区简介:

　　四方山景区位于山西省长治市黎城县西井镇岭头村。因景区内有两座四四方方的山头,酷似"轿顶",又称轿顶山。主峰海拔1400米,伫立峰顶,只见板山飞龙在天,确山巍然屹立,清漳蜿蜒流淌。

　　景区植被以黄栌为主,每到深秋,霜染红叶,红的似火、粉的像霞,堪称太行一绝。畅游四方山景区,春来观花赏景,夏能休闲避暑,冬可赏雪揽胜。尤其是金秋十月,这里更是游客观赏红叶的绝好去处,也是摄影、绘画艺术

创作的绝佳天堂。主要景点有金牛山、五指山、云校洞、高老庄、天镜池、来佛寺等20余处。高老庄内设有特色窑洞24间,农家特色营养餐厅,站在高老庄一层一层的屋顶,风光极佳。这里可以充分展示出太行冰脆风光的神韵,远眺中太行山美景,百里画廊尽收眼底。

17.黎城县丹泉小镇景区 >>>

◇ 景区名称:黎城县丹泉小镇景区
◇ 质量等级:国家AAA级旅游景区
◇ 景区地址:黎城县西井镇源泉村
◇ 联系方式:15076086129
◇ 景区简介:

　　丹泉小镇位于山西省长治市黎城县,是一个集自然风光、古色底蕴、红色资源于一身的旅游景区。

　　丹泉小镇依托现有红色文化、山水田园生态资源,以"亲子+研学"为核心产品,结合乡村体验、休闲度假等业态,打造集红色研学教育、亲子娱乐、自然科普、生态休闲、乡村度假等于一体的特色田园小镇。

18. 长子县紫云山景区 >>>

◇ 景区名称：长子县紫云山景区

◇ 质量等级：国家AAA级旅游景区

◇ 景区地址：长子县色头镇琚村

◇ 联系方式：15935536664

◇ 景区简介：

　　紫云山环峰如屏，松柏簇拥，是长子古八景之一紫岫晴云的发生地。紫云山的阳坡生长大片白皮松，所以叫白松坡，又名高庙坡、端午岭，相传为后羿射日后剩下的箭杆就插在此处。

　　传说，紫云山是印证唐明皇李隆基发迹的吉祥地。山上前后有两座古刹，前为三峻庙，又叫护国灵贶王庙，后为崇庆寺，坐北向南，有天王殿、千佛殿、东西配殿、地藏殿等，寺内宋塑被誉为"宋塑之冠"，已被列为全国重点文物保护单位。

　　紫云山的奇碑、奇人、奇书、奇景、奇闻，为今人开发旅游提供了丰富的资源。

19. 长子县仙翁山木化石景区 >>>

◇ 景区名称：长子县仙翁山木化石景区

◇ 质量等级：国家AAA级旅游景区

◇ 景区地址：长子县南陈镇东峪村

◇ 联系方式：15935536664

◇ 景区简介：

　　长子仙翁山木化石公园区域，曾发现出露地表的木化石324颗（后来部分有丢失）。其中，一级重点保护木化石30颗（长度大于10米）；二级保护木化石34颗（长度在5~10米之间）；三级保护木化石45颗（长度在3~5米之间）。木化石原属树种主要有大南洋杉木、平南洋杉木、简圆叶枝杉木和美异木等三属四种。其中最粗的直径为1.24米，最长为14米。这种树种生长最高可达30米。出露的木化石是原木折断之后的树干，两头均有截面，没有发现小树枝和树叶化石。如果把它立起来，恢复为原来的样子，就是一棵参天大树，而这片区域就是一片森林。仙翁山木化石最稀奇之处有二：一是木化石数量之多、体量之大、体态之完整，国内外罕有；二是木化石时代为二叠纪,比国内几个主要木化石公园的木化石时间早1亿年,兼具科研价值和审美价值。

20.长子县潞酒文化园景区 >>>

◇ 景区名称:长子县潞酒文化园
◇ 质量等级:国家AAA级旅游景区
◇ 景区地址:长子县宋村镇
◇ 联系方式:13994606570
◇ 景区简介:

潞酒文化园,位于山西省长治市长子县宋村镇,建筑总面积约600亩。

山西是酒的故乡和发源地,而长治作为神农文化的起源地,酒文化源远流长。伴随着谷物的种植,独特的气候、水文环境,造就了潞酒的非凡品质,使潞酒经古至今香弥天下。融农耕文化、潞州文化、酒文化、古法酿酒传承、现代科技研发和生产工艺于一体的潞酒文化园主要以生产清香型白酒为主线,是集酿酒、旅游、文化为一体的综合性绿色工业园区。

游客置身园区内不仅可以领略潞酒的历

史底蕴,了解与潞酒相关的企业历史和文化,呼吸扑鼻而来的潞酒清香、品尝纯正潞酒佳酿味道,也可以观看并深度体验省非物质文化遗产的潞酒千年古法酿造技艺。园区同时将制酒部分工艺进行展示,以供游客了解制酒步骤,开设"制酒体验之旅",让游客参与到制酒中来,既了解了潞酒的制酒工艺,又增加了体验感。游客可以亲自制一瓶有意义的酒带回家。从而深入的了解潞酒的发展历程和潞酒的历史文化价值。

自2017年11月开园以来,潞酒园区共接待游客约1500余万人次,已然形成了集生产、旅游、餐饮、研学为一体的沉浸式白酒体验中心。目前,酒文化园已成为历史文化特色的长治文化名片。

21.沁源县丹雀小镇景区 >>>

◇ 景区名称:沁源县丹雀小镇景区
◇ 质量等级:国家AAA级旅游景区
◇ 景区地址:景凤镇社科村东
◇ 联系方式:18649553569

◇ 景区简介:

丹雀小镇总投资1.5亿元，以景凤村社科、韩家窑2个移民搬迁后的自然村为开发示范区域，区内规划分为九个功能区：乡村记忆精品民宿区、高端康养别墅区、果园采摘区、花园观赏区、游园体验区、鱼塘垂钓区、森林越野拓展区、天神山佛地祭拜区等等，最终形成"九位一体"的天神山丹雀文化康养旅游避暑胜地。

22.沁源县灵空山景区 >>>

◇ 景区名称：沁源县灵空山景区

◇ 质量等级：国家AAA级旅游景区

◇ 景区地址：沁源县沁河镇胜利南路422号

◇ 联系方式：13834301925

◇ 景区简介:

灵空山风景区位于沁源县沁河镇胜利南路422号，南接古县，西靠霍山，北连石膏山，属太岳山系，总面积为15.44平方千米。境内奇峰叠翠，林海茫茫，目及之处无不层林尽染，绿意盎然，有"天然氧吧"的美誉。特殊的

自然生态环境，使灵空山成了一个千峰竞秀、万木葱茏、空气清新、鸟语花香的"世外桃源"。灵空山风景区地貌形似一个硕大的蘑菇，中间三条峡谷交汇，呈"丫"形分布，其中风洞沟峡谷较长，约5千米，草沟和将军墓沟各3.5千米。

千百年来，众多游客慕名前往，不仅为了领略大自然给予灵空山的神奇造化，而且将这里作为修身养性的佛国圣地。

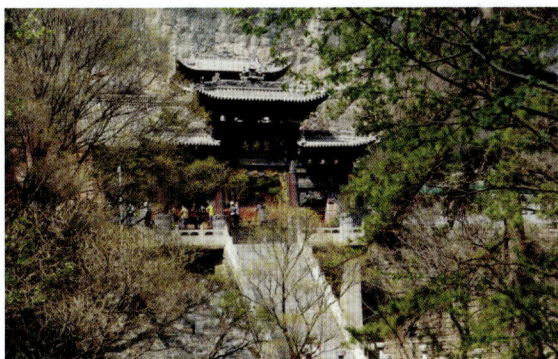

23.沁源县通洲宝灵山风景区 >>>

◇ 景区名称：沁源县通洲宝灵山风景区

◇ 质量等级：国家AAA级旅游景区

◇ 景区地址：沁源县聪子峪乡新店上村和郭道镇绵上村交界处

◇ 联系方式：0355-7625888

◇ 景区简介:

沁源县通洲宝灵山风景区是一个集旅游开发、文化活动、服务于一体的景区。景区建设成为一个集文化艺术交流、景区游览、森林公园观光、娱乐性展览、农副产品销售等为一体的游览观光区。

沁源县通洲宝灵山风景区在近年来的发展过程中，不断加强基础设施建设和服务水平提升，努力提高游客满意度。同时，景区也积极参与各类文化和旅游活动，不断提升自身的知名度和影响力。在2023年的评定中，沁源县通洲宝灵山风景区被成功评定为国家AAA级旅游景区。

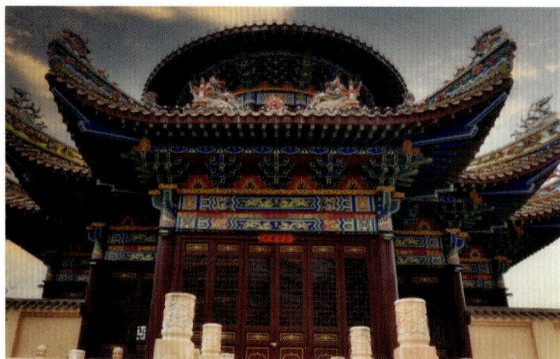

24.武乡县鲁迅艺术学校下北漳旧址景区 >>>

◇ 景区名称：武乡县鲁迅艺术学校下北漳旧址景区

◇ 质量等级：国家AAA级旅游景区

◇ 景区地址：潞城区世纪西街北50米

◇ 联系方式：18003766799

◇ 景区简介：

武乡县鲁迅艺术学校下北漳旧址景区，是一处重要的历史文化遗址。该地曾是抗日战争时期鲁迅艺术学校的所在地，具有深厚

的历史文化底蕴。

鲁迅艺术学校，简称"鲁艺"，是中国共产党领导下培养抗战文艺人才的重要学府。1938年至1940年间，鲁艺下北漳旧址不仅是学校的所在地，还是中华全国文艺界抗敌协会晋东南分会、晋东南文化教育界抗日救国总会、中苏文化协会晋东南分会等组织的聚集地。这些团体在此开展了大量的抗日救亡文化活动，创作了许多兼具革命精神和文学艺术价值的作品。

作为主要的红色文化艺术创意基地，武乡县鲁迅艺术学校下北漳旧址景区不仅承载着历史的记忆，还对当地乃至全国的文化旅游产业有着积极的推动作用。当地政府正致力于依托丰富的红色资源，发展特色旅游项目，促进乡村振兴。

25.平顺县上党中药材文化园景区 >>>

◇ 景区名称：平顺县上党中药材文化园景区

◇ 质量等级：国家AAA级旅游景区

◇ 景区地址：平顺县

◇ 联系方式:0355-8922138

◇ 景区简介:

平顺县上党中药材文化园是一个集中药材种植、加工、科普、研学教育、药膳餐饮以及旅游业深度融合的综合性园区。该园区不仅是中药材的核心产区,还拥有丰富的文化旅游资源。

平顺县地处太行山中药材核心产区,拥有道地药材67种,其中潞党参、大红袍花椒、连翘等是其地理标志产品。这些药材不仅实现了规模化种植加工,还研发生产了一系列深受市场欢迎的中药养生产品。此外,园区在中药科普、研学教育、药膳餐饮等方面也取得了显著成绩,有效地推动了与旅游业的深度融合。这里有15处国家级文物保护单位、32处国家级传统村落,以及通天峡、仙人峰、虹霓瀑布、虹梯古关、太行水乡等AAAA级景区。这些文化景观和自然风光为游客提供了丰富多彩的旅游体验。

随着平顺县上党中药材文化园景区的知名度不断提高,未来有望吸引更多的游客前来参观游览。同时,景区也将继续深化中医药文化的传播和教育功能,推动中医药健康旅游的发展,为乡村振兴和县域经济发展贡献力量。

26.沁县二郎山景区 >>>

◇ 景区名称:沁县二郎山景区

◇ 质量等级:国家AAA级旅游景区

◇ 景区地址:沁县定昌镇022乡道与208国道交叉口东100米

◇ 联系方式:0355-7028169

◇ 景区简介:

沁县二郎山景区位于山西省长治市沁县定昌镇022乡道与208国道交叉口东100米,是一个集自然风光与人文景观于一体的综合性景区。景区主要由二郎山森林公园、南涅水石刻馆、西湖、永庆寺等景点组成,以其游乐度假的特色吸引了众多游客。

27.潞州区太行军工文化园（刘伯承工厂旧址）>>>

◇ 景区名称:潞州区太行军工文化园(刘伯承工厂旧址)

◇ 质量等级:国家AAA级旅游景区

◇ 景区地址:潞州区南石槽村

◇ 联系方式:13546218228

◇ 景区简介:

潞州区太行军工文化园(刘伯承工厂旧址)位于山西省长治市潞州区南石槽村,是中国唯一一个以军队将帅名字命名的兵工厂,具有深厚的历史背景。它最初成立于抗日战争时期,前身是黄崖洞一所二分厂。1943年9月,为了扩大炮弹生产,八路军决定将黄崖洞一所二分厂迁往平顺县西安里村,组成新二所。1945年8月,晋冀鲁豫军区成立后,工厂改名为晋冀鲁豫军区兵工二厂,主要任务是生产50毫米炮弹和82毫米迫击炮弹。潞州区太行军工文化园现已被评定为国家AAA级旅游景区,通过升级和完善功能设施,以及与历史文化、乡村振兴、非遗传承等工作进行深度融合,现已成为当地著名景区。

28.潞州区漳泽湖国家城市湿地公园 >>>

◇ 景区名称:潞州区漳泽湖国家城市湿地公园

◇ 质量等级:国家AAA级旅游景区

◇ 景区地址:市区西北漳泽湖南部

◇ 联系方式:0355-8925906

◇ 景区简介:

长治国家城市湿地公园位于市区西北漳泽湖南部,紧接市区,面积740公顷,2010年11月,住房城乡建设部正式授牌长治城市湿地公园为国家城市湿地公园。公园内河道纵横,森林茂密,遍布多种植物,并有成片的芦苇荡,有野鸭、黑鹳等80多种鸟类长期栖息。目前这里已成为集林业生态示范、湿地综合保护、生态观光旅游为一体的国家城市湿地公园。

长治国家城市湿地公园具有湿润气候、净化环境、过滤水质等多种功能,这里已查明有高等植物52科217种,鸟类16目40科162种、浮游动、植物7组83种,主要水生动物5纲25种,还有近万亩芦苇、菖蒲、草荡和上千亩湿地防护林,是三晋大地独一无二的城市湿地,也是全省乃至华北地区湖泊、河流湿地的典型代表,属全国保护最完好的原生态、天然沼泽湿地之一。

29.观音堂景区 >>>

◇ 景区名称:观音堂
◇ 景区地址:西郊梁家庄村西
◇ 联系方式:0355-6022186
◇ 景区简介:

　　长治观音堂,位于山西省长治市西郊梁家庄村西,是长治市内保存较好的一处寺院,被国务院公布为第五批全国重点文物保护单位。这座古刹始建于明万历年间,占地面积达7400平方米,坐东朝西,布局为二进院落,展现了古朴典雅的建筑风貌。

　　观音堂的建筑群沿中轴线自西向东依次排列,主要建筑包括天王殿(山门)、献亭、正殿,两侧则配有钟、鼓楼及东西配殿。其中,正殿观音殿是寺院的核心,其建筑风格独特,殿顶装饰有黄绿两色的琉璃纹脊,纹饰为蟠龙与西番莲纹样,形象逼真,典雅大方,体现了明代建筑的精湛工艺。门楣之上,悬挂着刻有"观音堂"三个鎏金大字的匾额,为明万历年间所题,增添了几分历史的厚重感。

　　观音堂内的彩塑艺术更是令人叹为观止。殿内三面墙壁及屋顶梁架之上、门窗顶部,布满了描金彩绘的泥胎彩塑和悬塑,共计约五百尊,展现了儒、释、道三教共融的文化现象。这些塑像形态各异,有的雄健威武,有的雍容典雅,有的安静慈祥,有的神情俊逸,无一不彰显着明代彩塑艺术的魅力。特别值得一提的是,正中的佛坛上供奉着观世音菩

萨、文殊菩萨和普贤菩萨这"三大士",其背后还雕刻有善财童子五十三参的佛传故事,人物造型栩栩如生,令人叹为观止。

　　此外,观音堂还以其悠久的历史和深厚的文化底蕴吸引着众多游客前来参观。院内的古柏参天,更添了几分幽静与庄严。无论是对于宗教文化爱好者,还是对于古建筑艺术感兴趣的朋友,长治观音堂都是一个不可多得的好去处。在这里,您可以感受到历史的沉淀,品味到文化的韵味,领略到古代建筑艺术的魅力。

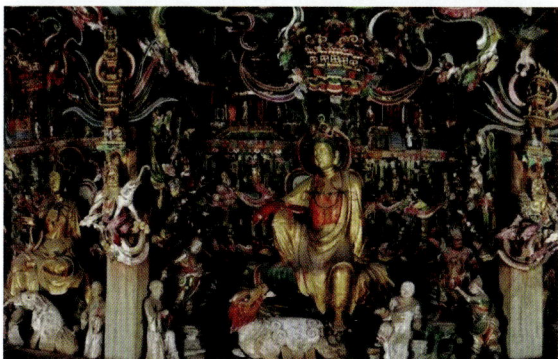

30.崇庆寺景区 >>>

◇ 景区名称:崇庆寺
◇ 景区地址:长子县城东南22千米的紫云山山腰下
◇ 联系方式:0355-2035096
◇ 景区简介:

　　长治崇庆寺,位于山西省长治市长子县城东南约22千米的紫云山山腰下,是一座历史悠久、文化底蕴深厚的佛教寺院。该寺始建于北宋大中祥符九年(公元1016年),距今已

有千年的历史，是第四批全国重点文物保护单位。崇庆寺占地面积约1650平方米，坐北朝南，东、西、北三面环山，南临沟壑，环境清幽，景色宜人。

崇庆寺的建筑布局严谨，主轴线上依次排列着天王殿、千佛殿等主要殿堂。其中，千佛殿是寺内的主殿，建造于北宋大中祥符九年，历经千年风雨，主体构架依然保持原貌，被誉为"北宋早期小型歇山顶木构建筑的典范之作"。殿内梁架结构精巧，制作规范，斗栱栱头卷瓣显著，斗颧较深，展现出宋代建筑的独特风格。此外，千佛殿内还保存有宋代彩塑造像，虽然经过后世的修缮和妆銮，但仍能从中感受到宋代艺术的精微与内敛。

除了千佛殿外，崇庆寺内还有大士殿、卧佛殿、地藏殿等殿堂，各殿堂内均供奉有精美的佛像和彩塑。其中，大士殿内的十八罗汉彩塑尤为著名，被誉为"宋塑之冠"。这组彩塑造型生动，神态各异，既有深入的个性刻画，又富有别具特色的装饰效果，是宋代彩塑艺术的杰出代表。崇庆寺不仅以其精美的建筑和彩塑艺术著称，还承载着丰富的历史文化内涵。寺内保存有大量的碑刻和文献资料，为研究古代建筑、雕塑、宗教文化等方面提供了宝贵的实物资料。同时，崇庆寺也是当地民众进行宗教活动和文化交流的重要场所，每年吸引着大量的游客和信徒前来参观和朝拜。

综上所述，长治崇庆寺是一座集建筑、雕塑、宗教文化于一体的综合性佛教寺院，具有极高的历史、文化和艺术价值。它不仅是中国古代建筑艺术的瑰宝，也是中华民族悠久历史和灿烂文化的见证。

31.法兴寺景区 »»»

◇ 景区名称：法兴寺

◇ 景区地址：长子县东南慈林镇崔庄翠云山上

◇ 联系方式：0355-7731892

◇ 景区简介：

法兴寺，一座承载着千年历史与文化的古刹，坐落于山西省长子县东南慈林镇崔庄翠云山上。这座寺庙始建于十六国时期的后凉神鼎元年（公元401年），初名慈林寺，历经唐、宋等朝代的扩建与更名，最终于宋治平年间定名为"法兴寺"，并沿用至今。法兴寺不仅是中国古代建筑艺术的瑰宝，也是佛教文化的重要载体，其深厚的历史底蕴和丰富的文物遗存，吸引了无数游客与学者前来探访。

法兴寺坐北朝南，依山而建，占地面积广阔，布局严谨。中轴线上的建筑随山势而布局，由南至北依次建有山门、石舍利塔、长明灯台（燃灯塔）、圆觉殿和毗卢殿，两侧还建有关公殿、伽蓝殿及东西配殿等附属建筑。这种独特的布局方式，不仅体现了古代工匠的巧思与智慧，也彰显了法兴寺在佛教寺院建筑中的独特地位。

寺内最为人称道的"三绝"分别是唐石舍利塔、燃灯塔和宋塑十二圆觉像。唐石舍利塔，又称"石殿"，是唐高祖李渊第十三子郑惠王李元懿为寺庙送去的37粒印度佛舍利而修建的，其外形似塔非塔，似殿非殿，在中国现存的古塔中独树一帜。燃灯塔则是国内仅存的三座唐代燃灯塔之一，也是保存最完整、做工最精细的一座，塔身上的浮雕精美流畅，塔内灯火长明不熄，展现了古人的智慧与匠心。而宋塑十二圆觉像更是被誉为"宋塑菩萨之冠"，这些菩萨像体态丰腴秀美，神态俊逸各异，服饰色彩柔和，纹理流畅，既体现了宋代工匠的高超技艺，也展现了宋代彩塑艺术的独特魅力。此外，法兴寺还保存有大量的碑刻、琉璃、木雕等文物，这些文物不仅记录了寺庙的历史沿革和建制情况，也为我们研究古代建筑、雕塑、书法、宗教等提供了宝贵的实物资料。自1988年被国务院公布为第三批全国重点文物保护单位以来，法兴寺得到了有效的保护与修缮，并逐渐成了一处集自然风光游览、历史文化探秘、爱国主义教育于一体的休闲旅游胜地。

综上所述，长治法兴寺以其悠久的历史、独特的建筑布局、丰富的文物遗存以及深厚的文化底蕴，成为了中国古代佛教寺院中的一颗璀璨明珠。

32.原起寺景区 >>>

◇ 景区名称：原起寺
◇ 景区地址：潞城区东北22千米的凤凰山
◇ 联系方式：13513555732
◇ 景区简介：

长治原起寺，一座坐落于山西省长治市潞城区东北22千米的凤凰山的寺庙，占地面积达729平方米，始建于唐天宝六年（公元747年），历经千年的风雨沧桑，依然保持着其独特的魅力与风采。

原起寺坐北朝南，横向开间，南北长22.3米，东西宽32.7米，整体布局严谨，中轴线上依次排列着享亭、大雄宝殿等重要建筑，东侧设有配殿，西侧则矗立着大圣宝塔（青龙宝塔），形成了错落有致的建筑群。这座古寺不仅体现了中国古代建筑艺术的精湛技艺，还蕴含着丰富的历史文化内涵。

尤为珍贵的是，原起寺内现存的大雄宝殿和青龙宝塔均为宋代原构，其建筑风格古朴典雅，具有很高的历史价值和艺术价值。大雄宝殿坐落在0.63米高的石砌台基上，面阔三间，进深四椽，单檐歇山顶，平面呈正方形，檐柱有明显的侧角生起，檐下斗四铺作，单出跳，梁架结构为三椽对后搭牵，通檐用三柱，整体构造精巧，气势恢宏。而青龙宝塔，又名大圣宝塔，为仿木结构七层密檐式塔，平面八角形，塔高17米，一至三层为空心，外出檐青砖砍磨斗栱密致，斗栱形制古朴，用材较大，是研究宋代建筑中斗栱形制的重要实物。

除了大雄宝殿和青龙宝塔外，原起寺内还保存有香亭等其他明清时期的建筑，以及唐天宝六年雕造的经幢等文物，这些文物共同见证了原起寺的悠久历史和灿烂文化。

值得一提的是，原起寺在2001年6月25日被国务院公布为第五批全国重点文物保护单位，这不仅是对原起寺历史价值的肯定，也是对其保护工作的重视。如今，原起寺已经成为了一处重要的旅游景点，吸引着众多游客前来参观游览，感受其独特的文化魅力。

综上所述，长治原起寺不仅是一座历史悠久的佛教寺院，更是一座集建筑艺术、历史文化于一体的珍贵文化遗产。它的独特魅力将继续吸引着人们的目光，成为长治市乃至山西省的一张亮丽名片。

33.天台庵景区 >>>

◇ 景区名称：天台庵

◇ 景区地址：平顺县耽车乡王曲村

◇ 联系方式：15234540026

◇ 景区简介：

长治天台庵，位于山西省长治市平顺县北耽车乡王曲村中一坛形孤山上，是一座具有深厚历史文化底蕴的古建筑。始建于唐天祐四年（公元907年），也有说法认为其始建于五代后唐天成四年（公元929年），是北方天台宗庵院的珍贵遗存。天台庵占地面积970平方米，但现存建筑主要包括正殿和一通石碑，建筑面积仅90余平方米，这使其显得更加珍贵和独特。

正殿是天台庵的核心建筑，建于1米高的石台基上，面阔7.15米，进深7.12米，采用单檐歇山顶设计，简板布瓦覆盖，琉璃脊兽装饰，

屋坡举折平缓，四翼如飞，展现出唐代建筑的典型风貌。殿内无柱，四椽栿通达前后檐柱，结构简练而稳固，相交严实，无繁杂装饰，使得殿内空间显得更为空阔明朗。这种建筑特点与五台山南禅寺大殿相似，充分体现了唐代建筑的艺术风格和技术水平。

天台庵不仅在建筑上具有极高的价值，其文化内涵也极为丰富。庵内原供奉有佛像和泥塑，但在历史变迁中遭到部分损毁。据当地老人回忆，正殿内原塑有"十二美女"，实则是十二圆觉菩萨的塑像，这一称谓反映了当地百姓对佛教文化的独特理解和口耳相传的民俗风情。

天台庵还是全国重点文物保护单位之一，自1973年被确认为唐代建筑以来，受到了各级政府和文物部门的重视与保护。近年来，国家文物局已投入资金对天台庵进行修缮，以确保其得到妥善保存和传承。

总的来说，长治天台庵是一座集建筑、宗教、文化于一体的珍贵古迹，它不仅展示了唐代建筑的精湛技艺和独特风格，还承载着丰富的历史文化内涵和民俗记忆，对于研究唐代建筑、宗教文化以及地方历史具有重要意义。

34.大云院景区 >>>

◇ 景区名称:大云院

◇ 景区地址:平顺县城西北23公里龙耳山中

◇ 联系方式:0355-8925293

◇ 景区简介:

长治大云院,亦称大云寺,位于山西省长治市平顺县城西北23千米的龙耳山中,是一座历史悠久、文化底蕴深厚的佛教寺院。大云院始建于五代后晋天福三年(公元938年),初名仙岩院,后历经多次扩建与修缮,至北宋建隆元年(公元960年)已拥有殿堂一百余间,占地面积达4000平方米。这座寺院不仅是中国古代建筑艺术的瑰宝,也是佛教文化的重要载体。

大云院的建筑布局坐北朝南,分为前后两进院落,中轴线上依次排列着山门(天王殿)、大佛殿(弥陀殿)、后殿(三佛殿)以及前院的东西厢房。其中,大佛殿(即弥陀殿)是寺内的核心建筑,修建于五代后晋天福五年(公元940年),是中国现存最早的几座古建筑之一,也是仅存的三座可以明确纪年断代的五代建筑。这座大殿面阔三间,进深六椽,平面近方形,单檐歇山顶,屋坡平缓,形制古朴,斗拱比例雄大,制作规整严谨,展现出五代时期建筑艺术的独特魅力。尤为值得一提的是,大佛殿的普拍枋是中国木构古建中使用最早的实例,被誉为中国木构建筑由唐代向宋代演变的活化石。

除了建筑艺术之外,大云院还以其丰富的佛教文化内涵而著称。寺内保存有大量的佛教壁画和雕塑,其中大佛殿内的五代壁画尤为珍贵。这些壁画面积达21平方米,描绘了维摩诘经变、西方净土变、大势至菩萨像等佛教题材,色彩鲜艳,线条流畅,具有很高的艺术价值。此外,寺内还保存有五代石雕香炉、历代碑刻等文物,这些文物不仅见证了寺院的悠久历史,也反映了当时社会的宗教信仰和文化风貌。

大云院不仅是一座佛教寺院,更是一座集建筑、艺术、历史、文化于一体的综合性博物馆。它以其独特的建筑风格和丰富的文化内涵吸引着众多游客和学者前来参观和研究。如今,大云院已被列为全国重点文物保护单位,并对外开放,成为展示中国古代建筑艺术和佛教文化的重要窗口。

35.龙门寺景区 >>>

◇ 景区名称:龙门寺

◇ 景区地址:平顺县石城镇源头村北约1.5千米的山坳里

◇ 景区简介:

长治龙门寺,初名法华寺,又名惠日院,是一座位于山西省长治市平顺县石城镇源头村北约1.5千米山坳里的古老佛教寺院。这座寺院始建于北齐文宣帝天保元年(公元550年),占地面积达5070平方米,是河谷内历史最悠久、现存文物建筑最多、跨度时间最长、石刻史料最丰富的寺院之一。龙门寺于1996年11月20日被国务院公布为第四批全国重点文物保护单位,其历史价值和建筑艺术价值不言而喻。

龙门寺的建筑布局错落有致,主次分明,总体布局共分三条轴线。中轴线布置了三进院落,由南至北依次为山门、正殿(大雄宝殿)、燃灯佛殿(后殿)、千佛阁(已毁),每进院落均设有东西配殿,院落随地形建造,形成渐次叠高的形态。中轴线采用对称式布局,彰显了中轴线建筑在寺院中的尊崇地位。西轴线由前后两进院落的僧舍和库院等附属建筑组成,而东轴线则由圣僧堂、水陆殿及禅堂、僧舍围合成的院落组成。龙门寺的建筑多为明末清初所建,但其中不乏五代、宋、金、元、明、清等各个时期的珍贵建筑遗存。

龙门寺内最为古老的建筑是五代后唐时期的西配殿,这座建筑面宽三间,进深四椽,单檐悬山顶,简洁的构造具有唐代建筑的遗风,是中国现存五代建筑中最早的一例。大雄宝殿则是寺内等级最高的单体建筑,位于中轴线的正中,面宽进深各三间,单檐九脊歇山顶式古建筑。该殿虽经明、清时期装饰翻修,但仍保留了宋代建筑的特征,如斗拱五铺作单抄单下昂等细部做法。此外,龙门寺还有金代遗构山门、元代建筑燃灯佛殿、明代建筑东配殿以及清代晚期或民国年间所建的东、西线建筑等。除了建筑之外,龙门寺还保存有大量的文物遗存,如五代后汉时期的经幢、北宋乾德五年的"故大师塔记"等历代碑碣20通,以及五代、宋、元、明等时期的石佛身、佛座、壁画等。这些文物不仅见证了龙门寺的悠久历史,也反映了当时社会的宗教信仰、文化风貌和建筑技术水平。

特产美食介绍

01.沁州黄小米

沁州黄小米,山西省沁县特产。沁州黄小米原名"糙谷"或"爬山糙",清康熙皇帝御赐"沁州黄",以皇家贡米而久负盛名,系山西小米的代表,享有"天下米王"和"国米"之尊号。

沁州黄小米色泽蜡黄,晶莹透亮,颗粒圆润,状如珍珠,民间谚语谓"金珠子""金珠不换沁州黄"。沁州黄小米绵软可口,清香扑鼻,且营养丰富。中医学认为,沁州黄小米味甘,性微寒,有清热、利尿、消肿及滋阴之功效。

02.长子大青椒

长子大青椒,山西省长治市长子县特产。

长子县属大陆性半干旱气候,四季分明。春季干旱多风,夏季炎热多雨,秋季天高气爽,冬季寒冷少雪。长子大青椒个大肉厚、色泽鲜艳、清脆味美、耐藏易运,生吃可当水果,烹、炒、煎、炸、煮、蒸、拌馅、腌渍食之,香美可口,加工成青椒酱可常年尝鲜。长子青椒含有多种微量元素,营养丰富,长期食用,可预防和减轻脑血栓、血吸虫等疾病。

03.沁州南瓜籽

沁州南瓜籽,山西省长治市沁县特产,全国农产品地理标志。

南瓜籽在沁县种植历史悠久,自然资源优越,产品质量稳定。据记载,清朝时期,大学士兼刑部尚书吴典回家探亲返京时,挑选上好的沁县南瓜籽进贡康熙,康熙吃后十分高兴,便欣然写道:"沁州三件宝:核桃、瓜籽、吴阁老。"至此,南瓜籽就成了沁县的三大宝之一。

沁州南瓜籽呈扁椭圆形,一端较长,外表浅黄淡白色,边缘稍有棱,长为1.2~2.0厘米,宽0.6~1.2厘米,表面稍有毛茸。瓜籽种仁整体肉厚、果仁味道鲜美色灰绿、清香、味浓。

04.长治堆锦

长治堆锦是长治地区的特产,也是民间画类工艺品。它以堆砌为特点,通过巧妙的手法和精湛的工艺,形成了独特的艺术风格和色彩运用。

长治堆锦不仅具有观赏价值,而且还可以用于制作服饰、家居装饰等方面,具有很高的实用性和市场需求。长治堆锦的独特艺术价值和市场需求使得它在文化交流和传承方面具有重要的意义和价值。

05. 上党腊驴肉

上党腊驴肉是长治的特产之一,它以新鲜驴肉为主要原料,配以各种香料、佐料制作而成。其色泽鲜艳,醇香可口,营养丰富,健胃健脾,对身体非常有益。上党腊驴肉不仅口感独特,而且味道鲜美。

06. 壶关羊汤

壶关羊汤是山西壶关的地方传统名吃,历史悠久,长盛不衰。它同山西省雁北一带的羊杂割,晋南一带的羊汤泡馍,称之为山西羊汤三大流派。羊汤鲜味浓,饺香肉嫩,发汗驱寒,营养丰富。喝壶关羊汤要讲究时令,羊不吃青草了才开始做,吃开青草就停做了。

壶关羊汤为全羊汤,头蹄下水胡椒粉,水饺丸子加炖肉,正是"荤素干汤巧调配,一碗汤里有全羊,驱寒暖身增营养;伏天喝羊汤,温胃止泻去肚胀"的歌谣之说。

07. 长子炒饼

长子炒饼是山西省长治市的一道传统小吃,以柔软利口、清香不腻而闻名。长子炒饼的制作工序繁复,需要用到面粉、肉丝、蒜薹、粉条等原料,最后以鸡汤为基础进行调配。这道小吃以细腻的口感和独特的香味深受人们喜爱。

08. 潞州黄芩

潞州黄芩是山西长治屯留县的特产，也是当地的一种特色土特产。它以根部肉质坚实、色泽深绿而得名。潞州黄芩的别名还有山茶根、土金茶根等。

09. 沁县干馍

沁县干馍是山西省长治沁县的地方风味小吃，形状为圆形，中空有心，色泽微黄，外脆里香。制作材料有面粉、碱面、食盐、花椒面、食用油等，将面粉做成面团发酵，加上各种食材制成的调味馅，面饼反复揉团擀成碗状，放在大铁圈上烘烤而成。

沁县干馍已经于2010年列为省级非物质文化遗产。

10. 襄垣黄土蛋

襄垣黄土蛋是山西省长治市襄垣县的特产。

襄垣县黄土蛋在继承祖传工艺基础上，采用现代科学技术，精选地方鸡鲜蛋，加中草药，用土陶罐浸煮，真空包装，高温灭菌而成。其特点是蛋壳完整、蛋清呈土黄色、气味芳香，含人体多种所需之营养素，既可调理胃肠功能，还可预防水土不服之症，属旅游出差、家居饮食及馈赠亲友的优质产品。

11.酥火烧

酥火烧是山西省长治地区有名的地方传统小吃之一。酥火烧是用上等白面粉、鸡蛋作原料，以熟驴油和面，制成柿饼大小，用煤炭火烙烤而成的一种色黄、质酥、味醇、形美的小火烧，所以也叫"驴油酥火烧"。

12.武乡枣糕

武乡枣糕是山西省武乡当地一种独有的汉族小吃，距今已有300多年的历史，具有质软、色黄、味甜之特点。武乡枣糕主要用料是黍米（即黄米，也叫软米）和大红枣，枣糕使用

传统工艺方法蒸制而成。

枣糕不但味道香甜、质软利口，而且还有很好的食疗作用，能够润肺止咳、解热消毒、保健脾胃、防治高血压等。

13.潞城甩饼

潞城甩饼是上党潞城地区独有的一种汉族民间小吃，因起源于潞城，故又称潞城甩饼。

甩饼就是立春时春饼的一个品种，若要卷上肉制品或凉拌或炒成熟的菜肴即叫"春卷"，或叫"卷白馍"。在潞城一带民间多用驴油制饼，吃甩饼时再卷上腊驴肉，油汪汪，香喷喷，不软不硬，回味无穷。

要原料,经过选料、清洗、蒸熟、打浆、成型、烘干、包装等多道工序精制而成。产品为圆形薄片,色泽鲜艳,厚薄均匀,质酥适度。

14.三合面

三合面是长治市民间的一种古老的面食。三合面是用白面粉、黄豆面粉、小粉面粉按比例拌和而制成。这种面条柔韧光滑,久煮不溶,浇卤滴醋食之,口味鲜美,豆香气浓。三合面也有用莜麦面、荞麦面、小麦面三种面掺和在一起,再做成面食。

15.长治山楂饼

长治山楂饼是长治市的著名地方小吃,已有20多年的生产历史,产品畅销国内外市场。长治山楂饼,是以当地特产优质山楂为主

晋城市

晋城市太行一号旅游公路建设里程608千米,其中主线276千米,支线275千米,连接线57千米。同步建成慢行道165千米,梨园文化休息区、长平文化休息区等27个驿站,黄梨文化观景平台、釜山水库观景平台等31个观景台,神农驿栈、珏山等8个营地,棋子山观景台停车场、0公里驿站停车场等52个停车场。

连通如下景区。

AAAAA级景区1个:阳城县皇城相府生态文化旅游区。

AAAA级景区14个:城区司徒小镇景区、阳城县析城山景区、阳城县郭峪古城景区、阳城县海会书院景区、阳城县蟒河景区、阳城县天官王府景区、泽州县大阳古镇景区、泽州县珏山景区、高平市羊头山炎帝文化旅游区、高平市炎帝陵生态文化旅游区、沁水县湘峪古堡景区、沁水县柳氏民居景区、沁水县历山原生态农耕文化旅游区、陵川县太行山王莽岭景区。

AAA级景区36个:城区古书院创意文化旅游景区、城区卧龙山旅游景区、陵川县金翠丈河旅游风景区、陵川县好梦松庙·太行驿站旅游风景区、陵川县锡崖沟水镇景区、陵川县自在荒野旅游风景区、陵川县古驿浙水旅游风景区、陵川县七彩太行旅游区、陵川县黄围山景区、泽州县晋钢智造工业旅游景区、泽州县晋城中科环保科普园、泽州县二十里铺旅游景区、泽州县高都古镇景区、泽州县山里泉景区、泽州县可寒山旅游景区、泽州县聚寿山景区、阳城县鹿鸣谷景区、阳城县中华山根祖文化旅游区、阳城县太行茱萸湾景区、阳城县动感横河景区、阳城县町店战斗纪念园景区、阳城县砥洎城景区、阳城县布政李府景区、阳城县孙文龙纪念馆、阳城县小尖山景区、阳城县河阳商道古镇景区、沁水县赵树理故居文化旅游区、沁水县鹿台山景区、高平市丹朱岭工业旅游景区、高平市七佛山旅游景区、高平市釜山景区、高平市喜镇苏庄景区、高平市卧龙湾景区、高平市大粮山景区、高平市良户古村文化旅游景区、高平市清云寺生态公园景区。

AA级景区1个:陵川县凤凰欢乐谷景区。

晋城有8个火车站,分别是:高平东站、晋城东站、高平火车站、晋城站、嘉峰站、晋城北火车站、阳城站、西阳村站,其中晋城东站是高铁站。

晋城市自驾游精品线路图（里程：760km）

羊头山景区　炎帝陵生态文化旅游区
88　　33　87　8　卧龙湾景区　61
9
良户古村　　　　8　清云寺生态公园　　王莽岭景区
皇城相府　9　　　　　　40
柳氏民居景区　　　9　湘峪古堡景区　黄围山景区
郭峪古城景区　7　10　天官王府景区　19
33　　砥洎城景区　5　4　　凤凰欢乐谷景区
海会书院景区
历山国家森林公园　高都古镇景区
小尖山景区　孙文龙纪念馆　11　司徒小镇景区
29　　31　35　　22　58
8　18　析城山景区　83　40　49　珏山景区
动感横河景区　蟒河景区　　聚寿山景区
山里泉景区

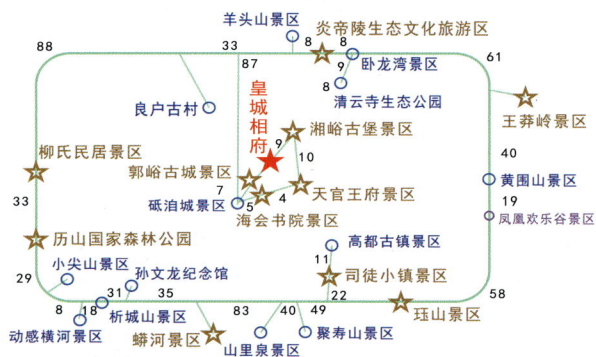
湘峪古堡　AAAA

皇城相府　AAAAA

郭峪古城　AAA

柳氏民居　AAA

历山国家森林公

析城山景区　AAA

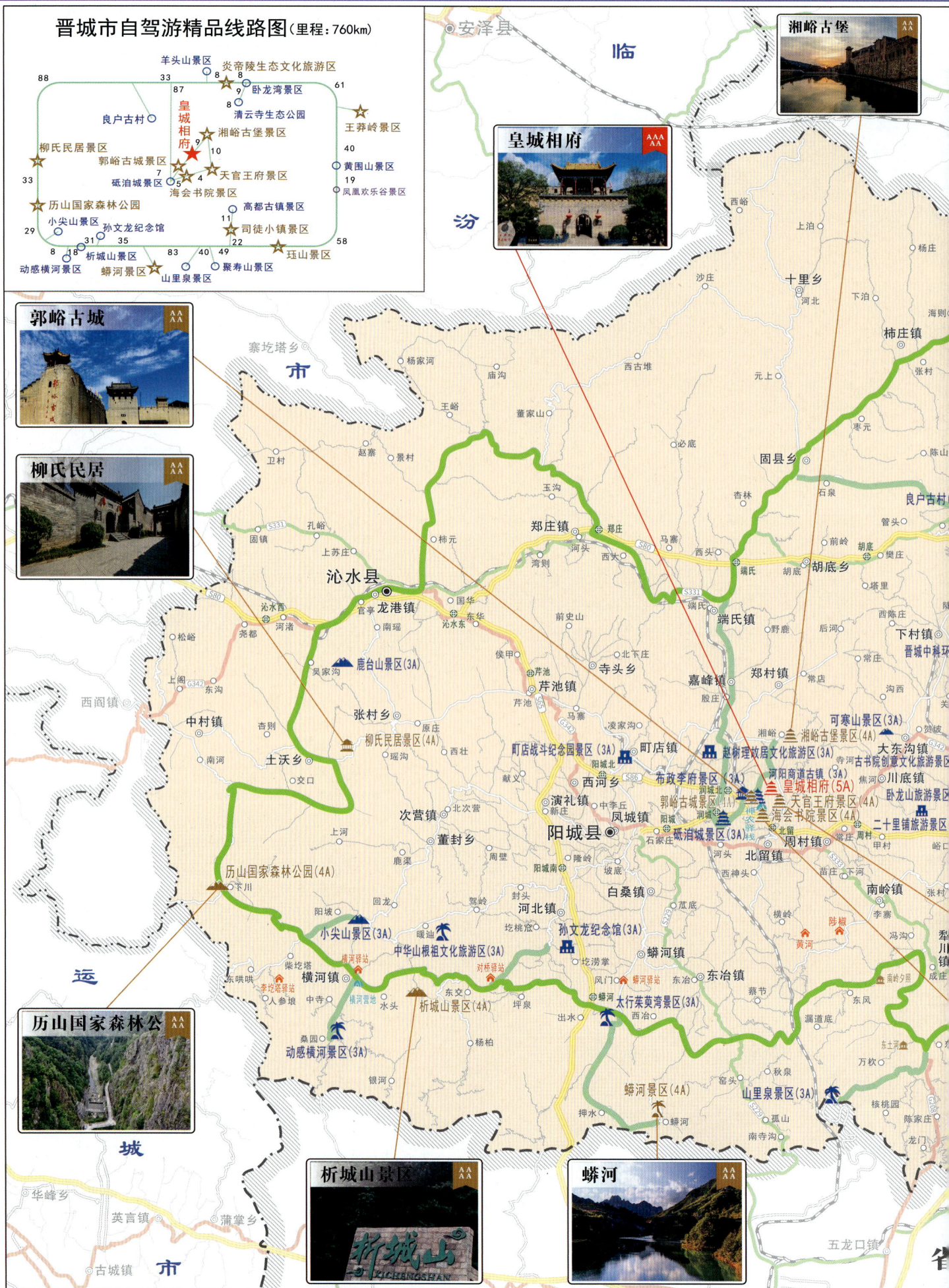
蟒河　AAA

临

汾

运

城

市

市

安泽县

寨圪塔乡

沁水县

阳城县

龙港镇

鹿台山景区(3A)
柳氏民居景区(4A)
历山国家森林公园(4A)
小尖山景区(3A)
中华山根祖文化旅游区(3A)
横河镇
动感横河景区(3A)
析城山景区(4A)
蟒河景区(4A)
山里泉景区(3A)
蟒河镇
孙文龙纪念馆(3A)
町店战斗纪念园景区(3A)
布政李府景区(3A)
郭峪古城景区(3A)
砥洎城景区(3A)
皇城相府(5A)
天官王府景区(4A)
海会书院景区(4A)
赵树理故居文化旅游区(3A)
湘峪古堡景区(4A)
河阳商道古镇(3A)
大东沟镇
卧龙山旅游景区(3A)
二十里铺旅游景区(3A)
太行茱萸湾景区(3A)

262

大阳古镇

羊头山景区

炎帝陵

铁佛寺

王莽岭

西溪二仙庙

玉皇庙

海会书院

天官王府

珏山

司徒小镇

比例尺 1:440000　　0　　4.4　　8.8(千米)

· 一日游精品线路 ·

起点

第❶站 天官王府

第❷站 大阳古镇

第❸站 炎帝陵

晋城 ········· 天官王府 ········· 大阳古镇 ········· 炎帝陵

📅 **行程推荐**　全程106千米，驾车耗时1小时57分钟

上午驾车前往天官王府游玩，之后沿晋运高速到晋城绕城高速去往大阳古镇。下午从二广高速到炎帝大道前往炎帝陵游玩，全天行程106千米。

· 两日游 ·

起点

第❶站 蟒河景区

第❸站 皇城相府

第❹站 可寒山景区

晋城 ········· 町店战
蟒河景区

📅 **行程推荐**　全程117千米

第一天：上午驾车前往蟒河景[区]前往町店战斗纪念园游玩，晚上天行程88.8千米。

第二天：上午在皇城相府游玩[，]行程28.2千米。

· 三日游精品线路 ·

起点

第①站
历山文化旅游区

第②站
柳氏民居

第③站
湘峪古堡

第④站
郭峪古城

第⑥站
珏山景区

第⑤站
司徒小镇

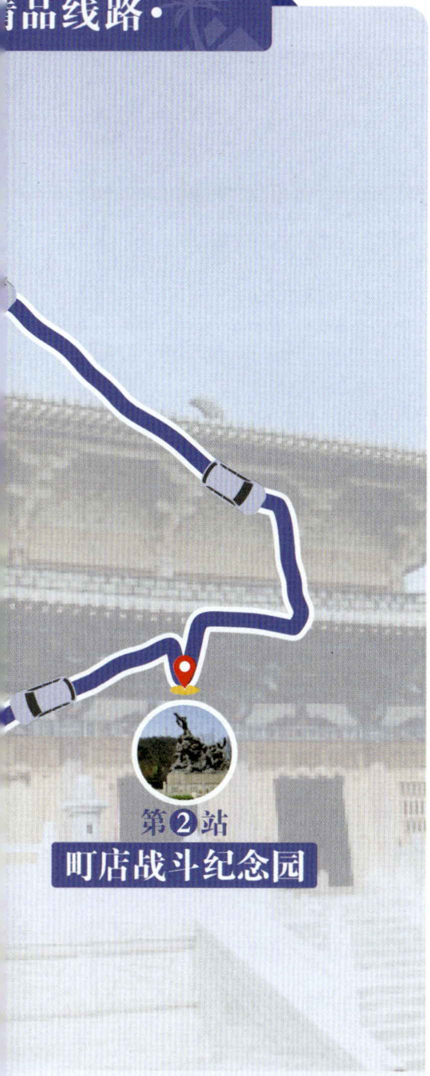

念园 可寒山景区

皇城相府

第②站
町店战斗纪念园

晋城　　柳氏民居　　郭峪古城　　珏山景区

历山文化旅游区　湘峪古堡　　司徒小镇

车耗时2小时31分钟

玩,下午沿西蟒线、阳济高速
往皇城相府,宿皇城相府,全

,下午前往可寒山景区,全天

🚌 行程推荐　全程170.6千米,驾车耗时3小时44分钟

第一天: 上午在历山文化旅游区游玩,下午沿从中下线、定中线前往柳氏民居,全天行程30.6千米。

第二天: 早上从安阳高速到端润线抵达湘峪古堡,游玩后驾车沿三号隧道、一号隧道前往郭峪古城,晚上宿郭峪古城,全天行程75.9千米。

第三天: 早上从郭峪古城出发,沿晋城绕城高速、西环路到达司徒小镇游玩,下午驾车前往珏山景区游玩,全天行程64.1千米。

景点介绍

01.晋城市阳城县皇城相府生态文化旅游区 >>>

◇ 景区名称:皇城相府生态文化旅游区

◇ 质量等级:国家AAAAA级旅游景区

◇ 景区地址:阳城县北留镇皇城村

◇ 联系方式:0356-4858062

◇ 景区简介:

皇城相府生态文化旅游区总面积15平方千米,由皇城相府景区、相府庄园景区、九女仙湖景区组成。核心景区皇城相府是清文渊阁大学士兼吏部尚书加三级、《康熙字典》总阅官、康熙皇帝经筵讲官、一代名相陈廷敬的故居,总面积10万平方米,是一处罕见的明清两代城堡式官宅民居建筑群,被专家誉为"中国清代北方第一文化巨族之宅"。相府庄园景区占地1000多亩,是一个集景观养生、休闲度假、生态抚育及会议中心于一体的大型现代高科技农业园区。园中有热带风情植物、奇花异果、空中红薯、农耕体验园,现代农业高科技的优秀成果在这里展示得淋漓尽致。

皇城相府开发旅游项目以来,文化旅游业带动皇城村70%的农户兴办起家庭旅社、家庭餐馆或从事旅游商品经营,户均旅游收入3万余元,并带动周边村镇8000多人直接创业就业增收,走出了一条"文化旅游业富民强村"的新路子。

皇城相府现已发展成为太行旅游板块的龙头景区、全域旅游示范景区和全国知名的旅游目的地,荣获全国旅游系统先进集体、全国重点文物保护单位、全国休闲农业与乡村旅游示范点、全国农业旅游示范点、中国十大文化旅游精品景区、全国中小学生研学实践教育基地、国家级服务业标准化试点单位、全国森林康养基地试点建设单位等20多项国字号荣誉。

02.晋城市泽州县珏山景区 >>>

◇ 景区名称:晋城市泽州县珏山景区

◇ 质量等级:国家AAAA级旅游景区

◇ 景区地址:泽州县金村镇寺南窑村

◇ 联系方式:0356-3959768

◇ 景区简介:

珏山位于晋城市区东南十三千米处的丹河南岸,太行山脉南段,主峰海拔973米,与千年古刹青莲寺一脉相承,是泽州境内闻名遐迩的风景名胜区。

珏山又名角山,其双峰对峙,巍峨苍翠,宛若一对碧玉镶嵌在太行山上,故名珏山。

珏山地处太行山区自然风景秀丽,历史源远流长。早在东汉时期就被辟为宗教活动的场所,与青城、武当、崂山并称为天下四大道教名山。

珏山游览在唐宋时期达到鼎盛,自古以来就享有"中国道教圣地"的美誉。丹河水从珏山脚下流过,宛如银色的飘带缠绕着珏山,呈现出一派深山藏秀的桃园佳境。

馆、文化大院、张家祖宅、万里茶道博物馆、传统木作馆等。

大阳古镇先后荣获中国华侨国际文化交流基地、国家AAAA级旅游景区、山西省特色商业街、晋城市研学基地等称号。

03. 泽州县大阳古镇景区 >>>

- ◇ 景区名称：大阳古镇景区
- ◇ 质量等级：国家AAAA级旅游景区
- ◇ 景区地址：泽州县大阳镇
- ◇ 联系方式：0356-3847888
- ◇ 景区简介：

大阳古镇位于晋城市泽州县西北20千米处，2008年12月被住房城乡建设部、国家文物局授予"中国历史文化名镇"，2011年11月又被文化部授予"中国民间文化艺术之乡"。

大阳古镇是山西省现存最大的中国历史文化名镇，是全国252个已公布的中国历史文化名镇中古建保有量最大的古镇，拥有34万平方米元明清古建筑，现存古建筑拥有300到600年的历史，有相当数量的明代建筑，实属罕见。景区文化遗存非常丰富，还是典型且著名的煤铁之乡。

景区依托古镇规模宏大的历史建筑群和深厚的历史人文积淀，通过不断挖掘，推出了系列套票场馆，场馆包括镇史馆、古法制铁

04. 炎帝陵生态文化旅游区 >>>

- ◇ 景区名称：炎帝陵景区
- ◇ 质量等级：国家AAAA级旅游景区
- ◇ 景区地址：高平市神农镇庄里村南
- ◇ 联系方式：0356-5911568
- ◇ 景区简介：

帝陵俗称"皇坟"，陵旁有庙，谓之五谷庙。早年建筑规模宏大，周有城墙，分上下两院。现仅存正殿五间，为金元重建。院内有一古柏残根，直径约3米，专家考证树龄达五千余年。上世纪九十年代，国内现仅存的炎帝陵石碑重见天日，立碑时间为明万历三十九年。碑后为陵，内藏万年灯，常年不熄。

修复后的炎帝陵景区，占地600余亩，建筑面积12000平方米，大小建筑共计308间，景区内的建筑群均为木质结构，采用了晋东

南传统祭祀建筑手法和宋式建筑风格,整体布局四进三重院落,充分彰显了炎帝陵威严肃穆的宏伟气势和古朴端庄的建筑风貌。

炎帝陵景区先后被国台办、中国侨联、中华炎黄文化研究会授予"海峡两岸交流基地""中国华侨国际文化交流基地""神农炎帝文化研究基地"三块金字招牌。

05. 阳城县天官王府景区 >>>

◇ 景区名称:阳城县天官王府景区

◇ 质量等级:国家AAAA级旅游景区

◇ 景区地址:阳城县润城镇上庄村

◇ 联系方式:0356-4819353;
　　　　　　0356-4819629

◇ 景区简介:

天官王府景区位于山西晋城市阳城县。景区以明代杰出的政治家,改革家王国光及其家族的官居建筑群为基础,这些建筑群已有近500年的历史。

在天官王府,游客可以欣赏到无处不在的木雕石刻,这些装饰出现在每一块匾额、每

一根梁枋、每一组斗拱、每一个照壁、一道道门楣、窗棂、栏杆、槅扇和飞檐上,展现了精湛的工艺和独特的美学。除了建筑本身,天官王府景区还集合了元、明、清、民国时期的居民风格,以官宅民居和民俗、美食文化为特色,是一个原生态的文化旅游景区。

06. 阳城县郭峪古城景区 >>>

◇ 景区名称:晋城市阳城县郭峪古城景区

◇ 质量等级:国家AAAA级旅游景区

◇ 景区地址:阳城县北留镇郭峪村申家后街14号

◇ 联系方式:0356-6922229

◇ 景区简介:

郭峪古城是一座唐初建置、明筑城寨的古城堡式村落。城内总面积17.9万平方米,现存明清古建80多处,各式房屋2000余间。从明朝中叶至清初的一百多年间走出过25位举人和16位进士。

城内保存完整且最具代表性的建筑有:始建于元至正年间的汤帝庙,为全国村落庙宇中少见的九开间建筑形式;33米高的"豫

楼"，战时可容纳千余人避难；长达1400米的明代古城墙，因内侧建有三层密密麻麻眼藏兵洞，故称"蜂窝城"；皇城陈氏家族九世祖居"西都世泽""容安宅"和"老狮院"；"科第世家""连升三级"的张好古故居"小狮院"；"兵垣都谏""祖孙兄弟科甲"的张家七宅；侠义豪商王重新叔侄的王家十三院等。这里被全国著名文物古建专家罗哲文赞誉为"中国民居之瑰宝"，并亲笔题写"郭峪古城"。2006年被评为"全国重点文物保护单位"，2007年被评为"中国历史文化名村"，2012年进入"全国首批传统古村落"名录，2020年获评国家AAAA级旅游景区。

07.阳城县蟒河景区 >>>

◇ 景区名称：山西蟒河生态旅游区

◇ 质量等级：国家AAAA级旅游景区

◇ 景区地址：阳城县蟒河镇蟒河村洪水街1号

◇ 联系方式：0356-4868240；
　　　　　　0356-4868222

◇ 景区简介：

蟒河景区位于阳城县东南40千米处，是国家AAAA级旅游景区、国家森林公园、国家级自然保护区，是阳城县积极打造的核心景区之一。

区内景点俯拾皆是，妙境天成，素有"华北小桂林"之美称和"山西动植物资源宝库"之美誉。区内共有动物285种，种子植物882种，其中猕猴属我国自然地理位置分布的最北限。全长10千米的地面钙化景观，被有关专家称为中国东部唯一的钙化型峡谷景观。蟒河景区开发建设以来，先后获得了"中国低碳旅游示范区""全国工人先锋号""国家级守合同重信用企业""山西省著名商标""省级休闲旅游度假区"等荣誉称号。

08.陵川县王莽岭景区 >>>

◇ 景区名称：王莽岭景区

◇ 质量等级：国家AAAA级旅游景区

◇ 景区地址：陵川县古郊乡王莽岭景区

◇ 联系方式：0356-6878621

◇ 景区简介：

王莽岭景区位于山西省晋城市陵川县东南部太行山南端主峰部位，因西汉王莽和刘秀在此斗智斗勇而得名。

景区核心区域39.8平方千米，包括极顶、锡崖沟、昆山、刘秀城等四个片区，最高海拔1700余米，最低处跌落至河南省辉县市仅300米。景区森林植被覆盖率高达96%以上，形成天然氧吧。

它雄踞太行，俯视中原，历史悠久，生态优美，集八百里太行风光精华之所在，李锐先生畅游景区后诗意大发，挥毫泼墨："不登王莽岭，岂识太行山；天下奇峰聚，何须五岳攀。"这里的云海、日出、奇峰、松涛、挂壁公路、红岩大峡谷、立体瀑布，形成了八百里太行最著名的自然景观，素有"太行至尊""清凉胜境""世外桃源"之美誉。现为国家AAAA级旅游景区、国家级地质公园、国家级森林公园、国家级户外全民健身活动基地、国家级农业旅游示范点、全国森林康养基地试点单位。

09. 沁水历山国家森林公园景区 >>>

◇ 景区名称：山西沁水历山国家森林公园
◇ 质量等级：国家AAAA级旅游景区
◇ 景区地址：沁水县中村镇下川村
◇ 联系方式：400-1068-339
◇ 景区简介：

沁水历山国家自然保护级风景区，位于山西省晋城市沁水县西南距县城56千米处的"中国农耕文明发源地"下川村一带。

景区坐落于太行、太岳、中条三山环抱，海拔2358米的晋西南最高峰——历山是传说中三皇五帝之一舜耕治和编制24节气前身《七十二候》物候历的地方。景区覆盖了中条山脉上百平方千米的区域，是中国国家级自然保护区、中国国家级森林公园、国家AAAA级旅游景区。景区由舜王坪草原、女英峡、娥皇谷、下川遗址、历山古村落五大景点组成。森林公园拥有华北平原上唯一的一块万亩亚高山草原和华北地区最后一块原始森林。复杂多样的自然生态系统，孕育了丰富的野生动物资源。

10.沁水县柳氏民居景区 >>>

- 景区名称:柳氏民居历史文化旅游区
- 质量等级:国家AAAA级旅游景区
- 景区地址:沁水县土沃乡西文兴村
- 联系方式:0356-7050398
- 景区简介:

大唐文兴柳宗元遗族世居——柳氏民居历史文化旅游区,位于山西省晋城市沁水县西文兴村,太行、王屋、中条三山环抱,占地4平方千米,为国家AAAA级旅游景区、中国历史文化名村、全国重点文物保护单位。

柳氏民居坐北朝南,南北长84米,东西宽48米,总计房屋114间。院落分为两组,以东西走向的村中街道为中线,南北两侧并列两院。原建筑有13座院落,现仅存4座。

明永乐四年,柳宗元遗族耕读发家,始造河东柳氏府邸一进十三院,占地三万多平方米,是中国目前唯一以同祖血缘世代聚居的原始古村落。

古民居建筑工艺高超,风格独特,融明清建筑艺术精华为一体,集南北建筑风格于一身,同时异常巧妙地将皇宫建筑工艺运用到民间,真实地记载了中国百世书香文人做官的历史,深刻地揭示了明代"官而商"到清代"商而官"的社会发展史,实为中华古民居建筑艺术之绝品。

景区距沁水东、西高速口25千米,沿太行一号旅游公路行驶抵达,每逢夏秋时节,公路两旁野花遍地,田野里麦浪翻滚,令游客仿佛置身于十里画廊,被冠以"最美旅游公路"称号。

11.沁水县湘峪古堡景区 >>>

- 景区名称:山西湘峪古堡景区
- 质量等级:国家AAAA级旅游景区
- 景区地址:沁水县郑村镇湘峪村
- 联系方式:0356-3251100
- 景区简介:

湘峪古堡景区位于山西省晋城市沁水县东南部的郑村镇湘峪村,地处沁水、阳城、泽州三县交界点,东与泽州县接壤,南距国家AAAAA级旅游景区皇城相府5.8千米,西距赵树理故居尉迟村8千米,具有发展旅游产业得天独厚的区域优势。

湘峪古堡是明代崇祯年间户部尚书孙居相、都察院右副都御史孙鼎相兄弟的故里。古堡始建于明万历四十二年(公元1614年),已有400多年的历史,古堡占地面积32500平方米,分为三街九巷,拥有明代建筑遗留34处,清代建筑遗留8处。

湘峪古堡是全国重点文物保护单位、国家AAAA级旅游景区。

12. 泽州县司徒小镇景区 >>>

◇ 景区名称：司徒小镇景区
◇ 质量等级：国家AAAA级旅游景区
◇ 景区地址：北石店镇司徒村
◇ 联系方式：0356-2293766
◇ 景区简介：

"司徒小镇"是晋城市乡村美景农业科技发展有限公司斥资10亿元打造的一个集特色餐饮、休闲娱乐、旅游度假、体验教育、文化创意、演艺传媒、康养度假等为一体的多功能产业园区。园区占地1000亩，于2009年正式开工建设。项目已建成三大山西民俗体验馆，六尺巷、驿后古街、非遗民俗街三条文化特色街区，以及动物园、栖嬉园等多种休闲娱乐及酒店住宿、特色民宿等配套旅游产品，已形成"吃、住、行、游、购、娱"的旅游全产业链。

如今，司徒小镇已经成为山西省晋城市全域旅游发展的一张名片，并以山西独具特色的"铁文化""酒文化""醋文化""煤文化"等特色文化，致力于打造山西五千年文化印象基地。

13. 阳城县海会书院景区 >>>

◇ 景区名称：海会书院景区园
◇ 质量等级：国家AAAA级旅游景区
◇ 景区地址：阳城县北留镇大桥村书院街1号
◇ 联系方式：0356-4852888
◇ 景区简介：

海会书院景区位于山西省阳城县北留镇大桥村，距离国家AAAAA级旅游景区皇城相府仅2.5千米。这里原是一座唐宋帝王两赐名额的千年古刹，始创于隋代，距今一千多年。

景区现今占地3.48万平方米，分唐、明双塔区、书院文化区、千年古刹区及阳城古八景之一的"海会龙湫"，共三区一名胜。景区内的标志性建筑"海会双塔"，拔地擎天，傲然屹立。

其中小塔舍利塔，为唐天佑十九年（公元922年）所修，由于塔身向西倾斜，却千年不倒，所以被称为"中国的比萨塔"。大塔如来塔，明嘉靖四十四年（公元1565年）所修，因塔身雕刻设计玲珑精致，琉璃装饰奢华美观，下三层围筑城堡式高墙，第十级悬空可凭栏眺望，故被专家赞誉为"国之珍宝"，是我国"北方楼阁式塔中的唯一佳例"。在这里，景区积极开展了以佛学文化、国学文化、廉政文化、教育文化为内容的各类研学活动。

景区早在1965年就被确定为山西省首批重点文物保护单位，2006年被国务院批准列入为全国重点文物保护单位名录。

14.阳城县析城山景区 >>>

- 景区名称:阳城县析城山景区
- 质量等级:国家AAAA级旅游景区
- 景区地址:阳城县横河镇横河村
- 联系方式:15702662666
- 景区简介:

析城山景区位于山西省晋城市阳城县西南部30千米处,方圆20平方千米,在250万年前形成了典型的喀斯特地貌。核心区"圣王坪"为10平方千米的亚高山草甸,春夏秋冬四季风景各具特色、森林覆盖率达到80%以上,是名副其实的天然氧吧。

析城山为我国最古老的历史文化名山之一,是中华文明重要的发祥地,有"万山之祖"的美称。这里山峰壮美、生态原始、植被茂密,宛若空中花园,是中华人文始祖伏羲的王都"昆仑丘",是商汤王祭天祷雨的圣灵之地。"盘古开天""伏羲画卦"等神话故事传说都在这里有迹可循,可谓集文化与美景于一身的旅游胜地。

15.高平市羊头山景区 >>>

- 景区名称:羊头山炎帝文化风景名胜区
- 质量等级:国家AAAA级旅游景区
- 景区地址:高平市神农镇李家庄村
- 联系方式:13513561110
- 景区简介:

羊头山位于高平市神农镇,是中华文明的发祥地。始祖炎帝神农氏在此播谷粒民,创中国农耕文明之源;尝草疗疾,开中华医药文明先河,实现了从游牧到定居,从渔猎到农耕的伟大转折,为人类历史的发展做出了不可磨灭的历史功绩。羊头山横跨长子、长治、高平三县,素有一鸡鸣三县之说,西北为长子,东北是长治,南边是高平,同时是泽潞两州的分界地。磅礴数十里,山高千余丈,海拔1297米,因山顶有一块天然巨石,与羊头相似而得名。这里风景秀丽,景色宜人。这里有第一座被记载的古城遗址——神农城遗址(北魏《风土记》)"神农城在羊头山,其下有神农泉,上有古城遗址",有中国农业第一块试验田——五谷畦。炎帝在此培育出的第一种农作物"五谷之首——黍";有记载炎帝最早的碑刻——北齐天保二年(公元551年)的五佛碑,上刻"神农圣灵所托,远瞩太行",佛碑距今已有1465年之久。这里还有炎帝高庙、祭天坛、神农庙、神农井、神农泉等大量历史遗存。这些规模宏伟的古文化遗存,绘制出了一幅始祖"播谷粒民""尝草疗疾"的辉煌历史画卷。作为中华文明发源地之一,羊头山就是中国农耕文明和医药文明之"源",是华夏民族和全球华人之"根"。

16. 泽州县聚寿山景区 »»»

◇ 景区名称:晋城市聚寿山
◇ 质量等级:国家AAA级旅游景区
◇ 景区地址:泽州县晋庙铺镇范谷坨村
◇ 联系方式:13700566636
◇ 景区简介:

聚寿山坐落于太行山麓冀南之域,山西晋城泽州县晋庙铺镇,豫冀晋三省通衢之地,崇山峻岭、苍柏蔽荫之间。景区景色优美,令

人心旷神怡。

聚寿山以舟山慈航为诸景核心,江水海崖、琼岛环立呈展,堪称中华殊绝。普陀别院创新独运,七十二观音群像雕塑被赞国内近代泥塑之最。聚寿山书院顶首以寿宝阁为中心,延展错落四宝阁(福、禄、喜、财),亭台依山取势、风格迥异,以宝积塔为尊,诸亭昊天、厚泽、舜日、春晖、揽月、际地六亭遥相呼应、矗立山巅,临亭俯瞰、尤具风采。以及贤首寺,铁仙观,调顺宫,圆觉洞,聚元楼,善化桥,以江水海崖园林景观为独运。

17. 泽州县可寒山景区 »»»

◇ 景区名称:可寒山
◇ 质量等级:国家AAA级旅游景区
◇ 景区地址:泽州县大东沟镇峪南村
◇ 联系方式:0356-3823999
◇ 景区简介:

可寒山旅游景区,地处泽州县大东沟镇峪南村,距晋城市16千米。北接方山,西连岳圣山,东眺兴隆山,自古乃皇家避兵之所。大自然的鬼斧神工造就了这里山、涧、林、谷相

得益彰的秀美奇谲风貌。

可寒山景区植被茂密、山水相间、云雾缭绕、空气清新、气候宜人，素有"天然氧吧"和"清凉避暑胜地"之雅誉，是三晋大地上不可多得的适合休养生息的人间仙境。可寒山景区占地3平方千米。北跨金龙，南翔玉凤，龙砂左依，虎砂右环，中结索岗，众山拱合，虎踞龙盘，且沐异彩，有五龙争珠之势，颇具浓郁的中华堪舆文化色彩。而乾明古寺也坐落在此，苍绿色的苍天古树，全都沐浴在落日余晖中。

18. 高平市良户古村景区 >>>

- ◇ 景区名称：书香良户·古艺工坊
- ◇ 质量等级：国家AAA级旅游景区
- ◇ 景区地址：高平市原村乡良户村
- ◇ 联系方式：0356-5827666
- ◇ 景区简介：

书香良户·古艺工坊良户古村位于高平市西部15千米处，现辖良户、寨上两个自然村，是山西古上党地区西南部的咽喉，辖区面积为3.77平方千米，总户数617户，人口

1548人，耕地面积2833亩，林地面积1716.9亩。

该村北枕凤翅山、南耸双龙岭、西接老马岭、东望"光狼城"，三面环山，四河汇水。游客可以赏析精美三雕工艺（砖雕、木雕、石雕）、金代建筑等。该村2016年被评为山西省明代古建筑群，具备优质的地理优势和资源优势。

19. 高平市大粮山景区 >>>

- ◇ 景区名称：长平之战大粮山景区
- ◇ 质量等级：国家AAA级旅游景区
- ◇ 景区地址：高平市米山镇米东村北
- ◇ 联系方式：18334668666
- ◇ 景区简介：

山西大粮山长平古战场旅游景区，位于高平市东，距市区2千米。北接七佛山国家森林公园，南临曲辉省道。二广高速（二连浩特—广州）公路高平出口2千米，距在建的太焦高铁高平站4千米，距207国道2千米。

景区交通方便，往来快捷。景区于2017年7月3日在山西股权交易中心文旅板块正式挂牌,2011年被评为国家AAA级旅游景区。

　　景区依托的大粮山曾是战国末期秦赵长平之战赵将廉颇指挥中枢、驻军屯粮之地。这里拥有星罗棋布的秦壁赵垒遗址遗迹、繁荣浓密的森林植被及数处国保省保文物之寺庙道观等诸多丰富古军事文化及传统的道教、佛教文化遗迹,还有抗战时期八路军115师344旅与日寇激战遗址等得天独厚的文化旅游资源。这里于2003年创建了大粮山旅游景区。

20.清云寺生态公园景区 >>>

◇ 景区名称:清云寺生态公园
◇ 质量等级:国家AAA级旅游景区
◇ 景区地址:高平市米山镇南坡村
◇ 联系方式:0356-5840008
◇ 景区简介:

　　清云森林康养基地坐落于高平市米山镇南坡村,西靠七佛山、东临东仓河,以国家AAA级旅游景区——清云寺生态公园为基础,依托现有资源及优势,将健康、养生、养老、休闲、旅游等多元化功能融为一体,着力打造生

态环境较好的森林康养基地,是一处汇集朝礼、旅游、休闲、健身等为一体的清净福地。距离市区7.5千米,总占地面积6900亩,森林覆盖率达70%,大气负氧离子含量达到每立方厘米3500,近三年来平均空气质量优良天数达到300天以上,是休闲旅游、健康养老的绝佳去处。

　　2019年10月12日,在第三届中国森林康养与乡村振兴大会上,清云寺生态公园被评为"全国森林康养基地试点建设单位",为建设大美高平、繁荣全市康复养老和休闲旅游事业增添了新的亮点。

21.阳城县砥洎城景区 >>>

◇ 景区名称:砥洎城景区
◇ 质量等级:国家AAA级旅游景区
◇ 景区地址:阳城县润城镇润城村
◇ 联系方式:0356-4813777;
　　　　　　0356-4813999
◇ 景区简介:

　　砥洎城景区位于山西省阳城县润城镇润城村,建筑在一座小山咀上,景区面积约25万

平方米（含砥洎城公园、砥洎城景区、东岳庙、三门街和砥洎巷商品购物一条街）。其南接村镇，北临沁河，三面环水，呈半岛状。远望其城，坚如磐石的砥柱挺立中流，因古代沁河称洎水，故名"砥洎城"。

砥洎城呈椭圆形，砖砌，占地面积约6.6万平方米。南有正门，起于地面的城墙，高12米左右。

砥洎城建成于明朝崇祯年间，距今已有400余年的历史。砥洎城原为宋朝古寨，目的主要是防御。该城大规模的建设在明末崇祯六年，时任北京大兴县知县的润城人杨朴，为保家人免遭李闯王兵灾、流寇之苦，筹资数百万银两，动工修建砥洎城，崇祯十一年砥洎城建成。

砥洎城于1986年被列入省级重点保护文物，2006年由国务院批准为国家重点文物保护单位。著名建筑学家楼庆西评价"砥洎城是钢铁冶炼的发源地，环保理念的先驱者"。

2010年7月22日，住房城乡建设部、国家文物局批准润城镇为中国历史文化名镇，润城村为历史文化名镇所在地，同时列入第四批中国传统村落名录。

22.阳城县布政李府景区 »»»

◇ 景区名称：中庄布政李府景区
◇ 质量等级：国家AAA级旅游景区
◇ 景区地址：阳城县润城镇中庄村
◇ 联系方式：0356-2335030
◇ 景区简介：

阳城县润城镇中庄村，毗邻晋阳高速北留口，县级公路和旅游公路贯穿全村，距国家AAAAA景区皇城相府3.8千米，交通便利，历史悠久，是一个有着1500年历史的古村落，自古便有"文化之乡"的美誉，被评为"中国传统古村落""中国景观村落""山西省历史文化名村""市级文明村"等，现为阳城县"打造全国古堡第一县"示范单位。

明清时期，村里共出过7位进士、15位举人，贡生监生上百人，村内古建筑群占地3.8万平方米，布政李府景区是中庄古建的标志性代表，为明朝布政使官员李豸的官邸，距今已有五百年之久，由"棋盘院、粮仓院、师生院、进士第、白巷里、明代古暗道、地道"等部分组成，景区内古建林立，院院相连，暗藏玄机，砖雕、木雕精美绝伦，保存完好，为山西省官家古建杰出代表之一。

在布政李府旅游开发公司的打造下，目前景区已初步形成集"吃、住、游"为一体的乡村旅游品牌，每逢节假日、黄金周，都有来自大同、洛阳、太原、焦作、运城等不同地区的旅游团队和散客前来参观，游人络绎不绝。明朝特色客栈位于布政李府景区内，是中庄村保护、开发、利用古文物的重要手段。经过一年多的营业，已成为晋城地区最受外地游客欢迎的"网红民宿"。

该景区于2017年被评为晋城市特色民宿客栈和山西省文物保护利用重点示范点。

中庄秧歌为山西省非物质文化遗产，为当地独具特色的说唱艺术，现已在晋东南地区广泛流传，中庄村为其主要起源地，深受四方游客的欢迎。

23.阳城县孙文龙纪念馆景区 >>>

◇ 景区名称:阳城县孙文龙纪念馆

◇ 质量等级:国家AAA级旅游景区

◇ 景区地址:阳城县河北镇孤堆底村

◇ 联系方式:13097655988

◇ 景区简介:

　　孙文龙纪念馆位于山西阳城县河北镇孤堆底村孤山脚下,占地面积18000平方米,建筑面积3710平方米。孙文龙同志生前连任太行太岳革命老区阳城、武乡、屯留三县县委书记。他以德为根、以业为魂、忠诚于党、服务于民,用实际行动在老区人民心中树起了永恒的丰碑,被群众誉为"太行山上的焦裕禄""山西省清廉典范"。为了纪念孙文龙同志,弘扬孙文龙精神,河北镇孤堆底村于2000年修建了孙文龙纪念馆。目前,该馆共设有孙文龙生平事迹展览厅、孙文龙故事厅、缅怀堂故事厅、公仆亭等23处爱国主义教育景点,展陈面积910平方米,展线长度1736米,实物展示

120余件、图片560幅、雕塑4座。其中,孙文龙事迹展览厅占地300平方米,分别用"太行赤子"(艰苦童年、鸿鹄之志、七载历练、报国回乡),"执政为民"(起步文明、创业势头、辉煌阳城、变革阳城、蚕桑兴县、水利富民、三山两化),"阳城巨变"(鱼水情深、清廉典范、农业行家),"心系武乡"(拨乱反正、栽桑养蚕、励精图治),"魂牵屯留"(再兴蚕桑、呕心沥血、泪祭忠魂),"光耀后人"等六个部分20个板块详细介绍了孙文龙同志的先进事迹,彰显了其勤政廉洁的公仆精神、勇于创新的改革精神、求真务实的科学精神、心系百姓的奉献精神。2007年,孙文龙纪念馆入选晋城市爱国主义教育基地,2009年,入选山西省爱国主义教育基地。

24.阳城县小尖山景区 >>>

◇ 景区名称:小尖山景区

◇ 质量等级:国家AAA级旅游景区

◇ 景区地址:阳城县横河镇索泉岭村

◇ 联系方式:15934069301

◇ 景区简介:

小尖山位于阳城县西南,距县城35千米,为名列阳城古八景之"盘亭列嶂"中千峰列嶂的最高峰,故又名千峰顶,海拔1695米,素以"险、峻、奇、灵"著称。它形如其名,似一柄利剑直刺天宇,像一把尖锥直插云霄,大有唯我独尊之势。西南部峭壁如削,北为陡坡,仅东部山脊上有一条小道蜿蜒而上,可通山顶。

从东向西而上,依次有佛光殿、灵官殿、祖师殿、千佛阁、玉皇殿、财神殿、龙王殿、关帝殿、春秋阁、娘娘殿、观音殿、药王殿等宗教建筑群,是参禅悟道、祈福求安、养心休闲、怡神揽胜的绝佳之地。

峰顶面积不大,仅有百余平方米。古代依山凿石,修建庙宇。主体建筑均坐西朝东,为石、砖、木结构,整石根基、青砖垒墙、坡瓦琉璃,青砖墁院,条石蹬梯。山顶主庙为一进三院,由东往西,节节登高,院落有序。整个建筑群随山就势,错落有致,上下俨然,气势峻拔。山顶庙宇,从山下各个方向望去,都像一把太师椅,煞是神奇。山腰有谷子洞,岩穴深邃,相传为鬼谷子当年修炼处。尖山历史悠久,文化底蕴深厚,有旧石器晚期文化遗物。最早开山建庙时间已无法考证,但最晚也在明末清初。

25.河阳商道古镇景区 >>>

◇ 景区名称:阳城县河阳商道古镇旅游开发有限公司
◇ 质量等级:国家AAA级旅游景区
◇ 景区地址:阳城县润城镇上伏村
◇ 联系方式:0356-4816999
◇ 景区简介:

河阳商道古镇景区位于阳城县东北部,濒临沁河东岸,处于太行古堡密集区,是具有2200余年历史的商道古镇。依山傍水,物产丰富,历史悠久,文化灿烂,现在是"中国传统村落""中国景观村落""中国历史文化名村"。

这里自古就是南抵中原,北往塞外的必经大道,是水陆两路的交通要塞,也是各地商贾汇聚、物资集散、钱币兑换、商品采购和营销的首选市场。历史上,村中仅有一条大街叫三里龙街,各地商家会馆有八处之多,因而村中也遗留有百余座形式多元的民居古建。上伏大庙是沁河流域中最大的庙宇群,其金、元、明、清建筑风格非常浓郁,共有三庙五院十六殿,庙中有庙、院中套院、殿阁分明、楼台对称、木艺精湛、规模宏伟。

26. 泽州县高都古镇景区 >>>

◇ 景区名称:泽州县高都古镇景区
◇ 质量等级:国家AAA级旅游景区
◇ 景区地址:泽州县高都镇
◇ 联系方式:15835629687
◇ 景区简介:

　　高都古镇是一个具有悠悠历史和灿烂文化的文明古镇,早在新石器时代就有人类在这里繁衍生存。约公元前17世纪,传说夏桀王在此建都,高都的名称由此而来。秦统一中国后,设立高都县,以后历朝多次在此地建郡立州,成为泽州地区政治、经济、文化中心,向称"行山重镇"。

　　悠久的历史为高都留下了宝贵的文化遗产,镇西有列为省级重点文物保护单位的"高都遗址"。

27. 阳城县町店战斗纪念园景区 >>>

◇ 景区名称:阳城县町店战斗纪念园景区
◇ 质量等级:国家AAA级旅游景区
◇ 景区地址:阳城县町店镇町店村
◇ 联系方式:13834314388
◇ 景区简介:

　　町店战斗纪念园,位于山西省晋城市阳城县町店镇町店村,坐落在芦苇河畔的银匠山腰。该纪念园由星火广场、思源台、町店战斗纪念馆、町店战斗烈士纪念碑和烈士公墓等部分组成,是一个集国防教育、爱国主义教育、思想道德教育、革命传统教育于一体的综合性纪念场所。2020年入选第三批国家级抗战纪念设施、遗址名录,并在2021年被山西省人民政府命名为山西省第四批国防教育基地。此外,它还被列入山西省红色旅游线路和阳城县清廉路线文化研学线路,成为广大干部群众和中小学生爱国主义教育和思想道德教育的重要阵地。星火广场由战斗浮雕和红色砂岩组成,展示了町店战斗的激烈场面。思源台内陈列着相关历史资料和图片。町店战斗纪念馆通过照片和微缩场景展示战斗历史。烈士纪念碑高19.38米,象征战斗发生在1938年,碑前有登山步道,顶端是烈士纪念碑。

　　1938年6月下旬日军纠集8000余兵力向绛县、垣曲进攻,以歼制抗日部队,解曲沃之围。1938年7月1日至4日为配合友军在晋南作战,八路军一一五师三四四旅旅长徐海东、政委黄克诚奉命统一指挥作战。

　　在晋豫边抗日游击队和阳城自卫队的配合下,于7月3日和4日在芦苇河一线设伏,以町店、义城、黄崖三村沿河岸为主战场,在战场内将敌分割、包围,战场-伏兵堵截的方式打击外逃之敌,并堵击周村、晋南方向来的敌之援军,共毙伤日军近千人,击毁汽车30多辆,缴获战马百余匹、轻重武器无计。八路军伤亡约300人。

　　町店战斗有力地配合了晋南友军作战,极大地鼓舞了抗日军民的士气。

28.高平市卧龙湾景区 >>>

◇ 景区名称:高平市卧龙湾景区

◇ 质量等级:国家AAA级旅游景区

◇ 景区地址:陈区镇王村

◇ 联系方式:13503562383

◇ 景区简介:

　　高平市卧龙湾景区总占地面积达4500余亩,其中水域面积约为370亩,拥有茂密的植被和清新的空气,是天然的氧吧,让人远离城市的喧嚣,尽享自然之美。

　　卧龙湾景区依山傍水,风景如画,与千年古刹开化寺相邻,满足了山林、湖泊、人文三要素,形成了独特的自然景观和人文底蕴。景区内设有多种娱乐设施和休闲项目,如环湖步道、空中漂流、时光隧道、七彩滑道、VR体验、水上游船、森林探险等,为游客提供了丰富的游玩体验。近年来,卧龙湾景区不断完善基础配套设施,提升服务质量,吸引了大量游客前来观光游玩。同时,景区还积极助力乡村振兴,通过招商引资、入股投资等方式,带动了周边地区经济的发展。

29.高平市喜镇苏庄景区 >>>

◇ 景区名称:高平市喜镇苏庄景区

◇ 质量等级:国家AAA级旅游景区

◇ 景区地址:河西镇苏庄村

◇ 联系方式:13835683337

◇ 景区简介:

　　喜镇苏庄景区位于山西省晋城市高平市河西镇苏庄村村内,距离高平市高铁东站约1千米处。

　　景区整体建设与苏庄村协同发展,景区三期规划涵盖全村,该村是中国距离高铁站最近的历史文化名村,是第五批中国历史文化名镇(村)、第一批中国传统古村落。

　　公元445年北魏太武帝拓跋焘亲临泫氏(高平)县赏"连理树"。苏庄村就是当年连理树的所在地。为建设"喜"结连理,以"喜"为媒的大型活态中国传统婚庆体验馆和特色康养文旅庄园,喜镇苏庄景区依托传统古院落群,拆迁亮村、回收古院、深挖传统"喜"文化,"喜镇苏庄"由此而来。2022年喜镇苏庄被评为国家AAA级景区。

30.泽州县山里泉景区 >>>

◇ 景区名称:山里泉旅游区
◇ 质量等级:国家AAA级旅游景区
◇ 景区地址:泽州县山河镇拴驴泉村
◇ 联系方式:13663839667
◇ 景区简介:

山里泉旅游区位于太行山南部,晋豫两省的泽州、阳城、济源三县市的交会处,距207国道18千米,距晋城市区50千米,距济源市区51千米。侯月铁路从景区穿越而过,并设有车站,因此这里交通十分方便。景区内风光秀丽、群峰壁立,人称北方"小三峡"。

这里气候宜人,空气清新,原始生态环境保护完整,是融游览观光、休闲度假、康体保健、寻奇探幽等功能于一体的综合性生态型旅游风景区。

景区犹如一颗璀璨的明珠闪耀在大山深处,大自然的鬼斧神工在这里造就了举世罕见的,独特神奇的地质地貌,滔滔的沁河水九曲十八弯盘绕在大山深处。

31.阳城县动感横河景区 >>>

◇ 景区名称:阳城县动感横河景区
◇ 质量等级:国家AAA级旅游景区
◇ 景区地址:阳城县横河镇横河村
◇ 联系方式:13223670080
◇ 景区简介:

近年来,随着乡村振兴和农林文旅康养产业的不断推进,阳城县横河镇依托境内的高山、峡谷、河道、草地、丹霞等特殊地貌资源优势,全力打造动感骑行小镇建设项目,该项目是晋城市康养产业"百村百院"重点工程,总投资4.98亿元。

主要打造以"北方最美山地骑行线路""产业最全山地骑行小镇""国内首个全智慧化管理骑行线路"为目标,整合横河镇域的山、水、林、舍等文旅资源,厚植运动康养底色,打造世界骑行爱好者的欢乐谷和狂欢地。

动感横河景区已建成并投入运营的有骑行广场、骑友接待中心、房车营地、帐篷营地、骑士酒吧、盘亭古街等,也可为举办更高水平的全国大型山地自行车赛提供高质量的基础配套服务。横河景区移步异景,处处皆景,成为"太行一号"旅游公路上的一大亮点。这里有全国最大的泵道基地等着你去挑战,世界级别的山地自行车赛道等着你去征服!

横河镇先后荣获"全国美丽乡村最佳旅游目的地""全国人文生态旅游基地""全国最美森林小镇""中国历史文化名镇"等称号。

32.陵川县黄围山景区 >>>

◇ 景区名称:陵川县黄围山景区

◇ 质量等级:国家AAA级旅游景区

◇ 景区地址:陵川县马圪当乡横水村境内

◇ 联系方式:13753603333

◇ 景区简介:

　　黄围山是中国南太行别具特色的著名旅游风景区,位于山西省晋城市陵川县马圪当乡横水村境内,海拔1432米,面积100余平方千米,地理优越、交通便利。黄围山以险峰、溶洞、古道、飞瀑、奇峡及红豆杉林为特色景观,其森林覆盖率达90%以上。这里与红豆杉自然保护区重合,并以奇异的地质地貌被确定为省级地质公园。

　　这里一年四季都有美景,自然风光随季节而变化无穷,有天然氧吧之称,是游山玩水,驱除身心疲劳,养身健体的好去处。

　　依照风景区的地理位置,分为黄围山—灵湫洞、红豆杉大峡谷、白陉古道—十里河大峡谷三大区域。

33.高平市釜山景区 >>>

◇ 景区名称:高平市釜山景区

◇ 质量等级:国家AAA级旅游景区

◇ 景区地址:高平市寺庄镇釜山村

◇ 景区简介:

　　高平市釜山景区是一个集自然风光与人文景观于一体的旅游胜地。

　　景区不仅有着壮美的自然景色,还蕴含着丰富的文化底蕴,是游客探索山西历史文化的绝佳选择。釜山村除了作为景区吸引游客外,它本身也是一个具有丰富历史和文化底蕴的村落。村庄坐落在山水之间,环境优美,物产丰富,被列为山西省的传统村落。村里不仅有古老的建筑如宣圣庙、佛堂、古戏台等,还有近现代的文化建筑如钱币博物馆、供销社旧址等。近年来,随着乡村振兴战略的推进,釜山村已经变成了一个集康养度假、观光游览、文化体验、运动休闲于一体的美丽乡村。

34.高平市七佛山旅游景区 >>>

◇ 景区名称：高平市七佛山旅游景区

◇ 质量等级：国家AAA级旅游景区

◇ 景区地址：高平市东城街道长平东街

◇ 景区简介：

　　高平市七佛山旅游景区是一处集自然风光与佛教文化于一体的旅游胜地。七佛山原名东山，因山势起伏如七佛端坐而得名，南北连绵5千米，东西1.5千米，面积约6平方千米。七佛山海拔1220米，山巅的云月峰顶有一座始建于唐代的云月寺，寺内七佛殿供奉着七佛，因此得名七佛寺。

　　七佛山以其秀丽的景色和丰富的自然资源而著称。山上植被覆盖率高，四季常青，拥有多个清泉小溪和水库池塘。山间的小路适宜徒步，沿途设有休息区，让游客在攀登过程中得以休憩。山顶的风光更是令人赞叹，尤其是站在云月峰顶，可以俯瞰四周连绵的山峦和远接东海的壮丽景象。

　　七佛寺不仅是当地重要的宗教活动场所，

也是游客了解佛教文化的窗口。寺庙内的七佛殿内供奉着含迦牟尼佛以及在他之前的六位佛祖，分别为毗婆尸佛、尸弃佛、毗舍浮佛、拘留孙佛、俱那含牟尼佛、迦叶佛。这些佛像是佛教艺术的瑰宝，体现了古代工匠精湛的技艺。

　　七佛山及其七佛寺有着悠久的历史和美丽的传说。据传唐代有僧人登临此山，被美景所吸引而在山下竖起七尊大佛，当晚便有五道金光凌空现世，山脚下出现五个仙洞，洞中有金龙卧息，山顶上则现出一座寺庙和七尊佛像。这些传奇故事增添了七佛山的神秘色彩。

　　对于游客而言，高平市七佛山旅游景区提供了多种游览方式。除了徒步登山外，景区还配备了完善的基础设施，如水电路三通直达山巅，方便游客探访。同时，景区周边还有其他值得一游的景点，如定林寺、二仙庙、羊头山炎帝文化旅游区等。

35.高平市丹朱岭工业景区 >>>

◇ 景区名称：高平市丹朱岭工业景区

◇ 质量等级：国家AAA级旅游景区

◇ 景区地址：高平市寺庄镇釜山村

◇ 联系方式：0356-5835007

◇ 景区简介：

丹朱岭工业旅游景区位于寺庄镇釜山村，东临花果山、西眺发鸠山、北靠丹朱岭、南拥泫水河，是以煤矿安全教育为核心，精心打造的工业旅游景区。

景区以声、光、电数字三维立体等科技手段，集中展示煤矿采、掘、机、运、通五大系统内涵，真实再现透水、瓦斯爆炸、冒顶等事故情景，使游客身临其境地感受矿井灾害，增强安全意识。

设有煤矿安全培训基地，包括地质馆展厅、井下模拟实操基地等，游客可以换上矿工服装，全副武装，随导游乘坐罐笼到达地下深处的"矿井"，体验井下作业的真实环境。

景区保留了原造币厂的主工房及存钱的山洞，具有一定的历史价值和神秘色彩。建有"时空隧道""地层隧道"等，让游客仿佛穿越了时空，深入地层，体验另一个神秘世界。

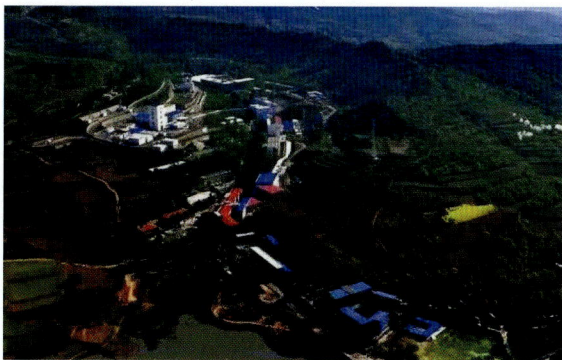

36.陵川县七彩太行旅游景区 >>>

◇ 景区名称：陵川县七彩太行旅游区

◇ 质量等级：国家AAA级旅游景区

◇ 景区地址：陵川县境内

◇ 联系方式：0356-2302888

◇ 景区简介：

陵川县七彩太行旅游区是一个集冰雪旅游、度假、休闲观光于一体的综合性旅游目的地。该度假区拥有得天独厚的自然环境，依托于太行山脉的壮丽风光，为游客提供了一系列丰富多彩的旅游体验活动。

作为度假区的亮点之一，七彩太行冰雪旅游度假区提供了丰富的冰雪娱乐项目，如滑雪、滑冰等，满足不同年龄段游客的需求。

为了进一步提升景区的观赏价值和游客体验，陵川县七彩太行夜景景观照明工程正在实施中，旨在通过灯光打造更加迷人的夜晚景色。

37.阳城县太行茱萸湾景区 »»»

◇ 景区名称:阳城县太行茱萸湾景区
◇ 质量等级:国家AAA级旅游景区
◇ 景区地址:阳城县蟒河镇下桑林村
◇ 景区简介:

太行茱萸湾景区,作为山西省阳城县的一颗璀璨明珠,以其得天独厚的自然风光和深邃丰富的文化内涵,成为了国内外游客竞相探访的旅游胜地。这里冬暖夏凉、气候宜人,是山茱萸生长的理想之地。景区内的山茱萸四季多彩,春可赏黄花,夏可观影姿,秋可观红果紫叶,冬可品茱萸佳酿。这里山川壮丽,水色空蒙,四季变换间展现出无尽的诗意与画意,仿佛一幅流动的山水画卷,让人流连忘返。每年的重阳节期间,阳城县都会举办"重阳时节话茱萸"文化活动,吸引了大量游客和文人志士。活动包括诗歌创作、采风摄影、徒步登高、文艺演出等,通过这些活动传承千年历史文化,推动农林文旅康养产业融合发展。

38.沁水县鹿台山景区 »»»

◇ 景区名称:沁水县鹿台山景区
◇ 质量等级:国家AAA级旅游景区
◇ 景区地址:沁水县西南张村乡境内
◇ 景区简介:

鹿台山,这座巍峨壮丽的名山,犹如一位沉睡的巨人,傲然屹立于群山环抱之中。它的岩峰高耸入云,层峦叠嶂,仿佛是大自然精心雕琢的杰作,展现出一种无与伦比的磅礴气势。站在山脚下仰望,只见山势峥嵘,气势恢宏,令人不禁心生敬畏。

随着脚步的逐渐抬升,眼前的景色也随之变化万千。鹿台山蜿蜒向东南方向延伸,山峦起伏,连绵不绝,宛如一条巨龙在天地间腾跃。山间云雾缭绕,时隐时现,为这座名山增添了几分神秘与仙气。在鹿台山的背后,是杏谷朝霞的绚丽景象。清晨时分,当第一缕阳光穿透薄雾,照耀在杏谷之上,整个山谷便被染上了一层金色的光辉,美不胜收。而面向阳光的一面,则是茂密的芦苇深丛,随风摇曳,发出沙沙的响声,为这静谧的山林增添了几分生动与活力。

39.沁水县赵树理故居文化 旅游景区 >>>

◇ 景区名称:赵树理故居

◇ 质量等级:国家AAA级旅游景区

◇ 景区地址:沁水县嘉峰镇尉迟村

◇ 景区简介:

沁水县,这片古老而充满文化底蕴的土地上,孕育了众多杰出的人物,其中最为人们所熟知的莫过于现代著名小说家赵树理。赵树理,这个名字在中国文学史上闪耀着独特的光芒,他的故居,便坐落在沁水县的怀抱之中,成为了连接过去与现在,文学与历史的桥梁。赵树理故居,不仅是赵树理先生诞生的地方,更是他成长、思考、创作的重要场所。这里的一砖一瓦、一草一木,都仿佛诉说着他昔日的故事,让人在漫步其中时,能够深切地感受到那份来自时代的厚重与文学的魅力。

故居内,精心布置的陈列馆如同一幅生动的历史画卷,缓缓展开在游客面前。馆内珍藏着赵树理生前的书籍、手稿、生活用品等大量珍贵遗物,每一件物品都承载着一段往事,让人在凝视中仿佛能够穿越时空,与这位伟大的作家进行一场跨越时空的对话。

赵树理故居文化旅游区不仅仅是一个简单的旅游景点,它更是一个集文学、历史、教育、旅游为一体的综合性文化场所。这里不仅吸引了众多文学爱好者和历史研究者前来探访,更成为了培养青少年对文学兴趣、传承本土文化的重要基地。

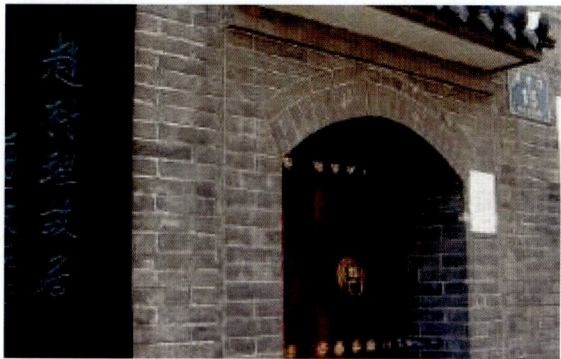

40.阳城县中华山根祖文化 旅游景区 >>>

◇ 景区名称:中华山根祖文化旅游区

◇ 质量等级:国家AAA级旅游景区

◇ 景区地址:阳城县西南驾岭乡护驾村东南侧

◇ 景区简介:

阳城县中华山根祖文化旅游区是阳城县的一个重要旅游景区,该景区依托了当地深厚的文化底蕴和丰富的旅游资源。

中华山根祖文化旅游区总投资高达28200万元,目前已经完成了9214万元的投资,其中包括了李氏宗亲文化广场步道及游客中心停车场的建设。

该景区不仅注重硬件设施的建设完善,还强调软件服务的提升,致力于为游客提供一个优质的旅游体验。中华山根祖文化旅游区不仅是旅游观光的好去处,也是感受地方文化的好地方。景区内定期举办各种文化活动,吸引着大量游客前来参观,如李氏宗亲文化节等。这些活动的举办不仅丰富了景区的文化内涵,也为当地的经济社会发展作出了贡献。

阳城县中华山根祖文化旅游区的发展对于当地来说具有重要的意义。一方面,它能够提供大量的就业机会,帮助当地居民增加收入;另一方面,它能够带动相关产业的发展,如餐饮、住宿、零售等,从而促进地方经济的繁荣。

41.阳城县鹿鸣谷景区 >>>

◇ 景区名称:阳城县鹿鸣谷景区

◇ 质量等级:国家AAA级旅游景区

◇ 景区地址:阳城县蟒河镇钓鱼台村上天井10号

◇ 景区简介:

阳城县鹿鸣谷景区,一个隐匿于繁华之外的世外桃源,以其独特的自然风光和宁静致远的氛围吸引着八方游客。踏入这片神奇的土地,首先映入眼帘的是那连绵不绝的翠绿山谷,仿佛是大自然精心铺展的一幅巨型画卷。谷中林木葱郁,阳光透过密集的树叶,为这幽静的山谷增添了神秘与生机。

42.泽州县二十里铺旅游景区 >>>

◇ 景区名称:泽州县二十里铺旅游景区

◇ 质量等级:国家AAA级旅游景区

◇ 景区地址:泽州县川底镇

◇ 景区简介:

泽州县二十里铺旅游景区,坐落于风景秀丽的泽州县境内,是一处集自然风光、历史文化与民俗风情于一体的综合性旅游胜地。这里有着得天独厚的地理位置,四周环绕着郁郁葱葱的山林,溪水潺潺,空气清新,仿佛一幅动人的山水画卷缓缓展开在游客眼前。

景区内自然景观丰富多样,四季变换间各有千秋。春天,万物复苏,山花烂漫时,游客可漫步于花海之中,感受大自然的生机与活力;夏日,绿树成荫,凉风习习,是避暑纳凉的绝佳去处;秋天,层林尽染,五彩斑斓,仿佛步入了一个童话世界;冬日,银装素裹,分外妖娆,更添几分静谧与神秘。

除了自然风光,二十里铺旅游景区还蕴含着深厚的历史文化底蕴。这里曾是古代商贾云集的繁华之地,留下了众多古迹与传说。游客在游览过程中,可以参观到古色古香的建筑群落,感受历史的沧桑与厚重。同时,景区还定期举办各种文化活动,如民俗表演、手工艺展示等,让游客在欣赏美景的同时,也能深入了解当地的文化传统和民俗风情。

此外,二十里铺旅游景区还注重游客的体验与参与。景区内设有多种休闲娱乐设施,如农家乐、采摘园、垂钓池等，让游客在享受自然之美的同时，也能体验到乡村生活的乐趣。无论是家庭出游、朋友聚会还是团队拓展，这里都是一个理想的选择。景区以其独特的自然风光、丰富的历史文化底蕴吸引了众多游客前来观光游览。

春日里，万物复苏，桃花、杏花竞相绽放，将山谷装点得如诗如画；夏日，则是一片清凉的世界，溪水清凉透骨，是避暑消夏的绝佳去处；秋风送爽时，层林尽染，红叶满山，美不胜收；而冬日，则是一片银装素裹，白雪皑皑，静谧而祥和。陵川县古驿浙水旅游风景区以其独特的自然风光、丰富的历史底蕴与民俗文化为游客呈现了一幅生动而多彩的旅游画卷。

43.陵川县古驿浙水旅游风景区 >>>

◈ 景区名称：古驿浙水旅游风景区
◈ 质量等级：国家AAA级旅游景区
◈ 景区地址：陵川县六泉乡
◈ 景区简介：

　　陵川县古驿浙水旅游风景区，隐匿于太行山脉的怀抱之中，是一处远离尘嚣、回归自然的世外桃源。这里不仅自然风光旖旎，山水相依，更承载着丰富的历史底蕴与独特的民俗文化，吸引着无数游客前来探寻与体验。

　　景区内，溪水潺潺，清澈见底，宛如一条碧绿的绸带穿梭于山谷之间，为这片土地增添了几分灵动与生机。沿岸，绿树成荫，花香鸟语，四季变换间展现出不同的风姿与韵味。

44.泽州县晋城中科环保科普园 >>>

◈ 景区名称：泽州县晋城中科环保科普园
◈ 质量等级：国家AAA级旅游景区
◈ 景区地址：巴公镇靳庄村
◈ 景区简介：

　　泽州县晋城中科环保科普园，作为一处集环保教育、科普展示与绿色旅游于一体的现代化园区，近年来在环保领域和旅游业中崭露头角，成为泽州县乃至晋城市的一张绿色名片。

　　晋城中科环保科普园位于泽州县巴公镇靳庄村，占地广阔，环境优美。园区不仅承担着晋城市域生活垃圾无害化处理的重任，还致力于将传统环保产业与绿色低碳理念相结合，打造出一个集环保、科普、教育、休闲为一体的综合性园区。园区内设有先进的垃圾处理设施，日处理生活垃圾可达800吨，年处理垃圾量近30万吨。通过采用先进的烟气净化工艺，园区在垃圾焚烧发电的过程中，实现了污染物的超低排放，年减少二氧化碳排放量约7.5万吨，为晋城市的"双碳"目标作出了积极贡献。同时，园区年发电量近1亿千瓦时，相当于约4万户居民一年的用电量。

45.陵川县自在荒野旅游风景区 >>>

◇ 景区名称:陵川县自在荒野旅游风景区
◇ 质量等级:国家AAA级旅游景区
◇ 景区地址:陵川县城六泉乡
◇ 联系方式:0356-6860066
◇ 景区简介:

自在荒野旅游风景区位于山西省晋城市

陵川县城六泉乡，处于陵辉公路和太行一号公路的交叉路口地带，与河南省辉县接壤。规划范围内的交通区位良好，陵辉公路穿境而过，直达中原。陵川县自在荒野旅游景区位于山西省陵川县六泉乡庙怀村，是一个集山地运动、休闲娱乐和自然观光于一体的旅游胜地。景区于2024年7月13日盛大开园，经过全面升级，新增了多项娱乐项目和设施，吸引了大量游客前来体验。

46.陵川县锡崖沟水镇景区 >>>

◇ 景区名称:陵川县锡崖沟水镇景区
◇ 质量等级:国家AAA级旅游景区
◇ 景区地址:陵川县古郊乡太行山南端主峰
◇ 景区简介:

锡崖沟景区是一处集雄、奇、险、秀于一体的著名景区。锡崖沟景区地处太行山深处。这里山陡沟深，地势险恶，四周峭壁环列，形成了一个独特的小气候环境。沟内地势平坦，气候温暖，溪流如网，植被茂密，南北方植物均可在此生长。

自古以来，由于周围地势险要，锡崖沟几乎与外界没有交通，沟里人自给自足。

20世纪60年代后，沟里人不畏艰难，向大山宣战，用了30年的时间在悬崖峭壁上硬凿出一条之字形挂壁公路，这条公路成为了罕见的人文景观。

47. 泽州县晋钢智造工业旅游景区 >>>

◇ 景区名称：泽州县晋钢智造工业旅游景区

◇ 质量等级：国家AAA级旅游景区

◇ 景区地址：泽州县巴公镇

◇ 联系方式：0356-3878976

◇ 景区简介：

泽州县晋钢智造工业旅游景区是一个独特的旅游目的地，该景区依托晋钢智造科技产业园和机电装备产业园的建设，致力于推动晋钢集团的多元化改革和绿色发展。

晋钢智造工业旅游景区以其深厚的工业文化底蕴为基础，通过弘扬钢铁工业文化，为游客提供了一个了解和体验工业生产的平台。景区内的旅游路线包括钢铁工人VR体验馆、兴晋钢广场、晋钢智能管控中心和印象冷轧等，这些景点都以传统工业生产场景、工艺、设施为主，配以专业的解说和导览服务，让游客能够全面感受到"工业+旅游"的独特魅力。

景区积极响应绿色发展理念，推动企业的绿色化、智能化、高端化转型发展。通过整合旅游资源和工业文化，不仅提升了景区自身的品质，也为当地的旅游业增添了新的活力。

为了提升游客的游览体验，景区不断完善旅游服务基本设施和旅游服务机制体系。目前，景区已经具备了接待游客的基本条件，包括游客中心、智能管控中心和冷轧厂的参观通道等。他们将坚持顶层设计和科学规划，多措并举打造"旅游+"的多业态新格局。此外，还将围绕工业+研学旅游，引导具有文旅潜力的工业企业开发集生产线参观、产品展示、科教研学等特色的旅游线路，有力地推动泽州工业旅游的发展。

48.陵川县好梦松庙景区 >>>

◇ 景区名称:陵川县好梦松庙·太行驿站旅游风景区

◇ 质量等级:国家AAA级旅游景区

◇ 景区地址:陵川县的古郊乡,距离县城25千米

◇ 景区简介:

景区简介:陵川县好梦松庙·太行驿站旅游风景区以"睡眠小镇·康养松庙"为主题,依托太行一号旅游公路的带动作用,发展成为集康养、休闲、观光于一体的特色旅游景区。景区内拥有统一的民宿院落、精品木屋、竹林、廊亭等设施,形成了既古朴又不失现代化的乡村景观。还设有木屋餐厅、民宿改造、康养木屋、睡眠理疗中心、汤药浴池等康养项目,为游客提供高品质的服务。

49.城区古书院创意文化旅游景区 >>>

◇ 景区名称:古书院创意文化旅游景区

◇ 质量等级:国家AAA级旅游景区

◇ 景区地址:晋城城区古书院矿的原址上

◇ 联系方式:0356-3646884

◇ 景区简介:

晋城城区古书院创意文化旅游景区是一个集多种功能于一体的综合性旅游景区,这个景区不仅包含了华谊兄弟星剧场、程颢书院、希尔顿花园酒店、星光荟商业广场和重逢大街商业街区等部分,而且还集剧场主题演艺、工业遗迹保护、民俗文化传承、城市休闲娱乐等多种功能于一身。

华谊兄弟星剧场是景区的一大亮点,其所推出的《重逢晋城》融合秀演出是以"重逢"为主题的演出,通过讲述晋城几代人的悲欢离合,让观众体验穿越千年文化的"重逢"之旅。这场演出融合了山西非物质文化遗产、历史故事、神话传说和人文情怀,给观众带来了既作为演员又作为观众的独特体验。

景区内的星光荟商业广场准备了适合全年龄段游客的活动,如"奥特曼系列"舞台剧是一场深受亲子家庭喜爱的精彩表演。

此外,啤酒烧烤音乐节让游客享受到味蕾和心情的双重放松,还有超燃的少儿跑酷大赛则让孩子们在竞技中寻找自我、突破自我。

50. 陵川县金翠丈河旅游 风景区 >>>

◇ 景区名称：陵川县金翠丈河旅游风景区

◇ 质量等级：国家AAA级旅游景区

◇ 景区地址：陵川县附城镇丈河村

◇ 景区简介：

金翠丈河旅游风景区是一个坐落在太行山脉南麓的美丽乡镇。尽管藏身于大山之中，但这里的交通十分便利，距离晋城市区仅有一个多小时的车程。

该景区所在地拥有丰富的自然资源，包括原始森林、断裂式地质地貌以及古人类活动遗址等。这里是一个名副其实的天然氧吧，同时也是研究地质学和考古学的宝地。

为了提升游客的游览体验，丈河村投入了大量的资金和资源进行基础设施建设。丈河村学用"六化工作法"，践行"千万工程"经验，做足山水文章，做强民宿经济，做优康养产业。这片古老的土地，焕发着青春的活力和发展的生机。例如，村庄的公共场所、环村公路、空地和村内街道都进行了绿化工程，种植了多种树木，村庄的绿化覆盖率达到了49.3%。

此外，景区还进行了外立面装饰工程，建设了文化长廊和景观灯等，提升了乡村的美丽度和舒适度。

金翠丈河旅游风景区不仅自然景观引人入胜，还有丰富的文化和历史遗产。这里有距今200万年前的古人类活动遗址和描红岩画，还有晋商繁荣历史的盐茶古道、茶棚和店铺等。此外，景区还保留了多处具有历史价值的建筑，如孔庙、祖师顶和清代民居等。

作为乡村旅游示范村，丈河村积极推进农林文旅康产业融合发展。景区不仅有美丽的自然风光，还有丰富的农业体验活动，如采摘园、连翘茶种植、太行黑山羊和华北土鸡养殖等。

51. 玉皇庙景区 >>>

◇ 景区名称：玉皇庙景区

◇ 景区地址：泽州县金村镇府城村

◇ 联系方式：18335684040

◇ 景区简介：

晋城玉皇庙，又称府城玉皇庙，是一座历史悠久、文化底蕴深厚的道教庙宇，坐落于山西省晋城市泽州县金村镇府城村，其创建可追溯至北宋神宗熙宁九年（公元1076年），并在历史长河中历经多次修缮与扩建，形成了如今宏伟壮观的建筑群。这座庙宇不仅是古代泽州地区规模较大、影响较广的道教圣地，更是中国古代建筑艺术和雕塑艺术的杰出代表。

玉皇庙整体布局严谨，分三进院落，包括头道山门、二道山门、诸神享亭和玉皇殿等主要建筑，这些建筑均位于同一条中轴线上，呈现出一种庄重而和谐的对称美。庙宇占地面积达3520平方米，南北长110米，东西宽32米，共有殿宇楼亭110余间，规模宏大，气势磅礴。

在建筑风格上，玉皇庙充分展现了中国

古代建筑的独特魅力。其主体建筑玉皇殿为北宋时期的建筑遗存，其余建筑则多为金、元、明、清时期的建筑或修缮后的产物，各具特色，交相辉映。庙宇内的雕刻艺术更是令人叹为观止，无论是屋顶的瓦片、梁柱上的装饰，还是殿内外的壁画和雕塑，都体现了古代匠人的高超技艺和无穷创意，展示了宋代以来庙宇建筑的独特风格和泽州先民的艺术才华。尤为值得一提的是，玉皇庙内珍藏的二十八宿彩塑被誉为海内孤品，具有极高的历史价值和艺术价值。这些彩塑造型生动、仪态洒脱、栩栩如生，不仅体现了古代雕塑家对人物性格的深刻把握和精湛技艺，还蕴含了丰富的道教文化内涵和民间信仰元素。它们不仅是研究中国古代雕塑艺术发展的重要文物，也是中华民族文化宝库中的瑰宝。

庙宇周围绿树成荫、鸟语花香，给人一种宁静与祥和的感觉。在这里，人们可以感受到道教文化的博大精深和古代建筑的独特魅力，也可以领略到中华民族悠久的历史和灿烂的文化。综上所述，晋城玉皇庙是一座集历史、文化、艺术于一体的道教庙宇，是中国古代建筑艺术和雕塑艺术的杰出代表。

52.晋城铁佛寺景区 »»»

◇ 景区名称：晋城铁佛寺景区
◇ 景区地址：高平市米山镇米西村上西门街铁佛寺巷内
◇ 联系方式：0356-3959730
◇ 景区简介：

晋城铁佛寺，位于山西省晋城市高平市米山镇米西村上西门街铁佛寺巷内，是一座承载着丰富历史与文化底蕴的古老寺庙。该寺占地面积约892.55平方米，坐北向南，布局为单进四合院形式，中轴线北端为正殿，南端为天王殿，正殿西侧设有耳殿三间，院内还分布有东、西禅室各五间，整体结构紧凑而有序。

铁佛寺的历史可以追溯到明清时期，但据记载，该寺曾于金大定七年（公元1167年）归安过一尊铁佛，因此得名铁佛寺。寺内正殿和天王殿的梁架、屋面等建筑元素均体现了明代建筑风格，并融合了鲜明的地方特色，是研究金、元、明地方建筑风格过渡演变的重要实物例证。此外，寺内还保存有明嘉靖元年（公元1522年）和明隆庆五年（公元1571年）的重修题记，进一步证明了其悠久的历史和持续的修缮传承。

铁佛寺的艺术价值同样不可小觑。正殿内保存有完整的一组佛教彩塑群像，这些彩塑造型生动、表情各异、栩栩如生，是该地区明代佛教彩塑艺术的杰出代表。彩塑群像中包括释迦牟尼、观音、文殊、普贤菩萨等佛教重要人物，以及二十四诸天等护法神祇，共同构成了一个庄严而神秘的佛教世界。这些彩塑不仅展示了古代工匠的高超技艺，也反映了当时社会的宗教信仰和文化风貌。

除了建筑和彩塑艺术外，铁佛寺还承载着深厚的文化内涵。作为第八批全国重点文物保护单位，它不仅是研究古代建筑和佛教艺术的重要场所，也是传承和弘扬中华优秀传统文化的重要载体。每年，都有大量游客和学者慕名而来，感受这座古老寺庙的独特魅力。

晋城铁佛寺是一座集历史、文化、艺术于一体的古老寺庙，其独特的建筑风格、精美的彩塑艺术以及深厚的文化内涵共同构成了其独特的魅力所在。无论是对于历史学者、艺术爱好者还是普通游客来说，铁佛寺都是一处不容错过的文化瑰宝。

特产美食介绍

01. 沁水黑木耳

沁水黑木耳，源自中国山西省沁水县这片得天独厚的自然生态区，以其朵大肉厚、色泽黑褐、质地细韧、口感爽滑而享誉四方。这里气候温和湿润，水质纯净，土壤富含矿物质，为黑木耳的生长提供了无可比拟的自然条件。沁水黑木耳不仅营养丰富，富含蛋白质、维生素及多种微量元素，还因独特的生长环境和传统晾晒工艺，保留了自然的鲜香与醇厚，是餐桌上的美味佳肴，更是养生保健的佳品，深受国内外消费者的青睐。

02. 阳城山茱萸

阳城山茱萸是山西省晋城市阳城县的特产，被认定为全国农产品地理标志。这一地区的山茱萸种植历史可追溯到元代，距今已有700余年的历史。阳城县的地理和气候条件非常适合山茱萸的生长，其独特的地理位置和气候条件使得该地区的山茱萸以色泽鲜红、个大肉厚、质干油润、药味纯正而著称。阳城山茱萸的果实形状和大小变化较大，常见的果型为椭圆形，果实直径5~7毫米，长度1.2~1.7厘米，果核狭椭圆形，长约1.2毫米，有几条不整齐的肋纹。阳城山茱萸的化学有效成分含量高，因此被誉为山茱萸之上品。

03.泽州红山楂

泽州红山楂是晋城市的特产,被称为"山楂王"。它具有很好的开胃消食、增强消化功能的作用,还能降低血压和血脂,软化血管,活血通脉。加工制成的山楂茶、山楂汁、山楂片、补血山楂等产品都受到了国内外的好评。

04.晋城炒凉粉

晋城炒凉粉是晋城的一道传统风味小吃,已有100多年历史。它以爽滑筋道的凉粉为主要材料,经过高超的刀工变成了整齐的凉粉方块。再经过热油烘炒,外表金黄,入口

后口感软嫩,味道清爽。

05.高平十大碗

高平十大碗,作为山西高平地区的一道传统名肴,以其独特的菜品组合和深厚的文化底蕴而闻名。这道菜系共包含十道美味佳肴,分别是水白肉、核桃肉(或称疙桃肉)、小酥肉、天和蛋(或称天河丹)、软米饭、扁豆汤、红烧肉、丸子汤(或称水氽丸子)、粉皮芥末汤以及肠子汤。每一道菜都独具特色,食材新鲜,制作精细,味道各异,从咸鲜到酸甜,从清爽到浓郁,应有尽有,展现了高平人民丰富的烹饪技艺和对美食的极致追求。

其中,水白肉以其肉质鲜嫩、汤汁浓郁而备受推崇;核桃肉则外酥里嫩,肉香四溢;天和蛋作为一道甜食,以其独特的制作工艺和香甜的口感深受喜爱;而软米饭则是口感滑腻、易于消化的代表。此外,粉皮芥末汤的辛辣爽口和肠子汤的独特风味也为这道菜系增添了不少色彩。

高平十大碗不仅是一道道美味的菜肴,更是高平地区饮食文化的重要组成部分。它

承载着高平人民对美食的热爱和对传统文化的传承，是高平人招待贵客、庆祝佳节时不可或缺的一道盛宴。同时，随着旅游业的发展，高平十大碗也逐渐走向全国，成为更多人了解和品尝山西美食的重要窗口。

06.七须黄花菜

七须黄花菜是晋城市的特产之一，产于加丰镇。它的特点是颜色鲜黄、角苞长、肉厚，粗壮肥硕，脆嫩清口，并且不易煮烂。黄花菜又被称为金针，对土、肥、水有一定要求，此菜移植到其他地方不能长为七须，也只有在潘河地区，受到大自然赋予独特的山泉水、黄沙石板和其他利于栽培七须金针的优越条件的滋养才长成。

07.陵川党参

陵川党参，因产于山西陵川地区，故而得名。其中，尤以产于黄松背的"黄背参"为最佳，被誉为"五花芯"是党参中的极品。陵川县独特的地理、气候、土壤和矿物质含量等自然条件，为陵川党参的生长提供了得天独厚的环境。这里年平均气温适中，夏季平均气温较低且昼夜温差大，有利于党参光合产物的转化和多糖等有效成分的积累。因此，陵川党参具有横断面呈"五花形"、油性大、无渣滓、含糖量和药用价值高等特点，其药用价值比一般党参高出1~1.5倍，有"一棵五花芯，强如十斤参"的美誉。

08.阳城杂格

阳城杂格,以其独特的口感和丰富的味道而备受人们喜爱。它的制作过程非常繁琐,需要先将萝卜片、粉条、猪血、牛肉粒等原料分别煮熟,然后再混合在一起。最后,加入特制的调料和汤汁,搅拌均匀后即可食用。

09.沁水刺槐蜂蜜

沁水刺槐蜂蜜是山西省晋城市沁水县特产。沁水县森林覆盖率53.4%,林木绿化率57.3%,境内立体体气候明显,生态植被良好,原始风貌浓郁,自然生态独特,特别是蕴藏着极为丰富的蜜粉源资源,被誉为"养蜂者的乐园"。全县共有蜜粉源植物40余科、100余种。

10.沁水黄小米

沁水黄小米是山西省沁水县特产。小米又叫谷子、粟米,为禾本科植物粟的种仁。"沁水黄小米"又简称"沁水黄"。由于沁水县特定的丘陵岭地,特有的生态环境,昼夜温差大、光照充足、降水充沛等条件,特别有利于谷子的生长成熟,有利其籽粒营养成分的积累转化。

11.巴公大葱

巴公大葱是山西省晋城市泽州县特产。该大葱属百合科葱属中以叶鞘组成的肥大假茎和嫩叶为产品的草本植物,具有较高的营养和保健功效。巴公大葱个大、香浓、辣烈、肉厚心实、质地细密、耐贮存，营养成分和杀菌素也比一般大葱高，其还有药用功能，被形象地称为"扁担葱"。巴公大葱全长一般一米多，葱白长60余厘米，头部有拳头大的疙瘩，一般每根葱重500克左右，大者重750克。

还承载着阳城人民对美好生活的向往与追求，是节日庆典、家庭聚会中不可或缺的美味佳肴，传递着温馨与幸福的气息。

12.阳城烧肝

阳城烧肝是山西省阳城县独具特色的地方美食，它不仅仅是一道菜肴，更是阳城悠久饮食文化与传统烹饪技艺的完美结合。这道美食精选当地新鲜猪肝作为主料，每一块都经过严格挑选与细心处理，确保质地鲜嫩且无异味。随后，猪肝在特制的调料中充分腌制，使其充分吸收各种香料的精华，变得更加鲜美可口。

独特的裹粉工艺使得烧肝在炸制过程中能够形成酥脆的外皮，而内部则保持了猪肝的柔嫩与多汁，两者在口中交织出令人陶醉的口感。阳城烧肝的色泽金黄诱人，香气扑鼻，无论是作为下酒小菜还是日常餐桌上的佳肴，都能让人食欲大增，回味无穷。此外，它

临汾市

· 自驾游精品线路概况 ·

　　临汾市旅游公路建设里程共计1113千米,其中黄河一号旅游公路建设里程993千米,太行一号旅游公路建设里程120千米,主线277千米,支线306千米,连接线530千米。同步建成慢行道92千米,油盆峪驿站、五鹿山旅游等15个驿站;清心观景台、昕水观景台等21个观景台,青岗坪营地、壶口房车营地等7个营地,永和石楼界、阁底等7个停车场。

　　连通如下景区。

　　AAAAA级景区3个:洪洞大槐树寻根祭祖园景区、乡宁县云丘山景区、黄河壶口瀑布旅游区(山西省临汾市)。

　　AAAA级景区18个:尧都区尧帝陵景区、尧都区尧庙-华门景区、汾河文化生态景区、霍州市霍州署景区、霍州市中镇霍山七里峪景区、乡宁县戎子酒庄景区、襄汾县尧京酒庄、襄汾县荷花小镇旅游景区、襄汾县龙澍峪旅游景区、永和县黄河乾坤湾景区、蒲县柏山东岳庙、古县牡丹文化旅游景区、侯马市彭真故居纪念馆、曲沃县晋园景区、曲沃县晋国博物馆、吉县人祖山景区、隰县小西天景区、洪洞县广胜寺景区。

　　AAA级景区23个:曲沃县建邦·通才钢铁冶金公园、曲沃县石桥堡红色文化景区、曲沃县磨盘岭休闲农业观光园、曲沃县朝阳沟景区、曲沃县诗经山水景区、曲沃县春秋晋国城景区、隰县中国梨博园景区、安泽县小李村太岳行署旧址景区、安泽县荀子文化园、霍州市冯南垣景区、洪洞县中镇霍山兴唐寺景区、洪洞县红军八路军纪念馆、洪洞县明代监狱景区襄汾县唐人居家居文化园景区、襄汾县丁陶风情街文化旅游景区、襄汾县山西光大工业旅游示范园区、乡宁县峰岭景区、浮山县寨圪塔康养景区、大宁县马斗关景区、汾西县师家沟景区、翼城县佛爷山景区、翼城县翼城古城景区、吉县克难城旅游区。

　　临汾尧都机场位于临汾市尧都区乔李镇北,距临汾市区约16千米。

　　临汾有11个火车站,分别是:霍州东站、临汾西站、襄汾西站、侯马西站、洪洞西站、霍州站、洪洞站、临汾站、侯马站、襄汾站、赵城站,其中霍州东站、临汾西站、襄汾西站、侯马西站、洪洞西站是高铁站。

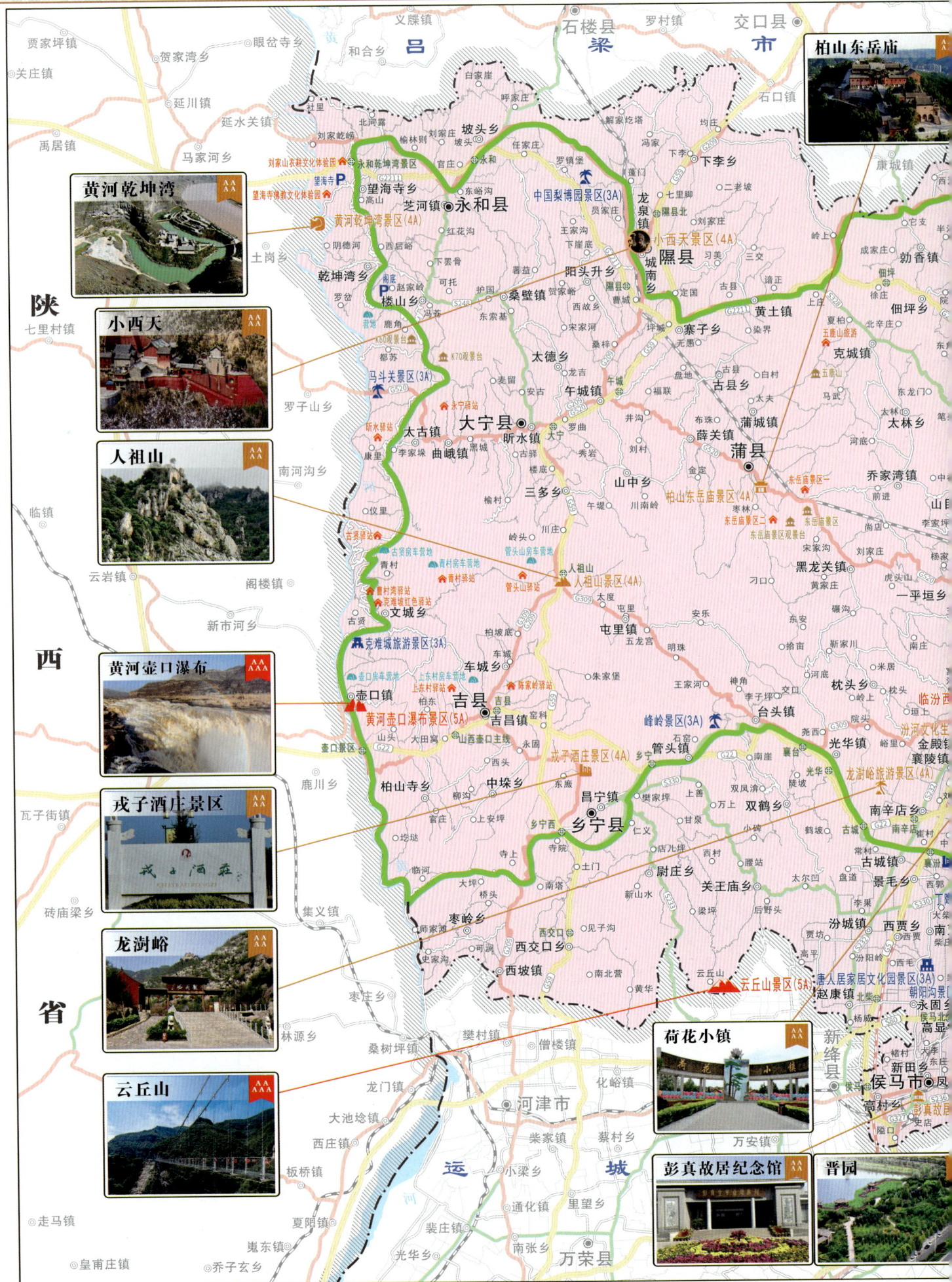

陕 西 省

吕 梁 市　石楼县　交口县

黄河乾坤湾 AAA

小西天 AAA

人祖山 AAA

黄河壶口瀑布 AAAA

戎子酒庄景区 AAA

龙澍峪 AAA

云丘山 AAA

柏山东岳庙 AA

荷花小镇 AAA

彭真故居纪念馆

晋园

主要地名及景区：
贾家坪镇　关庄镇　眼岔寺乡　贺家湾乡　义牒镇　罗村镇
延川镇　延水关镇　禹居镇　马家河乡　社里　北河墕　白家崖
刘家屹崂　刘家庄　坡头乡　坡头　呼家庄　解家坨　石口镇
望海寺乡　永和乾坤湾景区　永和　罗镇堡　冯家　下李　下李乡　康城镇
刘家山农林文化体验园　望海寺佛教文化体验园　芝河镇　永和县　东峪沟　蓬门　七里脚　龙泉镇　隰县北　岭上
黄河乾坤湾景区(4A)　中国梨博园景区(3A)　员家沟　小西天景区(4A)　习美
阴德河　西居峪　红花沟　王家沟　下崖底　薯益　阳头升乡　隰县　城南乡　三交　成家庄　勃香镇
乾坤湾乡　阁底　赵家岭　可托　护国　下罢骨　桑壁镇　西故乡　隰县区　定国　古县　佃坪　徐庄　佃坪乡　徐家院
楼山乡　罗合　东索基　宋家河　桑梓　坪城　无惠　盘地　白村　黄土镇　夏柏　北辛庄　染界　东白
鹿角　冯苍　太德乡　龙吉　古县乡　太夫　五鹿山旅游
K70观景台　麦留　安古　午城镇　福联　布珠　蒲城镇　克城镇　五鹿山　东龙门
马斗关景区(3A)　大宁县　昕水驿站　太古镇　李家垛　曲峨镇　黑城　楼底　秀岩　山中乡　金定　枣林　薛关镇　蒲县　乔家湾镇
南河沟乡　康里　三多乡　榆村　岭头　川庄　川南岭　午堤　柏山东岳庙景区(4A)　东岳庙景区一　山
仪里　古贤驿站　仪里　东岳庙景区二　东岳庙景区　黑龙关镇　虎头山　李家庄
青村房车营地　管头山房车营地　人祖山　刀口　一平垣乡　矿沟　南川
曹村湾红色驿站　青村　曹村　人祖山景区(4A)　大度　东里　安乐　东安　拾亩　新家川
文城乡　柏坡底　车城　五龙宫　明珠　河底　枕头乡　枕头　临汾市
克难城旅游景区(3A)　壶口房车营地　上东村房车营地　朱家堡　王家河　神角　李子坪　交口　汾临文化生态
壶口镇　上东村驿站　吉县　陈岭驿站　台头镇　尧西　光华镇　金殿镇　襄陵镇
黄河壶口瀑布景区(5A)　吉昌镇　山西壶口主线　管头乡　昌宁镇　双凤清　双鹤乡　光华　陡坡　龙澍峪旅游景区(4A)
柏山寺乡　大田窝　永固　西头　戎子酒庄景区(4A)　乡宁　乡宁镇　上善　万卜　小码　南辛店乡　古城　南辛店
鹿川乡　中垛乡　东厥　甘泉　鹤坡　腰站　常村　古城镇
官庄　上安坪　乡宁县　义　店儿坪　西村　尉庄乡　关王庙乡　太儿凹　盘道　景毛乡　李曲
坨垯　寺上　寺院　土门　新山水　梁坪　后野头　李果　汾城镇　西贾乡　南
瓦子街镇　临河　大坪　桥头　南塔　关王庙乡　贾壁　景毛　北柴
砖庙梁乡　集义镇　师家滩　西交口　见子沟　高平　汾阳岭　西毛　南
枣岭乡　西交口乡　西坡镇　南北营　黄华　云丘山　云丘山景区(5A)　唐人居家居文化园景区(3A)　朝阳沟乡
枣庄乡　史家沟　赵康镇　永固　侯马
林源乡　桑树坪镇　僧楼镇　荷花小镇　新绛县　高村　新田　凤
桑树坪镇　龙门镇　龙峪镇　化峪镇　彭真故居纪念馆　晋园　侯马市　高显
走马镇　大池垮镇　大池垮　西庄镇　万安镇　彭真故居
崽东乡　皇甫庄乡　乔子玄乡　板桥镇　河津市　柴家镇　蔡村乡　小梁乡　通化镇　里望乡　南张乡　万荣县
运 城　夏阳镇

霍州署景区 AAAA

霍山七里峪景区 AAAA

洪洞大槐树 AAAA

临汾市自驾游精品线路图（里程：1105km）

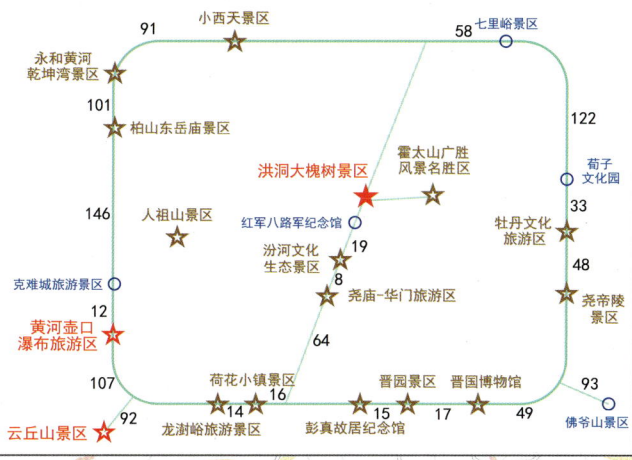

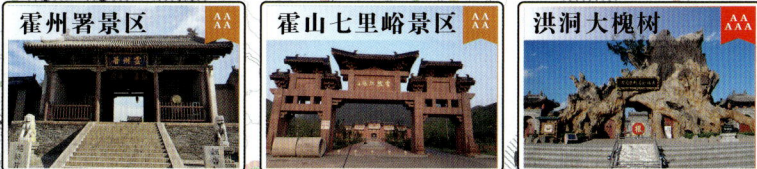

小西天景区 91 / 58 七里峪景区
永和黄河乾坤湾景区 101 柏山东岳庙景区 122
洪洞大槐树景区 荀子文化园 33
霍太山广胜风景名胜区
人祖山景区 146 红军八路军纪念馆 牡丹文化旅游区 48
汾河文化生态景区 19
克难城旅游景区 尧帝陵景区
黄河壶口瀑布旅游区 12 8 尧庙-华门旅游区 64
107 荷花小镇景区 16 晋园景区 晋国博物馆 93
云丘山景区 92 龙澍峪旅游景区 彭真故居纪念馆 15 17 49 佛爷山景区

霍太山广胜寺 AAAA

牡丹文化 AAAA

尧帝陵 AAAA

铁佛寺（大云寺）

汾河文化生态 AAAA

尧京酒庄 AAAA

尧庙华门 AAAA

晋国博物馆 AAAA

比例尺 1:710000　　7.1　14.2(千米)

303

· 一日游精品线路 ·

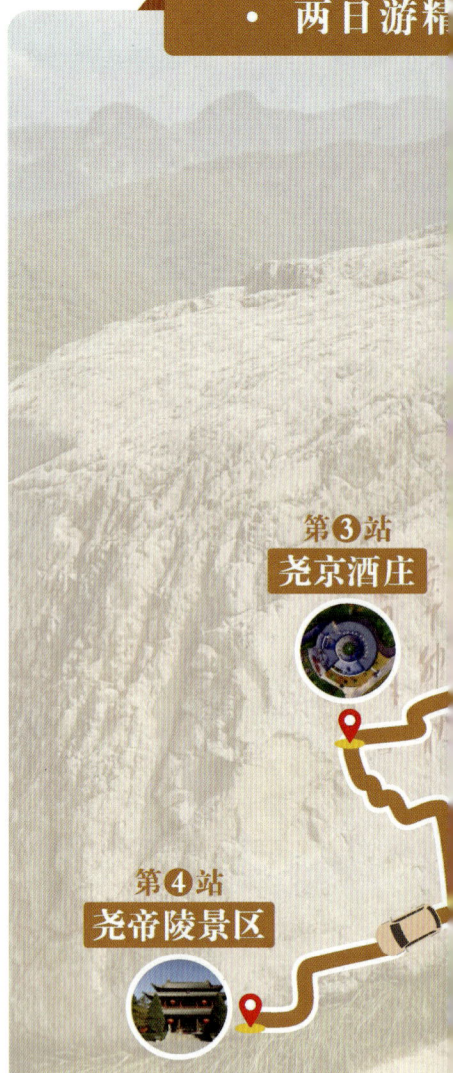

第**3**站
晋国博物馆

第**2**站
晋园景区

第**1**站
彭真故居

起点

临汾 ● ⋯⋯ ● ⋯⋯ 晋园景区 ● ⋯⋯ ●
　　　　彭真故居　　　　　　晋国博物馆

🗓 **行程推荐** ▸ 全程30.7千米，驾车耗时56分钟

上午驾车前往彭真故居游玩，之后由紫金山南街、文明街去往晋园景区。下午进入陵侯高速、院裴线前往晋国博物馆游玩，全天行程30.7千米。

· 两日游精

第**3**站
尧京酒庄

第**4**站
尧帝陵景区

临汾 ● ⋯⋯ ● 荷花
　　　　云丘山景区

🗓 **行程推荐** ▸ 全程150.2千

第一天：上午驾车前往云丘山景
台线前往荷花小镇观赏，晚上
86.9千米。

第二天：上午出发前往尧京酒庄
程63.3千米。

品线路 ·

起点

第①站
云丘山景区

第②站
荷花小镇

镇　　　尧帝陵景区
●　　　　　　　●
尧京酒庄

，驾车耗时2小时54分钟

区游玩，下午从京昆高速转襄
荷花小镇附近，全天行程

下午前往尧帝陵景区，全天行

· 三日游精品线路 ·

起点

第①站
黄河壶口瀑布

第②站
吉县人祖山

第③站
柏山东岳庙

第④站
洪洞大槐树

第⑤站
广胜寺景区

第⑥站
牡丹文化园

临汾　　吉县人祖山　　洪洞大槐树　　牡丹文化园
●　　　●　　　●　　　●　　　●　　　●
黄河壶口瀑布　　柏山东岳庙　　广胜寺景区

行程推荐　全程269.2千米，驾车耗时5小时06分钟

第一天：上午在黄河壶口瀑布观赏，下午从青兰高速到呼北高速前往吉县人祖山景区游玩，全天行程68.4千米。

第二天：早上沿苏北线到呼北高速，经过柏山南路抵达柏山东岳庙景区，游玩后驾车到洪洞大槐树景区游玩，晚上宿洪洞大槐树附近，全天行程144.9千米。

第三天：早上从洪洞大槐树出发，途经广胜路、旅游路到达广胜寺景区，下午驾车前往牡丹文化旅游区游玩，全天行程55.9千米。

景点介绍 >>>

01.临汾市洪洞大槐树寻根祭祖园旅游景区 >>>

◇ 景区名称：洪洞大槐树寻根祭祖园景区

◇ 质量等级：国家AAAAA级旅游景区

◇ 景区地址：洪洞县城古槐北路公园街002号

◇ 联系方式：400-0357-118

◇ 景区简介：

洪洞大槐树寻根祭祖园是国家AAAAA级旅游景区、山西省重点文物保护单位，也是全球华人寻根祭祖的圣地。景区占地3.5平方千米，由"移民古迹区""祭祖活动区""民俗游览区""汾河生态区""根祖文化广场"五大主题板块组成，共60余处风景文化景点，是全国以"寻根"和"祭祖"为主题的唯一民祭圣地，被誉为"根祖圣地，华人老家"。目前已形成以景区综合发展为核心，旅行社、民俗饭店经营为两翼，旅游产品开发、文化传媒发展为延伸的多元化旅游服务区。近年来，洪洞大槐树寻根祭祖园取得了辉煌成绩，先后被授予国家AAAAA级旅游景区、全国文明单位、国家级文明旅游示范单位、国家级服务业标准化示范项目、AAAA级标准化良好行为企业、全国中小学生研学实践教育基地、全国模范职工之家、全国巾帼文明岗、全国厂务公开民主管理先进单位、全国档案工作优秀集体、中国华侨国际文化交流基地等百余项国家级、省级品牌荣誉。

02.临汾市乡宁县云丘山景区 >>>

◇ 景区名称：云丘山景区

◇ 质量等级：国家AAAAA级旅游景区

◇ 景区地址：乡宁县关王庙乡大河村

◇ 联系方式：0357-6034567

◇ 景区简介：

云丘山位于山西省临汾市乡宁县境内，地处黄河与汾河交汇处、吕梁山最南端。拥有丰富的自然资源、人文景观和文化遗产，是晋南少有的集旅游观光等功能于一体的综合性旅游景区。

云丘山总面积210平方千米，最高海拔1629米。距侯禹高速稷山出口16千米，高铁侯马西站41千米，运城北站90千米，临汾西站98千米，运城机场93千米，临汾尧都机场120千米，交通十分便利。

云丘山是中国独具品位的赏心悦目景区。"悦目"是因其自然风景壮美而秀丽，山脉起伏蜿蜒如巨龙。《乡宁县志》记载的云丘古八景有：石穴藏冰、神塔叠翠、天门樵唱、玉莲擎盖、蜡台夜光、伏羲观日、云海神龟、桑榆同株。这里素有"河汾第一名胜"的美誉。

景区内流水潺潺，云雾缭绕，犹如仙境。其中，300万年的天然冰洞群更是天下奇观，是世界罕见的三大冰洞之一。冰洞内冰挂、冰柱、冰笋、冰钟乳、冰石花分布在整个空间，在五彩灯光的映照下呈现出梦幻般的景象，堪称冰的童话世界。

丰富的旅游项目。乘坐观光车穿梭于峡谷之间，远眺瀑布的壮丽景色；沿着步道深入瀑布区域，近距离感受瀑布的磅礴气势；在九曲黄河漫游馆中，通过互动体验了解黄河的悠久历史和文化。

03. 吉县黄河壶口瀑布旅游景区 >>>

- ◇ 景区名称：黄河壶口瀑布风景名胜区
- ◇ 质量等级：国家AAAAA级旅游景区
- ◇ 景区地址：吉县壶口镇
- ◇ 联系方式：0357-7955000
- ◇ 景区简介：

　　黄河壶口瀑布位于吉县城西北38千米处的晋陕峡谷中段，总面积约60平方千米，已成为世界上最大的黄色瀑布，因其气势雄浑而享誉中外。

　　壶口瀑布以其气势恢宏、四季各异的壮丽景色而闻名遐迩。瀑布宽约400米，高约30米，是中国大江大河干流上唯一的大瀑布，其独特的金黄色水流在阳光下熠熠生辉，形成一道令人震撼的自然奇观。随着季节的更迭，壶口瀑布展现出不同的风貌：春季冰雪融化，瀑布如细丝般轻柔；夏季水量充沛，瀑布如万马奔腾，气势磅礴；秋季水色清澈，与两岸红叶相映成趣；冬季则可能出现冰瀑奇观，银装素裹，美不胜收。

　　游客在黄河壶口瀑布旅游区可以体验到

04. 尧都区尧庙—华门旅游景区 >>>

- ◇ 景区名称：尧庙—华门旅游区胜区
- ◇ 质量等级：国家AAAA级旅游景区
- ◇ 景区地址：尧都区尧都大道
- ◇ 联系方式：13835381890
- ◇ 景区简介：

　　尧庙位于临汾市区南3千米，是一座集纳丰富历史文化和五千年文明史的国祖庙，是中国纪念尧、舜、禹三位先祖的庙宇，民间俗称"三圣庙"，占地面积10.5亩，规模面积之阔、建筑之雄伟，历为全国尧庙之首。

　　主要景观包括：宫门、仪门、五凤楼、广运殿、虞舜殿、大禹殿、尧井台、祭祖堂、千年古柏、尧典壁、尧字壁等。

　　华门景区建筑面积22000平方米，地下二层，地上5层，座宽80米，总高50米，正面三门矗立,象征尧、舜、禹三帝,主门高达18米,是一座以秦汉风格为主,兼容各个时期古建风格的宏伟建筑,以文化艺术的形态构筑了中华民族的精神家园,集历史纪念和游览观光于一体,以华夏一统、源远流长、尧天舜日、门祖神韵、连环九鼎、华门之夜等12个文化景观而著称。

05. 古县牡丹文化旅游景区 >>>

◇ 景区名称:古县牡丹景区

◇ 质量等级:国家AAAA级旅游景区

◇ 景区地址:古县石壁乡三合村368号

◇ 联系方式:0357-6120559;
　　　　　　 0357-8338666

◇ 景区简介:

　　古县牡丹文化旅游区是一处以"天下第一牡丹"即三合千年神牡丹为主要看点,以石壁河流域美丽的自然风光和多处别具风格的人文景观为其他看点的景区。

　　该景区是一处集旅游、休闲、娱乐、会议、考察、康养等功能为一体的风景名胜区。

景区总面积约54平方千米,从"天下第一牡丹"牌楼到牛儿岭狩猎场,旅游线路长达18千米,包含26个景点,这里山水林自然纯净,亭楼阁佳景荟萃。狭长的山沟谷地中,清澈若镜的人工湖泊散布其间,山偎水,水绕山,身临其中,如诗如画。

　　走进今日牡丹景区,隔三里一小景,距五里一大景,是一处远离城市喧嚣的生态旅游景区。

06. 临汾市汾河文化生态景区 >>>

◇ 景区名称:临汾市汾河文化生态景区

◇ 质量等级:国家AAAA级旅游景区

◇ 景区地址:尧都区滨河西路汾河

◇ 联系方式:0357-6797066

◇ 景区简介:

　　临汾市汾河文化生态景区始建于2009年,北起屯里大桥,南至108国道大桥,南北长17千米;东起滨河东路,西至滨河西路,东西平均宽度950米,管辖面积10.6平方千米,其中水域面积3.89平方千米,陆地面积6.71平方千米,陆地绿化面积为3.54平方千米。

景区分为上、下游生态湿地段和城区生态文化精品段。精品段设有文化艺术区、科普活动区、素质拓展区、体育休闲区、青少年活动区、地域文化展示区六大功能区;建有九州广场、廉政广场、萱楼等大小景观节点154处,2014年被评为国家AAAA级旅游景区。景区规划以生态修复为建设主题,以中国古典山水园林为整体风格,仿照山西明清民间建筑。景区的建设目标是临汾客厅、城市绿肺,一川清水、两岸锦绣。

景区建设工程主要包括河道蓄水工程、生态湿地建设、休闲景观建设等内容,铺筑三级园路约100千米,栽植各种苗木160余种,共计1200万余株。

景区内生态良好,植物多样,空气清新,景色宜人,环境优美。景区的建成有效改善了城市的呼吸系统,增加了空气湿度,是临汾市的"天然氧吧"和"城市绿肺"。景区充分运用海绵城市理念,不断丰富园林地形,通过大树点缀、片林增绿、花带增彩、岸上绿道、景观通道等生态类型,优化景区绿地植物配植,满足市民集会交往、游戏休闲的要求,进一步增强群众的获得感、幸福感和满意感。

07.隰县小西天景区 »»»

◇ 景区名称:隰县小西天景区
◇ 质量等级:国家AAAA级旅游景区
◇ 景区地址:隰县城西凤凰山
◇ 联系方式:0357-6733033;
　　　　　　0357-6732600
◇ 景区简介:

小西天是全国重点文物保护单位、国家AAAA级景区,明崇祯二年(公元1629年)东明禅师创建,距今已有400年的历史。寺院原名千佛庵,因大雄宝殿内有塑像千尊而得名。后因重门额题"道入西天",又为区别城南另一所明代寺院"大西天"而更名小西天。我国众多名山大寺,以高大宏伟取胜,惟小西天别具一格,以小巧玲珑独秀。全寺建筑面积虽只有1100多平方米,却在极其有限的空间内,以洞为门,把上院、中院、前院分割开来。实际上寺院三分之二殿堂均为双层建筑结构,层层叠叠、曲径通幽,既有一般寺院之格局,又有园林建筑之妙趣。小西天以明代的彩色悬塑艺术而闻名,其精华保存于大雄宝殿。殿内彩塑满布,除佛坛上的五尊主佛外,墙壁、檩柱、屋椽上都塑着数以千计的彩塑。这些彩塑造型生动、姿态各异,多而不乱、繁而不杂,高者达3米多,小者仅有拇指大小。全堂彩塑是我国少见的彩色艺术群塑,具有不可估量的历史和艺术价值。更为珍贵的是殿内梁架上的彩绘采用沥粉贴金制作的,近似宫廷规制的龙凤和玺,这种彩绘艺术属皇家彩绘,造价昂贵,在此偏远山区发现,实为罕见。

08. 蒲县柏山东岳庙景区 »»»

◈ 景区名称：临汾蒲县东岳庙景区

◈ 质量等级：国家AAAA级旅游景区

◈ 景区地址：蒲县东岳路8号

◈ 联系方式：0357-5321423

◈ 景区简介：

　　蒲县位于山西省西南部，吕梁山南端。总面积1510.61平方千米。境内南北环山，东西绕川，五鹿山枕其北，石头山列其南，姑射山环其东，昕水河贯其中，素有"河东咽喉，西秦门户"之称。东岳庙位于县城东五华里的柏山之巅，为全国重点文物保护单位。2014年被评为国家AAAA级旅游景区，环山十余里皆为松柏丛林，景色十分优美。全庙占地面积近万平方米，共有各类建筑二百八十余间。以行宫大殿为中心，主次分明，左右对称，是一座规模宏大，气势雄伟的宫廷式建筑。该庙创建年代不详。据光绪六年《蒲县志》记载，唐贞观以来多次修葺。现存建筑重修于元延祐五年（公元1318年），此后，明清两代不断修葺、增补，始成现状。主要建筑依次为：山门、天堂楼、凌霄殿、天王殿、乐楼、议事厅、献亭、行宫大殿、后宫、昌衍宫、清虚宫、地藏祠、地狱，左右为七十二司。附属建筑有华池宫、太尉祠、鬼门关、牌楼等。后部有明代所建十八层地狱，内塑五岳大帝、十殿阎君、六曹判官及地狱刑罚等塑像，大小与真人相仿，为我国明代泥塑佳作。其他铁像、碑碣及木刻、石雕、铁钟、铁狮等，保存基本完整。

09. 彭真故居纪念馆景区 »»»

◈ 景区名称：彭真故居纪念馆

◈ 质量等级：国家AAAA级旅游景区

◈ 景区地址：侯马市垤上村

◈ 联系方式：0357-4083595

◈ 景区简介：

　　彭真故居，坐落在山西省侯马市垤上村，是彭真同志出生和青少年时期生活、成长的地方。2012年10月12日彭真同志诞辰110周年之际，建成了彭真故居纪念馆并对外开放。纪念馆占地面积63.8亩，总建筑面积9986平方米，其中展厅面积5675平方米。纪念馆共设有4个展厅，一、二展厅以彭真同志生平业绩为主线，展示了彭真同志为中华民族的解放和新中国的诞生，为社会主义革命、建设和改革事业，特别是社会主义法制建设建立的历史功勋；三展厅为廉政展厅，集中展现了彭真同志在建设廉洁政治方面的卓越建树。故居保护厅对彭真同志出生和生活过20年的窑洞及小院进行了全封闭保护，并用雕塑形式对1986年5月31日彭真同志第三次回故乡时的场景进行了艺术再现,以6组砖雕壁画和4组泥塑群,形象生动地反映了彭真同志祖上从山东桓台玉皇阁村逃荒到山西侯马垤上村的艰难历程。开馆以来,在山西省委办公厅和彭真生平暨中共太原支部旧址纪念馆的领导下,不断创新工作思路、完善基础设施、提高管理和服务水平,被授予全国关心下一代党史国史教育基地、山西省重点文物保护单位、山西省爱国主义教育基地、山西省国防教育基地、山西省法治教育基地、山西省德育基地、临汾市廉政教育基地、临汾市党性教育基地、临汾市党员教育基地、临汾市法治教育基地,2014年被评为国家AAAA级旅游景区。

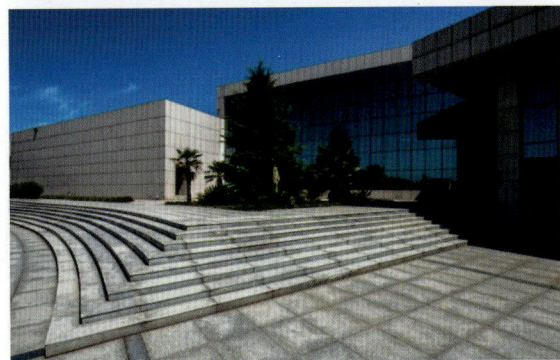

彭真生平业绩陈列

10. 曲沃晋国博物馆景区 >>>

- 景区名称:晋国博物馆
- 质量等级:国家AAAA级旅游景区
- 景区地址:曲沃县曲村镇晋国博物馆
- 联系方式:0357-4385388
- 景区简介:

　　晋国,是周代重要的诸侯国之一。它起源于西周,鼎盛于春秋,结束于韩赵魏三家分晋,立国660余年,历经38位国君,春秋时期曾称霸中原150余年,创造了璀璨的晋文化。考古资料表明,"曲村—天马"一带正是晋国在西周时期的都城所在地。

　　上世纪90年代,由北京大学考古文博学院和山西省考古研究所组成的联合考古队,在"曲村—天马"的核心区域发现了晋侯墓地,从而揭开了我国晋文化考古的崭新一页。

　　其考古发掘成果,在1992年和1993年连续两年被评为全国十大考古新发现,2001年又被评为"中国20世纪一百项考古大发现"之一。

　　依托"曲村—天马"而兴建的晋国博物馆是山西省首座大型遗址博物馆,也是我国第一座晋文化专题博物馆。总占地面积124000平方米,展厅面积8985平方米,基本陈列以晋文化为主线打造了晋国历史文化展、"曲村—天马"发掘史展及晋侯墓地遗址展。近年来先后被授予"国家二级博物馆""中国华侨国际文化交流基地""国家AAAA级旅游景区""全国巾帼文明岗""山西省品质旅游景区"等多项殊荣。

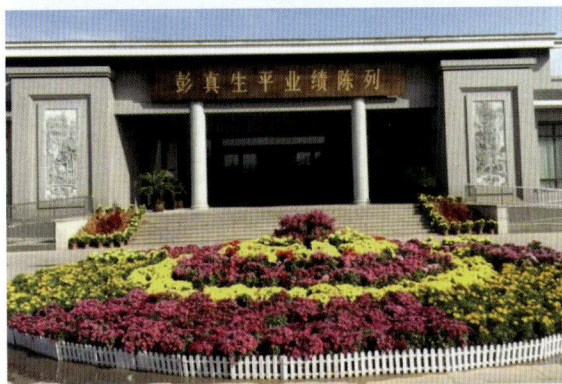

11. 临汾人祖山景区 >>>

◇ 景区名称：人祖山景区

◇ 质量等级：国家AAAA级旅游景区

◇ 景区地址：吉县屯里镇桃园村口人祖山景区

◇ 联系方式：0357-6120559；
　　　　　　0357-8338666

◇ 景区简介：

　　人祖山位于山西省临汾市吉县，西与黄河壶口瀑布为邻。人祖山是全国唯一以"人祖"命名的大山。景区主峰海拔高度1742.4米，景区面积203平方千米，以人祖庙为核心的主景区面积45平方千米。

　　人祖山深厚的文化内涵、悠久的历史，众多的神话传说，使其具备了"神奇、神秘、神圣"的个性特征。人祖山体势雄伟壮观，风景秀丽多姿，动植物资源丰富。

　　山青水碧，奇峰林立，林幽壑深，物种丰富，拥有动物132种，植物400余种，珍禽异兽出没其间，已发现的野生动物达132种，其中包括国家一类保护动物3种，二类保护动物14种。人文遗址众多，有最负盛名的有"娲皇宫"和"伏羲皇帝正庙"人祖庙，建在峭壁绝顶的"玄天上帝庙"孔山寺等，有关于女娲、伏羲传说中的地名—滚磨沟、穿针梁、洞房沟等，有位列2001年中国考古十大发现之首的距今万年之久的柿子滩。

　　这些遗址群以其品种多样的新、旧石器时期的陶片等文物，使女娲、伏羲的传说变成了有神话与历史的交织产物。

12. 曲沃晋园景区 >>>

◇ 景区名称：晋园景区

◇ 质量等级：国家AAAA级旅游景区

◇ 景区地址：东城新区城东大道

◇ 联系方式：0357-8980333

◇ 景区简介：

　　晋园景区位于山西省临汾市曲沃县东城新区中心，占地318亩，其中绿化面积195亩，水景面积70亩，仿古景观建筑3500平方米。整体设计鸟瞰效果来自于春秋中晚期文物——错黄铜宝壶造型。

　　景区由北区万人广场、中区晋都文化会展中心（"五馆一场一堂"：文化馆、图书馆、城展馆、档案馆、老年活动馆、晋都剧场、晋都会堂）和南区如意湖三部分组成。

　　建筑风格及景观以晋文化为主线，全面融入成语文化和楹联文化元素，可概括为"一心一湖两带十大景观三十处景点"。园内设有晋国成语典故浮雕19幅，青铜群雕6组，晋文化楹联39副。

13.霍太山广胜寺风景名胜景区 >>>

- ◇ 景区名称:洪洞县广胜寺旅游景区
- ◇ 质量等级:国家AAAA级旅游景区
- ◇ 景区地址:洪洞县广胜寺镇圪垌村商业街
- ◇ 联系方式:0357-5565533
- ◇ 景区简介:

广胜寺景区位于洪洞县城东北10千米处的霍山南麓,寺区古柏苍翠,源流清澈,山清水秀。

寺院始建于1800多年前的东汉建和元年(公元147年),初名俱卢舍寺,又名阿育王塔院。

唐代宗大历四年(公元769年),汾阳郡王郭子仪游历于此处,看到这里山清水秀,风景独特,便奏请代宗皇帝李豫赐额"大历广胜之寺",意为"广大于天、胜名于世"。

景区由上寺、下寺、水神庙三部分组成。雄峙山顶的为上寺,主要建筑由南至北,沿中轴线依次有山门、佛真身舍利琉璃塔(飞虹塔)、弥陀殿、大雄宝殿、毗卢殿,左右配殿有地藏殿、送子观音殿、韦陀殿等。下寺坐落山脚,依山面水,上下寺垂直高差160米。西侧为水神庙,水神庙山门外为分水亭。溅珠泻玉霍泉水,亘古绵长。

广胜寺历经千余年的兴废重建,现存建筑主要为明代建筑,形制结构仍保持元代风格。1961年,被国务院公布为第一批全国重点文物保护单位。

14.龙澍峪旅游景区 >>>

- ◇ 景区名称:龙澍峪旅游景区
- ◇ 质量等级:国家AAAA级旅游景区
- ◇ 景区地址:襄汾县襄陵镇黄崖村
- ◇ 联系方式:0357-3587377
- ◇ 景区简介:

龙澍峪旅游景区位于襄汾县襄陵镇黄崖村西、吕梁山支脉姑射山麓中,距临汾市区20千米,占地面积约30平方千米。景区内儒、释、道三教文化同祀,自然风光与宗教文化相结合。历年来,游人、香客、信徒、文豪骚客络绎不绝,香火鼎盛。据考证,清光绪年间这里古建筑成群,殿堂庙宇、亭台楼榭、桥廊阁轩130余处,错落有致地镶嵌于龙澍峪险谷绝壁之中,蔚为壮观。近年来,经开发、修复与重建,现存的主要景点有峨山桥、官帽石、华佗庙、千手佛殿、真武庙、三皇五帝庙等30余处。其中最著名的当属龙斗双阙和天桥古蹊。在星罗棋布的人文景观中,龙澍峪的摩崖石刻苍劲遒隽、婉约洒脱,汇集了古代名家遗留的墨迹数十处,大书法家赵孟頫的书法真迹亦清晰可见。

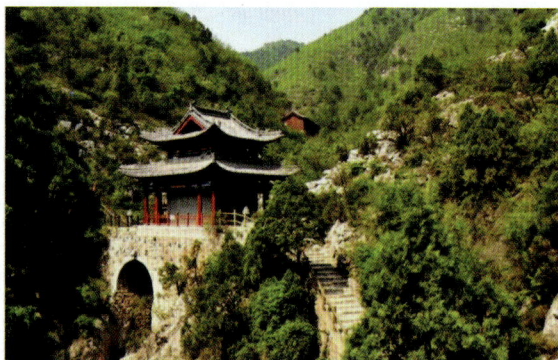

15. 永和黄河乾坤湾景区 >>>

◇ 景区名称：永和黄河乾坤湾景区

◇ 质量等级：国家AAAA级旅游景区

◇ 景区地址：永和县乾坤湾乡

◇ 联系方式：15682118928

◇ 景区简介：

　　这里的7个大湾统称乾坤湾，是我国目前河流密集、发育完好的干流峡谷型蛇曲群，是建设黄河国家文化公园、打造中华文明重要地标的核心区。

　　黄河乾坤湾景区位于中国十大峡谷之一的晋陕峡谷，由黄河一号旅游公路"0KM"黄河流经永和68千米，自北向南形成英雄湾、永和关湾、郭家山湾、河浍里湾、白家山湾、仙人湾，由于家咀湾标志文化驿站、阁山、东征村、于家咀村、仙人湾、于家咀湾、黄河蛇曲国家地质博物馆七部分组成。

　　乾坤湾河山相依，岩壁耸峙，鬼斧神工，得自然之雄浑，极天地之大观，呈旷世峡谷奇景。河湾之上保存了从中生代三叠纪、新生代第四纪及黄河形成等地质演化的记录，展现

了鄂尔多斯地块的古河湖环境及古地理演化特点。相传人文始祖伏羲在此象天法地，推演太极八卦，开创华夏文明之先河。

　　景区一峡带两湾，一园携两馆，自然资源丰富，人文底蕴厚重，是中国黄河文化风情旅游的重要目的地。

16. 襄汾县荷花小镇景区 >>>

◇ 景区名称：襄汾县荷花小镇景区

◇ 质量等级：国家AAAA级旅游景区

◇ 景区地址：襄汾县邓庄镇燕村

◇ 联系方式：18625995500

◇ 景区简介：

　　襄汾县荷花小镇景区由襄汾县兴民林业开发有限公司投资建设，位于襄汾县邓庄镇燕村，东面紧靠新滨河路，西面与百里汾河经济带为邻，是按国家AAAA级原生态旅游景区的标准精心打造而成。

　　景区建设规划为10个部分：丁村白莲种植加工区（引进国外238个荷花观赏品种）、农事体验区、高端安养中心、原生态绿色温泉度假休闲区等。景区可同时接待15000余人，设

有室内外温泉养生汤池、冲浪、沙滩、儿童游乐区、游泳馆、保健区、住宿、餐饮、会务接待。景区拥有晋南民俗体验地、观光农业体验园、军事化拓展真人CS基地、婚纱摄影花卉基地、房车自驾露营基地等项目。

17.临汾市尧都区尧帝陵景区 >>>

- 景区名称:临汾市尧都区尧帝陵景区
- 质量等级:国家AAAA级旅游景区
- 景区地址:尧都区大阳镇涝河北侧十公里处
- 联系方式:13835381890
- 景区简介:

尧帝陵景区是一个集纳丰富历史文化和五千年文明史的国祖庙。尧帝陵依山傍水,建在山脚下一个半岛形的岩石丘上。涝河环绕,岩崖下潺潺西流,陵丘高50米,周300米,古柏葱茂,世称神林。

山门面河临岸,上建戏台,下为砖券门洞,呈楼阁式。进了山门,东西原为看戏楼台,北面为仪门,系木构牌坊,斗拱层层叠架,飞檐左右排出,结构精妙,巧夺天工。

18.襄汾尧京酒庄景区 >>>

- 景区名称:襄汾尧京酒庄
- 质量等级:国家AAAA级旅游景区
- 景区地址:襄汾县大邓乡上西梁村
- 联系方式:15135733131
- 景区简介:

尧京酒庄位于山西襄汾县大邓乡,占地面积3500余亩,是集葡萄种植、酿造、休闲观光、文化展示于一体的极具地方特色的精品酒庄,也是当地非常知名的酒庄。

尧京酒庄拥有优越的先天优势,地处葡萄种植黄金纬度带、华夏文明发祥地,适宜的气候、独特的地质、先进的工艺设备、浓厚的人文底蕴,造就了这里的"帝酒天成"。凭借得天独厚的生态条件和匠心精神,尧京葡萄酒自2015年面世,至今已揽获不少国内外奖项,酒庄也成为山西葡萄酒文化之旅的必到之处。酒庄不同季节都有花可赏,如荷花、樱花、月季等,另外还有室外卡丁车等游乐项目,同时为游客提供高品质的住宿餐饮、酒庄体验等服务。

非常讲究,体现了中国古代建筑的精髓。在中轴线上的主体建筑包括大堂、二堂、宅门等,不仅是当时官员办公的地方,也是举行重大活动和仪式的场所。

作为历史文化遗产,霍州署不仅是了解中国古代政治制度的重要窗口,也是研究古代建筑艺术和文化的宝贵资料。游客可以在这里欣赏到精美的雕刻技艺,感受古人的智慧和审美情趣。此外,通过导游讲解或者参与相关的文化活动,游客还可以深入了解霍州署背后的历史故事和文化内涵。

19.霍州市霍州署景区 >>>

◇ 景区名称:霍州市霍州署景区

◇ 质量等级:国家AAAA级旅游景区

◇ 景区地址:霍州市东大街16号

◇ 联系方式:0357-5626578

◇ 景区简介:

霍州署景区位于山西省临汾市的霍州市,是中国古代四大官衙之一,始建于唐代。这座历史悠久的建筑不仅具有独特的建筑风格,还蕴含着深厚的历史底蕴。

霍州署的历史可以追溯到唐朝,作为州级的官署。在元、明、清三个朝代,这座官署得到了不断的修复和扩建,现存的古建筑就是这一时期文化遗产的体现。霍州署的整体布局、形制设计在全国现存同类衙署中堪称佼佼者,是中国目前尚存的唯一一座较完整的古代州级署衙。

霍州署占地面积约3.85万平方米,分为中轴线和东西辅线三大建筑群以及一些署外建筑。这座古代官署的位置选择、建筑规模都

20.乡宁县戎子酒庄景区 >>>

◇ 景区名称:乡宁县戎子酒庄景区

◇ 质量等级:国家AAAA级旅游景区

◇ 景区地址:乡宁县209国道与吉县交会处

◇ 联系方式:0357-6838806

◇ 景区简介:

乡宁县戎子酒庄景区是一个集优质酿酒葡萄种植、中高档葡萄酒生产、农业生态观光为一体的活态文化旅游区。它始建于2007年,

地处吕梁山南端、黄河中游，毗邻壶口瀑布、洪洞大槐树、云丘山等风景区。

戎子酒庄景区不仅是一个葡萄酒的生产地，还是中华文明的发祥地。据记载，春秋时期的晋鄂侯曾在此避居，狄戎部落首领狐突的游牧地也在此地，晋文公流亡时也曾到过此地。因此，戎子酒庄景区有着深厚的历史文化底蕴。

戎子酒庄不仅注重文化遗产的传承，还重视科技的不断创新。酒庄建成了首家省级葡萄酒技术研发中心，通过自主创新、营销创新、管理创新和文化创新等手段，不断推出新产品和新工艺。此外，戎子酒庄还与多家科研院校建立了长期合作关系，确保其在制酒行业科技创新中的领先地位。

21. 霍州市中镇霍山七里峪景区 »»»

◇ 景区名称：霍州市中镇霍山七里峪景区
◇ 质量等级：国家AAAA级旅游景区

◇ 景区地址：霍州市李曹镇
◇ 联系方式：13453734000
◇ 景区简介：

该景区以其独特的自然风光和生物多样性而闻名，总面积超过100平方千米，森林覆盖率高达95%，拥有各类珍稀植物近700种，珍贵野生动物300余种，以及名贵中药材80余味。由于其优美的环境和高质量的大气环境，七里峪景区被誉为"生物多样性宝库""华北绿肺"和"天然氧吧"。

七里峪景区的自然景观丰富多彩，包括雄峻的山势、开阔壮丽的群峰、清澈的泉水、飞瀑、苍翠的山松和变幻莫测的云海。为了提升游客的游览体验，霍州市政府投入了大量资金对景区的基础设施进行了升级改造。这些设施包括道路修缮、服务设施配套、环卫设施、红色教育基地以及多个观景平台和服务中心等。

对于游客而言，霍州七里峪景区是一个远离尘嚣、亲近自然的绝佳去处。景区不仅有着迷人的自然风光，还有着深厚的历史文化底蕴。游客可以在景区欣赏到五龙壑、滴水崖瀑布、双乳峰、南天门等众多独特景点。此外，景区内的天然落叶松保护区、八仙洞等也是不容错过的地方。

自驾游的游客，可以从霍州市出发，沿着永康北路、北环路，最终抵达上霍线，进而直达七里峪风景区。

22.曲沃县建邦·通才钢铁冶金公园 >>>

◇ 景区名称：建邦·通才钢铁冶金公园

◇ 质量等级：国家AAA级旅游景区

◇ 景区地址：曲沃县高显镇

◇ 联系方式：0357-4035088

◇ 景区简介：

曲沃县建邦·通才钢铁冶金公园位于山西省曲沃县高显镇，经过了一系列的建设和准备工作，公园最终成功创建成为国家AAA级旅游景区。

曲沃县建邦·通才钢铁冶金公园的创建不仅是对该地区旅游资源的一次重要发掘，也为游客提供了新的旅游选择。该公园通过整合当地的工业资源和文化元素，开辟了独特的钢铁工业体验旅游线路，为游客呈现了一个不一样的工业旅游目的地。同时，该公园也是当地文化和旅游发展的一个重要里程碑。随着其品牌的不断提升和影响力的扩大，有望吸引更多的游客前来参观体验。

山西建邦·通才钢铁冶金公园整体旅游区位优良，现已改造和建设水冲卫生间10余个，1座400多平方米的游客服务中心，配置旅游观光清洁车辆，清扫除尘车辆10辆，公园微地形化、两侧绿化增质提效，构筑物及厂房美化、亮化、净化工程持续开展；医疗室、消防室及相关设施配套齐全。规划占地总面积1700亩，是区域内唯一一处集游览参观、工业科普教育、文化展示、地方风味餐饮为一体的

大型综合景区。

景区累计投入美化、绿化、亮化费用6000余万元，综合绿化面积达40％，做到了四季有绿、三季有花、两季有果。现已形成 树、灌、草、花搭配，层次丰满、色彩丰富、四季有绿、钢绿共融的新格局。

23.安泽县小李村太岳行署旧址景区 >>>

◇ 景区名称：安泽县小李村太岳行署旧址景区

◇ 质量等级：国家AAA级旅游景区

◇ 景区地址：临汾市安泽县杜村乡小李村

◇ 联系方式：0357-8522800

◇ 景区简介：

安泽县小李村太岳行署旧址是一处具有重要历史价值的旅游景点。该旧址曾是1942年至1944年间中国共产党领导下的太岳地区军民共同抗战的珍贵实物载体，对于研究我国抗日战争历史和抗战期间的根据地行政史具有重要意义。

太岳行署旧址所在的小李村碱土院自然村中的民居，是一个保存完好的四合院布局。主要建筑包括北房、东西厢房以及南房和影壁。北房是二层建筑，面阔五间，曾经是行署的办公室。此外，还有东西跨院和其他附属建筑。整个院落均为民国时期的建筑风格，具有较高的建筑艺术价值。

太岳行署旧址在2007年被公布为安泽县文物保护单位，2019年被列入第八批全国重点文物保护单位名单。同时，它也是山西省人民政府核定公布的第一批省级红色文化遗址。

游客可以参观太岳行署旧址的正院、东西跨院以及原行政干校所在院。这些院落内的建筑均为清代所建，保留了当时的风貌。通过参观，游客可以了解到抗日战争时期中国共产党领导的根据地生活和工作情况。

24. 隰县中国梨博园景区 >>>

◇ 景区名称：隰县中国梨博园景区

◇ 质量等级：国家AAA级旅游景区

◇ 景区地址：隰县城南乡路家峪村

◇ 联系方式：0357-6732111

◇ 景区简介：

隰县中国梨博园景区位于山西省隰县城南乡路家峪村，是一个以梨生态文化为主题的博览园。该园区不仅展示了隰县丰富的梨果历史和文化，还成为了当地的乡村旅游和农业文化产业的亮点。

中国梨博园拥有多个特色游览区，包括"百年梨园""家峪湖""九曲黄河阵""珍禽动物园"等。此外，园区还有梨文化广场、梨文化展区和家峪湖景区等，提供丰富的文化体验。

隰县的地理条件得天独厚，由于该地区海拔较高、光照充足、昼夜温差大，土壤有机质含量高且无污染，这些自然条件非常适合梨树的生长。这里的梨，特别是被誉为"中国梨王"的玉露香梨，以其优良品质闻名遐迩。

中国梨博园的建设不仅是对当地梨果产业的一种宣传和内涵提升，也为梨果产业的长足发展提供了新的空间和机遇。它标志着隰县农业产业向文化产业的进一步延伸，对于优化农业结构、推动梨果产业扩规提质、带动农民增收致富、推动生态文明和旅游业的发展都具有重要意义。

25.霍州市冯南垣景区 >>>

◇ 景区名称:霍州市冯南垣景区

◇ 质量等级:国家AAA级旅游景区

◇ 景区地址:霍州市城北13千米处的黄土高原

◇ 景区简介:

古时,冯南垣村就在驿道旁,是从临汾到太原的必经之处,村子周围还有保存完好古代的烽火台。冯南垣村曾是古驿道上的繁华驿站。

冯南垣村的自然风光是其成为旅游景点的重要原因之一。这里四周被山水环绕,空气清新,景色宜人。村庄坐落在山间,房屋错落有致,与周围的自然环境和谐相融。特别是秋天的时候,满山的红叶给整个村庄增添了一抹浓郁的色彩,吸引了无数摄影爱好者前来捕捉这美丽的瞬间。此外,冯南垣村还有着壮观的梯田景观,四季变换,景色各异,无论是春日的桃花盛开,还是夏日的绿波荡漾,都让人流连忘返。

经专家考证,冯南垣村在明代就形成了。经过灾后重建和乡村振兴的发展,冯南垣村已经成为一个国家AAA级旅游景区。这里有初心讲堂、窑洞会议室、乡村记忆馆、连心广场等景点,推出以产业项目与村落景致建设为抓手,结合属地风俗文化大力开展红色、民俗等景点打造,成为区域内干部教育培训的一处红色基地。此外,村里还推出了"冯南垣"名特优区域公用品牌农耕文化园,实施特色种植养殖项目,发展大棚蔬菜、富硒小麦等。有年馍制作体验馆,游客可以在这里体验制作传统的霍州年馍。还有蜿蜒的盘山公路、古老的烽火台、明清古建、戏楼、茶楼、民宿等古朴典雅的景点。每年春节期间,村里还会举办民俗新春灯会,吸引众多游客前来观赏。

随着旅游资源的开发和基础设施的完善,冯南垣村的发展前景十分广阔。村里计划专门把一个院子搞成"乡村小食堂",让愿意参与的人家每家出一道拿手菜,让游客吃得也"熨熨帖帖"。此外,村里还打算深挖当地文化,和村民合作推出文创小产品,吸引更多游客前来体验"熨帖"的幸福生活。霍州市冯南垣景区是一个集历史文化、乡村旅游、农业体验于一体的综合性旅游景区,值得游客前来探索和体验。

26.洪洞县中镇霍山兴唐寺景区 >>>

◇ 景区名称:洪洞县中镇霍山兴唐寺景区

◇ 质量等级:国家AAA级旅游景区

◇ 景区地址:洪洞县X549(南赵线)

◇ 联系方式:0357-6598808

◇ 景区简介:

兴唐寺风景区是太岳山国家森林公园八景区之一,位于洪洞县东北部,东和古县相邻,北与霍州毗连。风景区内可开展探险、科研、森林浴等活动,既是游客游山览水、寻幽访古、消暑纳凉的一方胜境,也是陶冶情操、放松身心、增强体质的天然森林氧吧。

这里因唐朝建立前屯兵而得名。兴唐寺景区由原林业部于1992年在兴唐寺林场基础上批准建立,2003年山西省林业厅批准其为全省首家森林公园实验景区,并投资进行开发建设。

景区内山高谷深，林密峡险，气候凉爽，景色幽奇，峡谷浓荫蔽日，峰巅山花烂漫，四时燕鸣雀喧，常年有野兽出没。附近有霍山、休粮山、兴唐寺和中镇庙等多处名胜古迹，流传着久远的历史轶闻和神话故事。

可开展探险、科研、森林浴等活动，既是游客游山览水、寻幽访古、消暑纳凉的一方胜境，也是陶冶情操、放松身心、增强体质的天然森林氧吧。

兴唐寺风景区海拔1340~2347米，相对高差1000余米。乔木主要有侧柏、白皮松、油松、华北落叶松、辽东栎、五角枫、山杨、白桦等，灌木以黄刺玫、胡枝子、绣线菊、荆条、鼠李、连翘、沙棘等为多。区内栖息和过境徙旅的野生动物约160余种，珍稀的保护动物有金钱豹、猎隼等，山猪、黄羊、山鸡、野兔等比较多见。

27. 襄汾县唐人居家居文化园景区

◇ 景区名称：襄汾县唐人居家居文化园景区

◇ 质量等级：国家AAA级旅游景区

◇ 景区地址：襄汾县南贾镇东牛村

◇ 联系方式：0357-5321423

◇ 景区简介：

唐人居家居文化园是由山西唐人居古典家居文化有限公司打造的一处集古典家居展示、文化传承和旅游观光为一体的景区。它坐落在历史悠久的丁陶古镇南贾东牛村，这里不仅有着浓厚的人文气息，还有丰富的传统文化资源。

园区内设有晋南民居体验馆、晋作家具博物馆等多个展览馆，展示了明清时期流传于民间的各类晋作家居和家具珍品。游客可以在这里亲身体验到晋南的传统民居建筑和家具制作技艺，感受传统文化的魅力。

此外，唐人居还拥有全省首家晋作家具博物馆，展示了明清时期流传于民间的各类晋作家居和家具珍品。这里有七进院落的明清风格建筑群，所有建筑用材均采用老砖，青砖灰瓦的中式建筑简朴宁静，充满了古风古韵的气息。

唐人居不仅是一个旅游景点，更是中国传统文化的传承者和推广者。景区内的非遗大师工作室展示了各种传统手工艺品的制作过程，游客可以在这里观看艺人刻绘、拓碑和修复旧家具等技艺，体验非遗技艺的魅力。

同时，唐人居还致力于打造成为"传承非遗文化、体验原始自然"的研学文旅基地，为大、中、小学生及社会各界人士提供了丰富的研学课程和资源。

随着旅游业的不断发展和人们对传统文化需求的增加，唐人居家居文化园景区的发展前景十分广阔。景区凭借其独特的晋作家居文化和深厚的文化底蕴，吸引了大量游客前来参观游览。

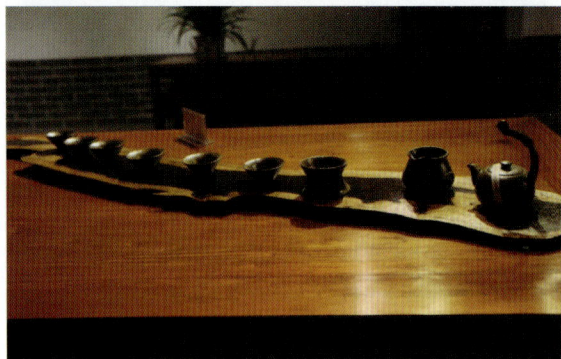

28. 乡宁县峰岭景区 >>>

◇ 景区名称:乡宁县峰岭景区

◇ 质量等级:国家AAA级旅游景区

◇ 景区地址:乡宁县台头镇凯旋岭之巅的峰岭村

◇ 联系方式:0357-6855188

◇ 景区简介:

　　乡宁县峰岭景区位于山西省临汾市乡宁县台头镇凯旋岭之巅的峰岭村,是一个集优美的自然景观和深厚的人文景观于一体的旅游景区。峰岭景区以其独特的区位、便利的交通、纯自然的森林环境而闻名。景区内峰峦起伏,沟壑纵横,海拔最高处为姑射山支脉的金刚铃(1674米),四季景色各异,是游客摄影采风、休闲旅游的理想之地。这里春季,山花烂漫;夏季,绿意盎然;秋季,红叶尽染;冬季,银装素裹。

　　景区内还有许多娱乐活动和文化体验项目,如民俗特色建筑、餐饮文化街、养生养老宜居场所等。此外,景区还会举办各种文化节庆活动,如文化旅游节、电音之夜等,为游客

提供丰富多彩的旅游体验。

29. 大宁县马斗关景区 >>>

◇ 景区名称:大宁县马斗关景区

◇ 质量等级:国家AAA级旅游景区

◇ 景区地址:大宁县西七十里

◇ 联系方式:0357-6658066

◇ 景区简介:

　　大宁县马斗关景区位于山西省大宁县西七十里处,位于黄河东岸,是一座历史悠久的古渡口。该景区因黄河仙子祠而闻名,黄河仙子祠始建于元大德元年(公元1297年),是黄河流域唯一的一座女神祠。每年的农历正月二十二日,是曹仙媪的坐化之日,也是庙会的举办日期,届时黄河两岸的人们会聚集在这里,焚香跪拜,祈求子嗣和福祉。

　　黄河仙子祠是马斗关景区中最著名的建筑,它坐落在黄河东岸的半山腰上,结构精巧轻盈,气势巍峨壮观。祠内供奉着黄河仙子及其侄女和金猫玉犬的塑像。

马斗关古渡口有多处古建筑，包括但不限于黄河仙子祠、花娘娘庙、马王庙和关址等。这些古建筑见证了马斗关作为历史上的重要军事要塞和交通节点的地位。

马斗关景区不仅拥有丰富的历史文化资源，还具备独特的自然景观。它背靠青山，面临黄河，形成了一幅风光无限、景色迷人的画卷。

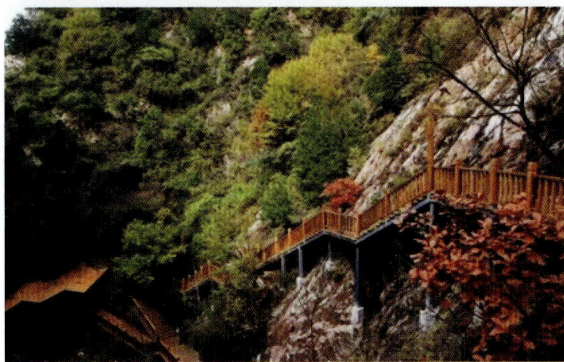

30.吉县克难城旅游景区 >>>

◇ 景区名称：吉县克难城旅游景区
◇ 质量等级：国家AAA级旅游景区
◇ 景区地址：吉县壶口镇南村坡村
◇ 联系方式：13711071886
◇ 景区简介：

克难城，又称南村坡，位于山西省吉县城西北39千米处，距黄河壶口瀑布10千米，在抗日战争时期，1940~1945年，这里曾是国民革命军第二战区司令部、山西省政府、太原绥靖公署、民族革命同志会驻地。阎锡山因南村与"难存"谐音，寓意"克服国难"，将其更名为克难城、克难坡。

克难城是一个由西向东并列和从北向南倾斜的六条沟组成的独特黄土山沟山梁。阎锡山根据自然地形分别把六条沟命名为一新沟、二新沟、三新沟、四新沟、五新沟和西新沟，同时还修建了两道土城墙，将克难城分为内城和外城，周围还设了六道关卡，一新沟、二新沟居中为内城，三新沟、四新沟、五新沟、西新沟为外城，为了便于作战，每个新沟均由地道相连。

彼时的克难坡，一时间成为第二战区的军事指挥重镇和山西省的政治、经济、文化中心。在抗战时期，克难城对抗日民族统一战线发挥了重要作用，研究其历史文化，既有军事、历史价值，又有文物、旅游价值。目前，克难坡是保存较为完整的抗战时期战区旧址。2004年，克难坡被列为省级重点文物保护单位。

31.浮山县寨圪塔康养景区 >>>

- 景区名称:浮山县寨圪塔康养景区
- 质量等级:国家AAA级旅游景区
- 景区地址:浮山县东部寨圪塔乡
- 联系方式:13935782777
- 景区简介:

　　浮山县寨圪塔康养景区是一个集自然风光、红色文化、生态休闲、文物古迹观赏和中医药健康养生为一体的综合性旅游景区。

　　景区以其优越的自然环境、高森林覆盖率被誉为"天然氧吧",拥有开发红色旅游、生态旅游和康养旅游的先天优势。随着浮山县寨圪塔康养景区的各项建设和发展,它不仅将成为一个知名的旅游目的地,还能有效地带动和引领地区乡村振兴和产业融合发展。通过持续的规划和投入,景区将进一步提升其服务质量和服务范围,吸引更多游客前来体验"休闲、教育、康养"三位一体的旅游新模式。浮山县寨圪塔康养景区凭借其独特的自然资源和深厚的文化底蕴,正逐渐成为山西省乃至全国的一个重要旅游目的地。

32.汾西县师家沟景区 >>>

- 景区名称:汾西县师家沟景区
- 质量等级:国家AAA级旅游景区
- 景区地址:汾西县境内
- 联系方式:0354-2636533
- 景区简介:

　　汾西县师家沟景区位于山西省临汾市汾西县境内,是一个具有深厚历史文化底蕴的旅游目的地。景区内的师家沟清代民居群是当地的一大亮点,被誉为"北观乔家堡,南游师家沟",这些建筑不仅展示了清代民居的独特魅力,还蕴含着丰富的历史故事和文化价值。

　　师家沟清代民居群始建于清乾隆三十四年(公元1789年),经过80多年的扩建,最终形成了占地面积达五万多平方米的庞大建筑群。整个民居群由31个院落组成,其中包括四合院、二进四合院、二楼四合院、三楼四合院等多种形式的院落。每个院落都有正房、客厅、偏房等构成,并且通过传统的圆门、耳门等相连。此外,民居群外围还设有酒坊、醋坊、染坊、油坊、当铺、药店等附属设施,反映了当时师氏家族在农业、工业、商业等方面的全面发展。

　　师家沟民居地理位置优越,三面环山,南边临河,避风向阳,自然布局错落有致,呈现出一幅天然的风水宝地景象。建筑群依山就势,北高南低,统呈阶梯形状,这种独特的地理环境和建筑特点的结合,使得师家沟民居成为了一处不可多得的旅游胜地。

33. 襄汾县丁陶风情街文化旅游景区 »»»

◇ 景区名称：襄汾县丁陶风情街文化旅游景区
◇ 质量等级：国家AAA级旅游景区
◇ 景区地址：襄汾县新城镇丁陶大道中段
◇ 联系方式：18835789670
◇ 景区简介：

　　襄汾县丁陶风情街文化旅游景区位于山西省临汾市襄汾县新城镇迎宾大道，是襄汾县目前唯一的特色商业街区。该街区空间结构为"一心一廊四大景观节点"，已成为具有地域特色的主题文化街区、城市旅游的重要吸引物和城市文化名片。这一片区在跨河发展的战略下诞生，不仅扩大了襄汾县城的骨架，而且规划有大量公共服务设施和商业设施，已逐步形成了一个设施齐全、环境优美的现代化生态宜居城区。

　　丁陶风情街以"一心一廊四大景观节点"为特点，其中，"一心"指的是商业街北部以游客中心为核心的旅游综合接待中心；"一廊"指沿商业街由北至南的长350米的游客步行景观廊和丁陶文化体验廊；"四大"景观节点则是指散布于步行街两侧的四处开敞型的街区景观节点，具体来说，分别是儿童超乐场顶部的露天玻璃环形广场、唛立方南侧毗邻的带状文化广场、古尧面馆北侧的绿地广场和街区最南端的喷泉广场。

　　襄汾县丁陶风情街不仅是购物、休闲的好去处，还是举办各类文化活动的热门地点。这里经常举行传统文化嘉年华活动，包括非遗活动、民俗节目等，如抬花轿、舞狮、秧歌等。此外，还有新年彩灯艺术节、社火表演、打铁花迎新年、元宵节传统文化嘉年华等影响力较大的节庆活动。

　　襄汾县丁陶风情街文化旅游景区作为当地的重要旅游目的地，与周边的其他旅游项目实现了有效联动。它的开发建设不仅填补了襄汾县缺乏主题文化街区的空白，还丰富了城市文化及休闲旅游产品，提升了服务质量。

34. 襄汾县山西光大工业旅游示范园区 »»»

◇ 景区名称：襄汾县山西光大工业旅游示范园区
◇ 质量等级：国家AAA级旅游景区

◇ 景区地址:襄汾县境内

◇ 联系方式:18234735666

◇ 景区简介:

襄汾县的山西光大工业旅游示范园区位于山西省临汾市襄汾县,是一个以"工业+旅游"跨界融合为核心的景区,它依托山西光大焦化气源有限公司的工厂资源,将原本的焦化厂区转变为一个集环保生产、科普教育、文化体验、风光游览为一体的旅游示范园区。该园区不仅展示了煤炭如何通过高效利用转化为焦炭、化工产品、电力、热能等其他能源的工艺过程,还包括了企业原料库、环保广场、文化小广场、煤化工与生活科普馆和能源控制中心等重要景点。

山西光大焦化气源有限公司自2019年起加快了工业旅游示范园区的建设步伐,投资2000万元完成了景区道路硬化、景区绿化、旅游规划、导览指示牌、观光游览车、生态停车场、卫生间、游客中心、文化小广场、党建大道、煤化工与生活科普馆和购物场所的建设。这些投入和建设使得山西光大焦化气源有限公司成为全国焦化行业首家国家AAA级旅游景区。

35.安泽县荀子文化园 >>>

◇ 景区名称:安泽县荀子文化园

◇ 质量等级:国家AAA级旅游景区

◇ 景区地址:安泽县迎宾大道19号

◇ 联系方式:13513577611

◇ 景区简介:

安泽县荀子文化园位于山西省临汾市安泽县,是一座集旅游、休闲、娱乐、观光、展览为一体的综合性文化公园。园区的主要目的是传承和弘扬中国古代思想家荀子的思想文化。荀子文化园拥有众多景点和设施,包括荀子大殿、荀子塑像、荀子文化广场、登山步道、盘山车道以及动植物标本楼。其中,荀子塑像是园区的标志性建筑,像高19.67米,底座高8米,寓意着县域面积为1967平方千米之广义,底座8米寄全县8万人民之深情。此外,园区还有书林广场等多处景点。

荀子文化园是为了纪念中国古代思想家荀子而建立的。荀子,约生于公元前313年,逝于公元前238年,是战国末期儒家学派中的大师,也是我国古代杰出的思想家、教育家。

36.曲沃县石桥堡红色文化景区 >>>

◇ 景区名称:石桥堡红色旅游景区
◇ 质量等级:国家AAA级旅游景区
◇ 景区地址:曲沃县杨谈乡石桥堡村
◇ 联系方式:13453791752
◇ 景区简介:

石桥堡,是山西省曲沃县杨谈乡最西部的一个小山村。抗战时期,石桥堡是中共曲沃特委、中共曲沃(地下)县委驻地,被誉为晋南各县通往中共中央北方局的联络总站。

2019年4月,石桥堡被中共山西省委、山西省人民政府确认为"山西省爱国主义教育基地";2020年3月,被临汾市文明委命名为"临汾市文明村";4月,被山西省国防教育办公室命名为"山西省国防教育示范村";9月,被农业农村部选评为"中国美丽休闲乡村";11月,被山西省司法厅、山西省民政厅命名为"省级民主法治示范村";12月,被山西省文化和旅游厅等单位确定为"山西省乡村旅游示范村";2021年3月,被司法部、民政部命名为"全国民主法治示范村"。

景区建设有人工湖、铁索桥、停车场、战备工事、演艺场、地道和窑洞宾馆等景点和服务设施,是以红色旅游为主要支撑,兼具爱国主义教育、休闲度假、民俗体验等多种旅游功能于一体的特色景区。景区内精心打造的大型场景体验式党员教育培训新课堂"百年恰是风华正茂",得到(市)各级领导的好评,将近一年来,游客达万人。

37.曲沃县磨盘岭休闲农业观光园景区 >>>

◇ 景区名称:曲沃县磨盘岭休闲农业观光园
◇ 质量等级:国家AAA级旅游景区
◇ 景区地址:曲沃县史村镇西海村
◇ 联系方式:0357-4513705
◇ 景区简介:

磨盘岭位于史村镇西海村,这里风景优美,人杰地灵,素有"北国小江南"之称。因为有七星海温泉和龙王庙而闻名一方,并因"星海温泉""龙庙莲潭"等名被列为古曲沃八大景之一。因这里有一巨大的土堆,犹如叠起来的几块磨盘,俗称"磨盘圪塔",它与其周围岭地连在一起,得名"磨盘岭"。

近年来,磨盘岭依托大棚蔬菜产业,围绕产业兴村的思路对磨盘岭开发建设,经过十多年的规划发展,已形成以磨盘岭为中心,岭下大棚菜、岭上甜柿园、林下中药材、百亩罗非鱼的现代农业产业园区,打造出了星海生态游乐区、晋国民居民俗区、现代农业观光区、农耕文化体验区、月亮湾休闲度假区和游客接待中心等五区一中心的旅游大格局,实现了现代农业与观光农业的完美结合。磨盘岭上,水泥路直通山顶。山腰上,文化广场、篮球场、老年乐园、健身器械,一应俱全。依托周边的产业,磨盘岭成了曲沃休闲观光农业的典范。住在磨盘岭上,岭间小道松柏林立,夜晚抬头可见满天星斗,清晨侧耳可闻阵阵鹊声。食有健康养殖的罗非鱼，饮有甘泉泡制的龙井茶。既有以晋国贤士介子推为榜样的孝道文化，还有以陈赓故居为载体的红色革命文化，目前已开发建设了介子退隐、介子孝母、陈赓故居等景观。

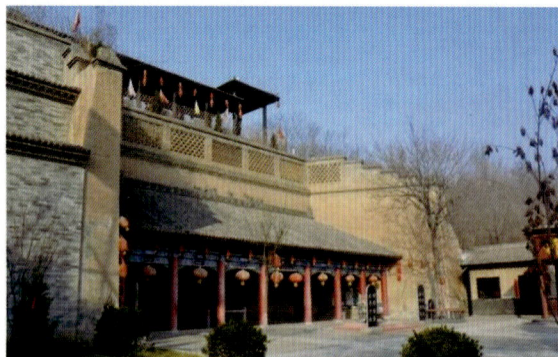

38.曲沃县诗经山水景区 >>>

◇ 景区名称:曲沃县诗经山水景区

◇ 质量等级:国家AAA级旅游景区

◇ 景区地址:曲沃县城东南10千米处北董乡南林交村

◇ 联系方式:0357-4385388

◇ 景区简介:

　　诗经故里位于曲沃县城东南10公里北董乡南林交村。北董乡南屏紫金山，北临浍河水，东邻绛县，西接侯马，境域面积89.6平方公里。辖34个行政村，8878户农户，3.9万口人，耕地面积6.5万亩，是曲沃县农业大乡之一。

　　"诗经山水，晋都曲沃"，是曲沃县文化旅游主打的宣传品牌。这里所说的诗经山水就是指北董乡的景明、南林交一带。我国最早的诗歌总集《诗经·唐风》，都是在这一带创作的。曲沃之称见于历史典籍，距今已有三千年的历史。

39.曲沃县朝阳沟景区 >>>

◇ 景区名称:曲沃县朝阳沟景区

◇ 质量等级:国家AAA级旅游景区

◇ 景区地址:曲沃县里村镇朝阳村

◇ 联系方式:13753702911

◇ 景区简介:

　　朝阳沟景区占地约3000亩，融合了旧石器时代西沟遗址、古县衙驿站等人文景观。景区新建了县署后花园、明清一条街为主要内容的明清古建群。朝阳沟是风光秀美，人文景观与自然景观相融合的致富沟。

　　朝阳沟景区位于朝阳村南沟内，沟内存有的旧石器时代遗迹"西沟遗址"，早在上世纪50年代就闻名全国，和著名的丁村遗址同属一个文化层。景区立足生态农业和观光旅游，在发展农业观光和打造人文景观的同时，依托西沟遗址文化和滏河生态环境,深挖历史文化内涵,初步建成了"四区十景"旅游景观,在这里可以探寻远古人类的神秘踪迹,又能体验归园田居的农耕生活,还能品尝到最地道的农家风味小吃。

朝阳古街,朝阳沟景区十大景点之一,明清仿古建的重要组成部分,占地3000平方米。古街共建设从教书院、魁星楼、商铺、饭店、茶楼、酒坊等十四栋仿古建筑,修建了2000余米的渠系景观,打造了磕头拜寿、剃头梳辫、四喜娃娃、博弈、童趣张坊梨春等6处小景观,完善了水、电、路、卫生间、广场等基础设施建设,实施了美化、绿化、亮化等工程。

在古街,游客可以游览明清建筑,感受明清学教文化,观看"张坊治县"系列情景剧,品尝特色小吃,是一个集"吃、住、行、游、购、娱"于一体的仿明清一条街。

走进朝阳沟景区,这里垂柳依依、翠竹茂密、鸟语花香,古驿道、古县衙、明清仿古建筑一条街造型精致,恍如隔世……

游客在这里既可体会民俗风情,又可以欣赏自然美景,是自驾好去处。

40.曲沃县春秋晋国城景区 >>>

◇ 景区名称:曲沃县春秋晋国城景区
◇ 质量等级:国家AAA级旅游景区
◇ 景区地址:曲沃县史村镇浍河水岸风光旅游区
◇ 联系方式:18035734088
◇ 景区简介:

曲沃县春秋晋国城景区,位于山西省临汾市曲沃县史村镇浍河水岸风光旅游区,是山西省政府重点文化产业项目之一,也是该县全域旅游空间布局中的核心组成部分。该景区占地约800余亩,总投资达到3.5亿元,旨在抢救、保护、收藏、研究和展示丰富的晋文化。

春秋晋国城以春秋时期的晋国文化为背景,通过影视展厅、明清王府居等建筑,生动再现了晋国历史的风貌。游客可以在这里深入了解春秋时期的政治、军事、文化等各个方面。

景区内的建筑布局严谨,工艺精美,雕梁画栋,翼角高翘,斗拱重叠,筒瓦盖背,高台翼尾,充满了古朴典雅的气息。这些建筑不仅展示了晋国文化的精髓,也为游客提供了一个绝佳的拍照打卡地。

景区分为春秋晋国影视展厅、明清王府居、小吃街和特色游乐场四大板块。游客可以在影视展厅中观看历史题材的影视作品,感受晋国历史的厚重;在明清王府居中体验古代贵族的生活;在小吃街品尝地道的山西美食;在特色游乐场中享受亲子时光。

41.翼城县佛爷山景区 >>>

◇ 景区名称:翼城县佛爷山景区

◇ 质量等级:国家AAA级旅游景区

◇ 景区地址:翼城县隆化镇黄家铺村东10公里

◇ 联系方式:13603571583

◇ 景区简介:

佛爷山景区,地处中条山脉,位于翼城与沁水交界处的东西坞岭,海拔1800余米,气温凉爽,空气清新,植被茂密,风景秀丽。伫立山巅远眺,北有五龙山,南有仙女峰,西有娘娘岭,东有大尖山,自古就有"仙境"之誉,秦汉以来延至明清历代均有庙宇修建,每逢农历四月初八佛诞日与七月中元日,翼沁两县百姓朝山取水,香火鼎盛。曲辉公路蜿蜒山脚,交通便利,设施完善,实为晋南之胜景,现已辟为国家AAA级旅游景区。

进入景区大门,宽敞宏大的仰佛阁映入眼帘,穿过洞,1199级石砌步道迤逦林间,曲径通幽,与直达关帝庙的2000米木构栈道相映成趣。沿步道攀登,林间松涛声声,花卉吐香,果药遍地,百鸟争鸣。登临山巅,广场空旷,山门与戏台合二为一,下券门洞五孔,上造戏台三间,钟楼鼓楼峙立两侧,气势恢宏。入得山门,大雄宝殿庙貌俨然,内塑三圣宝相庄严,金碧辉煌。殿后佛山寺梅花易数布局,供奉天地全神,尽显佛道同流。寺北五福通天塔光射斗牛,高接云表,由塔内旋转而上,远眺四周,一览无余。

随着景区不断开发提升,这里将建成集佛道文化展示、探幽避暑、登高健身和旅游度假于一体的风景名胜区,吸引四海宾朋、八方来客前来观光旅游,尽享美丽风光。

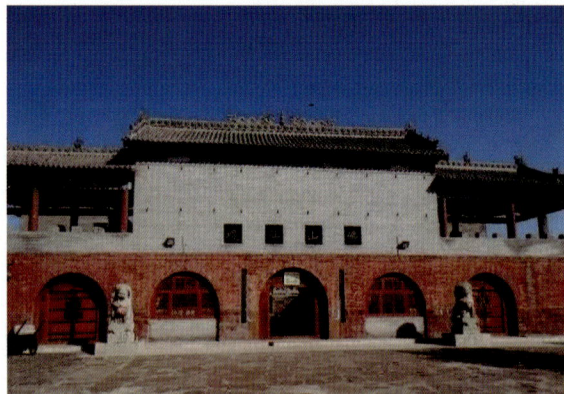

42.翼城县翼城古城景区 >>>

◇ 景区名称:翼城县翼城古城景区

◇ 质量等级:国家AAA级旅游景区

◇ 景区地址:翼城县古城村(原城内村)

◇ 联系方式:0357-8552777

◇ 景区简介:

翼城古城于2018年被评定为"国家AAA级旅游景区"。景区内著名景点有木石牌坊、春秋楼、金代铁钟、后土圣母庙、翼中双塔、御史第、赵宝成烈士故居纪念馆等景点,古城大舞台、古城饭店、古城宾馆、古城旅游接待中心等一批基础设施应运而生,建成后的旅游景区将集旅游观光、文化体验、娱乐购物、运动休闲、康养居住于一体。

古城景区边界清晰可辨,格局基本完整。以牌坊路和木坊街为十字轴,联系四座城门,其他街巷从牌坊路、木枋街衍生出来，纵横交错，界面连续，格局完整。十字轴将城内自然而然地分为了四片区：唐城坊、兴贤坊、剪桐坊、同颖坊。古城村历史建筑众多，有国家级文保单位木石四牌坊，省级文保单位裕公和尚道行碑，市县级文保单位关帝庙、烈士纪念亭、钟楼、文峰塔·五魁塔、御史第和后土圣母庙。另外还有传承红色基因的赵宝成烈士纪念馆、尧王棋苑和几十座明清时期的传统古宅院等特色人文资源。

43.洪洞县红军八路军纪念馆景区 >>>

◇ 景区名称：洪洞县红军八路军纪念馆
◇ 质量等级：国家AAA级旅游景区
◇ 景区地址：洪洞县白石村
◇ 联系方式：0357-6630672
◇ 景区简介：

　　山西洪洞红军八路军纪念馆由抗战初期八路军总部驻洪洞县马牧村旧址和总部随营学校、343旅旅部驻洪洞县白石村温家大院旧址两部分组成。纪念馆占地23000平方米，建筑面积5000平方米，由南向北东西并列共六

个院落，布局对称，结构紧凑，是晋南一代典型的清末民居建筑风格。

　　温家大院是白石村胡天定个人筹资上千万元进行了修缮，增建了部分仿古建筑，依据白石村丰厚的人文历史和红色革命资源，建成的一个集红色旅游资源与传统文化相融合，民居建筑与现代展馆为一体的红色旅游景区，是山西省内唯一同时见证辛亥革命、红军东征、八路军抗日等重大历史事件的旅游胜地，拥有大院文化、民俗文化与红色教育相结合的独特景观。走进白石温家大院，不但有红军、八路军为主要内容的纪念亭、纪念堂、纪念室，还能看到温寿泉辛亥资产阶级民主革命历史。在西院还有以传统文化为主要内容的女娲补天炼石处、儒释道讲经堂、五圣研佛殿。在八路军纪念堂设有毛泽东、周恩来、朱德、彭德怀和邓小平汉白玉雕像。

　　在白石温家大院不但能感受到中国革命历史文化，还能观赏到晚清和民初的建筑风格。此外，精美的女祸补天汉白玉雕像、三圣殿等还会让人感受到传统文化的强大活力。走进温家大院，了解了胡天定先生的故事，让我们更加深刻地体会与感受温家大院的大院文化。

44.洪洞县明代监狱景区 »»

◇ 景区名称:洪洞县明代监狱景区
◇ 质量等级:国家AAA级旅游景区
◇ 景区地址:洪洞县城内
◇ 联系方式:0357-6226127
◇ 景区简介:

　　洪洞明代监狱位于山西省临汾市洪洞县城内,是中国唯一的、保存最完整的明代县衙古监狱。它始建于明朝洪武一年(公元1368年),距今已有600多年的历史,当年北京名妓苏三在洪洞蒙冤落难就因于这里。洪洞明代监狱过厅有一条狭窄的南北通道,通道两端各有东西对称的6间普通牢房,每间牢房门低窗小,占地只有4平方米,小土坑距地面不足1尺。据史载,狭小的牢内少则关五六人,多时关十几人。全监总面积为610平方米。厅站上挂有著名书画大师董寿平先生所题的"苏三监狱"匾额一块。东侧便是虎头牢,牢门共两层,形成一条高1米,长2.3米的通道,两端各有一道门槛和门扇,一道朝左开,一道朝右开,为标准的死囚牢门。牢院内枕头窑一孔,隔为三间,西侧一间为当年关押苏三的。墙体厚约1.1米,最厚的要算院内的南围墙,墙高6米,厚1.7米,内灌流沙,借助沙的流动性,防止犯人打洞外逃。院心有一眼水井,人称"苏三井",井口石上还有十几道磨痕,是历年犯人打水磨出来的。这座监狱的布局是研究封建社会官衙监狱规制的重要实物资料。

　　由于苏三故事曲折动人,当年的"苏三供堂""苏三监狱"由此闻名,长期被人们保存维修。"苏三供堂"即洪洞县衙大堂,为明洪武二年知县杨茂所建。清康熙三十四年因地震坍塌,后又重建。光绪四年知县艾绍濂又全修大堂。该大堂曾为省级文物保护单位,不幸毁于1977年。

　　1984年洪洞县政府依原样重建了这所大厅和苏三监狱。当年苏三就是在这里三次受审,屈打成招,因此这座县衙被称作"苏三供堂"。置身其中,不由得会有一种森严威迫的感觉。监门与大堂口紧紧相连,提审犯人相当方便。整座监狱设计格外精心,构造十分独特。

45.汾城古建筑群 »»

◇ 景区名称:汾城古建筑群
◇ 景区地址:襄汾县汾城镇
◇ 联系方式:13546521988
◇ 景区简介:

　　汾城古建筑群,作为山西省的一颗璀璨明珠,不仅以其宏大的规模和丰富的建筑形态令人叹为观止,更在于它所蕴含的深厚历史与文化价值。这些古建筑不仅仅是砖石木料的堆砌,更是历代匠人心血与智慧的结晶,它们见证了汾城乃至整个地区的历史变迁与文化传承。

　　步入汾城古建筑群,仿佛穿越回明清时代。街道两旁,古朴的民居错落有致,青砖灰瓦间透露出一种宁静与和谐。这些民居虽历经风雨侵蚀,但依旧保留着当年的风貌,让人能够感受到那个时代人们的生活气息。而庙宇、府第等公共建筑，则更加彰显了汾城古城的庄重与威严。庙宇的飞檐翘角、雕梁画栋，无不透露出古代工匠们的精湛技艺与对美好生活的向往。府第的宏伟气派、布局严谨，则反映了当时社会等级制度的森严与权力的集中。

除了建筑本身的艺术价值外，汾城古建筑群还承载着丰富的历史文化信息。这些建筑不仅是古代人们生活、工作、娱乐的场所，更是文化传承与交流的重要平台。在这里，可以探寻到古代社会的宗教信仰、政治制度、经济文化等多方面的历史遗迹，感受到那个时代的风土人情与民族精神。

如今，汾城古建筑群已成为了一个重要的旅游景点，吸引着无数游客前来参观游览。人们在这里不仅可以欣赏到精美的建筑艺术，更可以深入了解到古代社会的历史与文化。

汾城古建筑群以其独特的魅力，成为了连接过去与现在、传统与现代的桥梁，让人们在品味历史的同时，也能感受到传统文化的魅力与力量。

特产美食介绍

01. 大宁红皮小米

大宁红皮小米，山西省大宁县特产。

大宁红皮小米种植区域为山前洪积土，土层深厚，土质为黄壤，质地较肥沃，加之其地理环境和气候条件较为适宜谷子的生长和发育，具备了形成优良品质的优越条件。

因谷味随生长期长短而增减，故在种植方法上，均为旱田春播。耕前施足农家肥，耙平耱细，谷雨前后下种，生长期一般在120天以上。小米籽大粒圆，色泽金黄，性黏味香，营养丰富，较其他品种养分含量高。特别是煮稀饭时，表面有一层黄亮的米质油，食之香味可口。

02. 永和条枣

永和条枣，山西省永和县特产。永和红枣以核小、皮薄、肉厚、天然无虫、无公害、无污染而久负盛名，获得了国家绿色食品证书和奖章，被国家林业局授予"中国枣乡"称号，是全国无虫红枣第一县。

永和县位于北温带，为红枣适生区，有着特殊的环境条件。永和红枣果实较大，顶部稍细，呈长柱形，核小肉厚，单果重18~20克。成熟鲜枣皮为深红色，有光泽，果肉拉开可见糖丝，丝长不易断，有糖香味。永和条枣所含有的维生素、蛋白质、脂肪、钙元素、镁元素、铁元素、磷元素等营养成分含量均高于普通产品。

03.乡宁油糕

乡宁油糕是山西临汾乡宁县城一道传统的美食，在农历四月初八每年的乡宁结义庙古会上特别受欢迎。在这个小县城里，摊位多达三五十家，吸引了各方赶会者前来品尝油糕的美味。

乡宁白面油糕是山西省的一道特色糕点，圆如饼，形似鼓，色如铜，香味扑鼻，口感软糯，外层金黄酥脆，内部软糯有嚼劲，有一种独特的油糕香味。

乡宁油糕用白面经过开水烫，包入馅料制作而成，以"皮脆肉软，味道甜美"而享有盛名。

04.吉县苹果

吉县苹果，作为山西省临汾市吉县的特产，凭借其卓越的品质和独特的风味，赢得了广泛的赞誉。吉县地处黄河中游的黄土残垣沟壑地区，拥有得天独厚的地理环境和气候条件，为苹果的生长提供了优越的自然条件。这里四季分明，昼夜温差大，光照充足，降水量适中且雨热同期，为苹果的生长和着色创造了有利条件。

吉县苹果以其果型端正高桩、果面光洁细腻、着色鲜艳浓红而著称。苹果的色泽主要分为条红和片红两种，条红苹果的着色面积高达85%以上，而片红苹果的着色面积也达到了80%以上。苹果果实大，口感香脆甜爽，汁液丰富，甜酸适口，风味独特。其可溶性固形物含量高达15.0%，最高可达17.5%，使得吉县苹果的甜味如饴，芳香醉人。

在营养价值方面，吉县苹果同样表现出色。它富含维生素C、糖分、碳水化合物以及多种矿物质和微量元素，如钾、锌、钙、硒等，同时还含有18种氨基酸，其中7种为人体必需氨基酸,均达到或超过国家质量标准。这些丰富的营养成分使得吉县苹果不仅美味可口,还具有较高的营养价值。

吉县苹果不仅在国内市场享有盛誉,还远销国内外,赢得了广泛的市场认可。它曾多次荣获国内外各类奖项,如首届中国农博会苹果类唯一金奖、第三届中国农博会名牌产品称号等,充分证明了其卓越的品质和口感。

05. 官滩枣

官滩枣,山西省临汾市襄汾县特产。

襄汾县城关镇官滩村的官滩枣栽培历史已有500余年,明清两朝曾作为"贡品"。官滩枣是襄汾县的农业三大品牌之一,因产地在襄汾官滩村而得名。

滩枣鲜枣果实中大,长柱圆形,平均单果重11克,果皮深红色,肉厚、果核小,味甜、汁少,制干枣果肉呈红糖色,油性大,肉黏、拉开可见糖丝多,耐贮藏。2010年10月,官滩枣在首届黄河金三角区域农业新技术新产品展示展销会暨首届苹果文化节组委会获"名优产品奖"。

06. 牛肉丸子面

牛肉丸子面是山西省临汾市的特色小吃,由地道的牛肉、特制的牛肉丸子以及特制的面条为剂混合特有的香料和中草药,再配以独特秘制的牛大骨熬成的高汤,口味独特。

运城市

运城市黄河一号旅游公路建设里程1692千米,其中:主线554千米,支线842千米,连接线296千米。同步建成104千米慢行道,梯子崖景区驿站、龙门驿站等27个驿站,梯子崖观景台、鱼耀龙门观景台等44个观景台,梯子崖景区驿站营地、龙门驿站营地等9个营地,梯子崖景区停车场、黄河印象停车场等23个停车场。

连通如下景区。

AAAA级景区21个:盐湖区凤凰谷景区、盐湖区舜帝陵景区、运城盐湖景区、运城关公故里文化旅游景区、永济市尧王台景区、永济市普救寺景区、永济市神潭大峡谷景区、永济市鹳雀楼景区、永济市五老峰景区、万荣县后土祠景区、万荣县李家大院景区、垣曲县望仙大峡谷景区、垣曲县历山景区、河津市黄河大梯子崖景区、河津市黄河龙门景区、夏县堆云洞景区、夏县司马光祠景区、新绛县绛州署景区、芮城县永乐宫景区、芮城县大禹渡黄河景区、芮城县圣天湖景区。

AAA级景区17个:盐湖区河东池盐文化博览园景区、芮城县城隍庙景区、芮城县印象风陵渡景区、芮城县西侯度遗址景区、稷山县国家板枣公园景区、稷山县大佛寺景区、河津市古今天下景区、绛县绛北大峡谷景区、临猗县临晋县衙景区、夏县格瑞特庄园景区、夏县瑶台山景区、平陆县周仓文化园景区、闻喜县建龙钢铁文化创意园景区、闻喜县中华宰相村景区、万荣县孤峰山景区、万荣县万泉文庙景区、新绛县龙兴寺景区。

AA级景区7个:盐湖区九龙山自然风景区、盐湖区关王庙景区、绛县紫云寺景区、临猗县傅作义故居景区、永济市蒲津渡遗址博物馆景区、新绛县绛州文庙景区、万荣县黄河文化雕塑博览园景区。

A级景区1个:万荣县东岳庙景区。

运城市盐湖国际机场位于运城市东北方向陶村镇张孝村,距运城市区约11千米。芮城新南张机场位于运城市芮城县南磑镇新南张村东。

运城市有11个火车站,分别是:运城北站、永济北站、闻喜西站、闻喜站、运城站、东镇站、永济站、风陵渡站、新绛站、稷山站、河津站,其中运城北站、永济北站、闻喜西站是高铁站。

运城市自驾游精品线路图（里程：931km）

```
板枣公园  4  28  绛州署景区  63
黄河大梯子崖  47   大佛寺景区        绛北大峡谷
                    48
后土祠景区  39  李家大院         望仙大峡谷
         14                          52
傅作义故居  49  临晋县衙    凤凰谷景区   90
永济鹳雀楼  63  神潭大峡谷   4  历山风景区
                           运城盐湖景区  164
永济普救寺  21  五老峰
         35  永乐宫      解州关帝庙
印象风陵渡景区  城隍庙  35   43
      27   15   23   17   圣天湖景区
           大禹渡黄河        圣天湖景区
```

黄河龙门

黄河大梯子崖

陕

后土祠

西

李家大院

省

舜帝陵

鹳雀楼

普救寺

神潭大峡谷

大禹渡黄河

主要地名： 河津市 稷山县 万荣县 临猗县 永济市 芮城县 盐湖区 运城市 解州镇 夏县 韩城市 华阴市 潼关县 灵宝市

黄河大梯子崖旅游景区（4A）　黄河龙门景区（4A）　国家板枣公园（3A）　大佛寺景区（3A）　万泉文庙景区（3A）　孤峰山旅游景区（3A）　堆云洞景区（4A）　东岳庙景区（1A）　李家大院（4A）　格瑞特庄园（3A）　司马光祠　舜帝景区（4A）　运城北站　运城盐湖国际机场　九龙山风景区　关帝庙景区（2A）　河东池盐文化博览园景区（3A）　盐湖景区（4A）　凤凰谷景区（4A）　解州关帝庙（4A）　后土祠景区（4A）　庙前（后土祠）站　黄河文化雕塑博览园景区（2A）　黄河农耕文化雕塑博览园　临晋县衙景区（3A）　傅作义故居景区（2A）　鹳雀楼（4A）　普救寺旅游景区（4A）　蒲津渡遗址博物馆（2A）　神潭大峡谷景区（4A）　五老峰风景名胜区（4A）　永乐宫（4A）　西侯度遗址景区（3A）　印象风陵渡景区（3A）　大禹渡黄河风景区（4A）　圣天湖景区（4A）　城隍庙景区（3A）

新绛福胜寺

绛州署景区

堆云洞

司马光祠

望仙大峡谷

历山

盐湖

凤凰谷景区

关帝庙

尧王台景区

五老峰

永乐宫

圣天湖

比例尺 1:560000　0　5.6　11.2(千米)

· 一日游精品线路 ·

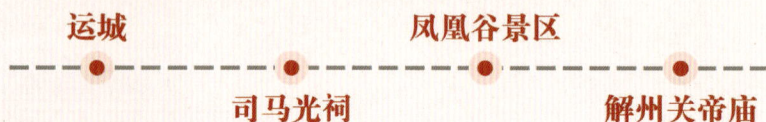

起点

第❶站
司马光祠

第❷站
凤凰谷景区

第❸站
解州关帝庙

运城 ---- 凤凰谷景区
司马光祠 ---- 解州关帝庙

📅 **行程推荐** ▶ **全程77.5千米，驾车耗时1小时20分钟**

上午驾车前往司马光祠游玩，之后沿侯平高速、运城绕城高速去往凤凰谷景区。下午沿运城绕城高速、解州立交桥前往解州关帝庙观赏，全天行程77.5千米。

· 两日游精...

第❷站
李家大院

第❸站
后土祠

第❹站
黄河大梯子崖

运城 ---- 李家
舜帝陵

📅 **行程推荐** ▶ **全程134.5千...**

第一天：上午驾车前往舜帝陵游...
院游玩，晚上宿李家大院景区阶...
第二天：上午出发前往后土祠双...
天行程100千米。

品线路

起点

第①站
舜帝陵

大院　　　黄河大梯子崖

后土祠

米，驾车耗时2小时35分钟

玩，下午沿苏北线前往李家大
丘，全天行程34.5千米。

赏，下午前往黄河大梯子崖，全

三日游精品线路

第②站
永乐宫

第③站
圣天湖景区

起点

第①站
神潭大峡谷

第④站
盐湖景区

第⑥站
堆云洞景区

第⑤站
格瑞特庄园

运城		永乐宫		盐湖景区		堆云洞景区
	神潭大峡谷		圣天湖景区		格瑞特庄园	

行程推荐　全程195.4千米，驾车耗时4小时03分钟

第一天： 上午在神潭大峡谷游玩，下午沿运风高速转晋秦大道，进入永乐北路到永乐宫游玩，全天行程75千米。

第二天： 早上进入运宝高速芮城连接线抵达圣天湖景区，游玩后驾车从运城南立交桥到解放南路到盐湖景区，晚上宿盐湖景区附近，全天行程78.5千米。

第三天： 早上从盐湖景区出发，沿途经机场大道、侯风线到达格瑞特庄园，下午驾车前往堆云洞景区游玩，全天行程41.9千米。

景点介绍 >>>

01. 解州关帝庙景区 >>>

◇ 景区名称:解州关帝庙

◇ 质量等级:国家AAAA级旅游景区

◇ 景区地址:解州镇五一路145号

◇ 联系方式:0359-2805252

◇ 景区简介:

　　解州关帝庙景区位于山西省运城市解州镇,是国家重点文物保护单位,国家AAAA级旅游景区,山西省十大著名优秀旅游景区。解州关帝庙是我国现存始建最早、规模最大、建制最高、保存最完整的关帝庙宇,被誉为"武庙之冠"。运城每年举办的"关公文化旅游节""关公信俗"被公布为国家级非物质文化遗产。景区内建筑宏伟,富丽堂皇,古木参天,藤萝披拂,是海内外游客观光、寻根谒祖之胜地。整个景区由关帝祖庙、关帝祖祠、关帝祖陵(又称"三关")组成。景区荣获"全国文明旅游示范单位""中华旅游文化贡献单位""2009年国际休闲旅游年度品牌单位"等荣誉称号。

02. 芮城永乐宫景区 >>>

◇ 景区名称:芮城永乐宫景区

◇ 质量等级:国家AAAA级旅游景区

◇ 景区地址:芮城县永乐北路230号

◇ 联系方式:0359-3011491

◇ 景区简介:

　　永乐宫坐落于秦、晋、豫三省交界的山西省芮城县,是为纪念八仙之一的吕洞宾修建的元代道教宫观。

　　它是我国现存最早、最大和保存最为完整的道教宫观,与北京白云观、陕西户县重阳宫并称为全真教三大祖庭。1961年被国务院公布为首批全国重点文物保护单位,1998年被列入世界文化遗产预备名录,2005年评定为国家AAAA级旅游景区。永乐宫以精美绝伦的壁画艺术、富丽堂皇的宫廷建筑、举世瞩目的搬迁工程、独具特色的道教文化享誉华夏,名扬四海。

03.万荣县李家大院景区 »»

◇ 景区名称:万荣李家大院景区
◇ 质量等级:国家AAAA级旅游景区
◇ 景区地址:万荣县高村镇阎景村
◇ 联系方式:0359-4823333
◇ 景区简介:

　　近二百年的李家大院,被厚重沧桑岁月打磨成一处佳景胜迹。它以一种宠辱不惊、磅礴恢宏的气度,彰显着独有的风韵,代表着丰富多彩的晋商文化发展史。

　　李家大院是全国重点文物保护单位、国家AAAA级旅游景区、中国最具潜力十大民居建筑、美好印象山西十大景区,是晋南独一无二的巨商豪宅。它始建于清道光年间,原有院落20组,现存院落11组,另有祠堂、花园等。景区面积10万多平方米,由古建区、仿古区、新建区、服务区、农业生态园五大部分组成。

　　整个建筑为竖井式"聚财型"四合院。俯瞰其全貌,传统四合院藏风聚气,精致大宅门接地通天;徽式建筑错落有致,欧式风格造型挺秀,南北交融,中西合璧,堪称中国民居建筑中的一朵奇葩。李家大院建筑的砖雕、石雕及铁艺等饰品有晋南地区汉族民间多子多福、三星高照等吉祥含义。走进李家大院,善影壁、善书法、善匾额、善牌匾、善楹联随处可见。

　　李家三代十位当家人百年行善,给千秋后世留下一笔"善无大小、善无多少、善无止境、善不等待、善不图报"的宝贵精神财富。这也是李家之所以能在清末民国崛起,并在当时如日中天的原因。如今的李家大院不只是一个文物旅游景区,它更是中华民族善文化的"活教材"。

04.运城盐湖景区 »»

◇ 景区名称:运城盐湖景区
◇ 质量等级:国家AAAA级旅游景区
◇ 景区地址:盐湖区城南(距池神庙3千米处)
◇ 联系方式:0359-8968888;
　　　　　　0359-8966737
◇ 景区简介:

　　运城盐湖景区是山焦盐化集团的全资子公司,成立于2002年8月份,位于运城市盐湖区城南(距池神庙3千米处),占地面积200亩。

　　景区依靠得天独厚的盐湖资源,积极开发康养产业,打造国内一流的康养度假区。景区2008年被评为国家AAAA级旅游景区,2016年12月其"七彩盐湖"入选《时代周刊》;而后的连续五年,因湖水呈现一侧绿色,一侧玫红色的奇特景观"鸳鸯锅"而受到国内外媒体的争相报道,并登上了美国纽约时代广场纳斯达克塔楼"世界第一屏"。

05.历山风景区 >>>

- 景区名称:山西历山风景区
- 质量等级:国家AAAA级旅游景区
- 景区地址:垣曲县历山镇历山村
- 联系方式:0359-6011128
- 景区简介:

　　山西垣曲历山风景区位于山西省垣曲县东南部的历山镇和古城镇,是华北地区唯一保存较完整的历山原始森林。这里还是帝舜故里,它依托着浓厚的华夏古老文明、悠远的人类远祖文化而兴建,是山西省十大风景区之一,也是山西省最大的自然生态旅游基地、省级休闲度假区、省18个核心景区之一。景区由历山舜王坪、历山皇姑幔、历山猕猴源等风景区组成,是历山国家级自然保护区、中条山国家森林公园的重要组成部分,国家级AAAA风景区、山西省和谐景区。

　　2020年3月,历山被民政部、国家卫健委、国家中医药管理局、国家林草局正式确认为国家级森林康养基地。

　　在历山保护区动植物资源丰富,有一处面积800公顷的原始森林,是华北地区保存下来的原始森林,有"墨脱归来不言路、混沟归来不言沟"的说法。历山植物种类达1400多种,其中有8种属国家二、三类保护植物。野生植物繁多,种类最多的是菌科、豆科。种子植物有700余种。国家二级保护植物有莲香树、翅果油杉等。三级保护植物有红豆杉、领春木等9种。菌种类植物资源有猴头、灵芝、银耳、

冬虫夏草等。历山另有中国最大的暴马丁香树,胸径达1.6米的最大的连香树,山西的人参种植场等。历山野生动物种类达330余种,占山西境内动物种类的80%以上。国家一、二级保护动物有38种。

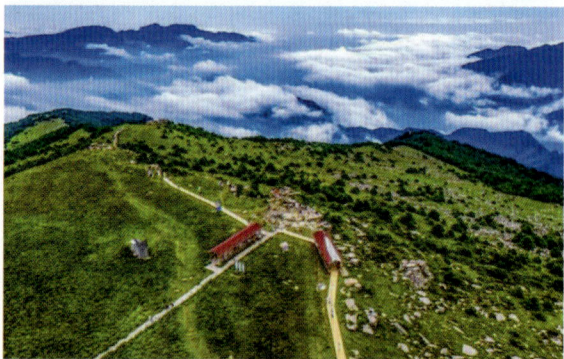

06.运城市永济鹳雀楼景区 >>>

- 景区名称:运城市永济鹳雀楼景区
- 质量等级:国家AAAA级旅游景区
- 景区地址:永济市蒲州古城西
- 联系方式:0359-8485381
- 景区简介:

　　鹳雀楼,国家AAAA级旅游景区,是国家级、省级"敬老文明号"单位,省、市级文明景区,位于山西省永济市蒲州古城西的黄河东岸,与湖北武汉黄鹤楼、湖南岳阳岳阳楼、江西南昌滕王阁并称为中国四大历史文化名楼。

　　该楼始建于北周(公元557—581年),是北周大冢宰宇文护建造的一座军事戍楼,因

时有鹳雀栖息其上而得名。北宋科学家沈括在《梦溪笔谈》一书中描述了鹳雀楼当时的盛况，"河中府（即蒲州，今山西省永济市）鹳雀楼三层，前瞻中条，下瞰大河"。

唐人在此地留诗者甚多，唐代诗人王之涣的《登鹳雀楼》"白日依山尽，黄河入海流，欲穷千里目，更上一层楼"一诗堪称千古绝唱，流传于海内外。

该楼历唐经宋存世700余年，金元光元年（公元1222年）毁于战火，史书记载再无重修。盛世楼兴，1997年12月，匿迹700余年的鹳雀楼得以第一次重修，于2002年9月26日落成并正式对外开放。

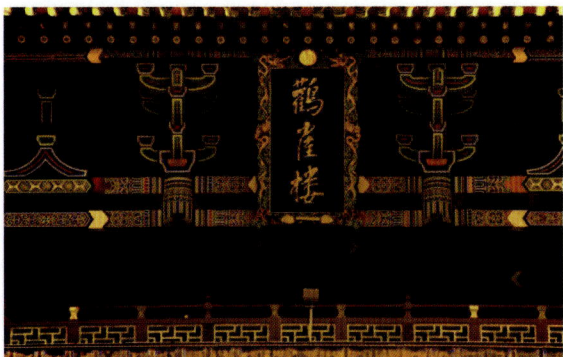

07.永济五老峰风景名胜景区 >>>

- ◇ 景区名称：运城市永济五老峰景区
- ◇ 质量等级：国家AAAA级旅游景区
- ◇ 景区地址：永济市虞乡镇张家窑村
- ◇ 联系方式：0359-8069588
- ◇ 景区简介：

五老峰位于永济市东南13公里的中条山脉，地处晋、秦、豫三省交会之处。1992年11月，被林业部评定为国家森林公园。1994年1月，被国务院评定为国家级风景名胜区，法定资源保护面积300平方千米。2011年8月，被国家旅游局评为国家AAAA级旅游景区。

2014年12月，五老峰被运城市旅游局评为河东旅游名片。五老峰原名五老山，因古代研经传道的五老（青灵始老天君、丹灵真老天君、皓灵皇老天君、五灵玄老天君、元灵元老天君）在此为帝王授《河图》《洛书》而名。《周易》成书之前，这里是河洛文化早期传播的圣地，也是我国北方道教全真派的发祥地。唐人杜光庭《洞天福地记》称之为"道家天下第五十二福地"。明清时期，五老峰兴起朝峰庙会，兴盛达500年之久。它同佛教圣坛五台山南北对峙，齐名天下；与西岳华山，同岫立脉，隔河相望，历史上素有"东华山"之美誉。

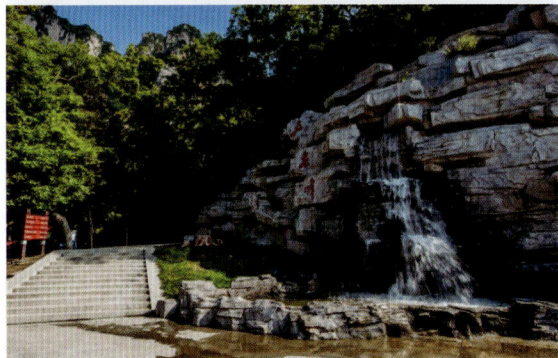

08.永济普救寺旅游景区 >>>

- ◇ 景区名称：永济普救寺景区
- ◇ 质量等级：国家AAAA级旅游景区

◇ 景区地址：永济市蒲州镇西厢村

◇ 联系方式：0359-8485263

◇ 景区简介：

　　普救寺地处晋、秦、豫三省交会处黄河金三角，是驰名中外的旅游观光和爱情圣地。2002年被评为国家AAAA级旅游景区；2011年被运城市文明办评为"文明和谐景区"；2020年被评为国家级文物保护单位。它是一座佛教十方禅院，坐落在山西省西南边陲永济市境内的峨嵋塬头。这里地势高敞，视野开阔，南望巍巍中条山翠若屏障，与中条第一禅林"万固寺"南北对峙、遥相呼应。西眺滔滔黄河水，白如银带，中国四大名楼之一的"鹳雀楼"和国宝"唐开元铁牛"也近在咫尺。古典戏剧名著《西厢记》动人的爱情故事就以此为故事背景，因而这座千年古刹早已成为名扬海内外的游览和爱情圣地。

09.神潭大峡谷景区 >>>

◇ 景区名称：运城市永济神潭大峡谷景区

◇ 质量等级：国家AAAA级旅游景区

◇ 景区地址：永济市水峪口村南

◇ 联系方式：0359-8218000

◇ 景区简介：

　　神潭大峡谷产生于距今5.7亿年前的寒武纪时期，由于地壳运动而形成的一个大裂谷。峡谷内泉水清澈川流不息，飞瀑轰鸣不绝于耳，神潭莫测稀世难寻。

　　奇潭异瀑，大自然的鬼斧神功造就了中条山奇特的高山峡谷景观。景区以两瀑三泉一百零八潭为代表，与神潭母子湖、青龙偃月瀑、绝壁古道、千年古槐、关公试刀、墨泼岩画、青龙天梯、神潭一线天、神潭瀑布、北宋摩崖石刻、月牙湖、神龙湾、瞭望台、新石器遗址等景点组成高山峡谷地质奇观，被誉为中条奇峡，梦幻水乡。

　　神潭大峡谷内还有水峪口古村，原名水谷，距今已有900多年历史，这里文化灿烂，民风淳朴。水峪口从唐朝贞观年间兴起，商贸流通活跃，古盐道穿村而过。此后300余年一直是黄河金三角地区著名的商贸重镇。

　　2013年6月，景区被山西省国土资源厅评为"水峪口地质公园"；2015年8月被国家旅游局评为"中国乡村旅游模范村"；2015年12月被评为"国家AAAA旅游景区"。

10. 大禹渡黄河风景区 >>>

◇ 景区名称：运城大禹渡黄河景区

◇ 质量等级：国家AAAA级旅游景区

◇ 景区地址：芮城县大禹渡枢纽站

◇ 联系方式：0359-3306555

◇ 景区简介：

　　大禹渡景区位于秦、晋、豫三省交界的山西省芮城县县城东南十千米的黄河岸边，是历史上久负盛名的古渡。

　　从古至今，万里黄河两岸以大禹冠名的千年古渡仅此一处。这里有许多大禹治水的美丽传说和动人故事，有"森林氧吧"之美誉，有经地矿部门检测富含锶、锌等多种微量元素的优质矿泉水，有4000多年的龙头神柏，有国内最大的朝拜大禹圣地——禹王大殿。有与墨西哥玛雅金字塔异曲同工的建筑奇迹——滴水奇声，有国内唯一一条集玻璃桥、玻璃观景平台、玻璃滑道为一体的大型高空玻璃综合体验项目。

　　有重修的状元桥，有万里黄河第一游——黄河游气垫飞船，又称"水上飞机"，水陆两用，是山西独有的黄河旅游项目。这里有被誉为"黄河明珠"的大型引黄高灌工程，是20世纪70年代社会主义建设十大成就之一。这里也有黄河流域最大的雕塑大禹像、定河神母雕塑和巨石天书等人文景观，有集人文景观、旅游、参学为一体的万佛园。

　　景区配套有黄河金三角地区精品的五星级酒店，该酒店是集住宿、餐饮、商务、会议、休闲、娱乐为一体的综合型酒店。

11. 运城市圣天湖景区 >>>

◇ 景区名称：运城市圣天湖景区

◇ 质量等级：国家AAAA级旅游景区

◇ 景区地址：芮城县陌南镇柳湾村圣天湖景区

◇ 联系方式：0359-3261188；
　　　　　　0359-5511111

◇ 景区简介：

　　国家AAAA级旅游景区、全国运动休闲特色小镇、国家体育旅游示范基地、中国体育旅游精品景区、全国青少年生态文明教育基地、全国森林康养试点单位、山西省休闲农业和乡村旅游示范点、运城市中小学生研学实践教育基地、2017~2020年度全国群众体育先进单位——圣天湖，地处黄河中下游的秦、晋、豫三省交界黄金三角洲上，位于芮城县陌南镇的黄河岸畔、呼北高速公路山西最南端出口处，被誉为山西河流湿地的典范、中原黄河湿地的明珠，总面积7.71平方千米，其中水域面积4平方千米，是上天眷赐给黄土高原上的一颗翡翠。

　　圣天湖相对高差200余米，地貌多样，物种丰富，栖息着238种鸟类、147种湿地植物和52种鱼类资源，堪称我国北方少有的野生动植物基因库。

　　这里风光秀丽，景色迷人。春有百花，夏赏丹荷，秋风芦雪，冬观天鹅，可谓一年四季，季季有景。近年来，景区斥巨资进行了全新规划建设，目前已初步建成一个集湖泊、阳光、沙滩、湖岸、芦荡、湿地、黄河断崖地貌于一身，融生态观光、运动休闲、康养度假、为一体的休闲度假旅游胜地。

2020年12月，该景区被评为运城市中小学生研学实践教育基地。景区将运用先进的信息技术、管理方法和企业经验，为中国营地树立了一个标杆，也必将增强圣天湖景区旅游的竞争力和景区的品牌影响力。

12.盐湖区舜帝景区 >>>

◇ 景区名称：盐湖区舜帝陵景区

◇ 质量等级：国家AAAA级旅游景区

◇ 景区地址：盐湖区北相镇西曲马

◇ 联系方式：0359-8812984

◇ 景区简介：

舜帝，作为华夏"三皇五帝"之一，虽历时光之剥蚀，但其传统道德之精髓在华夏子孙的心目中依然闪耀着绚丽夺目的光辉。

舜帝陵位于运城市西北的鸣条岗上，是国家AAAA级旅游景区、全国重点文物保护单位、全国首批旅游文化示范地。

舜帝陵冢启于禹时，《孟子·离娄下》中曾

经记载："舜生于诸冯，迁于负夏，卒于鸣条"。而舜帝陵庙始建于唐开元二十六年（公元738年），是景区内建造早、规模大，最具影响力的文物古迹。

其本身蕴涵的历史、文化、美学、风土人情、建筑工艺等十分丰富，而文化内涵亦十分丰厚，弥足珍贵。

舜帝陵景区占地1778亩，分为景区和陵区，是集历史、文化、旅游、园林、休闲娱乐为一体的景区。

13.夏县司马光祠景区 >>>

◇ 景区名称：夏县司马光祠

◇ 质量等级：国家AAAA级旅游景区

◇ 景区地址：夏县水头镇小晁村

◇ 联系方式：0359-8320835

◇ 景区简介：

司马光祠位于夏县水头镇小晁村北鸣条坡岭间，紧邻232省道，距运城关公机场、高铁站约20分钟车程，距夏县高速出口仅8分钟车程。

景区由茔地、祠堂、余庆禅院、涑水书院和忠清粹德碑楼五部分组成，不仅展现了司马光家风廉政文化的深厚底蕴，还汇聚了众多的历代碑刻、典型的宋代建筑、栩栩如生的彩塑与精湛的石雕艺术，共同构成了这处国家级文物保护单位独具特色的历史文化风貌。2004年6月1日，国家邮政局在此举行了《司马光砸缸》邮票首发式以纪念这位历史伟人。

司马光祠于1988年被国务院公布为全国重点文物保护单位，是晋陕豫黄河金三角地区的著名景点。茔祠占地百余亩，建筑面积4000平方米，平方旷达，规模宏丽，分四大部分：茔地占地面积约50亩，司马光本人及其先祖多人均归葬于此。

古冢垒垒，树林森森，石刻遍布，气象肃穆雄浑。每逢深秋季节，松柏翠拥，秋柿尽染，红绿相映，景色极丽。祠堂创建于宋代，历代重修，现存为清乾隆二十七年（公元1762年）规制，迎面是五间"杏花碑"亭，内藏宋苏轼撰文并书石、金代摹刻的《司马温公神道碑》（俗称"杏花碑"）。后为祠堂，正殿五间，东西厢房十间。殿内祀温公四代先祖塑像。

余庆禅院为北宋英宗治平二年（公元1065年）创建的司马温公祖茔香火院。神宗元丰八年（公元1085年）敕赐"余庆禅院"额，五间大殿系宋代原物，内奉彩塑金妆大佛三尊，高达3米左右，并配有彩塑韦陀、胁侍菩萨等，东西两侧为十六罗汉，均为宋塑。艺术精湛，造型传神，施彩绚丽，满堂生辉。

14.山西黄河大梯子崖旅游景区 >>>

◇ 景区名称：河津市黄河大梯子崖景区
◇ 质量等级：国家AAAA级旅游景区
◇ 景区地址：河津市下化乡半坡村
◇ 联系方式：15296719919
◇ 景区简介：

"登千年古道梯子崖，探人间幽境桃花谷。"

黄河大梯子崖景区位于山西省河津市下化乡，地处黄河晋陕大峡谷龙门段，北望石门，南眺龙门，西临黄河，东居吕梁，总占地面积约116.2公顷。景区的核心景观主要分为三部分：梯子崖、桃花谷、倚梯城。

梯子崖为北魏时期军事古栈道，距今约1600年的历史。北魏孝文帝曾西巡至此，立碑纪念，竖石上雕刻出的365个石台阶，堪称"天下黄河第一挂壁天梯"！

桃花谷地貌奇特，潭瀑相连，鸟语花香，曲径通幽。四季风光更是各具特色，春季漫山遍野的桃花争相斗艳；夏季满目苍翠欲滴；秋季醉人的红叶如丝带般飘洒在山谷两侧；冬季万物皆沉寂下来，若运气好，赶上一场飘雪，那真是可以洗涤心灵的美了。

倚梯城为北魏孝文帝时期著名的屯兵之所，随着千年的沧桑变迁已消逝在历史的烟云之中。目前，倚梯城遗址处有面积3万余平方米的梯田花海，主要种有格桑花、硫华菊、二月兰等。

在后土圣母诞辰之日和十月初五庙会期间，商旅游客摩肩接踵热闹非凡。

15.万荣后土祠景区(秋风楼) >>>

◇ 景区名称：万荣后土祠景区

◇ 质量等级：国家AAAA级旅游景区

◇ 景区地址：万荣县荣河镇荣后路庙前村

◇ 联系方式：15110483444

◇ 景区简介：

万荣后土祠景区，位于万荣县荣河镇庙前村的黄河岸边，文化底蕴深厚，是全球华人的祭祖中心之一，也是最古老的祭祀后土的祠庙。后土祠东依峨嵋岭，西临汾黄岸，南北长240米，东西宽105米，占地25268平方米。祠里现存山门、品字戏台、东西五虎殿、献殿、香亭、正殿、秋风楼、宋真宗碑廊等建筑。史书上曾有"皇天后土"的记载，自轩辕黄帝"扫地为坛"至宋真宗皇帝，先后有9位黄帝24次在这里祭拜。汉武帝多次到这里祭祀，并留下了名篇《秋风辞》。秋风楼，因藏汉武帝《秋风辞碑》而得名，今古迹尚存，现存形制结构为明代所建。后土祠之规模为国内后土祠庙之冠，近年来国内各界人士，港澳台胞及海外华侨，寻根问祖，祭祀后土，络绎不绝。尤其

16.垣曲望仙大峡谷景区 >>>

◇ 景区名称：垣曲望仙大峡谷景区

◇ 质量等级：国家AAAA级旅游景区

◇ 景区地址：垣曲县历山镇望仙村

◇ 联系方式：0359-8848478

◇ 景区简介：

望仙大峡谷景区位于山西省垣曲县历山镇望仙村，距离省道88闻垣高速垣曲西出口28千米，有专门修建的旅游公路可达，交通十分便利。景区内有闻名遐迩的三潭瀑布，烟波浩渺的后河水库，幽深壁立的天然石峡，更有尧王访贤的上古传说，可谓是自然风光秀丽，人文资源丰富。望仙景区总体定位以自然山水为特色，以尧舜文化为主题，以休闲度假为主要功能。景区上游的淘金河，经过千万年的冲刷，形成了两公里长的天然石峡，罗列着十余个大小不一，深浅有别，形态各异的瀑布渊潭。三步一潭，五步一瀑，瀑连潭、潭连瀑、潭中有潭、瀑下有瀑。尤其是三潭瀑布群景色更

是别具一格，景区的黑龙潭瀑布，落差90米，站在谷底观景平台，瀑布伴着雷鸣般的水声，犹如蛟龙入海，扎入深潭，让人震撼不已。后河水库游览区与三潭瀑布紧密相连，后河水库是黄河小浪底水库的补偿工程，70余米的大坝，在群山之间形成了600余亩的湖面。登临坝顶，北视碧波荡漾的水库，如到江南水乡，南望望仙群山，仿佛置身仙境。

望仙景区内拥有丰富的动植物资源。据统计，望仙区内森林中有植物2000余种，而国家确定山西省应保护的稀有植物11种中，这里就有9种之多。这里不仅有举不胜举的野生植物，如野生油料植物、野生淀粉植物、野生橡胶植物等，而且成片生存着在华北、中原大部分地区多已绝迹的连香树。这里不仅有红椿木、红豆杉、秃山白、牛皮酸、青檀等我国的仅有树种，还有专家尚未作系统研究的稀有植物200余种。境内有动物近400种，钟古、寒号等鸟类占200余种，还有中条猕猴等一大批国家重点保护野生动物。

17. 运城市夏县堆云洞景区 >>>

◇ 景区名称：夏县堆云洞景区
◇ 质量等级：国家AAAA级旅游景区
◇ 景区地址：夏县水头镇上牛村洞沟
◇ 联系方式：0359-8321140
◇ 景区简介：

堆云洞始创于元末明初，距今已有600多年的历史，清乾隆至道光年间是其鼎盛时期，咸丰三年形成现在的规模。

建筑风格形成了房上建房，院中寻院，洞里藏洞，螺旋盘桓，曲径通幽的独特人文景观。因其外观酷似于西藏布达拉宫，又被誉为"山西小布达拉宫"。

1922年，怀抱教育救国理念的革命先烈嘉康杰在此创办了"平民中学"。1928年，中共河东特委在此成立，并在此秘密活动长达十年，领导晋南人民开展了艰苦卓绝的革命斗争。1985年，该景区被省政府确定为省级重点文物保护单位。

2002年，夏县县委、县政府修复古建，开发该旅游景区。近年来景区历经提升完善，现已发展成为山西省及运城市"爱国主义教育基地"和"红色旅游胜地"。

运城市 A级景点·特产美食

18. 新绛县绛州署景区 >>>

- ◈ 景区名称:新绛县绛州署景区
- ◈ 质量等级:国家AAAA级旅游景区
- ◈ 景区地址:新绛县衙坡上1号
- ◈ 联系方式:0359-7566016
- ◈ 景区简介:

　　绛州署景区位于新绛县绛州古城西部高塬之上,由绛州三楼、城隍庙、绛州大堂和绛守居园池组成,集聚绛州古城建筑之精华、文化之厚重,是千年绛州城历史发展的见证和文化展示的窗口。

　　绛守居园池是全国保存至今唯一的隋代官家园林。景区负责人介绍,这里是新绛国家历史文化名城的核心区、精华区。

　　绛州署景区完整再现了一气呵成的州衙秩序,形成了"入口三楼—中部州署—后部园池"的三段式空间,体现了尊崇典章、讲究礼乐的古代州城文化。

19. 运城市河津市黄河龙门景区 >>>

- ◈ 景区名称:黄河龙门风景区
- ◈ 质量等级:国家AAAA级旅游景区
- ◈ 景区地址:河津市清涧街道办事处龙门村
- ◈ 联系方式:400-043-6669
- ◈ 景区简介:

　　黄河龙门风景区位于河津市清涧街道办事处龙门村,距河津市区15千米,占地30平方千米,是"禹凿龙门、鱼跃龙门"故事发生地,其历史文化深厚,景点内涵丰富。景区展现了龙门古渡文化、红色抗日基地、高空惊险玻璃栈道、峡谷大型游船等,是集生态旅游、古渡美食、乘船登山、黄河湿地为一体的最美综合旅游景区。禹门口黄河观景区位于东龙门山上,由东西两个入口可直达景区。东入口从山下停车场上山,乘观光电梯直达观景台。西入口从明清一条街进入,沿上山栈道可步行上到观景台。登观景台,向南可领略黄河冲出龙门、一泻千里、势不可挡的恢宏气势,向西可观看黄河峡谷壮观景象。旧时"登龙门"常比喻为科举时代会试得中,"鱼跃龙门"成为了人们的美好向往。到此一游可使你受到"禹凿龙门""鱼跃龙门"文化的熏陶。

20.永济市尧王台景区 »»»

- ◈ 景区名称:永济市尧王台景区
- ◈ 质量等级:国家AAAA级旅游景区
- ◈ 景区地址:永济市城西街道介峪口村
- ◈ 联系方式:0359-8077999
- ◈ 景区简介:

　　尧王台是尧舜禹三大古帝实行"禅让制"的见证地,是中华之魂、"公天下"、古代和谐社会的见证地。山上现存的三座古庙"玉皇大帝庙""祖师庙""尧舜禹三元庙"就是见证。据史书记载,舜"生于诸冯,耕于历山,陶于河滨,渔于雷泽,都于蒲坂,崩于苍梧,葬于九嶷山"。历山就是尧王台,此处正是尧王访资的见证地,是中华民族文明的发祥地之一。从庙宇建筑风格上看,尧王台应建于南北朝时期,庙宇建筑有八卦悬顶,上旋兽头,砖雕图纹别致,龙飞凤舞,人物花草,活灵活现,文物价值极高。现山上现存牌匾一副,上书"紫极灵宫"。

21.盐湖区凤凰谷景区 »»»

- ◈ 景区名称:盐湖区凤凰谷景区
- ◈ 质量等级:国家AAAA级旅游景区
- ◈ 景区地址:运城市盐湖区柏口窑村
- ◈ 联系方式:0359-2862862
- ◈ 景区简介:

　　凤凰谷景区位于运城市区南部,由凤凰山和五条山谷组成。景区中部山峰耸起,五谷蜿蜒,势如凤凰展翅,故名凤凰谷。谷中山清水秀,林壑幽美,分布有北亚热带、暖温带气候区间的植物资源和动物资源,被称为"全生态自然博物馆",并有"天然氧吧"之美誉。

　　景区中的"阪泉"为华夏民族的胜地,也是炎黄统一的象征。《史记·五帝本纪》记载黄帝与炎帝两部落联盟为争夺盐池战于阪泉之野,最终实现了华夏民族的首次大统一。古老的阪泉也为运城盐池增添了"蚩尤城""蚩尤血"等神奇的传说。凤凰谷中的经典景观被总结为"凤凰谷十六景",即钗头凤起、群瀑争流、虹桥凌空、阪泉天籁、解盐古道、桃溪驿站、森林浴场、山茱萸林、凤凰金鼎、松海听涛、凤凰脊、凤仙榻石、自然园囿、凤凰欢乐谷、九珠连池,百鸟朝凤。

22.印象风陵渡景区 >>>

◇ 景区名称:印象风陵渡景区

◇ 质量等级:国家AAA级旅游景区

◇ 景区地址:芮城县风陵渡开发区黄河北路北端

◇ 联系方式:0359-8764555

◇ 景区简介:

　　景区以黄河文化风情为核心,集康复养老、温泉养生、休闲窑洞、黄河流域特色小吃、黄河文化风情展示、儿童游乐场、生态大棚休闲采摘、水上游乐园、明清一条街、百亩薰衣草园等于一体,将历史文化与现代商业完美融合,精心打造的大型综合性康养文旅小镇。

　　景区以宣传风陵渡文化为己任,自2017年起,累计组织中小学生3000余人、500余海外留学生赴风陵渡研学旅行。黄河孕育了华夏文明,这里文化厚重,底蕴深厚,女娲文化、匼河文化、西侯度遗址圣火文化等旅游主线路正在一步步地发掘,景区正在努力打造一个以黄河文化为中心的中小学生研学旅行基地,为中小学生提供一个研学旅行的平台。目前,景区已组织开展大学生研学旅行、外国留学生研学,并与山西大学、太原理工大学、中北大学、山西中医药大学、山西传媒学院等签署战略合作协议。近年来,景区致力于休闲观光农业开发,被评为山西省级休闲农业和乡村旅游示范点、芮城县优秀旅游景区、民俗旅游年优秀景区。

23.山西建龙钢铁文化创意园景区 >>>

◇ 景区名称:山西建龙钢铁文化创意园

◇ 质量等级:国家AAA级旅游景区

◇ 景区地址:闻喜县东镇

◇ 联系方式:13582578123

◇ 景区简介:

　　山西建龙钢铁文化创意园位于山西省运城市闻喜县东镇,距离运城市区约40千米处。山西建龙钢铁文化创意园是国家AAA级旅游景区,依托山西建龙实业有限公司生产基地,园区有效组合钢铁工业旅游资源与生态文化、地域文化等非工业旅游资源,规划"印象·工业4.0""钢铁是怎样炼成的""技术研发中心""绿色建龙""企业文化中心""员工之家""客户服务中心""钢铁嘉年华"等8个系列共31个特色旅游景点。这里有壮观的冶炼流程、生态性的环保系统、厚重的冶炼历史、深邃的企业文化、秀丽的生态景观和博大的地域文化,是一处集生产、观光、休闲、娱乐为一体的工业主题旅游景区。

24. 新绛县龙兴寺景区 >>>

◇ 景区名称:龙兴寺景区
◇ 质量等级:国家AAA级旅游景区
◇ 景区地址:新绛县龙兴路2号
◇ 联系方式:0359-7565016
◇ 景区简介:

　　龙兴寺,系全国重点文物保护单位,位于新绛县龙兴路北端高阜上,是新绛县标志性建筑之一。

　　该寺始建于唐代,原名"碧落观",因宋太祖赵匡胤曾在此寓居,更名为"龙兴宫",后来随着佛教的日益兴盛改名为"龙兴寺"。

　　寺庙坐北向南,建筑雄伟,错落有致,为中轴对称布局,沿中轴线由南向北依次建有:山门、东西碑廊、108级台阶、碧落碑亭、东西配殿、大雄宝殿、龙兴宝塔、宋金古墓、归璞园等。其中,尤以书法珍品碧落碑、大雄宝殿内的宋金泥彩塑像和难解冒烟之谜的龙兴宝塔最为出名,被人们称为"龙兴寺三宝"。

25. 夏县瑶台山景区 >>>

◇ 景区名称:夏县瑶台山景区
◇ 质量等级:国家AAA级旅游景区
◇ 景区地址:夏县瑶峰镇瑶台山景区
◇ 联系方式:0359-8553255
◇ 景区简介:

　　瑶台山,又称巫咸山,位于夏县县城以东2千米处的白沙河畔,峰顶原建有"太虚观""文峰塔""望月台",相传夏桀王和宠妃妺嬉每逢中秋便到此玩景赏月。

　　瑶台意指琼宫瑶台,古人认为美好的愿望能够由此上达天界。明清时期,这里庙宇林立,为游人拜谒游赏的最佳去处,中秋尤盛。明代建塔于山顶,文人墨客多有题咏,清末名士杨守献曾为瑶台撰写一副楹联,上联是"月月月明,八月月明明分外",下联为"山山山秀,巫山山秀秀非常",因而"瑶台月夜"也成了夏县的古八景之首。瑶台山又称巫咸山,山脚下是"巫咸坟",又名"父子宰相坟"。

　　全国巫氏宗亲已于2017年、2018年、2019年在夏县瑶台山举办了三届公祭巫氏先祖大典。2017年第一届近50人参加,2018年第二届150多人参加,2019年第三届260多人参加。2020年,巫氏宗亲在疫情期间为夏县政府捐助物资包括口罩、体温计等必需品,为了使得巫咸山的知名度更加广泛,巫氏宗亲投资进行了瑶台山文峰塔亮化美化工程,树立了巫咸山名称牌。

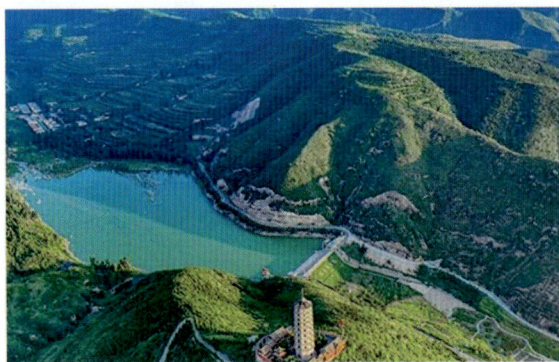

26.夏县格瑞特庄园景区 »

◇ 景区名称：夏县格瑞特庄园
◇ 质量等级：国家AAA级旅游景区
◇ 景区地址：夏县水头镇三贤庄村
◇ 联系方式：15235915818
◇ 景区简介：

　　位于夏县鸣条岗上的格瑞特庄园，创建于20世纪80年代，2007年改制重组，是一家集农业产业化、工业旅游化于一身，科研与生产并重的现代化综合性葡萄酒文化企业。庄园拥有风格迥异的红酒品鉴室，优雅宏大的音乐酒窖……

　　自AAA级景区创建工作开展以来，格瑞特庄园"重新出发、争创一流"，开展了一系列景区综合服务配套及设施完善工作，严格按照《旅游景区质量等级评定标准》，实施景区标准化建设。

　　为满足游客旅游过程中的多元需求，园区投资新建了生态餐厅、养殖园、垂钓烧烤区、沉浸式体验馆、迷你农场、五谷园、窑洞民宿、生态停车场等配套服务设施。

27.平陆县周仓文化园景区 »

◇ 景区名称：周仓文化园
◇ 质量等级：国家AAA级旅游景区
◇ 景区地址：平陆县部官镇西祁村
◇ 联系方式：0359-3563555
◇ 景区简介：

　　周仓文化园位于平陆县西北7千米处，交通便利，占地面积100亩。文化园依托花海桃都、周仓故里的文化资源优势，通过弘扬关公"忠义仁勇"文化，深挖周仓"忠勇"精神，打造"爱国、诚信、敬业、友善"的社会主义核心价值观文化殿堂，加快一产、三产，文旅、农旅融合发展。

　　周仓文化园，总投资3000余万元，分三大版块，第一版块为文化核心区，建设周仓、关公等三座纯木质结构大殿，两座耳房。园区内还有刀楼、印楼等特色建筑以及在东西两侧围墙上镶嵌的关公和周仓的经典故事壁画20幅。

　　第二版块为小吃街，街中仿古房屋70间，

打造晋豫小吃特色街。

第三版块为西花园、忠勇广场、停车场等基础设施配套工程，满足群众精神文化需要，提升旅游品质。周仓文化园建设以来，累计接待游客50万人次。夏季，文化园引领运城市、三门峡市、平陆县的游客品美食、听高调、赏铁花，每周接待游客达1万人次。2020年，周仓文化园成功晋级国家AAA旅游景区，进一步聚集了人气、激活了商气、汇聚了财气。

28. 临猗县临晋县衙景区 >>>

◇ 景区名称：临猗县临晋县衙景区
◇ 质量等级：国家AAA级旅游景区
◇ 景区地址：临绮县临晋镇西大街26号邮政大楼旁边西北方向170米
◇ 联系方式：13935983698
◇ 景区简介：

临晋县衙，位于山西省临猗县城西南临晋镇唐柏街（又称政府路）北侧。县衙坐北朝南，占地面积16000平方米，是中国现存最早的三座衙署大堂之一。

临晋县衙是建造于元代的大堂建筑，原

生地再现了封建社会县级行政机构的理政场所，为研究元代衙署建筑的珍贵标本。2001年6月，国务院将其确定为第五批全国重点文物保护单位。

29. 孤峰山旅游景区 >>>

◇ 景区名称：万荣县孤峰山景区
◇ 质量等级：国家AAA级旅游景区
◇ 景区地址：万荣县城南8千米处
◇ 联系方式：13503556825；
　　　　　　13383487128
◇ 景区简介：

孤峰山因拔地而起，孤傲不群而著名，因为此山不与它山相接，是唯一一座伟岸孤傲形山体，所以它也被称为亚洲的"金字塔"，又因此山从四面看形状如一，没有"横看成岭侧成峰"的感觉，所以又获方山之称，这就是此山的特别之处。"孤"字在我国历朝历代一般只有最高统治者才能使用，可见此山地位的不同凡响。孤峰山山体占地面积40平方千米，加上山前丘陵和坡地面积总计近百余平方公里，最高峰海拔1411.2米。景区拥有以农家乐窑洞、森林氧吧为主体的休闲度假区，还拥有晋南地区最大的滑雪场。在这里昔日法云寺、金顶庙等古建重现英姿。

30.河津市山西古今天下旅游景区 >>>

◇ 景区名称：河津市古今天下旅游景区

◇ 质量等级：国家AAA级旅游景区

◇ 景区地址：樊村镇固镇村西

◇ 联系方式：18235990387

◇ 景区简介：

古今天下景区位于董其武将军故里，河津市区以北约14千米处的固镇村，以景观地道、红色文化体验为主题。景区内长达3000米的三层地道是国内较长的景观地道，留有宋朝时期古地道和抗战时期保留地道。百余孔砖碹土窑，宽敞舒适、冬暖夏凉、宁静幽雅。景区内还有可容纳数百人就餐的大型餐厅，窑洞雅室，天然纯朴。另外还有晋绥军兵工厂遗址、宋金瓷窑展览馆及陶艺制作体验、青少年

特色体验基地、民俗文化博物馆等景点值得一看。

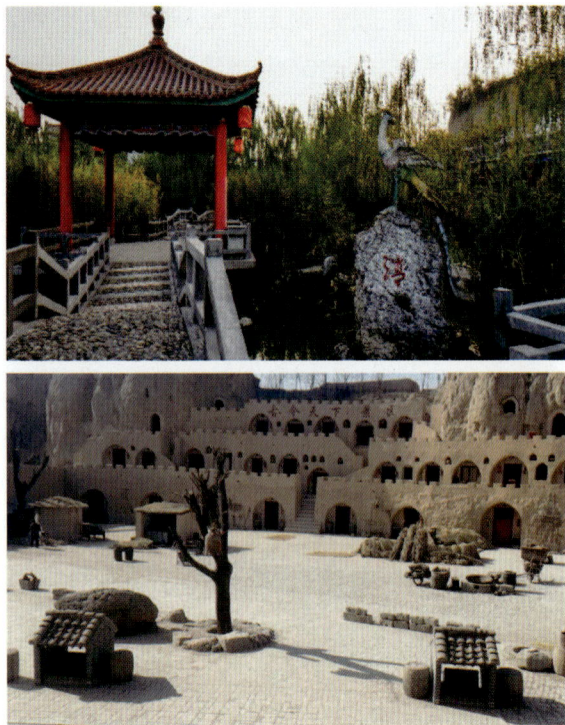

31.稷山国家板枣公园景区 >>>

◇ 景区名称：稷山国家板枣公园

◇ 质量等级：国家AAA级旅游景区

◇ 景区地址：稷山县稷峰镇陶梁姚村

◇ 联系方式：13703591776

◇ 景区简介：

稷山国家板枣公园位于山西省稷山县稷峰镇，地处晋南根祖文化森林旅游区，是山西省唯一的国家林木（花卉）专类公园。

公园总面积达到1056.69公顷，其中板枣种植面积高达974.58公顷，这使得枣林覆盖率达到了92.23%。

走进公园，你会发现枣树林犹如一座天然艺术宫殿，盘根错节，千姿百态。园内尚存的千年以上古枣树有17500棵，这是世界吉尼斯记录认证的"中国最大的千年古树群"。

2022年，公园依托板枣种植产业优势和板枣公园生态优势，持续挖掘稷山板枣生产系统这一农业文化遗产，整合乡土民俗、稷山

非遗等文化资源，举办了枣花节、马拉松比赛、非遗展演进景区、"千年枣林·百年好合"婚庆等一系列活动，丰富了公园的旅游业态。

32. 稷山大佛寺景区 »»

- 景区名称：稷山大佛寺景区
- 质量等级：国家AAA级旅游景区
- 景区地址：稷山县大佛北路大佛寺
- 联系方式：15340978597
- 景区简介：

　　大佛寺，又名稷山佛阁寺，位于稷山县城东北1公里的高崖之上，有逾800年历史。

　　大佛寺，始建于金代黄统二年（公元1142年），元、明、清三代曾多次重修或扩建。原寺规模较大，拾级而上，坡道两旁殿宇棋布有序，塑像极多。但因战乱，大部分建筑遭毁、现仅存正殿、垛殿及十王洞、十六罗汉洞等。正殿系楼阁式建筑，殿内有一尊高20余米，宽6.7米，保存完好的释迦牟尼佛像。佛身穿阁之上下，攀木梯登至顶层，不仅可瞻仰佛之整体，整个县城全景均历历在目。在华夏大佛中，尽管有驰名的乐山和强巴大佛，可它们分

别为石质和铜质，而稷山大佛却独具特色，佛身是以土崖雕塑而成，亦可谓出类拔萃。

33. 绛县绛北大峡谷景区 »»

- 景区名称：绛县绛北大峡谷景区
- 质量等级：国家AAA级旅游景区
- 景区地址：绛县磨里镇炭元河村
- 联系方式：15035091118
- 景区简介：

　　绛北大峡谷旅游风景区，位于山西省绛县磨里镇境内，观赏面积20平方千米。目前景区开发多个旅游项目，是晋南地区以吃、住、游、玩为一体的旅游景区。

　　绛北大峡谷旅游风景区共有四大特色。峡谷漂流，漂流河道总长5.2千米，落差204米，是华北地区落差感受很强的漂流景点：对喜爱悠闲的游人来说，可泛一叶轻舟，吹河上之轻风，在无惊无险中领略自然的温柔与优雅，陶冶心灵；勇敢者则可操桨弄舟，中流击水，作怒涛搏击，虽有惊无险，亦可充分领略大自然的雄浑壮阔，锻炼体魄；探险者则可穿山破浪漂于险境，忽现于浪尖，忽没于水中，

只为征服自然。

水上挑战则分好几个关卡。疯狂跑步机可使人享平步青云、凌波微步、欧米伽大转盘、穿越时空、飞向成功几种玩法。游乐整体设计新颖独特、色彩艳丽适合各年龄段选手参加。

绛北大峡谷风景区容泰山之雄伟、华山之险峻、庐山之幽静、黄山之奇特、峨嵋之秀美于一体。四季风光变幻无穷，春天是花的海洋，夏天是避暑胜地，深秋遍山红叶，冬天银装素裹。景区内囊括石娥、大晋堂、小北山等多处古旧村落。游客将见到本地的晋南民间特色小吃、劳动场景、手工艺现场制作等场景。这里有巧夺天工的面塑、刺绣，口味纯正的现磨豆浆、现卤豆腐脑、豆腐、手工馒头，环境优雅的农家屋宅，处处体现具有晋南特色。游客还可以参与这些活动，来一次近距离的体验，享受一下自食其力的成果。

34.芮城城隍庙景区 >>>

◇ 景区名称：芮城城隍庙景区
◇ 质量等级：国家AAA级旅游景区
◇ 景区地址：芮城县黄河西街与永乐南路交叉口西北180米

◇ 联系方式：15635986969
◇ 景区简介：

芮城城隍庙，位于运城市芮城县黄河西街柳树街财富广场南侧约180米。芮城城隍庙始建于宋大中祥符年间，元、明、清代皆有重修。

芮城城隍庙坐北向南，占地面积15000多平方米。建筑大殿为宋代遗构，享亭为元代建筑，其余皆为清代所建。中轴线上有享亭、献殿、大殿、寝殿等主体建筑，两侧配有东西廊房等。享亭面宽五间，进深四椽，单檐歇山顶。柱子粗矮，柱头置圆木大额枋，额枋上施四铺作单抄斗拱，斗拱硕大古朴，构件加工粗糙，具有早期建筑特色。

芮城城隍庙殿面宽五间，进深二间，单檐卷棚顶，前檐设插廊，外露明柱，中部明间辟门通向大殿，为清代建筑，大殿与献殿间隔甚近。1982年，芮城城隍庙被山西省人民政府开辟为芮城县博物馆所在地。1986年，芮城城隍庙被山西省人民政府公布为山西省重点文物保护单位。2001年6月25日，芮城城隍庙被国务院公布为第五批全国重点文物保护单位。

35.芮城县西侯度遗址景区 >>>

◇ 景区名称:芮城县西侯度遗址景区

◇ 质量等级:国家AAA级旅游景区

◇ 景区地址:芮城县风陵渡镇西侯度村附近

◇ 联系方式:0359-3353888

◇ 景区简介:

芮城县西侯度遗址景区是一处承载着深厚历史与文化底蕴的古老遗迹,位于山西省运城市芮城县风陵渡镇西侯度村附近。作为中国境内已知的最古老的一处旧石器时代遗址,西侯度遗址距今已有约180万年的历史,是迄今为止我国发现最早的人类用火遗迹所在地,被誉为"中国第一把火"的诞生地。

该遗址的发现与发掘历程丰富而充满意义。自1959年被考古学家发现以来,西侯度遗址在1961年、1962年以及2005年共经历了三次重要的发掘工作,这些发掘不仅出土了大量的古脊椎动物化石,如巨河狸、剑齿象、平额象、步氏羚羊等,还发现了数量虽不多但极具价值的石制品,包括石核、石片、砍斫器、刮削器和三棱大尖状器等。这些石器主要以石英岩为原料,展现了远古人类高超的打制石器技术,同时也是世界上最早用石片加工技术的标志之一。

尤为引人注目的是,在西侯度遗址的文化层中,还出土了若干烧骨,这些烧骨是目前中国乃至世界上最早的人类用火证据之一,极大地丰富了人类对早期人类行为模式和生存环境的认知。这一发现不仅将人类用火的历史向前推进了百万年之久,也证明了西侯度遗址在人类文明发展史上的重要地位。

为了更好地保护这一珍贵的文化遗产,西侯度遗址已被国务院公布为第三批全国重点文物保护单位。近年来,芮城县政府还积极投入资金,对遗址进行了科学规划和保护,建设了遗址保护区、文物展览区、取火仪式活动区、游客服务区等多个功能区,为游客提供了一个全面了解和研究古人类文化的窗口。

漫步在西侯度遗址景区,游客可以亲身感受到远古先民狩猎采集的生活场景,聆听那波澜壮阔的史前画卷。同时,景区内还设有遗址博物馆等配套设施,通过丰富的展品和生动的解说,让游客能够更加深入地了解西侯度遗址的历史背景和文化内涵。此外,景区周边还有壮丽的黄河风光和丰富的美食资源等待游客去探索和品味。

总之,芮城县西侯度遗址景区是一处集历史、文化、旅游为一体的综合性景区,它见证了人类文明的起源和发展历程。

36.盐湖区河东池盐文化博览园景区 >>>

◇ 景区名称:盐湖区河东池盐文化博览园景区

◇ 景区等级:国家AAA级旅游景区

◇ 景区地址:盐湖区解放南路

◇ 联系方式:0359-6391269

◇ 景区简介:

　　盐湖区河东池盐文化博览园景区,坐落于山西省运城市盐湖区的怀抱之中,犹如一颗璀璨的明珠镶嵌在黄土高原之上。这里不仅承载着河东地区数千年的池盐文化历史,更是一个集教育、休闲、观光于一体的综合性文化旅游胜地。步入博览园,游客首先会被那古朴而庄重的建筑风格所吸引,仿佛瞬间穿越到了那个盐商云集的辉煌年代。博物馆内,一件件珍贵的文物、一幅幅生动的历史画卷,无声地诉说着古代盐业的发展历程和盐工们的辛勤付出。而走出博物馆,眼前则是那片广袤无垠的盐湖,碧波荡漾,水天一色,让人心旷神怡。在这里,游客可以体验死海漂浮的奇妙感觉,感受盐泥护肤的独特魅力,享受一场身心的放松之旅。此外,景区还定期举办各种文化活动和节庆,如盐文化节、民俗表演等,让游客在欣赏美景的同时,也能深入了解当地的民俗风情和文化底蕴。盐湖区河东池盐文化博览园景区,是一个让人流连忘返的地方,它用独特的文化魅力和自然风光,迎接着每一位远道而来的游客。

37.万荣县万泉文庙景区 >>>

◇ 景区名称:万荣县万泉文庙景区

◇ 质量等级:国家AAA级旅游景区

◇ 景区地址:万荣县万泉乡万泉村东部

◇ 景区简介:

　　万荣县万泉文庙景区,位于山西省运城市万荣县万泉乡万泉村东部,是一座历史悠久、文化底蕴深厚的古建筑群,现为全国重点文物保护单位。该景区不仅承载着丰富的历史文化内涵,还以其独特的建筑风格和精美的艺术装饰吸引着众多游客前来参观。

　　万泉文庙创建于唐朝,具体年代虽不详,但据史料推测,它可能与全国各州县在唐贞观四年(公元630年)普建孔庙的潮流同步。文庙在历史上多次重修,其中明正统四年(公元1439年)的大成殿重建尤为重要,奠定了现今文庙的主要格局。近年来,万泉文庙还经历了多次修缮和环境提升工程,以保持其古朴风貌并增强游客体验。

　　万泉文庙坐北朝南,占地面积达2784平方米,现存主要建筑包括大成殿和琉璃影壁等。大成殿作为文庙的主体建筑,面阔五间、进深三间,采用单檐歇山顶结构,殿内梁架简洁而庄重,供奉着至圣先师孔子的塑像及其弟子们的牌位。琉璃影壁则以其精美的砖雕和琉璃图案著称,尤其是"太和元气"影壁上的苍龙泻玉图和鹿鹤同春图,更是栩栩如生、寓意深远。

　　游客在参观万泉文庙时,不仅可以欣赏到古建筑的精美和文物的珍贵,还可以感受到浓厚的儒家文化氛围。文庙内设有国学讲堂和万泉历史展厅等区域,让游客在游览的同时也能了解到更多的历史知识和文化背景。此外,文庙周边环境优美,绿树成荫、古柏参天,为游客提供了一个清幽雅致的休闲场所。总之,万荣县万泉文庙景区是一座集历史、文化、艺术和旅游于一体的综合性景区,是了解中国古代儒家文化和建筑艺术的重要窗口之一。无论是文化爱好者还是普通游客，都能在这里找到属于自己的乐趣和收获。

38.闻喜县中华宰相村景区 >>>

- ◆ 景区名称:闻喜县中华宰相村景区
- ◆ 质量等级:国家AAA级旅游景区
- ◆ 景区地址:闻喜县礼元镇裴柏村
- ◆ 景区联系方式:0359-7090777
- ◆ 景区简介:

闻喜县中华宰相村景区，位于山西省运城市闻喜县礼元镇裴柏村，是一处集历史、文化、自然风光于一体的著名旅游景区。这里因裴氏家族而闻名遐迩，裴氏家族作为中国历史上显赫的名门巨族，曾走出过59位宰相和众多高官显贵，其辉煌的历史和深厚的文化底蕴为景区增添了无尽的魅力。

景区内主要景点包括裴氏祠堂（又称晋公祠）、裴氏碑廊和裴氏墓冢等。裴氏祠堂建于唐贞观三年（公元629年），规模宏大，建筑精美，有前殿、后殿、状元坊、碑廊等，是裴氏

家族的重要祭祀场所。裴氏碑廊则保存了数十通古碑，这些碑刻不仅具有极高的史料价值，还展示了古代书法的艺术魅力，是研究裴氏家族历史和书法艺术的重要资料。裴氏墓冢坐落在裴柏村东五千米的凤凰垣上，是裴氏家族历代先人的安息之地，墓冢周围风光秀丽，碑碣林立，为游客提供了一个感受历史沧桑的好去处。

除了丰富的历史遗迹外，景区还注重生态保护和文化传承。秋天时分，村庄周围的田野变成了一片金黄，稻谷成熟的景象令人赏心悦目;果树挂满丰收的果实，构成了一幅美丽的秋日画卷。此外，景区还会定期举办各类文化活动，如裴姓祭祖大典、传统歌舞表演等，让游客在游览的同时，也能深入了解裴氏家族的历史文化和地方民俗风情。

39.万荣县东岳庙景区（飞云楼）>>>

- ◆ 景区名称:万荣县东岳庙景
- ◆ 质量等级:国家A级旅游景区
- ◆ 景区地址:万荣县解店镇东南角

◇ 联系方式:13934893000

◇ 景区简介:

　　万荣县东岳庙,亦称岱岳庙或泰山庙,是一座历史悠久、建筑精美的古建筑群,位于山西省运城市万荣县城内东南隅。该庙占地面积广阔,达15800平方米,坐北朝南,布局宽舒有序,主要建筑沿中轴线排列,包括飞云楼、午门、献殿、香亭、东岳大帝殿及阎王殿等。

　　其中,飞云楼被誉为"中华第一木楼",是东岳庙的标志性建筑。这座纯木质结构的楼阁始建于明正德年间,历经多次修缮,现存建筑为明建清修,展现了元明遗风及清代山西民间营造技法的融合。飞云楼高达23.19米,外观三层,内部实为五层,斗拱密布,玲珑精巧,与应县木塔并称为"南楼北塔"。其独特的十字歇山顶设计,使得楼身外观变化多端,犹如云朵簇拥,鲜花盛开,给人以凌空欲飞之感。除了飞云楼外,东岳庙内的其他建筑也各具特色。午门作为元代遗构,面阔七间,进深六椽,单檐九脊顶,简朴而庄重。献殿和香亭则分别展现了元代和明代的建筑风格,内部梁架结构精巧,斗拱造型各异,体现了古代工匠的非凡技艺。东岳大帝殿作为正殿,面阔五间,进深八椽,重檐歇山顶,气势恢宏,是祭祀东岳泰山之神的主要场所。

　　万荣县东岳庙不仅建筑精美,而且文化底蕴深厚。作为祭祀五岳之首泰山的圣地,它承载着丰富的历史文化内涵。每年农历三月二十八日和十月十八日,这里还会举行盛大的庙会活动,吸引了众多游客和信徒前来参观和祈福。

40.福胜寺景区 >>>

◇ 景区名称:福胜寺

◇ 景区地址:新绛县城西北17千米处

◇ 联系方式:0359-2022380

◇ 景区简介:

　　福胜寺坐北朝南,占地面积广阔,整体建筑布局严谨,错落有致。沿中轴线自南向北,依次排列着山门、天王殿、弥陀殿、三佛洞、藏经阁等主要建筑。其中,山门为木制牌楼式建筑,七层斗拱托起巍峨檐角,气势恢宏。钟鼓楼分列东西两侧,主体建筑采用单檐歇山顶建筑风格,四周环绕拱券式门洞,不仅美观大方,还利于声音的传播。

　　弥陀殿是福胜寺的标志性建筑之一,它坐落在高达5米的厚重台基之上,整个殿宇五间见方,四周围廊,重檐九脊顶,斗拱五铺作双下昂,梁架结构精巧,展现了元代建筑的典型风貌。殿内保存有珍贵的元代彩塑,包括面容恬静平和的弥陀佛、身姿丰腴的观音和大势至菩萨站像,以及背面的元代彩色悬塑渡海观音等,这些彩塑不仅艺术价值极高,还为研究元明时期的佛教文化和雕塑艺术提供了宝贵资料。

　　此外,福胜寺还藏有丰富的文物遗存,如东西厢房小院落东北角的百年古松,以及寺内分布的三十二尊塑像等,这些都为游客提供了一个感受历史沧桑、领略佛教文化的绝佳场所。

多种维生素和矿物质,具有润肺止咳、生津止渴、清热化痰等保健功效,是秋季养生的佳品。无论是直接食用,还是加工成梨汁、梨膏等食品,都能让人享受到王过酥梨带来的美味与健康。因此,运城王过酥梨不仅深受当地居民的喜爱,也吸引了众多外地游客前来品尝与购买,成为了运城市的一张亮丽名片。

特产美食介绍

01. 王过酥梨

　　运城王过酥梨,作为山西省运城市独有的自然馈赠,其卓越品质源自千年农耕文明的积淀与黄河流域的丰饶滋养。这些酥梨生长在运城特有的砂质壤土之中,这种土壤透气性好,富含矿物质,为酥梨的生长提供了理想的条件。加之黄河岸边充足的阳光照射和适宜的气候条件,使得王过酥梨在生长过程中能够充分积累糖分和养分,形成其独特的甘甜与酥脆。

　　每一颗王过酥梨都经过精心培育与科学管理,从开花授粉到果实成熟,每一个环节都凝聚着果农们的辛勤汗水与智慧。采摘下来的酥梨,果皮光滑细腻,色泽金黄诱人,散发着自然的果香。切开后,果肉洁白如玉,汁水四溢,入口即化,酥脆无渣,甜而不腻,口感层次丰富,令人回味无穷。

　　运城王过酥梨不仅美味可口,而且富含

02. 万荣苹果

　　万荣苹果,山西省运城市万荣县特产。万荣县地处晋、豫、陕三角洲地区,黄金地段,运城市西北,黄土高原,峨眉丘陵台地,位于万荣县城西南15公里,海拔600~800多米,地势东南高西北低,呈百分之五的坡度渐趋次降低的三级台地地势,土壤中性,酸碱值(pH)在8左右,土层深厚、肥沃,通透性好,适宜苹果栽培。

　　万荣苹果果实多为圆形,果型端正高桩。万荣苹果品质优良,个大、形正、色艳、肉脆、味甜。口感香脆甜爽、汁液多、酸甜可口、芳香味浓,无涩感,果面光洁细腻、耐储存,是市场上备受青睐的高品质水果。

03.芮城花椒

芮城花椒，山西省运城市芮城县特产。芮城县大部分土壤为黄沙壤土，土层深厚肥沃。芮城属温带大陆性气候，受季节影响，四季分明，气候变化主要受西南气流的控制，适宜种植花椒。芮城花椒个大肉厚、色泽鲜艳、清脆味美、耐藏易运。芮城花椒含有多种微量元素，营养丰富，据科学鉴定每100克芮城花椒含有蛋白质25.7克，脂肪7.1克，矿物质0.018克，碳水化合物35.1克，长期食用，不仅可润滑肌肤，驻留青春，强身壮骨，补脾益气，生身调经，而且可预防和减轻脑血栓、败血病，并对胃癌、肺癌等病症也有一定疗效。

04.绛县山楂

绛县山楂，山西省绛县特产。绛县山楂果重15～26克，果皮涂红，果点黄白色，密集，果皮较粗糙，果实近圆稍扁，顶部具有五棱，果面鲜红或鲜枣红，披腊光，果实顶部有散生黄白色小果点加以点缀，更加秀色。最大果重可达40克，山楂果肉粉白至粉红，肉质紧密，味酸稍甜，品质佳。

05.永济芦笋

永济芦笋，山西省永济市特产。芦笋俗称石刁柏、龙须菜，为百合科天门冬属多年生宿根草本植物，以抽生的嫩茎为蔬菜食用。其嫩茎质细味美，除含有丰富的蛋白质、氨基酸、多种维生素与糖类等外，还含有防癌治癌的天然抑制剂芳香异硫氰酸。

20世纪80年代末，永济市率先从欧洲引种芦笋获得成功，经过多年推广普及，已成为中国最大的芦笋生产基地。永济芦笋有色白、皮薄、香脆和肉质细腻等品质。

06. 蒲州青柿

蒲州青柿产于永济蒲州、韩阳一带。永济市古属蒲州管辖，栽培柿树历史悠久，品种资源丰富，素有柿乡之称。青柿栽培历史约有1500年，明、清时地方官吏以其作为进贡的佳品。蒲州青柿果实个大呈扁形，似蒸馍状，橙黄，果皮薄无籽核，肉细汁多，甘甜味美，果柄较长，长柄中部有一突起，且含有丰富的胡萝卜素、维生素C、葡萄糖和果糖，还含有钙、磷、铁等矿物质。由于青柿饼个头较大，经过加工后，当地人可在柿饼上面雕出各种图案。

07. 解州羊肉泡馍

解州羊肉泡馍，是一道历史悠久、风味独特的地方名吃，深受当地百姓及往来游客的喜爱。这道美食不仅承载着深厚的文化底蕴，更是对传统烹饪技艺的一种传承与发扬。

解州羊肉泡馍以其选料考究、制作精细、味道醇厚而闻名遐迩。解州羊肉泡馍不仅仅是一道美食，更是一种文化的体现，它融合了山西人民的热情好客与对食材的精挑细选，展现了中华美食文化的博大精深。无论是寒冬腊月，还是酷暑盛夏，一碗热气腾腾的解州羊肉泡馍总能带给人温暖与满足，让人回味无穷，难以忘怀。

08. 绛州澄泥砚

绛州澄泥砚是山西运城的传统手工艺珍品,有着非常悠久的历史,绛州澄泥砚以汾河下游的澄泥为原料,经过特殊的焙烧工艺制成。制作澄泥砚要经过采泥、过滤、沉淀、制坯、烘干、雕刻、烧成、细腻、刨光九道工序,每道工序都有严格的要求。由于制工精细,使澄泥砚具有发墨快,墨水不容易干,不伤笔毫,便于携带的优点。因为制作工艺独特,绛州澄泥砚也被称为中国四大名砚之一。

09. 新绛云雕漆器

新绛云雕漆器是山西新绛县最传统的工艺珍品,制作时采用了漆、画、雕相结合的工艺技法。新绛云雕漆器制作十分精细,首先在做好的木胎上朱、黑颜色的漆层,相间堆起,一般要漆70~80道,最多可达百谨以上,然后用利刀剔刻出图案云纹剔刻斜刀深约5毫米,刀口上宽下窄。云雕漆器可以用来装饰家居,也可以用于祭祀和庆典场合。它不仅具有实用性,而且还有着很高的艺术价值。

10. 稷山麻花

运城稷山麻花,作为山西省运城市稷山县的地道传统美食,历史悠久,制作工艺精湛,享誉四方。

它选用当地优质小麦粉为主料,搭配纯正植物油和多种天然香料,经过和面、发酵、搓拧、炸制等多道复杂而精细的工序精心制作而成。每一根稷山麻花都形如麻绳,色泽金黄,油亮诱人,散发着浓郁的麦香与油香。其口感酥脆而不硬,香甜而不腻,既保留了面粉的原味,又融入了香料的独特风味,令人一尝难忘。

无论是作为日常小吃，还是节日礼品，运城稷山麻花都深受人们的喜爱，这展现了稷山人民对美食的执着追求与独特创造力。

11. 万荣凉粉

运城万荣凉粉，是山西省运城市万荣县的特色美食，以其细腻滑嫩、清爽可口而闻名遐迩。凉粉选用优质绿豆淀粉或红薯淀粉为原料，经过精细加工制成半透明状的凉粉块，再搭配上特制的醋、蒜泥、芝麻酱、辣椒油等调料，调拌均匀后，每一口都是清凉解暑、酸辣开胃的享受。万荣凉粉不仅口感独特，而且营养丰富，是夏季消暑的佳品。